高等职业教育建筑工程技术专业系列教材

总主编 /李　辉
执行总主编 /吴明军

建设工程法规

（第3版）

主编　陈晋中　龚　亮　齐　念
主审　宋宗宇

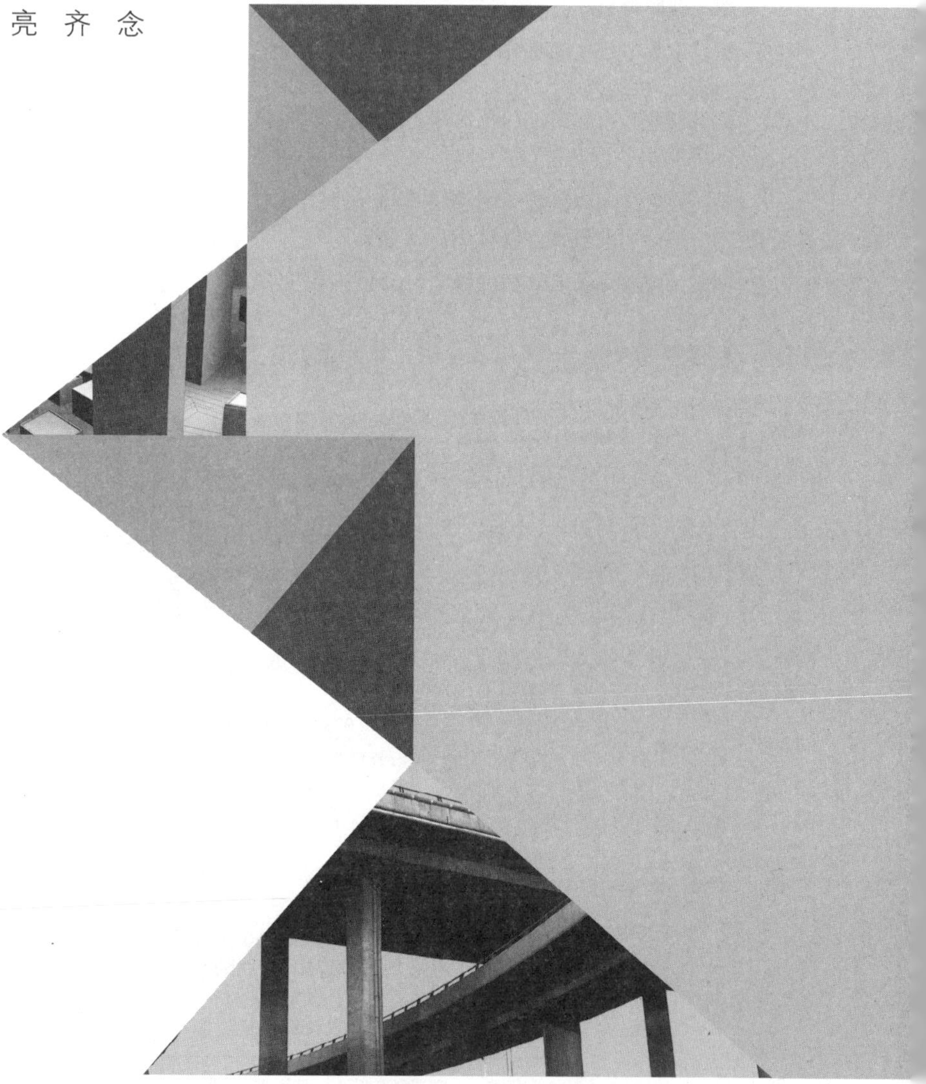

重庆大学出版社

内容提要

本书是高等职业教育建筑工程技术专业系列教材之一。全书共分9章，主要包括建设工程法律基础、建设工程许可法律制度、建设工程发包与承包法律制度、建设工程合同法律制度、建设工程质量法律制度、建设工程安全生产法律制度、绿色施工与文物保护法律制度、信用体系建设与劳动法律制度、建设工程纠纷处理法律制度等内容。本书在编写过程中按照高等职业教育建筑工程技术专业人才培养目标和相应岗位群应具备的法律、法规知识要求，重点选择了与一、二级建造师执业资格考试相衔接的课程内容，力求突出本教材的针对性和实用性；本书密切关注建设市场的发展动向，尽可能采用最新的法律规范，并适时增加了绿色施工、建筑市场信用体系建设、劳动合同与劳动保护等方面的内容。为方便读者学习，本书每章均列有学习要求、主要法律法规、案例和习题。

本书可作为高等职业学校、高等专科学校、成人高校等建筑工程技术专业及其相关专业的教学用书，也可作为土建类工程技术人员、施工管理人员的参考用书。

图书在版编目(CIP)数据

建设工程法规／陈晋中，龚亮，齐念主编. -- 3版. -- 重庆：重庆大学出版社，2024.2

高等职业教育建筑工程技术专业系列教材

ISBN 978-7-5689-4375-8

Ⅰ. ①建… Ⅱ. ①陈… ②龚…③齐… Ⅲ. ①建筑法—中国—高等职业教育—教材 Ⅳ. ①D922.297

中国国家版本馆CIP数据核字(2024)第023698号

建设工程法规

(第3版)

主 编 陈晋中 龚 亮 齐 念

主 审 宋宗宇

策划编辑：范春青 刘颖果

责任编辑：陈 力 版式设计：范春青

责任校对：邹 忌 责任印制：赵 晟

*

重庆大学出版社出版发行

出版人：陈晓阳

社址：重庆市沙坪坝区大学城西路21号

邮编：401331

电话：(023) 88617190 88617185(中小学)

传真：(023) 88617186 88617166

网址：http://www.cqup.com.cn

邮箱：fxk@cqup.com.cn (营销中心)

全国新华书店经销

重庆天旭印务有限责任公司印刷

*

开本：787mm×1092mm 1/16 印张：17.25 字数：421千

2015年1月第1版 2024年2月第3版 2024年2月第6次印刷

印数：1 0431—1 3430

ISBN 978-7-5689-4375-8 定价：49.00元

编委会名单

前　言（第3版）

“建设工程法规”是高等职业教育建筑工程技术专业一门重要的专业课程。它主要讲述建设工程领域的法律、行政法规、部门规章及其相关的其他法律法规。建设工程法律法规是国家组织管理建设活动、规范建设行为、维护建设市场秩序、保证建设工程质量和安全、促进建筑业健康发展的重要法律规范。

本书自出版以来，受到全国许多高职高专院校师生的欢迎。鉴于我国已新发布或修改了一系列法律法规和部门规章，为使教学内容与国家现行法律法规一致，在习近平新时代中国特色社会主义思想的指导下，编者对第2版内容进行了全面修订。其中，涉及的主要法律法规和部门规章有《中华人民共和国民法典》《中华人民共和国安全生产法》《中华人民共和国民事诉讼法》《建筑工程施工许可管理办法》《建筑市场信用管理暂行办法》等。书中涉及的法律很多，每章正文前列出了相关法律的全称，正文中为了直观简洁便直接采用简称，如《中华人民共和国建筑法》简称为《建筑法》，不再另行说明。

本书由南京交通职业技术学院陈晋中、龚亮、齐念主编，重庆大学法学院宋宗宇教授主审。各章具体分工如下：第1、2、3、4、9章由陈晋中编写；第5、6章由龚亮编写；第7、8章由齐念编写。全书由陈晋中负责统稿及修改工作。

本书在编写过程中得到了许多院校和重庆大学出版社的大力支持，重庆大学宋宗宇教授对本书进行了认真的审阅，并提出了宝贵修改意见，在此表示感谢。

由于编者水平有限，书中不妥之处敬请读者批评指正。

编　者

2023年9月

前　言（第1版）

改革开放以来，随着社会主义市场经济的建立，我国的综合国力得到了极大提升，人民生活水平有了显著提高，建筑业作为国民经济的支柱产业得到了快速发展和壮大。然而，社会主义市场经济的本质是法治经济，建筑业健康有序的发展离不开规范有效的法律环境，建设市场正常的秩序需要依靠建设工程法规来建立和维护；同时，近十几年来，为了加强对建设活动的监督管理，维护建设市场的秩序，保证建设工程的质量和安全，促进建筑业的健康发展，我国已颁布和实施了一系列建设工程法律、法规。因此，为了适应我国社会主义市场经济发展和工程建设的需要，建筑业从业人员不仅要学习专业知识，还要学习建设工程法律知识，做到学法、懂法、知法与守法。

本书共分为9章，主要内容包括建设工程法律基础、建设工程许可法律制度、建设工程发包与承包法律制度、建设工程合同法律制度、建设工程质量法律制度、建设工程安全生产法律制度、绿色施工与文物保护法律制度、信用体系建设与劳动法律制度、建设工程纠纷处理法律制度等内容。本书在编写过程中，按照高职建筑工程技术专业人才培养目标和相应岗位群应具备的法律、法规知识的要求，重点选择了与一、二级建造师执业资格考试相衔接的课程内容，力求突出本书的针对性和实用性；同时，本书还密切关注建设市场的发展动向，尽可能采用最新的法律规范，并适时增加了绿色施工、建筑市场信用体系建设、劳动合同与劳动保护等方面的内容。除此之外，本书每章均列有学习要求、主要法律法规和单选题、多选题，以方便读者学习。

本书由陈晋中、杨斌、王素琴主编，重庆大学法学院宋宗宇教授主审。各章具体分工如下：第1,9章由南京交通职业技术学院陈晋中编写；第2,3,4,5章由江苏城市职业学院杨斌编写；第6,7,8章由南京交通职业技术学院王素琴编写。全书由陈晋中负责统稿及修改工作。本书在编写过程中得到了许多院校和重庆大学出版社的大力支持，重庆大学宋宗宇教授认真审阅了全书，并提出了宝贵的修改意见，在此一并表示感谢。

由于编者水平有限，书中不妥之处敬请读者批评指正。

编　者

2014年6月

目　录

第 1 章

建设工程法律基础

本章学习要求：

了解建设工程法规的定义、调整对象和作用；掌握法律体系的构成和法的形式；了解与建设工程相关的基本民事法律制度；了解建设工程的法律责任。

主要法律法规：

《中华人民共和国民法典》(2020 年 5 月 28 日通过,2021 年 1 月 1 日起施行)

《中华人民共和国立法法》(2000 年 3 月 15 日通过,2023 年 3 月 13 日第 2 次修正)

《中华人民共和国行政处罚法》(1996 年 3 月 17 日通过,2021 年 1 月 22 日修订)

《中华人民共和国刑法》(1979 年 7 月 1 日通过,2020 年 12 月 26 日第 11 次修正)

《行政机关公务员处分条例》(国务院令〔2007〕第 495 号公布)

【驱动案例】

背景材料 1：某建筑施工企业法定代表人李某，委托采购员王某采购水电材料，因此王某代表该施工企业曾多次与材料供应商沈某谈判，协商采购水电材料事宜。一年后，李某发现王某的办事能力差，工作效率低，即告知王某不再委托其采购水电材料，另行委托他人去办理。但是，对这一情况的变化，材料供应商沈某并不知情。事后，王某为了证明自己有能力，于是以该建筑施工企业的名义与沈某签订了一份新的水电材料采购合同。李某知悉后认为王某无权代理，所以其签订的水电材料采购合同对本企业无效。但是材料供应商沈某认为该合同是有效的。

试依据《民法典》分析下列问题：

(1)本案反映的民事法律关系是哪一种？

(2)本案中王某签订的新的水电材料采购合同对该建筑施工企业是否有效？说明理由。

本案例分析见第 11 页。

1.1 建设工程法规概述

1.1.1 建设工程法规的定义

建设工程法规是指由国家权力机关或其授权的行政机关制定的,国家强制力保证实施的,旨在调整国家行政管理机关、法人、非法人组织、公民在建设活动中产生的社会关系的法律规范的总称。

建设活动是指土木建筑工程和线路管道、设备安装工程(以下统称"建设工程")的新建、扩建、改建活动及建筑装修装饰活动。建设活动是在一定地域和空间进行的,包括建设工程的立项、资金筹集、勘察、设计、施工、验收等。

1.1.2 建设工程法规的调整对象

建设工程法规的调整对象是建设活动中基于建设工程法规所产生的,以工程建设权利和工程建设义务为内容的社会关系,主要包括建设工程行政法律关系、建设工程民事法律关系和建设工程劳动法律关系。

1)建设工程行政法律关系

建设工程行政法律关系是指建设行政主体与参与建设活动的各类主体之间,基于建设法律规范所形成的行政监管关系。建设行政主体主要包括两类:一是国务院及其建设行政主管机关、县级以上人民政府及其建设行政主管机关,以及国家和地方行使对建设活动管理职权的其他行政机关;二是被法律法规授权的组织或受行政机关委托的组织,如建设工程质量监督机构、建设工程安全监督机构等。参与建设活动的各类主体包括建设单位、勘察设计单位、施工单位、监理单位等。

建设工程行政管理具体涉及建设程序、建设工程招投标、建设工程质量监督管理、建设工程安全生产监督管理、建设工程合同管理等方面。此外,国家还通过财政、金融、审计、会计、统计、物价、税收等手段监督、管理、规范建设工程活动。

2)建设工程民事法律关系

建设工程民事法律关系是指在建设活动中平等主体之间所产生的民事权利和民事义务关系,主要包括各类建设工程合同关系,如勘察合同、设计合同、委托监理合同、施工合同、设备设施采购合同等。这些合同关系的主体除建设单位外,还包括勘察设计单位、监理单位、施工承包方、设备设施供应商等。同时,施工中涉及的建设活动主体除建设单位和总承包方外,一般还有分包单位以及劳务分包公司等。

在建设工程中,大多数建设活动主体都是法人。其中,施工单位、勘察设计单位、监理单位通常都具有法人资格,建设单位一般也应当具有法人资格。但有时候,建设单位也可能是不具有法人资格的非法人组织。因此,法人是建设工程活动中最主要的主体。

3)建设工程劳动法律关系

建设工程劳动法律关系是指在建设活动中劳动者与用人单位之间产生的劳动权利和劳动义务关系。建设法规在调整建设活动中产生的社会关系时,会形成建设工程劳动关系。如在建设活动中,施工单位应加强安全教育培训并做好工人的劳动保护工作,施工作业人员应当享有安全生产的权利和履行安全生产的义务,建设单位也应提供相应的劳动保障;建设单位、施工单位、监理单位、勘察设计单位都应与自己的员工建立劳动关系等。

以上三种社会关系既彼此相互联系,又各具自身属性。它们都是因从事建设活动所形成的社会关系,都必须以建设工程法规加以规范和调整。同时,它们各自的形成条件、处理关系的原则或调整手段、适用的范围、适用规范的法律后果等又不完全相同。

[知识链接与拓展]

建设工程法律关系主体

建设工程法律关系主体,是指参加建筑业活动、受建设工程法律规范调整,在法律上享有权利、承担义务的建设参与者。在我国,建设工程法律关系的主体一般包括自然人、法人和非法人组织。

1)自然人

自然人是指基于出生而成为法律关系主体的有生命的人。自然人在工程建设活动中可以成为建设工程法律关系的主体,如建筑施工企业人员(包括建筑工人、专业技术人员和注册执业人员等)在同企业签订劳动合同时即成为建设工程法律关系的主体。

作为建设法律关系主体的自然人必须具备相应的民事权利能力和民事行为能力。民事权利能力是民事主体依法享有民事权利和承担民事义务的资格。民事行为能力是民事主体通过自己的行为取得民事权利和履行民事义务的资格。

2)法人

法人是具有民事权利能力和民事行为能力,依法独立享有民事权利和承担民事义务的组织。法人的民事权利能力和民事行为能力,从法人成立时产生,到法人终止时消灭。

关于法人成立的条件和程序,《民法典》第五十八条规定:"法人应当依法成立。法人应当有自己的名称、组织机构、住所、财产或者经费。法人成立的具体条件和程序,依照法律、行政法规的规定。设立法人,法律、行政法规规定须经有关机关批准的,依照其规定。"

法人依据成立的目的不同分为营利法人、非营利法人和特别法人。营利法人是指以取得利润并分配给股东等出资人为目的成立的法人,包括有限责任公司、股份有限公司和其他企业法人等;非营利法人是指为公益目的或者其他非营利目的成立,不向出资人、设立人或者会员分配所取得利润的法人,包括事业单位、社会团体、基金会、社会服务机构等;特别法人是指《民法典》特别规定的法人,包括机关法人、农村集体经济组织法人、城镇农村的合作经济组织法人、基层群众性自治组织法人。

法人的法定代表人是依照法律或者法人章程的规定,代表法人从事民事活动的负责人。法定代表人以法人名义从事的民事活动,其法律后果由法人承担。法定代表人因执行职务造成他人损害的,由法人承担民事责任。

3)非法人组织

非法人组织是指不具有法人资格,但是能够依法以自己名义从事民事活动的组织,包括个人独资企业、合伙企业、不具有法人资格的专业服务机构等。非法人组织应当依照法律的规定登记。

施工企业法人与项目经理部的法律关系

在我国,大中型的施工项目通常在施工现场设立项目经理部。项目经理部是施工企业为了完成某项建设工程施工任务而设立的组织,是由项目经理与技术、生产、材料、成本等管理人员组成的项目管理班子,是一次性的具有弹性的现场生产组织机构。项目经理根据企业法人的授权,组织和领导本项目经理部的全面工作。

项目经理部不具备独立的法人资格,无法独立承担民事责任,因此项目经理部行为的法律后果将由企业法人承担。例如:项目经理部没有按照合同约定完成施工任务,则应由施工企业承担违约责任;项目经理签字的材料款,如果不按时支付,材料供应商应当以施工企业为被告提起诉讼。

1.1.3 建设工程法规的作用

建设工程法规是国家组织管理建设活动、规范建设行为、维护建设市场秩序、保证建设工程质量和安全、促进建筑业健康发展的重要手段。其作用主要体现在3个方面:

(1)规范和指导建设行为

从事各种具体的建设活动必须遵循建设法律规范。只有在建设法律规范允许的范围内进行的建设行为才能得到国家的承认与保护,也才能实现建设活动主体的预期目的。建设工程法规通过对合法建设行为的保护和对违法建设行为的制裁,来达到规范和指导建设行为的作用。

(2)维护建设市场秩序

建筑活动是一种重要的市场活动。建设市场秩序如何,直接关系到建设活动能否正常进行,建筑业能否健康发展。对于违法违规扰乱建设市场秩序的行为,必须整顿治理,其强有力的手段就是以建设工程法规的形式确立市场规则,建立市场法制秩序,并以严格执法来维护建设市场的秩序。

(3)保证建设工程质量和安全

建设工程的质量和安全,事关国民经济发展和人民生命财产安全,事关社会稳定的大局。因此,建设工程法规立法的重点在于通过法律手段确保建设工程的质量与安全,国家建设行政机关也必然依据建设工程法规加强对建设活动的监督和管理。

1.2 法律体系和法的形式

1.2.1 我国的法律体系

法律体系也称法的体系,通常指由一个国家现行的各个部门法构成的有机联系的统一整体。部门法又称为法律部门，是根据一定标准、原则所制定的同类法律规范的总称。

中国特色社会主义法律体系，是以宪法为统帅，以法律为主干，以行政法规、地方性法规为重要组成部分，由宪法相关法、民法商法、行政法、经济法、社会法、刑法、诉讼与非诉讼程序法等多个法律部门组成的有机统一整体。

1）宪法及宪法相关法

宪法及宪法相关法是我国法律体系的主导法律部门。宪法是整个法律体系的基础，主要表现形式是《中华人民共和国宪法》。

宪法相关法是与宪法相配套、直接保障宪法实施和国家政权运作等方面的法律规范。其主要内容包括国家机构的产生、组织、职权和基本工作原则方面的法律，民族区域自治制度、特别行政区制度、基层群众自治制度方面的法律，维护国家主权、领土完整、国家安全、国家标志象征方面的法律，保障公民基本政治权利方面的法律，如《中华人民共和国立法法》《中华人民共和国全国人民代表大会组织法》《中华人民共和国国务院组织法》《中华人民共和国地方各级人民代表大会和地方各级人民政府组织法》《中华人民共和国民族区域自治法》《中华人民共和国国籍法》《中华人民共和国国旗法》《中华人民共和国选举法》《中华人民共和国国家赔偿法》等。

2）民商法

民法是规定并调整平等主体的自然人、法人及非法人组织之间的人身关系和财产关系的法律规范。民法遵循民事主体地位平等、意思自治、公平、诚实信用等基本原则。民法既包括形式上的民法，即《中华人民共和国民法典》，也包括单行的民事法律和其他法律、法规中的民事法律规范。《民法典》共7编、1 260条，各编依次为总则、物权、合同、人格权、婚姻家庭、继承、侵权责任，以及附则。《民法典》被称为“社会生活的百科全书”，是中华人民共和国成立以来第一部以法典命名的法律。《民法典》通篇贯穿以人民为中心的发展思想，着眼满足人民对美好生活的需要，对公民的人身权、财产权、人格权等作出明确翔实的规定，并规定侵权责任，明确权利受到削弱、减损、侵害时的请求权和救济权等，体现了对人民权利的充分保障，也被誉为“新时代人民权利的宣言书”。单行民事法律是对特定民事主体为某些特定事项所作出的法律性规范，包括《中华人民共和国著作权法》《中华人民共和国专利法》《中华人民共和国商标法》等。

《民法典》自2021年1月1日起施行，《中华人民共和国婚姻法》《中华人民共和国继承法》《中华人民共和国民法通则》《中华人民共和国收养法》《中华人民共和国担保法》《中华人民共和国合同法》《中华人民共和国物权法》《中华人民共和国侵权责任法》《中华人民共和国民法总则》同时废止。

商法是调整平等主体之间的商事关系或商事行为的法律规范。商法遵循民法的基本原则，同时秉承保障商事交易自由、等价有偿、便捷安全等原则。商法包括《中华人民共和国招标投标法》《中华人民共和国公司法》《中华人民共和国证券法》《中华人民共和国保险法》《中华人民共和国票据法》《中华人民共和国海商法》等。

3) 行政法

行政法是关于行政权的授予、行政权的行使以及对行政权的监督的法律规范。行政法调整的是行政机关与行政管理相对人之间因行政管理活动发生的关系,遵循职权法定、程序法定、公正公开、有效监督等原则。行政法既保障行政机关依法行使职权,又注重保障公民、法人和其他组织的权利。这一法律部门包括《中华人民共和国行政处罚法》《中华人民共和国行政复议法》《中华人民共和国行政许可法》《中华人民共和国建筑法》《中华人民共和国城市房地产管理法》《中华人民共和国城乡规划法》《中华人民共和国环境保护法》《中华人民共和国环境影响评价法》《中华人民共和国消防法》《中华人民共和国治安管理处罚法》等。

这里需要指出的是,《建筑法》既具有行政法属性也具有经济法属性。它一方面体现出国家对建筑业的一种干预管理,是国家在经济管理中产生的经济关系的法律;另一方面其立法的宗旨是加强对建筑活动的监督管理,维护建筑市场秩序,保证建筑工程的质量和安全,促进建筑业健康发展。因此,从立法的目的看,《建筑法》应当属于行政法这一法律部门。

4) 经济法

经济法是国家从社会整体利益出发,对经济活动实行干预、管理或者调控所产生的社会经济关系的法律规范。经济法为国家对市场经济进行适度干预和宏观调控提供法律手段和制度框架,防止市场经济的自发性和盲目性所导致的弊端。这一法律部门包括《中华人民共和国统计法》《中华人民共和国土地管理法》《中华人民共和国标准化法》《中华人民共和国税收征收管理法》《中华人民共和国预算法》《中华人民共和国政府采购法》《中华人民共和国反垄断法》。

5) 社会法

社会法是调整劳动关系、社会保障、社会福利和特殊群体权益保障等方面的法律规范。这一法律部门遵循公平和谐和国家适度干预原则,通过国家和社会积极履行责任,对劳动者、失业者、丧失劳动能力的人以及其他需要扶助的特殊人群的权益提供必要的保障,维护社会公平,促进社会和谐。这一法律部门包括《中华人民共和国安全生产法》《中华人民共和国劳动法》《中华人民共和国劳动合同法》《中华人民共和国社会保险法》《中华人民共和国职业病防治法》《中华人民共和国未成年人保护法》《中华人民共和国妇女权益保障法》等。

6) 刑法

刑法是规定犯罪与刑罚的法律规范。它通过规范国家的刑罚权,惩罚犯罪,保护人民,维护社会秩序和公共安全,保障国家安全。在该法律部门中,占主导地位的规范性文件是《中华人民共和国刑法》,一些单行法律、法规的有关条款也可能规定刑法规范。

7) 诉讼与非诉讼程序法

诉讼与非诉讼程序法是规范解决社会纠纷的诉讼活动与非诉讼活动的法律规范。诉讼法律制度是规范国家司法活动解决社会纠纷的法律规范，包括《中华人民共和国民事诉讼法》《中华人民共和国行政诉讼法》《中华人民共和国刑事诉讼法》《中华人民共和国海事诉讼特别程序法》等；非诉讼程序法律制度是规范仲裁机构或者人民调解组织解决社会纠纷的法律规范，包括《中华人民共和国仲裁法》《中华人民共和国人民调解法》《中华人民共和国劳动争议调解仲裁法》等。

1.2.2 法的形式

法的形式又称法律渊源，指那些来源不同因而具有不同效力和作用的法的外在表现形式。我国法律渊源是以宪法为核心的制定法形式。根据《宪法》和《立法法》的规定，我国法的形式主要表现为宪法、法律、行政法规、地方性法规、行政规章、国际条约、最高人民法院司法解释等。

1）宪法

宪法是由全国人民代表大会依照特别程序制定的具有最高效力的根本法。宪法确立了国家的根本制度和根本任务。在我国法律体系中，宪法具有最高的法律地位和法律效力，是我国最高的法律形式。一切法律、行政法规、地方性法规、行政规章等都不得同宪法相抵触。

宪法也是建设法规的最高形式，是国家进行建设管理、监督的权力基础。

2）法律

法律是指由全国人民代表大会及其常务委员会制定颁布的规范性文件，即狭义的法律。它解决的是国家发展中带有根本性、全局性、稳定性和长期性的问题，是国家的基本法律制度。法律的效力高于行政法规、地方性法规、行政规章。

建设法律既包括专门的建设领域的法律，也包括与建设活动相关的其他法律。前者有《建筑法》《招标投标法》《城乡规划法》等，后者有《民法典》《安全生产法》等。

3）行政法规

行政法规是指由国家最高行政机关（国务院）根据宪法和法律就执行法律规定和履行行政管理职权的事项，以及依据全国人大及其常务委员会的特别授权所制定的规范性文件。它是将法律规定的相关制度具体化，是对法律的细化和补充。行政法规的效力高于地方性法规、规章。

现行的建设行政法规主要有《建设工程质量管理条例》《招标投标法实施条例》《建设工程安全生产管理条例》《安全生产许可证条例》《建设项目环境保护管理条例》等。

4）地方性法规

地方性法规是指由省、自治区、直辖市人民代表大会及其常务委员会，以及较大的市的人民代表大会及其常务委员会，就属于地方性事务以及根据本行政区域实际情况，就执行法律、行政法规的需要所制定的规范性文件。其中，较大的市是指省、自治区的人民政府所在地的市，经济特区所在地的市和经国务院批准的较大的市。地方性法规是对法律、行政法规的细化和补充，是国家立法的延伸和完善。地方性法规的效力高于本级和下级地方政府规章。

目前，各地方都制定了大量的规范建设活动的地方性法规、自治条例和单行条例，如《北京市建筑市场管理条例》《江苏省招标投标条例》《深圳市建设工程质量管理条例》等。

5）行政规章

行政规章包括部门规章和地方政府规章。部门规章之间、部门规章与地方政府规章之间具有同等效力，在各自的权限范围内施行。

部门规章是指由国务院各组成部门和具有行政管理职能的直属机构，根据法律和国务院的行政法规、决定、命令，在本部门的权限范围内制定的规范性文件，如住房和城乡建设部（原建设部）发布的《建筑工程施工许可管理办法》《建筑业企业资质管理规定》《房屋建筑和市政基础设施工程质量监督管理规定》《建筑施工企业安全生产许可证管理规定》等。部门规章的效力低于法律、行政法规。

地方政府规章是由省、自治区、直辖市和较大的市的人民政府，根据法律、行政法规和本省、自治区、直辖市的地方性法规制定的适用于本行政区域的规范性文件。地方政府规章的效力低于法律、行政法规以及上级或同级地方性法规。

6）国际条约

国际条约是指我国作为国际法主体同外国缔结的双边、多边协议和其他具有条约、协定性质的文件，如《建筑业安全卫生公约》等。这些文件的内容除我国在缔结时宣布持保留意见不受其约束的以外，其他都与国内法具有一样的约束力，因此也是我国法的形式之一。

7）最高人民法院司法解释

最高人民法院司法解释是最高人民法院制定的具有普遍效力的法律适用方面的文件，是人民法院适用的执法办案依据，在司法实践中具有重要的作用和地位。在民事领域，最高人民法院制定的司法解释文件很多，如《最高人民法院关于审理建设工程施工合同纠纷案件适用法律问题的解释（一）》《最高人民法院关于民事诉讼证据的若干规定》等。

根据2021年修正的《最高人民法院关于司法解释工作的规定》第六条的规定，最高人民法院司法解释的形式分为“解释”“规定”“规则”“批复”和“决定”5种。对在审判工作中如何具体应用某一法律或者对某一类案件、某一类问题如何应用法律制定的司法解释，采用“解释”的形式；根据立法精神对审判工作中需要制定的规范、意见等司法解释，采用“规定”的形式；对规范人民法院审判执行活动等方面的司法解释，可以采用“规则”的形式；对高级人民法院、解放军军事法院就审判工作中具体应用法律问题的请示制定的司法解释，采用“批复”的形式；修改或者废止司法解释，采用“决定”的形式。

1.2.3 建设工程法规的构成

建设工程法规是调整国家行政管理机关、法人、非法人组织、自然人在建设活动中产生的社会关系的法律规范的总称。建设工程法规体系是以建设法律为龙头，建设行政法规为主干，建设部门规章和地方建设法规、地方建设规章为支干而构成的。建设法律和建设行政法规构成了建设工程法规的主体，同时它们又与所有的法律部门都有一定的关系，其中比较重要的是与行政法、民商法、社会法等法律部门的关系。

［知识链接与拓展］

《立法法》关于法的效力问题的适用规定

1）关于同一机关制定的规范性文件不一致时的适用规则

《立法法》第九十二条规定："同一机关制定的法律、行政法规、地方性法规、自治条例和单行条例、规章，特别规定与一般规定不一致的，适用特别规定；新的规定与旧的规定不一致的，适用新的规定。"

针对这一条规定的解释如下：

①特别规定优于一般规定，也就是"特别法优于一般法"。特别规定是在考虑具体社会关系的特殊需要的前提下制定的，更符合它所调整的社会关系的特点，所以具有优先适用的效力。如《民法典》合同编的规定调整的是所有民事合同关系，则《民法典》合同编的规定就是一般规定。除《民法典》合同编对合同有规定外，海商法、铁路法、航空法等法律分别对海上运输合同、铁路运输合同、航空运输合同也作了规定。相对于《民法典》合同编的规定来说，这些规定都是特别规定。

②新的规定优于旧的规定，也就是"新法优于旧法"。一切法律都是根据当时的社会关系的情况制定的，随着社会关系的发展变化，法律规范也存在过时的问题，需要不断地修改和更新。法的修改和更新有多种形式，有的是制定了新的同一个法律，有的是在相关的法律中重新作了规定，有的明确宣布哪些法律规范被废止，有的没有明确。这样，在新法与旧法之间，新的规定与旧的规定之间就会产生冲突。因此，在两个规范性文件的规定都有效的情况下，《立法法》明确了新的规定优于旧的规定的适用规则。

2）关于法的溯及力的规定

《立法法》第九十三条规定："法律、行政法规、地方性法规、自治条例和单行条例、规章不溯及既往，但为了更好地保护公民、法人和其他组织的权利和利益而作的特别规定除外。"

法的溯及力是关于法是否有溯及既往的效力的问题。法作为社会的行为规范，它通过对违反者的惩戒来促使人们遵守执行，人们之所以对自己的违法行为承担不利后果，接受惩戒，就是因为事先已经知道或者应当知道哪些行为是法律允许的，哪些行为是法律不允许的，法律对人们的行为起指导和警示作用。不能要求人们遵守还没有制定出来的法律，法只有在生效后才对人们的行为起规范作用。因此，作为一项法制原则，法是不具有溯及既往的效力的。

但是，对于法不溯及既往这项原则来说，如果法律的规定是减轻行为人的责任或增加公民的权利，也可以具有溯及力。因此，为了更好保护公民、法人和其他组织的权利和利益，法律规范可以有溯及力。

3）关于解决法律之间、行政法规之间新的一般规定与旧的特别规定的冲突的规定

《立法法》第九十四条规定："法律之间对同一事项的新的一般规定与旧的特别规定不一致，不能确定如何适用时，由全国人民代表大会常务委员会裁决。行政法规之间对同一事项的新的一般规定与旧的特别规定不一致，不能确定如何适用时，由国务院裁决。"

4)关于地方性法规、规章之间不一致时裁决机关的规定

根据《立法法》第九十五条的规定:"地方性法规、规章之间不一致时,由有关机关依照下列规定的权限作出裁决:

(一)同一机关制定的新的一般规定与旧的特别规定不一致时,由制定机关裁决;

(二)地方性法规与部门规章之间对同一事项的规定不一致,不能确定如何适用时,由国务院提出意见,国务院认为应当适用地方性法规的,应当决定在该地方适用地方性法规的规定;认为应当适用部门规章的,应当提请全国人民代表大会常务委员会裁决;

(三)部门规章之间、部门规章与地方政府规章之间对同一事项的规定不一致时,由国务院裁决。

根据授权制定的法规与法律规定不一致,不能确定如何适用时,由全国人民代表大会常务委员会裁决。"

1.3 基本民事法律制度

在建设工程活动中,主要的民事法律制度包括代理制度、物权制度、债权制度、担保制度、民事诉讼时效制度和知识产权制度等。

1.3.1 代理制度

1)代理的概念

代理是一种民事法律关系,是指代理人在代理权限内,以被代理人的名义实施民事法律行为,而行为后果由该被代理人承担的法律制度。代理涉及三方当事人,即被代理人、代理人和代理关系所涉及的第三人。

《民法典》第一百六十一条规定:"民事主体可以通过代理人实施民事法律行为。依照法律规定、当事人约定或者民事法律行为的性质,应当由本人亲自实施的民事法律行为,不得代理。"《民法典》第一百六十二条规定:"代理人在代理权限内,以被代理人名义实施的民事法律行为,对被代理人发生效力。"

代理包括委托代理、法定代理。

委托代理是指委托代理人按照被代理人的委托行使代理权。委托代理可以用书面形式,也可以用口头形式。法律规定用书面形式的,应当用书面形式。委托代理授权采用书面形式的,授权委托书应当载明代理人的姓名或者名称、代理事项、权限和期限,并由被代理人签名或者盖章。在建设工程活动中,通过委托代理实施民事法律行为的情形较为常见,如工程招标代理、材料设备采购代理以及诉讼代理等。

法定代理是指法定代理人依照法律的规定行使代理权。法定代理主要适用于被代理人为无行为能力人或者限制行为能力人的情况,如父母作为监护人代理未成年人进行民事活动等。

2)无权代理与表见代理

(1)无权代理

无权代理是指行为人不具有代理权,但以被代理人的名义与第三人实施法律行为的代理。一般存在三种表现形式:自始未经授权、超越代理权和代理权已终止。

《民法典》第一百七十一条规定:“行为人没有代理权、超越代理权或者代理权终止后,仍然实施代理行为,未经被代理人追认的,对被代理人不发生效力。相对人可以催告被代理人自收到通知之日起三十日内予以追认。被代理人未作表示的,视为拒绝追认。行为人实施的行为被追认前,善意相对人有撤销的权利。撤销应当以通知的方式作出。”

行为人实施的行为未被追认的,善意相对人有权请求行为人履行债务或者就其受到的损害请求行为人赔偿。但是,赔偿的范围不得超过被代理人追认时相对人所能获得的利益。

相对人知道或者应当知道行为人无权代理的,相对人和行为人按照各自的过错承担责任。

(2)表见代理

表见代理是指行为人虽无权代理,但由于被代理人的某些行为,造成了足以使善意第三人相信其有代理权的表象,而与善意第三人进行的、由被代理人承担法律后果的代理行为。《民法典》第一百七十二条规定:“行为人没有代理权、超越代理权或者代理权终止后,仍然实施代理行为,相对人有理由相信行为人有代理权的,代理行为有效。”在表见的情形之下,规定由被代理人承担表见代理行为的法律后果,更有利于保护善意第三人的利益,维护交易安全,并以此加强代理制度的可信度。

表见代理除需符合代理的一般条件外,还需具备以下特别构成要件:

①存在足以使相对人相信行为人具有代理权的事实或理由。这是构成表见代理的客观要件。它要求行为人与被代理人之间应存在某些事实上或法律上的联系,如行为人持有由被代理人发出的委任状、已加盖公章的空白合同书或者有显示本人向行为人授予代理权的通知函告等证明类文件。

②被代理人存在过失。其过失表现为被代理人表达了足以使第三人相信有授权意思的表示,或者实施了足以使第三人相信有授权意义的行为,发生了外表授权的事实。

③相对人为善意。这是构成表见代理的主观要件。如果相对人明知行为人无代理权而仍与之实施民事行为,则相对人为主观恶意,不构成表见代理。

【案例分析】

案例背景材料以及问题见第1页。

(1)本案反映的民事法律关系是民事代理关系。本案民事代理关系涉及的三方当事人为:被代理人建筑施工企业法定代表人李某、代理人采购员王某和代理关系所涉及的第三人材料供应商沈某。

(2)本案中王某的代理行为属于表见代理,其签订的新的水电材料采购合同对该建筑施工企业有效。根据《民法典》第一百七十二条的规定,行为人没有代理权、超越代理权或者代理权终止后,仍然实施代理行为,相对人有理由相信行为人有代理权的,代理行为有效。本案中王某曾受建筑施工企业法定代表人李某委托,代表该企业多次与材料供应商沈某协商采购水电材料事宜，后虽然被李某取消委托，但并未及时通知沈某，造成沈某相信王某仍有代理权的表象，因此，王某签订的新的水电材料采购合同对该建筑施工企业有效。

3）代理行为的终止

根据《民法典》第一百七十三条的规定，有下列情形之一的，委托代理终止：①代理期限届满或者代理事务完成；②被代理人取消委托或者代理人辞去委托；③代理人丧失民事行为能力；④代理人或者被代理人死亡；⑤作为代理人或者被代理人的法人、非法人组织终止。

建设工程代理行为的终止，主要是第①、②、⑤涉及的情形。其中第⑤种情形表明，在建设工程活动中，不管是被代理人还是代理人，任何一方的法人终止，代理关系均随之终止。因为，对方的主体资格已消灭，代理行为将无法继续，其法律后果也将无从承担。

根据《民法典》第一百七十五条的规定，有下列情形之一的，法定代理终止：①被代理人取得或者恢复完全民事行为能力；②代理人丧失民事行为能力；③代理人或者被代理人死亡；④法律规定的其他情形。

1.3.2 物权制度

1）物权的概念

物权是指权利人依法对特定的物享有直接支配和排他的权利，包括所有权、用益物权和担保物权。物权是一项重要民事权利，物权制度属于民事基本制度。

《民法典》物权所称的物，包括不动产和动产。不动产是指土地和土地上的定着物，常见的不动产有土地、森林、矿藏、房屋等；动产是指不动产以外的物，如机器设备、车辆、动物、生活日用品等。《民法典》第二百零七条规定："国家、集体、私人的物权和其他权利人的物权受法律平等保护，任何组织或者个人不得侵犯。"

2）所有权、用益物权和担保物权

（1）所有权

所有权是一种财产权，又称财产所有权，是指所有权人对自己的不动产或者动产，依法所享有的占有、使用、收益和处分的权利。所有权是物权中最重要也最完全的一种权利。所有权人有权在自己的不动产或者动产上设立用益物权和担保物权。

当然，所有权在法律上也受到一定限制。《民法典》第二百四十三条规定："为了公共利益的需要，依照法律规定的权限和程序可以征收集体所有的土地和组织、个人的房屋以及其他不动产。"

（2）用益物权

用益物权是一种他物权，是指用益物权人对他人所有的不动产或者动产依法享有占有、使用和收益的权利，包括土地承包经营权、建设用地使用权、宅基地使用权、居住权和地役权。国家所有或者国家所有由集体使用以及法律规定属于集体所有的自然资源，组织、个人依法可以占有、使用和收益，此时组织或者个人就成为用益物权人。

(3)担保物权

担保物权也是一种他物权,是指担保物权人在债务人不履行到期债务或者发生当事人约定的实现担保物权的情形,依法享有就担保财产优先受偿的权利,包括抵押权、质权和留置权。《民法典》第三百八十七条规定:“债权人在借贷、买卖等民事活动中,为保障实现其债权,需要担保的,可以依照本法和其他法律的规定设立担保物权。”

3)物权的设立、变更、转让、消灭和保护

(1)不动产登记

不动产物权的设立、变更、转让和消灭,经依法登记,发生效力;未经登记,不发生效力,但是法律另有规定的除外。依法属于国家所有的自然资源,所有权可以不登记。不动产登记,由不动产所在地的登记机构办理。

当事人之间订立有关设立、变更、转让和消灭不动产物权的合同,除法律另有规定或者当事人另有约定外,自合同成立时生效;未办理物权登记的,不影响合同效力。

(2)动产交付

动产物权的设立和转让,自交付时发生效力,但法律另有规定的除外。船舶、航空器和机动车等特殊动产物权的变动以登记作为对抗要件。船舶、航空器和机动车等物权的设立、变更、转让和消灭,未经登记,不得对抗善意第三人。

(3)物权的保护

物权的保护是指通过法律规定的方法和程序保障物权人在法律许可的范围内对其财产行使占有、使用、收益、处分的权利。物权受到侵害的,权利人可以通过和解、调解、仲裁、诉讼等途径解决。

[知识链接与拓展]

土地所有权、建设用地使用权和地役权

建设工程与土地关系密切。下面介绍一些与土地有关的物权概念。

1)土地所有权

土地所有权是指土地所有者在法律规定的范围内,对其拥有的土地享有的占有、使用、收益和处分的权利。我国实行土地的社会主义公有制,即全民所有制和劳动群众集体所有制。《土地管理法》第九条规定“城市市区的土地属于国家所有。农村和城市郊区的土地,除由法律规定属于国家所有的以外,属于农民集体所有;宅基地和自留地、自留山,属于农民集体所有。”国有土地和农民集体所有的土地,可以依法确定给单位或者个人使用。

国家实行土地用途管制制度。国家编制土地利用总体规划,规定土地用途,将土地分为农用地、建设用地和未利用地。严格限制农用地转为建设用地,控制建设用地总量,对耕地实行特殊保护。

2)建设用地使用权

建设用地使用权是指建设用地使用权人依法对国家所有的土地享有占有、使用和收益的权利,有权利用该土地建造建筑物、构筑物及其附属设施。建设用地使用权是用益物权中的一项重要权利。设立建设用地使用权,可以采取出让或者划拨等方式。

取得建设用地使用权后,建设用地使用权人依法对国家所有的土地享有占有、使用和收

益的权利,有权利用该土地建造建筑物、构筑物及其附属设施。同时,《民法典》第三百五十三条规定:"建设用地使用权人有权将建设用地使用权转让、互换、出资、赠与或者抵押,但是法律另有规定的除外。"

3)地役权

地役权是指土地权利人(包括土地所有权人和土地使用权人)为了自己使用土地的方便或者土地利用价值的提高而利用他人土地的权利。如通行地役权;取水、汲水、导水、排水地役权;眺望地役权;采光地役权;建筑物支撑地役权;建造附属设施或安设临时附着物地役权等。因此,地役权是在他人不动产(主要是土地)上设立的一种用益物权。《民法典》第三百七十二条规定:"地役权人有权按照合同约定,利用他人的不动产,以提高自己的不动产的效益。"其中,上述所称他人的不动产为供役地,自己的不动产为需役地。

地役权的实现必须以使用供役地为条件。地役权人可以按照地役权设定合同约定的使用目的、范围和方法,行使其使用供役地的权利。《民法典》第三百七十五条规定:"供役地权利人应当按照合同约定,允许地役权人利用其不动产,不得妨害地役权人行使权利。"例如,甲乙两块承包地相邻,甲为了节省时间,使自己通行方便,想借用乙的承包地通行。于是,甲乙约定,甲向乙支付使用费,乙允许甲通行,为此双方达成书面协议,在乙的承包地上设立了通行地役权。此时,乙地称为供役地,甲地称为需役地。

1.3.3 债权制度

1)债权的概念

债权是指因合同、侵权行为、无因管理、不当得利以及法律的其他规定,权利人请求特定义务人为或者不为一定行为的权利。债权是相对权,是在特定主体之间发生的民事法律关系。民事主体依法享有债权。享有权利的人是债权人,负有义务的人是债务人。债权人有权要求债务人按照合同的约定或者依照法律的规定履行义务。

2)债的发生根据

能够引起债的发生的法律事实,即债的发生根据,主要有合同、侵权行为、不当得利、无因管理等。其中,合同是引起债权债务关系发生的最主要根据。

(1)合同之债

当事人之间因产生了合同法律关系,也就是产生了权利义务关系,便设立了债的关系。任何合同关系的设立,都会在当事人之间发生债权债务的关系。合同引起债的关系,是债发生的最主要、最普遍的依据。合同产生的债被称为合同之债。

建设工程债的产生,最主要的也是合同。施工合同的订立,会在施工单位与建设单位之间产生债;材料设备买卖合同的订立,会在施工单位与材料设备供应商之间产生债的关系。

(2)侵权之债

侵权是指公民或法人没有法律依据而侵害他人的财产权利或人身权利的行为。侵权行为一经发生,即在侵权行为人和被侵权人之间形成债的关系。侵权行为产生的债被称为侵权之债。《民法典》第一千一百六十五条规定:"行为人因过错侵害他人民事权益造成损害的，应当承担侵权责任。依照法律规定推定行为人有过错，其不能证明自己没有过错的，应当承担侵权责任。”

在建设工程活动中，也常会产生侵权之债。如施工现场的施工噪声或者废水的排放等，有可能产生侵权之债。

(3)无因管理之债

无因管理是指管理人没有法律上的特定义务，也没有受到他人委托，自觉为他人管理事务。因发生无因管理事实而在管理人与受益人之间形成的债的关系，被称为无因管理之债。《民法典》第九百七十九条规定：“管理人没有法定的或者约定的义务，为避免他人利益受损失而管理他人事务的，可以请求受益人偿还因管理事务而支出的必要费用；管理人因管理事务受到损失的，可以请求受益人给予适当补偿。”

(4)不当得利之债

不当得利是指没有法律上的根据，使他人受到损失而自己获得利益。因不当得利而在得利人与受损失的人之间形成债的关系，被称为不当得利之债。《民法典》第九百八十五条规定：“得利人没有法律根据取得不当利益的，受损失的人可以请求得利人返还取得的利益。但是有下列情形之一的除外：(一)为履行道德义务进行的给付；(二)债务到期之前的清偿；(三)明知无给付义务而进行的债务清偿。”

1.3.4 担保制度

1)担保的概念

担保是指当事人根据法律规定或者双方约定，为促使债务人履行债务实现债权人权利的法律制度。在借贷、买卖、货物运输、加工承揽等经济活动中，债权人需要以担保方式保障其债权实现的，可以依照《民法典》的规定设定担保。

2)担保方式

担保方式分为保证、抵押、质押、留置和定金。在建设工程活动中，保证是最为常用的一种担保方式。

(1)保证

保证是指保证人(第三人)和债权人约定，当债务人不履行债务时，保证人按照约定履行债务或者承担责任的行为。第三人为债务人向债权人提供担保的，可以要求债务人提供反担保。

①保证人资格。具有代为清偿债务能力的法人、非法人组织或者自然人，可以作为保证人。但是，以下组织不能作为保证人：a. 机关法人不得为保证人，但是经国务院批准为使用外国政府或者国际经济组织贷款进行转贷的除外；b. 以公益为目的的非营利法人、非法人组织不得为保证人。

在建设工程活动中，由于担保的标的额较大，保证人往往是银行，也有信用较高的其他担保人，如担保公司。银行出具的保证通常称为保函，其他保证人出具的书面保证一般称为保证书。

②保证的方式。保证的方式包括一般保证和连带责任保证。当事人在保证合同中对保证方式没有约定或者约定不明确的，按照一般保证承担保证责任。

a. 一般保证。当事人在保证合同中约定，债务人不能履行债务时，由保证人承担保证责任的，为一般保证。根据《民法典》第六百八十七条的规定："一般保证的保证人在主合同纠纷未经审判或者仲裁，并就债务人财产依法强制执行仍不能履行债务前，有权拒绝向债权人承担保证责任，但是有下列情形之一的除外：(一)债务人下落不明，且无财产可供执行；(二)人民法院已经受理债务人破产案件；(三)债权人有证据证明债务人的财产不足以履行全部债务或者丧失履行债务能力；(四)保证人书面表示放弃本款规定的权利。"

b. 连带责任保证。当事人在保证合同中约定保证人和债务人对债务承担连带责任的，为连带责任保证。根据《民法典》第六百八十八条的规定："连带责任保证的债务人不履行到期债务或者发生当事人约定的情形时，债权人可以请求债务人履行债务，也可以请求保证人在其保证范围内承担保证责任。"

③保证的范围与保证期间。保证的范围包括主债权及其利息、违约金、损害赔偿金和实现债权的费用。当事人另有约定的，按照其约定。

债权人与保证人可以约定保证期间，但是约定的保证期间早于主债务履行期限或者与主债务履行期限同时届满的，视为没有约定；没有约定或者约定不明确的，保证期间为主债务履行期限届满之日起6个月。债权人与债务人对主债务履行期限没有约定或者约定不明确的，保证期间自债权人请求债务人履行债务的宽限期届满之日起计算。

(2)抵押

抵押是指为担保债务的履行，债务人或者第三人不转移财产的占有，将该财产作为债权的担保。债务人不履行债务时，债权人有权依照法律规定以该财产折价或者以拍卖、变卖该财产的价款优先受偿。其中，债务人或者第三人为抵押人，债权人为抵押权人，提供担保的财产为抵押财产。

根据《民法典》第三百九十五条的规定，债务人或者第三人有权处分的下列财产可以抵押：①建筑物和其他土地附着物；②建设用地使用权；③海域使用权；④生产设备、原材料、半成品、产品；⑤正在建造的建筑物、船舶、航空器；⑥交通运输工具；⑦法律、行政法规未禁止抵押的其他财产。抵押人可以将上述所列财产一并抵押。《民法典》第三百九十七条规定"以建筑物抵押的，该建筑物占用范围内的建设用地使用权一并抵押。以建设用地使用权抵押的，该土地上的建筑物一并抵押。抵押人未依据前款规定一并抵押的，未抵押的财产视为一并抵押。"

根据《民法典》第三百九十九条的规定，下列财产不得抵押：①土地所有权；②宅基地、自留地、自留山等集体所有土地的使用权，但是法律规定可以抵押的除外；③学校、幼儿园、医疗机构等为公益目的成立的非营利法人的教育设施、医疗卫生设施和其他公益设施；④所有权、使用权不明或者有争议的财产；⑤依法被查封、扣押、监管的财产；⑥法律、行政法规规定不得抵押的其他财产。

(3)质押

质押包括动产质押与权利质押，是指债务人或者第三人将其动产或权利移交债权人占有，将该动产或权利作为债权的担保。债务人不履行债务时，债权人有权依照《民法典》的规定以该动产或权利折价或者以拍卖、变卖该动产或权利的价款优先受偿。其中，债务人或者第三人为出质人，债权人为质权人，移交的动产或权利为质物。

动产质押以出质人提供的有形动产为标的物；权利质权以出质人提供的财产权利为标的物。根据《民法典》第四百四十条的规定，债务人或者第三人有权处分的下列权利可以出质：①汇票、本票、支票；②债券、存款单；③仓单、提单；④可以转让的基金份额、股权；⑤可以转让的注册商标专用权、专利权、著作权等知识产权中的财产权；⑥现有的以及将有的应收账款；⑦法律、行政法规规定可以出质的其他财产权利。

(4)留置

留置是指债务人不履行到期债务，债权人可以留置已经合法占有的债务人的动产，并有权就该动产优先受偿。其中，债权人为留置权人，占有的动产为留置财产。

《民法典》第四百四十八条规定："债权人留置的动产，应当与债权属于同一法律关系，但是企业之间留置的除外。"此处所谓同一法律关系，就是留置财产应当与债权所形成的债权债务关系属于同一个民事法律关系。同一法律关系最为常见的就是因合同产生的债权债务关系。如汽车维修厂帮车主维修车辆后，车主拒绝支付维修费，维修厂扣住该车辆，这属于同一法律关系。汽车维修厂与车主之间达成的是车辆委托维修合同，所以在车主拖欠维修费的情况下，维修厂有权留置该车辆。

《民法典》第四百四十九条规定："法律规定或者当事人约定不得留置的动产，不得留置。"

(5)定金

定金是指当事人约定一方向对方给付定金作为债权的担保。定金合同自实际交付定金时成立。定金的数额由当事人约定；但是，不得超过主合同标的额的20%，超过部分不产生定金的效力。

《民法典》第五百八十七条规定："债务人履行债务的，定金应当抵作价款或者收回。给付定金的一方不履行债务或者履行债务不符合约定，致使不能实现合同目的的，无权请求返还定金；收受定金的一方不履行债务或者履行债务不符合约定，致使不能实现合同目的的，应当双倍返还定金。"

1.3.5 民事诉讼时效制度

1)诉讼时效的概念

诉讼时效是指民事权利受到侵害的权利人在法定的时效期间内不行使权利，当时效期间届满时，人民法院对权利人的权利不再进行保护的制度。实行诉讼时效制度，可以促使权利人及时行使权利，加快民事流转，稳定法律秩序，同时也有利于人民法院收集证据，解决纠纷。

2)诉讼时效的分类

诉讼时效按其适用范围和时效期间的长短不同，可以分为普通诉讼时效和特别诉讼时效。

(1)普通诉讼时效

普通诉讼时效，又称一般诉讼时效，是指由民事基本法规定的普遍适用的诉讼时效。《民法典》第一百八十八条第一款规定："向人民法院请求保护民事权利的诉讼时效期间为三年，法律另有规定的，依照其规定。"这是我国民事法律对一般诉讼时效的规定。凡是法律没有规定特别诉讼时效的，都应适用一般诉讼时效的规定。

(2)特别诉讼时效

特别诉讼时效，是指由民事基本法或特别法针对某些特定的民事法律关系而制定的诉讼时效。按照特别规定优于一般规定的原则，如果诉讼时效符合特别诉讼时效规定的，应当适用特别诉讼时效。在我国现行民事立法中，有关特别诉讼时效的规定散见于《民法典》和民事单行法，主要包括以下几种。

①《民法典》的相关规定。考虑到国际货物买卖的特殊性，法律上规定了特别诉讼时效期间。《民法典》第五百九十四条规定："因国际货物买卖合同和技术进出口合同争议提起诉讼或者申请仲裁的时效期间为四年。"可见，国际货物买卖合同和技术进出口合同的时效要比一般的普通诉讼时效期间更长。

②其他法律规定。《海商法》《票据法》等也都规定了特别诉讼时效。这些特别诉讼时效有的比一般诉讼时效期间要短，例如，《海商法》第二百五十七条规定："就海上货物运输向承运人要求赔偿的请求权，时效期间为一年，自承运人交付或者应当交付货物之日起计算；在时效期间内或者时效期间届满后，被认定为负有责任的人向第三人提起追偿请求的，时效期间为九十日，自追偿请求人解决原赔偿请求之日起或者收到受理对其本人提起诉讼的法院的起诉副本之日起计算。"

法律设定特别诉讼时效的目的，主要是根据不同纠纷的法律特点来适用不同的诉讼时效。如果证据比较清楚，法律关系比较单一，则一般要求当事人尽快地行使权利。但是对于纠纷比较复杂，且在相当长的一段时间内，证据不会丢失的，就可以适用更长一些的诉讼时效。

③最长诉讼时效。最长诉讼时效，是指对于各类民事权利予以保护的最长时效期间。《民法典》第一百八十八条第二款规定："自权利受到损害之日起超过二十年的，人民法院不予保护，有特殊情况的，人民法院可以根据权利人的申请决定延长。"

由此规定可知，若权利人在此 1～17 年任何一个时间已知或应知权利受到了侵害，则此时效便不适用 20 年的规定，而转为适用 3 年的一般时效规定或其他法定的特别时效的规定；在 17～20 年知道的，就算转成适用 3 年的一般时效规定还是不能超出 20 年这一限制。如第 5 年知道，到期日为第 8 年(5+3=8)；第 19 年知道，到期日为第 20 年。

3)诉讼时效期间的起算

诉讼时效期间自权利人知道或者应当知道权利受到损害以及义务人之日起计算。法律另有规定的,依照其规定。对于同一债务分期履行诉讼时效期间的起算,《民法典》第一百八十九条规定:"当事人约定同一债务分期履行的,诉讼时效期间自最后一期履行期限届满之日起计算。"

此外,《最高人民法院关于审理民事案件适用诉讼时效制度若干问题的规定(2020修正)》(法释〔2020〕17号)第四条至第七条,对于几种情况下诉讼时效期间的起算规定如下:

①未约定履行期限的合同,依照民法典第五百一十条、第五百一十一条的规定,可以确定履行期限的,诉讼时效期间从履行期限届满之日起计算;不能确定履行期限的,诉讼时效期间从债权人要求债务人履行义务的宽限期届满之日起计算,但债务人在债权人第一次向其主张权利之时明确表示不履行义务的,诉讼时效期间从债务人明确表示不履行义务之日起计算。

②享有撤销权的当事人一方请求撤销合同的,应适用民法典关于除斥期间的规定。对方当事人对撤销合同请求权提出诉讼时效抗辩的,人民法院不予支持。合同被撤销,返还财产、赔偿损失请求权的诉讼时效期间从合同被撤销之日起计算。

③返还不当得利请求权的诉讼时效期间,从当事人一方知道或者应当知道不当得利事实及对方当事人之日起计算。

④管理人因无因管理行为产生的给付必要管理费用、赔偿损失请求权的诉讼时效期间,从无因管理行为结束并且管理人知道或者应当知道本人之日起计算。本人因不当无因管理行为产生的赔偿损失请求权的诉讼时效期间,从其知道或者应当知道管理人及损害事实之日起计算。

4)诉讼时效中止和中断

(1)诉讼时效中止

诉讼时效的中止,指在诉讼时效期间的最后六个月内,因发生法定事由使权利人不能行使请求权的,诉讼时效中止。在导致诉讼时效中止的原因消除后,也就是权利人开始可以行使请求权时起,诉讼时效期间继续计算。

《民法典》第一百九十四条规定:"在诉讼时效期间的最后六个月内,因下列障碍,不能行使请求权的,诉讼时效中止:(一)不可抗力;(二)无民事行为能力人或者限制民事行为能力人没有法定代理人,或者法定代理人死亡、丧失民事行为能力、丧失代理权;(三)继承开始后未确定继承人或者遗产管理人;(四)权利人被义务人或者其他人控制;(五)其他导致权利人不能行使请求权的障碍。自中止时效的原因消除之日起满六个月,诉讼时效期间届满。"

(2)诉讼时效中断

诉讼时效中断,也称追诉时效的更新,是指在诉讼时效进行期间,因发生法定事由而使已进行的时效期间全部归于无效。在导致诉讼时效中断的法定事由终结时,诉讼时效期间重新计算。

《民法典》第一百九十五条规定:"有下列情形之一的,诉讼时效中断,从中断、有关程序终结时起,诉讼时效期间重新计算:(一)权利人向义务人提出履行请求;(二)义务人同意履行义务;(三)权利人提起诉讼或者申请仲裁;(四)与提起诉讼或者申请仲裁具有同等效力的其他情形。”

另外,《最高人民法院关于审理民事案件适用诉讼时效制度若干问题的规定》中也规定了诉讼时效中断的特殊情形。

1.3.6 知识产权制度

知识产权又称为智慧财产权,是指民事主体对创造性智力成果和工商业标记等依法享有的专有权利。知识产权包括著作权、专利权、商标权和其他知识产权。

著作权也称版权,是指作者及其他权利人对文学、艺术和科学作品享有的权利,包括人身权和财产权。

专利权是指发明创造人或其权利受让人对特定的发明创造在一定期限内依法享有的独占实施权。

商标权是商标专用权的简称,是指商标使用人依法对所使用的商标享有的专用权利。

我国有关知识产权保护的法律,主要有《著作权法》《专利法》《商标法》等。

1.4 建设工程法律责任

1.4.1 法律责任的概念

广义的法律责任是指守法的义务,即任何组织和个人都有遵守法律、维护法律尊严的义务。狭义的法律责任也称违法责任,是指行为人由于违法行为、违约行为或者由于法律规定而应承受的某种不利的法律后果。建设法律责任是不履行建设法律、法规规定的义务所引起的后果。根据建设违法行为所违反的法律的不同,可以把建设工程法律责任分为民事责任、行政责任、刑事责任等。

法律责任体现了个人与个人、个人与社会和国家之间权利义务统一关系,是法律体系中不可缺少的重要组成部分。法律责任是保护法律关系主体的权利得到实现的可靠法律手段,是在法律体系范围内抵制和预防违法行为的重要法律形式,是解决权利义务纠纷和冲突的文明方式。

1.4.2 建设工程民事责任

1)民事责任的种类

民事责任是指民事法律关系主体因违反民事法律规定而应承担的法律责任。我国《民法典》根据民事责任的承担原因将民事责任主要划分为两类,即违约责任和侵权责任。

(1)违约责任

违约责任是指合同当事人违反合同约定,不履行合同义务或者履行合同义务不符合约定而应承担的民事责任。建设工程中常见的违约责任有:工期延误、工程质量不合格、发包人延误支付预付款、拖欠工程进度款等。

构成违约责任必须具备以下四个条件：当事人必须有不履行合同义务或者履行合同义务不符合约定的行为；违约一方当事人主观上有过错；当事人违约给对方造成了财产上的损害；违约行为和损害结果之间存在着因果关系。

(2)侵权责任

侵权责任是指行为人因实施侵权行为而应承担的民事责任。基于侵权行为构成要件的不同可划分为一般侵权责任与特殊侵权责任。

①一般侵权责任。一般侵权责任，又称直接侵权责任，是指直接因行为人的故意或者过失侵害他人权利的不法行为和故意违背公共秩序、道德准则而加害于他人的不当行为造成他人损失而所应承担的民事责任，如故意侵占、毁损他人财物、诽谤他人名誉等诸如此类的行为。

一般侵权责任以行为人有过错为成立要件。一般侵权责任的构成要件包括：发生侵权行为；侵权行为对他人造成损害；侵权行为与造成的损害有必然联系；行为人有过错四个方面。

②特殊侵权责任。特殊侵权责任，是指当事人基于与自己有关的行为、物件、事件或者其他特别原因致人损害的，依照民法上的特别责任条款或者民事特别法的规定应对他人的人身、财产损失所应当承担的民事责任。

特殊侵权责任的成立不能按照一般侵权责任的构成要件确定，它由法律根据具体情况规定，实行过错推定或无过错责任。受害人追究当事人的责任，只要证明三个方面：自己有损害；当事人有加害行为；损害与加害行为之间有因果关系。当事人要免除自己的责任，要根据法律证明符合法定的免责条款或自己没有过错。

《民法典》侵权责任编规定的特殊侵权责任包括：产品责任、机动车交通事故责任、医疗损害责任、环境污染和生态破坏责任、高度危险责任、饲养动物损害责任、建筑物和物件损害责任。其中，与建设工程密切相关的特殊侵权责任有：

a. 环境污染和生态破坏责。《民法典》第一千二百二十九条规定：“因污染环境、破坏生态造成他人损害的，侵权人应当承担侵权责任。”

b. 占有或使用高度危险物致害责任。《民法典》第一千二百三十九条规定：“占有或者使用易燃、易爆、剧毒、高放射性、强腐蚀性、高致病性等高度危险物造成他人损害的，占有人或者使用人应当承担侵权责任；但是，能够证明损害是因受害人故意或者不可抗力造成的，不承担责任。被侵权人对损害的发生有重大过失的，可以减轻占有人或者使用人的责任。”

c. 从事高空、高压、地下挖掘活动致害责任。《民法典》第一千二百四十条规定：“从事高空、高压、地下挖掘活动或者使用高速轨道运输工具造成他人损害的，经营者应当承担侵权责任；但是，能够证明损害是因受害人故意或者不可抗力造成的，不承担责任。被侵权人对损害的发生有重大过失的，可以减轻经营者的责任。”

d. 建筑物、构筑物或者其他设施倒塌、塌陷致害责任。《民法典》第一千二百五十二条规定：“建筑物、构筑物或者其他设施倒塌、塌陷造成他人损害的，由建设单位与施工单位承担连带责任，但是建设单位与施工单位能够证明不存在质量缺陷的除外。建设单位、施工单位赔偿后，有其他责任人的，有权向其他责任人追偿。因所有人、管理人、使用人或者第三人的原因，建筑物、构筑物或者其他设施倒塌、塌陷造成他人损害的，由所有人、管理人、使用人或者第三人承担侵权责任。”

e. 建筑物、构筑物或者其他设施及其搁置物、悬挂物脱落、坠落致害责任。《民法典》第一千二百五十三条规定：“建筑物、构筑物或者其他设施及其搁置物、悬挂物发生脱落、坠落造成他人损害，所有人、管理人或者使用人不能证明自己没有过错的，应当承担侵权责任。所有人、管理人或者使用人赔偿后，有其他责任人的，有权向其他责任人追偿。”

f. 公共场所或者道路上施工致害责任和窨井等地下设施致害责任。《民法典》第一千二百五十八条规定：“在公共场所或者道路上挖掘、修缮安装地下设施等造成他人损害，施工人不能证明已经设置明显标志和采取安全措施的，应当承担侵权责任。窨井等地下设施造成他人损害，管理人不能证明尽到管理职责的，应当承担侵权责任。”

2）承担民事责任的方式

根据《民法典》第一百七十九条的规定，承担民事责任的方式主要有：①停止侵害；②排除妨碍；③消除危险；④返还财产；⑤恢复原状；⑥修理、重作、更换；⑦继续履行；⑧赔偿损失；⑨支付违约金；⑩消除影响、恢复名誉；⑪赔礼道歉。法律规定惩罚性赔偿的，依照其规定。以上承担民事责任的方式，可以单独适用，也可以合并适用。

建设工程民事责任主要有下列承担方式：

①返还财产。当建设工程施工合同无效、被撤销后，应当返还财产。执行返还财产的方式是折价返还，即承包人已经施工完成的工程，发包人按照“折价返还”的规则支付工程价款。主要是两种方式：一是参照无效合同中的约定价款；二是按当地市场价、定额量据实结算。

②修理。施工合同的承包人对施工中出现质量问题的建设工程或者竣工验收不合格的建设工程，应当负责返修。

③赔偿损失。赔偿损失是指合同当事人由于不履行合同义务或者履行合同义务不符合约定，给对方造成财产上的损失时，由违约方依法或依照合同约定应承担的损害赔偿责任。

④支付违约金。支付违约金是指按照当事人的约定或者法律规定，一方当事人违约的，应向另一方支付的金钱。

［知识链接与拓展］

侵权责任与违约责任的区别

侵权责任与违约责任主要有以下区别：

1）归责原则不同

侵权责任一般采取过错责任原则，在法律有特殊规定的情况下，采取无过错责任原则，若法律没有明确规定而当事双方又无过错，依公平观念，也可采取公平责任原则。违约责任一般采取无过错责任原则，在法律有明确规定的情况下，采取过错责任原则。

2）构成要件不同

侵权责任，行为人主观上是否有过错，因其适用的归责原则不同而有所不同，但一定要有损害后果的存在，无损害无侵权。在违约责任中，损害后果不一定是承担责任的要件，如定金罚则。

3)举证责任不同

在侵权责任中,一般侵权行为的受害人,有义务就加害人是否有过错负举证责任。而在违约责任中,违约方只有证明具有法定或约定的免责事由时才能免责。

4)免责条件不同

在侵权责任中,免责条件只能是法定的。在违约责任中,除了法定的免责条件外,合同当事人还可以事先约定不承担民事责任的情况,但当事人不得预先约定免除故意或重大过失的责任。

5)责任形式不同

侵权责任的形式包括停止侵害、返还财产、恢复原状、赔礼道歉、消除影响、恢复名誉、赔偿损失等。侵权责任既包括财产责任,也包括非财产责任。违约责任的形式主要有强制实际履行、支付违约金、赔偿损失等。违约责任主要是财产责任。

6)损害赔偿的范围不同

在侵权责任中,损害赔偿的范围不限于财产损害,而且还包括人身损害及其他损害。在违约责任中,损害赔偿的范围限于财产损害。

1.4.3 建设工程行政责任

行政责任是指行政法律关系主体因违反行政法律的规定而应承担的法律责任,包括行政处罚和行政处分。

(1)行政处罚

行政处罚是指行政机关依法对违反行政管理秩序的公民、法人或者其他组织,以减损权益或者增加义务的方式予以惩戒的行为。根据《行政处罚法》第九条的规定,行政处罚的种类包括:①警告、通报批评;②罚款、没收违法所得、没收非法财物;③暂扣许可证件、降低资质等级、吊销许可证件;④限制开展生产经营活动、责令停产停业、责令关闭、限制从业;⑤行政拘留;⑥法律、行政法规规定的其他行政处罚。

在建设工程领域,法律、行政法规所设定的行政处罚主要有:警告、罚款、没收违法所得、责令限期改正、责令停业整顿、取消一定期限内参加依法必须进行招标的项目的投标资格、责令停止施工、降低资质等级、吊销资质证书(同时吊销营业执照)、责令停止执业、吊销执业资格证书或其他许可证等。

(2)行政处分

行政处分是指国家行政机关工作人员在执行职务时因实施违法违纪行为但尚不构成犯罪的,依据法律、法规而给予的一种纪律惩戒。根据《行政机关公务员处分条例》第六条的规定,行政机关公务员处分的种类为:①警告;②记过;③记大过;④降级;⑤撤职;⑥开除。

1.4.4 建设工程刑事责任

刑事责任是指因违反刑事法律的规定,由国家司法机关对犯罪分子依照刑事法律的规定应追究的法律责任。刑事责任的承担方式是刑罚。根据《刑法》第三十二条的规定:"刑罚分为主刑和附加刑。"

主刑是对犯罪分子进行惩罚的主要刑种，分为管制、拘役、有期徒刑、无期徒刑和死刑。主刑只能独立适用，不能相互附加适用。对一个犯罪，只能判处一个主刑。

附加刑是补充主刑惩罚罪犯的刑种，分为罚金、剥夺政治权利、没收财产。附加刑既能附加主刑适用，又可以独立适用。

另外，对于犯罪的外国人，可以独立适用或者附加适用驱逐出境。

在建设工程领域，《刑法》规定的危害生产安全刑事犯罪主要包括：

①重大责任事故罪。《刑法》第一百三十四条第一款规定："在生产、作业中违反有关安全管理的规定，因而发生重大伤亡事故或者造成其他严重后果的，处三年以下有期徒刑或者拘役；情节特别恶劣的，处三年以上七年以下有期徒刑。"

②强令、组织他人违章冒险作业罪：《刑法》第一百三十四条第二款规定："强令他人违章冒险作业，或者明知存在重大事故隐患而不排除，仍冒险组织作业，因而发生重大伤亡事故或者造成其他严重后果的，处五年以下有期徒刑或者拘役；情节特别恶劣的，处五年以上有期徒刑。"

③危险作业罪。《刑法》第一百三十四条之一规定："在生产、作业中违反有关安全管理的规定，有下列情形之一，具有发生重大伤亡事故或者其他严重后果的现实危险的，处一年以下有期徒刑、拘役或者管制：a. 关闭、破坏直接关系生产安全的监控、报警、防护、救生设备、设施，或者篡改、隐瞒、销毁其相关数据、信息的；b. 因存在重大事故隐患被依法责令停产停业、停止施工、停止使用有关设备、设施、场所或者立即采取排除危险的整改措施，而拒不执行的；c. 涉及安全生产的事项未经依法批准或者许可，擅自从事矿山开采、金属冶炼、建筑施工，以及危险物品生产、经营、储存等高度危险的生产作业活动的。"

④重大劳动安全事故罪。《刑法》第一百三十五条规定："安全生产设施或者安全生产条件不符合国家规定，因而发生重大伤亡事故或者造成其他严重后果的，对直接负责的主管人员和其他直接责任人员，处三年以下有期徒刑或者拘役；情节特别恶劣的，处三年以上七年以下有期徒刑。

⑤工程重大安全事故罪。《刑法》第一百三十七条规定："建设单位、设计单位、施工单位、工程监理单位违反国家规定，降低工程质量标准，造成重大安全事故的，对直接责任人员，处五年以下有期徒刑或者拘役，并处罚金；后果特别严重的，处五年以上十年以下有期徒刑，并处罚金。"

⑥消防责任事故罪。《刑法》第一百三十九条规定："违反消防管理法规，经消防监督机构通知采取改正措施而拒绝执行，造成严重后果的，对直接责任人员，处三年以下有期徒刑或者拘役；后果特别严重的，处三年以上七年以下有期徒刑。"

⑦不报、谎报安全事故罪。《刑法》第一百三十九条之一规定："在安全事故发生后，负有报告职责的人员不报或者谎报事故情况，贻误事故抢救，情节严重的，处三年以下有期徒刑或者拘役；情节特别严重的，处三年以上七年以下有期徒刑。"

此外，针对办理危害生产安全刑事案件起诉、审判过程中存在的突出法律适用问题，2015 年 12 月 16 日起正式实施的《最高人民法院 最高人民检察院关于办理危害生产安全刑事案件适用法律若干问题的解释》（以下简称《解释》）作出了有针对性的规定，内容涵盖相关犯罪主体范围、定罪量刑标准、从重从轻处罚情节的具体运用以及相关公职人员贪污贿赂、渎职犯罪的认定处理等方面的多个重要问题。根据《解释》第六条的规定，实施刑法第一百四十三条第一款、第一百三十五条、第一百三十六条、第一百三十九条规定的行为，因而发生安全事故，具有下列情形之一的，应当认定为“造成严重后果”或者“发生重大伤亡事故或者造成其他严重后果”：①造成死亡 1 人以上，或者重伤 3 人以上的；②造成直接经济损失 100 万元以上的；③其他造成严重后果或者重大安全事故的情形。

［知识链接与拓展］

刑罚的相关规定

1）主刑

①管制。管制是对犯罪分子不实行关押，但限制其一定自由，由公安机关依靠群众监督执行的刑罚方法。管制的期限为 3 个月以上 2 年以下，数罪并罚时不得超过 3 年。管制的刑期从判决执行之日起计算，判决前先行羁押的，羁押 1 日抵折刑期 2 日。

②拘役。拘役是对犯罪分子短期剥夺人身自由，实行就近关押改造的刑罚方法。拘役的期限为 1 个月以上 6 个月以下，数罪并罚时不得超过 1 年。拘役的刑期从判决执行之日起计算，判决执行前先行羁押的，羁押 1 日抵折刑期 1 日。

拘役由公安机关在就近的拘役所、看守所或者其他监管场所执行。在执行期间，受刑人每月可以回家 1~2 天。参加劳动的，可以酌量发给报酬。

③有期徒刑。有期徒刑是对犯罪分子剥夺一定时期人身自由，并实行强制劳动改造的刑罚方法。有期徒刑的期限为 6 个月以上 15 年以下。数罪并罚时，有期徒刑总和刑期不满 35 年的，最高不能超过 20 年，总和刑期在 35 年以上的，最高不能超过 25 年。刑期从判决执行之日起计算，判决执行以前先行羁押的，羁押 1 日抵折刑期 1 日。

④无期徒刑。无期徒刑是剥夺犯罪分子终身自由的刑罚方法，是仅次于死刑的一种严厉的刑罚方法。《刑法》第五十七条规定：“对于被判处死刑、无期徒刑的犯罪分子，应当剥夺政治权利终身。”而对于被判处管制、拘役、有期徒刑的犯罪分子，则不是必须附加剥夺政治权利。

⑤死刑。死刑是剥夺犯罪分子生命的刑罚方法，包括死刑立即执行和死刑缓期 2 年执行两种情况，是刑法体系中最为严厉的刑罚方法。判处死刑缓期执行的，在死刑缓期执行期间，如果没有故意犯罪，2 年期满以后，减为无期徒刑；如果确有重大立功表现，2 年期满以后，减为 25 年有期徒刑；如果故意犯罪，查证属实的，由最高人民法院核准，执行死刑。

2）附加刑

①罚金。罚金是强制犯罪分子向国家缴纳一定数额金钱，对罪犯进行经济制裁的一种刑罚方法。判处罚金，应当根据犯罪情节决定罚金数额。

②剥夺政治权利。剥夺政治权利是指依法剥夺犯罪分子一定期限参加国家管理和政治活动权利的刑罚方法。根据《刑法》第五十四条的规定，剥夺政治权利是剥夺下列权利：选举权和被选举权；言论、出版、集会、结社、游行、示威自由的权利；担任国家机关职务的权利；担任国有公司、企业、事业单位和人民团体领导职务的权利。

附加剥夺政治权利的刑期，从徒刑、拘役执行完毕之日或者从假释之日起计算；剥夺政治权利的效力当然适用于主刑执行期间。

③没收财产。没收财产是指将犯罪分子个人所有的财产的一部分或者全部强行无偿地

收归国有的一种刑罚方法。没收全部财产的，应当对犯罪分子个人及其扶养的家属保留必需的生活费用。

习　题

一、单项选择题

1. 下列不属于建设行政主体的是(　　)。

A. 乡级以上人民政府及其建设行政主管机关

B. 地方行使建设活动管理职权的其他行政机关

C. 法律法规授权的组织

D. 受行政机关委托的组织

2. 在建设工程中，不具备法人资格的是(　　)。

A. 施工企业　　B. 项目经理部　　C. 勘察设计单位　　C. 监理单位

3. 在同一个法律体系中，按照一定的标准和原则所制定的同类法律规范总称为(　　)。

A. 法律形式　　B. 法律体系　　C. 法律规范　　D. 法律部门

4. 有关招标投标的法律文件中，法律效力最高的是(　　)。

A.《招标投标法》　　B.《招标投标法实施条例》

C.《江苏省招标投标条例》　　D.《工程建设项目施工招标投标办法》

5. 下列与工程建设有关的规范性文件中，由国务院制定的是(　　)。

A.《房屋建筑工程质量保修办法》　　B.《建设工程安全生产管理条例》

C.《安全生产法》　　D.《建筑业企业资质管理规定》

6.《建筑业企业资质管理规定》属于(　　)。

A. 法律　　B. 行政法规　　C. 司法解释　　D. 部门规章

7. 某建筑工程公司委托其业务员甲某外出采购水泥，甲某以该建筑工程公司的名义与乙公司签订一份钢材购销合同，下列说法正确的是(　　)。

A. 甲某的行为构成无权代理　　B. 甲某的行为属于有权代理

C. 甲某的行为构成滥用代理权　　D. 甲某的行为属于法定代理

8. 甲是某水泥厂的法定代表人，甲有确切证据证明水泥厂的工人乙在以甲的代理人的身份对外签订水泥销售合同。甲没有对此表示同意，也没有表示反对，则(　　)。

A. 应视为甲已经同意　　B. 应视为甲是反对的

C. 是同意还是反对无法认定　　D. 所签订的合同无效

9. 根据《民法典》，建设用地使用权属于(　　)。

A. 所有权　　B. 用益物权　　C. 担保物权　　D. 留置权

10. 建设单位需要使用相邻企业的场地开辟道路就近运输建筑材料。经双方订立合同，约定建设单位向该相邻企业支付用地费用，该相邻企业向建设单位提供场地。在此合同中，建设单位拥有的权利是(　　)。

A. 相邻权　B. 地役权　C. 土地出租权　D. 建设用地使用权

11. 动产物权的设立和转让，自(　　)时发生效力，但法律另有规定的除外。

A. 合同成立　B. 合同被公证　C. 物权登记　D. 交付

12. 在建工程的建筑物、构筑物或者其他设施倒塌造成他人损害的，由建设单位与施工企业承担连带责任。该责任在债的产生根据中属于(　　)之债。

A. 侵权　B. 合同　C. 无因管理　D. 不当得利

13. 既未受人之托，也不负有法律规定的义务，而是自觉为他人管理事务的行为，在民法上称为(　　)。

A 不当得利　B 无因管理　C 表见代理　D. 无权代理

14. 根据《民法典》，必须由第三人为当事人提供担保的方式是(　　)。

A. 保证　B. 抵押　C. 留置　D. 定金

15. 一般保证的保证人与债权人未约定保证期间的，保证期间为主债务履行期届满之日起(　　)。

A. 3 个月　B. 6 个月　C. 9 个月　D. 1 年

16. 定金合同以(　　)之时生效。

A. 当事人签字　B. 合同备案　C. 定金实际交付　D. 主合同成立

17. 根据《民法典》规定，向人民法院请求保护民事权利的诉讼时效期间为(　　)年，法律另有规定的除外。

A. 2　B. 3　C. 4　D. 20

18. 根据《民法典》规定，因国际货物买卖合同和技术进出口合同争议提起诉讼或者申请仲裁的期限为(　　)年。

A. 2　B. 3　C. 4　D. 20

19. 根据《民法典》规定，民事诉讼时效期间从知道或应当知道权利被侵害时起计算，但从权利被侵害之日起超过(　　)年，人民法院不予以保护。

A. 2　B. 3　C. 4　D. 20

20. 施工合同中约定按每月确定的工程量支付工程款，发包方没有按期付款，承包方欲请求法院保护其民事权利，该诉讼时效期间应从(　　)之日算起。

A. 第一次付款期限届满　B. 最后一次付款期限届满

C. 每次付款期限届满　D. 提交工程款支付申请

21. 下列法律责任中，属于民事责任承担方式的是(　　)。

A. 警告　B. 罚款　C. 支付违约金　D. 没收财产

22. 下列责任种类中，属于行政处罚的是(　　)。

A. 管制　B. 赔偿损失　C. 返还财产　D. 罚款

23. 根据《行政处罚法》，行政处罚的种类不包括(　　)。

A. 罚金　B. 责令停产停业　C. 行政拘留　D. 没收违法所得

24. 项目经理明知存在重大事故隐患而不排除，仍冒险组织作业，因而发生重大伤亡事故的，其行为构成(　　)。

A. 重大责任事故罪　B. 强令、组织他人违章冒险作业罪

C. 重大劳动安全事故罪　D. 工程重大安全事故罪

二、多项选择题

1. 根据《民法典》的规定，法人成立的条件是(　　)。

A. 应当依法成立
B. 有自己的名称、组织机构
C. 有自己的住所
D. 有必要的财产或经费
E. 有一定的规模

2. 下列法律中，属于行政法的是(　　)。

A.《建筑法》
B.《城乡规划法》
C.《招标投标法》
D.《环境影响评价法》
E.《消防法》

3. 我国法的形式主要包括(　　)。

A. 法律　B. 行政法规　C. 地方性法规　D. 行政规章　E. 企业规章

4. 下列属于委托代理终止事由的是(　　)。

A. 代理期间届满或者代理事务完成
B. 被代理人取消委托或者代理人辞去委托
C. 代理人丧失民事行为能力
D. 代理人或者被代理人死亡
E. 作为代理人或者被代理人的法人、非法人组织终止

5. 关于不动产物权的设立、变更、转让和消灭的说法中，正确的是(　　)。

A. 不动产物权的设立、变更、转让和消灭，经依法登记，发生效力
B. 依法属于国家所有的自然资源，所有权可以不登记
C. 不动产登记，由不动产所在地的登记机构办理
D. 不动产物权合同，除法律另有规定或者合同另有约定外，自合同成立时生效
E. 未办理物权登记的，影响合同效力

6. 在某建设项目施工中形成的下列债权中，属于合同之债的有(　　)。

A. 施工单位与材料供应商订立合同
B. 施工现场的砖块坠落砸伤现场外的行人
C. 施工单位将本应汇给甲单位的材料款汇入了乙单位账号
D. 材料供应商向施工单位交付材料
E. 施工单位向材料供应商支付材料款

7. 建筑设备生产企业将乙施工单位订购的价值 10 万元的某设备错发给了丙施工单位，几天后，甲索回该设备并交付给乙，乙因丙曾使用过该设备造成部分磨损而要求甲减少价款 1 万元。下列关于本案中债的性质的说法，正确的有(　　)。

A. 甲错发设备给丙属于无因管理之债
B. 丙向甲返还设备属于不当得利之债
C. 乙向甲支付设备款属于合同之债
D. 甲向乙少收 1 万元货款属于侵权之债
E. 丙擅自使用该设备对乙应承担侵权之债

8. 债务人或者第三人有权处分的(　　)等财产可以抵押。

A. 建筑物
B. 建设用地使用权
C. 半成品
D. 在建工程
E. 运输车辆

9. 根据有关担保的法律规定,属于不得抵押的财产有(　　)。

A. 土地所有权　　B. 农村集体宅基地土地使用权

C. 学校游泳馆产权　　D. 荒地承包经营权

E. 被扣押的房屋

10. 关于定金的表述中,正确的是(　　)。

A. 债务人履行债务后,定金应当抵作价款或者收回

B. 给付定金的一方不履行约定债务的,无权要求返还定金

C. 收受定金的一方不履行约定债务的,应当双倍返还定金

D. 定金合同从合同成立之日起生效

E. 定金的数额由当事人约定,但不得超过主合同标的额的 20%

11. 下列关于诉讼时效的说法中,正确的是(　　)。

A. 在诉讼时效期间的最后 6 个月内,因不可抗力阻碍不能行使请求权的,诉讼时效中止

B. 诉讼时效中止,即诉讼时效期间暂时停止计算

C. 诉讼时效中止的,自阻碍诉讼时效的法定事由消失后,诉讼时效期间重新计算

D. 因发生法定事由而使诉讼时效中断的,已进行的诉讼时效期间全部归于无效

E. 诉讼时效中断的,从中断、有关程序终结时起,诉讼时效期间继续计算

12.《民法典》规定,承担民事责任的方式主要有(　　)。

A. 停止侵害　　B. 排除妨碍　　C. 消除危险　　D. 支付违约金　　E. 没收财产

13. 下列刑罚类型中,属于附加刑的是(　　)。

A. 管制　　B. 拘役　　C. 罚金　　D. 剥夺政治权利　　E. 没收财产

第 2 章
建设工程许可法律制度

本章学习要求：

熟悉建设工程施工许可制度，掌握施工许可证的申请条件；了解建设从业单位资质管理制度，熟悉施工企业资质违法责任；了解建设专业技术人员执业资格制度，熟悉二级建造师执业资格管理相关规定。

主要法律法规：

《中华人民共和国建筑法》(1997年11月1日通过，2019年4月23日第 2 次修正)

《建筑工程施工许可管理办法》(建设部令〔2014〕第 18 号公布，建设部令〔2021〕第 52 号第 2 次修改)

《建筑业企业资质管理规定》(建设部令〔2015〕第 22 号公布，建设部令〔2018〕第 45 号第 2 次修改)

《建筑业企业资质标准》(建设部建市〔2014〕159 号)

《建设工程勘察设计资质管理规定》(建设部令〔2007〕第 160 号公布，建设部令〔2018〕第 45 号第 3 次修正)

《工程造价咨询企业管理办法》(建设部令〔2006〕第 149 号公布，建设部令〔2020〕第 50 号第 3 次修正)

《工程监理企业资质管理规定》(建设部令〔2007〕第 158 号公布，建设部令〔2018〕第 45 号第 3 次修正)

《建造师执业资格制度暂行规定》(人事部、建设部人发〔2002〕111 号)

《建造师执业资格考试实施办法》(国人部发〔2004〕16 号)

《注册建造师管理规定》(建设部令〔2006〕第153号公布，建设部令〔2016〕第32号修改)

《注册建造师执业管理办法(试行)》(建设部建市〔2008〕48 号)

《造价工程师职业资格制度规定》(建设部建人〔2018〕67 号)

《造价工程师职业资格考试实施办法》(建设部建人〔2018〕67 号)

《注册造价工程师管理办法》(建设部令〔2006〕第150号公布,建设部令〔2020〕第50号第2次修正)

《注册监理工程师管理规定》(建设部令〔2006〕第147号公布,建设部令〔2016〕第32号修改)

【驱动案例】

背景材料2:2021年3月4日,某房地产开发有限公司与某建设集团有限公司签订某区住宅楼工程施工合同,合同价54 432 144元,2021年3月26日该地产开发有限公司取得该住宅楼工程施工许可证。4月6日,区住建局工作人员踏勘现场时发现该项目14号楼、17号楼已建至第7层,16号楼已建至第4层,现场施工进度与常规施工进度不符,涉嫌在办理施工许可证之前就擅自施工,遂立案调查。4月13日,区住建局依据《建筑法》第六十四条、《建筑工程施工许可管理办法》第十二条、第十五条第一款对该房地产开发有限公司处816 482元罚款,对该建设集团有限公司处15 000元罚款,对建设单位项目负责人处61 236元罚款,对施工单位项目经理处1 125元罚款。

试依据《建筑法》和《建筑工程施工许可管理办法》对下列问题进行分析:

(1)本案中建筑工程施工许可证的申请主体是否合法?

(2)本案中住宅楼工程在未取得建筑工程施工许可证的情况下,是否可以开工建设?

(3)区住建局对该住宅楼建设工程相关方的处罚是否恰当?

本案例分析见第37页。

建设工程许可制度,是《建筑法》确定的建设活动的基本法律制度之一。这一制度包括建设工程施工许可管理、建设从业单位资质管理、建设专业技术人员执业资格管理。涉及的主要法律法规除《建筑法》外,还有《建筑工程施工许可管理办法》《建筑业企业资质管理规定》《建设工程勘察设计资质管理规定》《工程造价咨询企业管理办法》《工程监理企业资质管理规定》《注册建造师管理规定》《注册造价工程师管理办法》《注册监理工程师管理规定》等。

2.1 建设工程施工许可制度

建设工程施工许可制度是指由国家授权的有关建设行政主管部门,在建设工程施工开始以前,对该项工程是否符合法定的开工条件进行审查,对符合条件者发给施工许可证,允许其开工建设的制度。在我国对有关建筑工程实行施工许可证制度,有利于保证开工建设的工程符合法定条件,避免不具备施工条件的工程盲目施工,从而使建设工程在开工后能够顺利实施;同时也便于有关行政主管部门全面掌握和了解其管辖范围内有关建筑工程的数量、规模、施工队伍等基本情况,及时对各个建筑工程依法进行监督和指导,保证建设工程活动依法有序进行。

根据《建筑工程施工许可管理办法》第三条的规定,应当申请领取施工许可证的建筑工程未取得施工许可证的，一律不得开工。任何单位和个人不得将应当申请领取施工许可证的工程项目分解为若干限额以下的工程项目，规避申请领取施工许可证。

2.1.1 施工许可证的申领范围

1）需要办理施工许可证的建设工程

根据《建筑工程施工许可管理办法》第二条第一款的规定，在中华人民共和国境内从事各类房屋建筑及其附属设施的建造、装修装饰和与其配套的线路、管道、设备的安装，以及城镇市政基础设施工程的施工，均应申请领取施工许可证。

2）不需要办理施工许可证的建设工程

（1）限额以下的小型工程

按照《建筑法》第七条的规定，国务院建设行政主管部门确定的限额以下的小型工程，可以不申请办理施工许可证。

据此，《建筑工程施工许可管理办法》第二条第二款规定，工程投资额在30万元以下或者建筑面积在300平方米以下的建筑工程，可以不申请办理施工许可证。省、自治区、直辖市人民政府住房城乡建设主管部门可以根据当地的实际情况，对限额进行调整，并报国务院住房城乡建设主管部门备案。

（2）抢险救灾等工程

抢险救灾及其他临时性房屋建筑和农民自建低层住宅的建筑活动，因其工程的特殊性，因此，从实际出发，《建筑工程施工许可管理办法》规定此类建筑活动不适用本办法。

3）不重复办理施工许可证的建设工程

为避免同一建设工程的开工由不同行政主管部门重复审批的现象，按照国务院规定的权限和程序批准开工报告的建筑工程，不再领取施工许可证。

2.1.2 施工许可证的申请主体与申请条件

1）施工许可证的申请主体

建筑工程施工许可证的申请领取，应该是由建设单位负责。《建筑法》第七条第一款规定："建筑工程开工前，建设单位应当按照国家有关规定向工程所在地县级以上人民政府建设行政主管部门申请领取施工许可证。"因此，建设单位是施工许可证的申请主体。

建设单位又称业主或项目法人，是指建设项目的投资者。如果建设项目是政府投资，则建设单位应为该建设项目的管理单位或使用单位。

2）施工许可证的申请条件

根据《建筑工程施工许可管理办法》第四条的规定，建设单位申请领取施工许可证，应当具备下列条件，并提交相应的证明文件：①依法应当办理用地批准手续的，已经办理该建筑工程用地批准手续；②依法应当办理建设工程规划许可证的，已经取得建设工程规划许可证；③施工场地已经基本具备施工条件，需要征收房屋的，其进度符合施工要求；④已经确定施工企业；⑤有满足施工需要的资金安排、施工图纸及技术资料，建设单位应当提供建设资金已经落实承诺书，施工图设计文件已按规定审查合格；⑥有保证工程质量和安全的具体措施。

(1)建设工程用地批准手续

办理用地批准手续是建设工程依法取得土地使用权的必经程序，也是建设工程取得施工许可的必要条件。如果没有依法取得土地使用权，就不能批准建设工程开工。

根据《土地管理法》第五十四条的规定，建设单位使用国有土地，应当以出让等有偿使用方式取得；但是，下列建设用地，经县级以上人民政府依法批准，可以以划拨方式取得：①国家机关用地和军事用地；②城市基础设施用地和公益事业用地；③国家重点扶持的能源、交通、水利等基础设施用地；④法律、行政法规规定的其他用地。

经批准的建设项目需要使用国有建设用地的，建设单位应当持法律、行政法规规定的有关文件，向有批准权的县级以上人民政府自然资源主管部门提出建设用地申请，经自然资源主管部门审查，报本级人民政府批准。

国有土地按规定采用招标、拍卖和协议出让方式提供土地使用权的，按有关规定办理，不需提出建设用地申请。

(2)规划许可证

规划许可证包括建设用地规划许可证和建设工程规划许可证。

①建设用地规划许可证。建设用地规划许可证是经城乡规划行政主管部门依法核发的，确认建设项目位置和范围符合城乡规划的法律凭证。建设单位在向国土资源管理部门申请征用、划拨土地时，必须取得建设用地规划许可证。没有建设用地规划许可证的建设用地属非法用地。

根据《城乡规划法》第三十七条的规定，在城市、镇规划区内以划拨方式提供国有土地使用权的建设项目，经有关部门批准、核准、备案后，建设单位应当向城市、县人民政府城乡规划主管部门提出建设用地规划许可申请，由城市、县人民政府城乡规划主管部门依据控制性详细规划核定建设用地的位置、面积、允许建设的范围，核发建设用地规划许可证。建设单位在取得建设用地规划许可证后，方可向县级以上地方人民政府土地主管部门申请用地，经县级以上人民政府审批后，由土地主管部门划拨土地。

根据《城乡规划法》第三十八条的规定，在城市、镇规划区内以出让方式提供国有土地使用权的，在国有土地使用权出让前，城市、县人民政府城乡规划主管部门应当依据控制性详细规划，提出出让地块的位置、使用性质、开发强度等规划条件，作为国有土地使用权出让合同的组成部分。未确定规划条件的地块，不得出让国有土地使用权。

以出让方式取得国有土地使用权的建设项目，建设单位在取得建设项目的批准、核准、备案文件和签订国有土地使用权出让合同后，向城市、县人民政府城乡规划主管部门领取建设用地规划许可证。

②建设工程规划许可证。建设工程规划许可证是经城乡规划行政主管部门依法核发

的，确认有关建设工程符合城市规划要求的法律凭证。该证是办理建设工程施工许可证的必要条件，是进行规划验线和验收的法定要件。没有此证的建设单位，其工程建筑是违章建筑。

根据《城乡规划法》第四十条的规定，在城市、镇规划区内进行建筑物、构筑物、道路、管线和其他工程建设的，建设单位或者个人应当向城市、县人民政府城乡规划主管部门或者省、自治区、直辖市人民政府确定的镇人民政府申请办理建设工程规划许可证。

申请办理建设工程规划许可证，应当提交使用土地的有关证明文件、建设工程设计方案等材料。需要建设单位编制修建性详细规划的建设项目，还应当提交修建性详细规划。对符合控制性详细规划和规划条件的，由城市、县人民政府城乡规划主管部门或者省、自治区、直辖市人民政府确定的镇人民政府核发建设工程规划许可证。

城市、县人民政府城乡规划主管部门或者省、自治区、直辖市人民政府确定的镇人民政府应当依法将经审定的修建性详细规划、建设工程设计方案的总平面图予以公布。

(3)施工场地

建筑工程开工前完成通水、通电、通路和土地平整等“三通一平”施工条件，是申领施工许可的基本条件之一。需要征收房屋的，其进度应符合施工要求。

房屋征收是一项复杂的综合性工作，必须按照计划和施工进度进行，过早或过迟都会造成损失和浪费。需要先期进行征收的，征收进度必须能满足建设工程开始施工和连续施工的要求。

根据《国有土地上房屋征收与补偿条例》第四条规定，市、县级人民政府负责本行政区域的房屋征收与补偿工作。市、县级人民政府确定的房屋征收部门组织实施本行政区域的房屋征收与补偿工作。房屋征收部门可以委托房屋征收实施单位，承担房屋征收与补偿的具体工作。

根据《国有土地上房屋征收与补偿条例》第十七条规定，作出房屋征收决定的市、县级人民政府对被征收人给予的补偿包括：①被征收房屋价值的补偿；②因征收房屋造成的搬迁、临时安置的补偿；③因征收房屋造成的停产停业损失的补偿。

(4)建筑施工企业

建设工程的施工必须由具备相应资质的施工企业来承担。因此，在建设工程开工前，建设单位必须依法通过招标或直接发包的方式确定承包该建设工程的施工企业，并签订建设工程承包合同，明确双方的责任、权利和义务。否则，建设工程的施工将无法进行。

《建筑工程施工许可管理办法》第四条第四项进一步规定，按照规定应当招标的工程没有招标，应当公开招标的工程没有公开招标，或者肢解发包工程，以及将工程发包给不具备相应资质条件的企业的，所确定的施工企业无效。

(5)施工资金安排、施工图纸及技术资料

建设资金的落实是建设工程开工后能否顺利实施的关键。多年来，某些地方和建设单位无视国家有关规定和自身经济实力，在建设资金不落实或资金不足的情况下，盲目上建设项目，强行要求施工企业垫资承包或施工，转嫁投资缺口，造成拖欠工程款的问题难以杜绝，不仅加重了施工企业的生产经营困难，影响了工程建设的正常进行，也扰乱了建设市场的秩序。许多“烂尾楼”工程等都是建设资金不到位的结果。因此，《建筑工程施工许可管理办法》第四条第五项强调，申请施工许可证时，建设单位应当提供建设资金已经落实承诺书。施工图设计文件已按规定审查合格。

施工图纸是实行建设工程的最根本的技术文件，也是在施工过程中保证建设工程质量的重要依据。这就要求设计单位要按工程的施工顺序和施工进度，安排好施工图纸的配套交付计划，保证满足施工的需要。特别是在开工前，必须有满足施工需要的施工图纸和技术资料。

我国已建立施工图设计文件的审查制度。施工图设计文件不仅要满足施工需要，还应当按照规定进行审查。根据《建设工程质量管理条例》的规定，施工图设计文件未经审查批准的，不得使用。

(6)工程质量和安全的措施

工程质量和安全是工程施工企业面临的最大问题。它不仅关系到建设工程项目投资效益，而且直接关系到人民生命财产的安全。因此，申请施工许可证时，必须有保证工程质量和安全的具体措施。

《建筑工程施工许可管理办法》第四条第六项进一步明确，施工企业编制的施工组织设计中有根据建筑工程特点制定的相应质量、安全技术措施；建立工程质量安全责任制并落实到人；专业性较强的工程项目编制了专项质量、安全施工组织设计，并按照规定办理了工程质量、安全监督手续。

《建设工程质量管理条例》第十三条规定："建设单位在开工前，应当按照国家有关规定办理工程质量监督手续，工程质量监督手续可以与施工许可证或者开工报告合并办理。"

《建设工程安全生产管理条例》第十条第一款规定："建设单位在申请领取施工许可证时，应当提供建设工程有关安全施工措施的资料。"第四十二条第一款规定："建设行政主管部门在审核发放施工许可证时，应当对建设工程是否有安全施工措施进行审查，对没有安全施工措施的，不得颁发施工许可证。"

2.1.3 施工许可证的申领程序

申请办理施工许可证，应当按照下列程序进行：

①建设单位向发证机关领取《建筑工程施工许可证申请表》。

②建设单位持加盖单位及法定代表人印鉴的《建筑工程施工许可证申请表》，并附有关证明文件，向发证机关提出申请。

③发证机关在收到建设单位报送的《建筑工程施工许可证申请表》和所附证明文件后，对于符合条件的，应当自收到申请之日起7日内颁发施工许可证；对于证明文件不齐全或者失效的，应当当场或者5日内一次告知建设单位需要补正的全部内容，审批时间可以自证明文件补正齐全后作相应顺延；对于不符合条件的，应当自收到申请之日起7日内书面通知建设单位，并说明理由。

建筑工程在施工过程中，建设单位或者施工单位发生变更的，应当重新申请领取施工许可证。

2.1.4 施工许可证的管理

建设单位申请领取施工许可证的工程名称、地点、规模,应当与依法签订的施工承包合同一致。施工许可证应当放置在施工现场备查。施工许可证不得伪造和涂改。

1) 施工许可证废止的规定

建设单位应当自领取施工许可证之日起 3 个月内开工。因故不能按期开工的,应当向发证机关申请延期;延期以两次为限,每次不超过 3 个月。既不开工又不申请延期或者超过延期时限的,施工许可证自行废止。

2) 施工许可证重新核验的规定

在建的建筑工程因故中止施工的,建设单位应当自中止施工之日起 1 个月内向发证机关报告,报告内容包括中止施工的时间、原因、在施部位、维修管理措施等,并按照规定做好建筑工程的维护管理工作。

建筑工程恢复施工时,应当向发证机关报告;中止施工满 1 年的工程恢复施工前,建设单位应当报发证机关核验施工许可证。

3) 重新办理开工报告的规定

按照国务院有关规定批准开工报告的建筑工程,因故不能按期开工或者中止施工的,应当及时向批准机关报告情况。因故不能按期开工超过 6 个月的,应当重新办理开工报告的批准手续。

2.1.5 施工许可证违法行为应承担的法律责任

《建筑法》第六十四条规定:"违反本法规定,未取得施工许可证或者开工报告未经批准擅自施工的,责令改正,对不符合开工条件的责令停止施工,可以处以罚款。"

对于施工许可证违法行为应承担的法律责任,《建筑工程施工许可管理办法》第十二条、第十三条、第十四条、第十五条的进一步规定:

①对于未取得施工许可证或者为规避办理施工许可证将工程项目分解后擅自施工的,由有管辖权的发证机关责令停止施工,限期改正,对建设单位处工程合同价款 1% 以上 2% 以下罚款;对施工单位处 3 万元以下罚款。

②建设单位采用欺骗、贿赂等不正当手段取得施工许可证的,由原发证机关撤销施工许可证,责令停止施工,并处 1 万元以上 3 万元以下罚款;构成犯罪的,依法追究刑事责任。

③建设单位隐瞒有关情况或者提供虚假材料申请施工许可证的,发证机关不予受理或者不予许可,并处 1 万元以上 3 万元以下罚款;构成犯罪的,依法追究刑事责任。

④建设单位伪造或者涂改施工许可证的,由发证机关责令停止施工,并处 1 万元以上 3 万元以下罚款;构成犯罪的,依法追究刑事责任。

⑤依照《建筑工程施工许可管理办法》规定,给予单位罚款处罚的,对单位直接负责的主

管人员和其他直接责任人员处单位罚款数额5%以上10%以下罚款。单位及相关责任人受到处罚的,作为不良行为记录予以通报。"

【案例分析】

案例背景材料2及问题见第31页。

(1)本案中住宅楼工程施工许可证的申请主体合法。《建筑法》第七条第一款规定:"建筑工程开工前,建设单位应当按照国家有关规定向工程所在地县级以上人民政府建设行政主管部门申请领取施工许可证。"因此,该住宅楼工程施工许可证的申请领取,应该是由建设单位某地产开发有限公司负责。

(2)本案中住宅楼工程在未取得建筑工程施工许可证的情况下,不得开工建设。该住宅楼工程在取得施工许可证之前擅自施工,违反了《建筑工程施工许可管理办法》第三条第一款"本办法规定应当申请领取施工许可证的建筑工程未取得施工许可证的,一律不得开工"的规定。按照相关法律规定,开发公司、施工单位及相关责任人员应当承担相应的法律责任。

(3)区住建局对于案件的处理,符合《建筑工程施工许可管理办法》的相关规定。

①根据《建筑工程施工许可管理办法》第十二条规定:"对于未取得施工许可证或者为规避办理施工许可证将工程项目分解后擅自施工的,由有管辖权的发证机关责令停止施工,限期改正,对建设单位处工程合同价款1%以上2%以下罚款;对施工单位处3万元以下罚款"的规定,区住建局对建设单位房地产开发有限公司处以施工合同价1.5%即816 482元的罚款,对施工单位建设集团有限公司处以15 000元罚款。

②根据《建筑工程施工许可管理办法》第十五条第一款规定:"依照本办法规定,给予单位罚款处罚的,对单位直接负责的主管人员和其他直接责任人员处单位罚款数额5%以上10%以下罚款"的规定,分别对建设单位项目负责人和施工单位项目经理给予单位罚款数额7.5%的罚款,分别为61 236元、1 125元。

2.2 建筑从业单位资质管理制度

建筑业关系到公共利益、社会公共安全,世界各国对建筑企业都制定了不同的市场准入制度。我国目前实行的是企业资质管理与个人执业资格管理相结合的建筑市场准入制度。

《建筑法》第十三的规定:"从事建筑活动的建筑施工企业、勘察单位、设计单位和工程监理单位,按照其拥有的注册资本、专业技术人员、技术装备和已完成的建筑工程业绩等资质条件,划分为不同的资质等级,经资质审查合格,取得相应等级的资质证书后,方可在其资质等级许可的范围内从事建筑活动。"

2.2.1 建筑业企业资质管理规定

建筑业企业是指从事土木工程、建筑工程、线路管道设备安装工程的新建、扩建、改建等施工活动的企业。

《建筑业企业资质管理规定》第三条规定:"企业应当按照其拥有的资产、主要人员、已完成的工程业绩和技术装备等条件申请建筑业企业资质，经审查合格，取得建筑业企业资质证书后，方可在资质许可的范围内从事建筑施工活动。”

1）建筑业企业的资质分类、业务范围及施工劳务企业资质标准

（1）建筑业企业的资质分类

建筑业企业资质分为施工总承包资质、专业承包资质、施工劳务资质 3 个序列。其中，施工总承包资质、专业承包资质按照工程性质和技术特点划分为若干资质类别，各资质类别按照规定的条件划分为若干资质等级。施工劳务资质不分类别与等级。

根据《建筑业企业资质等级标准》规定，建筑业企业的资质类别和等级如下：

①施工总承包序列设有 12 个类别，分别是：建筑工程施工总承包、公路工程施工总承包、铁路工程施工总承包、港口与航道工程施工总承包、水利水电工程施工总承包、电力工程施工总承包、矿山工程施工总承包、冶金工程施工总承包、石油化工工程施工总承包、市政公用工程施工总承包、通信工程施工总承包、机电工程施工总承包。每个资质类别一般分为 4 个等级（特级、一级、二级、三级）。

②专业承包序列设有 36 个类别，分别是：地基基础工程专业承包、起重设备安装工程专业承包、预拌混凝土专业承包、电子与智能化工程专业承包、消防设施工程专业承包、防水防腐保温工程专业承包、桥梁工程专业承包资质、隧道工程专业承包、钢结构工程专业承包、模板脚手架专业承包、建筑装修装饰工程专业承包、建筑机电安装工程专业承包、建筑幕墙工程专业承包、古建筑工程专业承包、城市及道路照明工程专业承包、公路路面工程专业承包、公路路基工程专业承包、公路交通工程专业承包、铁路电务工程专业承包、铁路铺轨架梁工程专业承包、铁路电气化工程专业承包、机场场道工程专业承包、民航空管工程及机场弱电系统工程专业承包、机场目视助航工程专业承包、港口与海岸工程专业承包、航道工程专业承包、通航建筑物工程专业承包、港航设备安装及水上交管工程专业承包、水工金属结构制作与安装工程专业承包、水利水电机电安装工程专业承包、河湖整治工程专业承包、输变电工程专业承包、核工程专业承包、海洋石油工程专业承包、环保工程专业承包、特种工程专业承包。每个资质类别一般分为 3 个等级（一级、二级、三级）。

（2）建筑业企业的资质业务范围

根据《建筑业企业资质等级标准》规定，建筑业企业的资质业务范围如下：

①施工总承包工程应由取得相应施工总承包资质的企业承担。取得施工总承包资质的企业可以对所承接的施工总承包工程内各专业工程全部自行施工，也可以将专业工程依法进行分包。对没有资质的专业工程进行分包时，应分包给具有相应专业承包资质的企业。施工总承包企业将劳务作业分包时，应分包给具有施工劳务资质的企业。

②设有专业承包资质的专业工程单独发包时，应由取得相应专业承包资质的企业承担。取得专业承包资质的企业可以承接具有施工总承包资质的企业依法分包的专业工程或建设单位依法发包的专业工程。取得专业承包资质的企业应对所承接的专业工程全部自行组织施工，劳务作业可以分包，但应分包给具有施工劳务资质的企业。

③取得施工劳务资质的企业可以承接具有施工总承包资质或专业承包资质的企业分包的劳务作业。

④取得施工总承包资质的企业,可以从事资质证书许可范围内的相应工程总承包、工程项目管理等业务。

(3)施工劳务企业资质标准

①企业资产:a. 净资产200万元以上;b. 具有固定的经营场所。

②企业主要人员:a. 技术负责人具有工程序列中级以上职称或高级工以上资格;b. 持有岗位证书的施工现场管理人员不少于5人,且施工员、质量员、安全员、劳务员等人员齐全。

③经考核或培训合格的技术工人不少于50人。

2)建筑工程施工总承包企业承包工程范围

建筑工程是指各类结构形式的民用建筑工程、工业建筑工程、构筑物工程以及相配套的道路、通信、管网管线等设施工程。工程内容包括地基与基础、主体结构、建筑屋面、装修装饰、建筑幕墙、附建人防工程以及给水排水及供暖、通风与空调、电气、消防、智能化、防雷等配套工程。

建筑工程施工总承包资质分为特级、一级、二级、三级,其承包工程范围如下:

(1)特级资质

①取得施工总承包特级资质的企业可承担本类别各等级工程施工总承包、设计及开展工程总承包和项目管理业务。

②取得建筑、公路、铁路、市政公用、港口与航道、水利水电等专业中任意1项施工总承包特级资质和其中2项施工总承包一级资质,即可承接上述各专业工程的施工总承包、工程总承包和项目管理业务,及开展相应设计主导专业人员齐备的施工图设计业务。

③取得建筑、矿山、冶金、石油化工、电力等专业中任意1项施工总承包特级资质和其中2项施工总承包一级资质,即可承接上述各专业工程的施工总承包、工程总承包和项目管理业务,及开展相应设计主导专业人员齐备的施工图设计业务。

④特级资质的企业,限承担施工单项合同额6 000万元以上的建筑工程。

(2)一级资质

可承担单项合同额3 000万元以上的下列建筑工程的施工:

①高度200米以下的工业、民用建筑工程。

②高度240米以下的构筑物工程。

(3)二级资质

可承担下列建筑工程的施工:

①高度100米以下的工业、民用建筑工程。

②高度120米以下的构筑物工程。

③建筑面积4万平方米以下的单体工业、民用建筑工程。

④单跨跨度39米以下的建筑工程。

(4)三级资质

可承担下列建筑工程的施工:

①高度50米以下的工业、民用建筑工程。

②高度 70 米以下的构筑物工程。

③建筑面积 1.2 万平方米以下的单体工业、民用建筑工程。

④单跨跨度 27 米以下的建筑工程。

3）建筑业企业的资质许可

我国对建筑业企业的资质管理，实行分级实施与有关部门相配合的管理模式。

（1）建设业企业资质管理体制

根据《建筑业企业资质管理规定》第四条的规定，建设业企业的资质管理如下：

①国务院住房城乡建设主管部门负责全国建筑业企业资质的统一监督管理。国务院交通运输、水利、工业信息化等有关部门配合国务院住房城乡建设主管部门实施相关资质类别建筑业企业资质的管理工作。

②省、自治区、直辖市人民政府住房城乡建设主管部门负责本行政区域内建筑业企业资质的统一监督管理。省、自治区、直辖市人民政府交通运输、水利、通信等有关部门配合同级住房城乡建设主管部门实施本行政区域内相关资质类别建筑业企业资质的管理工作。

（2）施工企业资质的许可权限

根据《建筑业企业资质管理规定》第九条、第十条、第十一条的规定，建筑业企业资质许可权限如下：

①下列建筑业企业资质，由国务院住房城乡建设主管部门许可：a. 施工总承包资质序列特级资质、一级资质及铁路工程施工总承包二级资质；b. 专业承包资质序列公路、水运、水利、铁路、民航方面的专业承包一级资质及铁路、民航方面的专业承包二级资质；涉及多个专业的专业承包一级资质。

②下列建筑业企业资质，由企业工商注册所在地省、自治区、直辖市人民政府住房城乡建设主管部门许可：a. 施工总承包资质序列二级资质及铁路、通信工程施工总承包三级资质；b. 专业承包资质序列一级资质（不含公路、水运、水利、铁路、民航方面的专业承包一级资质及涉及多个专业的专业承包一级资质）；c. 专业承包资质序列二级资质（不含铁路、民航方面的专业承包二级资质）；铁路方面专业承包三级资质；特种工程专业承包资质。

③下列建筑业企业资质，由企业工商注册所在地设区的市人民政府住房城乡建设主管部门许可：a. 施工总承包资质序列三级资质（不含铁路、通信工程施工总承包三级资质）；b. 专业承包资质序列三级资质（不含铁路方面专业承包资质）及预拌混凝土、模板脚手架专业承包资质；c. 施工劳务资质；d. 燃气燃烧器具安装、维修企业资质。

4）施工企业资质证书的申请、延续和变更

（1）企业资质的申请

企业可以申请一项或多项建筑业企业资质。企业首次申请或增项申请资质，应当申请最低等级资质。企业申请建筑业企业资质，在资质许可机关的网站或审批平台提出申请事项，提交资金、专业技术人员、技术装备和已完成业绩等电子材料。

（2）企业资质证书的延续

建筑业企业资质证书有效期为 5 年。资质证书有效期届满，企业继续从事建筑施工活

动的，应当于资质证书有效期届满3个月前，向原资质许可机关提出延续申请。资质许可机关应当在建筑业企业资质证书有效期届满前做出是否准予延续的决定；逾期未做出决定的，视为准予延续。

(3)企业资质证书的变更

①办理企业资质证书变更手续的程序。企业在建筑业企业资质证书有效期内名称、地址、注册资本、法定代表人等发生变更的，应当在工商部门办理变更手续后1个月内办理资质证书变更手续。

由国务院住房城乡建设主管部门颁发的建筑业企业资质证书的变更，企业应当向企业工商注册所在地省、自治区、直辖市人民政府住房城乡建设主管部门提出变更申请，省、自治区、直辖市人民政府住房城乡建设主管部门应当自受理申请之日起2日内，将有关变更证明材料报国务院住房城乡建设主管部门，由国务院住房城乡建设主管部门在2日内办理变更手续。

上述规定以外的资质证书的变更，由企业工商注册所在地的省、自治区、直辖市人民政府住房城乡建设主管部门或者设区的市人民政府住房城乡建设主管部门负责办理。变更结果应当在资质证书变更后15日内，报国务院住房城乡建设主管部门备案。

涉及公路、水运、水利、通信、铁路、民航等方面的建筑业企业资质证书的变更，办理变更手续的住房城乡建设主管部门应当将建筑业企业资质证书变更情况告知同级有关部门。

②企业发生合并、分立、改制的资质办理。企业发生合并、分立、重组以及改制等事项，需承继原建筑业企业资质的，应当申请重新核定建筑业企业资质等级。

企业发生合并、分立、改制、重组、跨省变更等事项，企业性质由内资变为外商投资或由外商投资变为内资的，按《住房城乡建设部关于建设工程企业发生重组、合并、分立等情况资质核定有关问题的通知》(建市〔2014〕79号)中所列情形提交材料。

5)企业资质证书的撤回、撤销和注销

企业不再符合相应建筑业企业资质标准要求条件的，县级以上地方人民政府住房城乡建设主管部门、其他有关部门，应当责令其限期改正并向社会公告，整改期限最长不超过3个月；企业整改期间不得申请建筑业企业资质的升级、增项，不能承揽新的工程；逾期仍未达到建筑业企业资质标准要求条件的，资质许可机关可以撤回其建筑业企业资质证书。被撤回建筑业企业资质证书的企业，可以在资质被撤回后3个月内，向资质许可机关提出核定低于原等级同类别资质的申请。

有下列情形之一的，资质许可机关应当撤销建筑业企业资质：①资质许可机关工作人员滥用职权、玩忽职守准予资质许可的；②超越法定职权准予资质许可的；③违反法定程序准予资质许可的；④对不符合资质标准条件的申请企业准予资质许可的；⑤依法可以撤销资质许可的其他情形。以欺骗、贿赂等不正当手段取得资质许可的，应当予以撤销。

有下列情形之一的，资质许可机关应当依法注销建筑业企业资质，并向社会公布其建筑业企业资质证书作废，企业应当及时将建筑业企业资质证书交回资质许可机关：①资质证书有效期届满，未依法申请延续的；②企业依法终止的；③资质证书依法被撤回、撤销或吊销的；④企业提出注销申请的；⑤法律、法规规定的应当注销建筑业企业资质的其他情形。

6)企业资质违法行为应承担的法律责任

(1)企业申请办理资质违法行为应承担的法律责任

《建筑法》第六十五条第四款规定:"以欺骗手段取得资质证书的,吊销资质证书,处以罚款;构成犯罪的,依法追究刑事责任。"

对于企业申请办理资质违法行为应承担的法律责任,《建筑业企业资质管理规定》第三十五条、第三十六条、第三十八条的进一步规定:

①申请企业隐瞒有关真实情况或者提供虚假材料申请建筑业企业资质的,资质许可机关不予许可,并给予警告,申请企业在1年内不得再次申请建筑业企业资质。

②企业以欺骗、贿赂等不正当手段取得建筑业企业资质的,由原资质许可机关予以撤销;由县级以上地方人民政府住房城乡建设主管部门或者其他有关部门给予警告,并处3万元的罚款;申请企业3年内不得再次申请建筑业企业资质。

③企业未按照规定及时办理建筑业企业资质证书变更手续的,由县级以上地方人民政府住房城乡建设主管部门责令限期办理;逾期不办理的,可处以1 000元以上1万元以下的罚款。

(2)企业其他资质违法行为应承担的法律责任

对企业其他资质违法行为,如无资质承揽工程、超越资质等级承揽工程、转让或出借资质证书、工程转包或违法分包等,依照有关法律、法规的规定执行。

2.2.2 勘察、设计单位资质管理规定

1)工程勘察单位资质管理规定

根据《建设工程勘察设计资质管理规定》的规定,工程勘察资质分为工程勘察综合资质、工程勘察专业资质、工程勘察劳务资质。

工程勘察综合资质只设甲级;工程勘察专业资质设甲级、乙级,根据工程性质和技术特点,部分专业可以设丙级;工程勘察劳务资质不分等级。

取得工程勘察综合资质的企业,可以承接各专业(海洋工程勘察除外)、各等级工程勘察业务;取得工程勘察专业资质的企业,可以承接相应等级相应专业的工程勘察业务;取得工程勘察劳务资质的企业,可以承接岩土工程治理、工程钻探、凿井等工程勘察劳务业务。

2)工程设计单位资质管理规定

根据《建设工程勘察设计资质管理规定》的规定,工程设计资质分为工程设计综合资质、工程设计行业资质、工程设计专业资质和工程设计专项资质。

工程设计综合资质只设甲级;工程设计行业资质、工程设计专业资质、工程设计专项资质设甲级、乙级。

根据工程性质和技术特点,个别行业、专业、专项资质可以设丙级,建筑工程专业资质可以设丁级。

取得工程设计综合资质的企业,可以承接各行业、各等级的建设工程设计业务;取得工

程设计行业资质的企业，可以承接相应行业相应等级的工程设计业务及本行业范围内同级别的相应专业、专项（设计施工一体化资质除外）工程设计业务；取得工程设计专业资质的企业，可以承接本专业相应等级的专业工程设计业务及同级别的相应专项工程设计业务（设计施工一体化资质除外）；取得工程设计专项资质的企业，可以承接本专项相应等级的专项工程设计业务。

2.2.3 工程造价咨询企业资质管理规定

根据《工程造价咨询企业管理办法》的规定，工程造价咨询企业资质等级分为甲级、乙级。

甲级工程造价咨询企业可以从事各类建设项目的工程造价咨询业务。乙级工程造价咨询企业可以从事工程造价2亿元人民币以下各类建设项目的工程造价咨询业务。工程造价咨询企业依法从事工程造价咨询活动，不受行政区域限制。

工程造价咨询业务范围包括：

①建设项目建议书及可行性研究投资估算、项目经济评价报告的编制和审核。

②建设项目概预算的编制与审核，并配合设计方案比选、优化设计、限额设计等工作进行工程造价分析与控制。

③建设项目合同价款的确定（包括招标工程工程量清单和标底、投标报价的编制和审核）；合同价款的签订与调整（包括工程变更、工程洽商和索赔费用的计算）及工程款支付，工程结算及竣工结（决）算报告的编制与审核等。

④工程造价经济纠纷的鉴定和仲裁的咨询。

⑤提供工程造价信息服务等。

工程造价咨询企业可以对建设项目的组织实施进行全过程或者若干阶段的管理和服务。

2.2.4 工程监理单位资质管理规定

根据《工程监理企业资质管理规定》的规定，工程监理企业资质分为综合资质、专业资质和事务所资质。其中，专业资质按照工程性质和技术特点划分为若干工程类别。

综合资质、事务所资质不分级别。专业资质分为甲级、乙级；其中，房屋建筑、水利水电、公路和市政公用专业资质可设立丙级。

工程监理企业资质相应许可的业务范围如下：

①综合资质：可以承担所有专业工程类别建设工程项目的工程监理业务。

②专业资质：

a. 专业甲级资质：可承担相应专业工程类别建设工程项目的工程监理业务。

b. 专业乙级资质：可承担相应专业工程类别二级以下（含二级）建设工程项目的工程监理业务。

c. 专业丙级资质：可承担相应专业工程类别三级建设工程项目的工程监理业务。

③事务所资质：可承担三级建设工程项目的工程监理业务；但是，国家规定必须实行强

制监理的工程除外。

工程监理企业可以开展相应类别建设工程的项目管理、技术咨询等业务。

2.3 专业技术人员执业资格制度

执业资格制度是指对具有一定专业学历和资历并从事特定专业技术活动的专业技术人员，通过考试和注册确定其执业的技术资格，获得相应文件签字权的一种制度。

《建筑法》第十四条规定："从事建筑活动的专业技术人员，应当依法取得相应的执业资格证书，并在执业资格证书许可的范围内从事建筑活动。"

目前，我国已经建立了注册建筑师、注册结构工程师、注册建造师、注册造价师、注册监理工程师、注册设备工程师、注册岩土工程师等个人执业资格管理制度，基本涵盖了建筑勘察设计、施工、咨询、监理等各环节。下面主要介绍注册建造师、注册造价师、注册监理工程师执业资格制度。

2.3.1 注册建造师执业资格制度

注册建造师，是指通过考核认定或考试合格取得中华人民共和国建造师资格证书，并按照规定注册，取得中华人民共和国建造师注册证书和执业印章，担任施工单位项目负责人及从事相关活动的专业技术人员。注册建造师分为一级注册建造师和二级注册建造师。

1) 建造师执业资格考试

(1) 报名条件

凡遵守国家法律、法规，具备下列条件之一者，可以申请参加一级建造师执业资格考试：

①取得工程类或工程经济类大学专科学历，工作满 6 年，其中从事建设工程项目施工管理工作满 4 年。

②取得工程类或工程经济类大学本科学历，工作满 4 年，其中从事建设工程项目施工管理工作满 3 年。

③取得工程类或工程经济类双学士学位或研究生班毕业，工作满 3 年，其中从事建设工程项目施工管理工作满 2 年。

④取得工程类或工程经济类硕士学位，工作满 2 年，其中从事建设工程项目施工管理工作满 1 年。

⑤取得工程类或工程经济类博士学位，从事建设工程项目施工管理工作满 1 年。

凡遵纪守法并具备工程类或工程经济类中等专科以上学历并从事建设工程项目施工管理工作满 2 年，可报名参加二级建造师执业资格考试。

(2) 考试科目及成绩管理

一级建造师执业资格考试设《建设工程经济》《建设工程法规及相关知识》《建设工程项目管理》和《专业工程管理与实务》4 个科目。其中，《专业工程管理与实务》科目设置 10 个专业类别：建筑工程、公路工程、铁路工程、民航机场工程、港口与航道工程、水利水电工程、市政公用工程、通信与广电工程、矿业工程、机电工程。考生在报名时可根据工作需要和自身条件选择一个专业进行考试。

二级建造师执业资格考试设《建设工程施工管理》《建设工程法规及相关知识》《专业工程管理与实务》3个科目。其中,《专业工程管理与实务》科目设置6个专业类别:建筑工程、公路工程、水利水电工程、市政公用工程、矿业工程和机电工程。考生在报名时根据工作需要和自身条件选择一个专业进行考试。

一级、二级建造师考试成绩实行2年为一个周期的滚动管理办法,参加考试的人员必须在连续的两个考试年度内通过全部科目。

参加一级建造师执业资格考试合格,由各省、自治区、直辖市人力资源和社会保障行政主管部门颁发人力资源和社会保障部统一印制,人力资源和社会保障部、住房和城乡建设部用印的中华人民共和国一级建造师执业资格证书,该证书在全国范围内有效。参加二级建造师执业资格考试合格者,由省、自治区、直辖市人力资源和社会保障行政主管部门颁发中华人民共和国二级建造师执业资格证书,该证书在所在行政区域内有效。

2)建造师执业资格注册

《注册建造师管理规定》第五条规定:"注册建造师实行注册执业管理制度,注册建造师分为一级注册建造师和二级注册建造师。取得资格证书的人员,经过注册方能以注册建造师的名义执业。"

(1)执业资格注册审批

①一级建造师执业资格注册审批:取得一级建造师资格证书并受聘于一个建设工程勘察、设计、施工、监理、招标代理、造价咨询等单位的人员,应当通过聘用单位向单位工商注册所在地的省、自治区、直辖市人民政府建设主管部门提出注册申请。

符合条件的,由国务院建设主管部门核发《中华人民共和国一级建造师注册证书》,并核定执业印章编号。注册证书和执业印章是注册建造师的执业凭证,由注册建造师本人保管、使用。注册证书与执业印章有效期为3年。

②二级建造师执业资格注册审批:取得二级建造师资格证书的人员申请注册,由省、自治区、直辖市人民政府建设主管部门负责受理和审批。对批准注册的,核发由国务院建设主管部门统一样式的《中华人民共和国二级建造师注册证书》和执业印章,并在核发证书后30日内送国务院建设主管部门备案。

(2)执业资格申请初始注册

初始注册者,可自资格证书签发之日起3年内提出申请。逾期未申请者,须符合本专业继续教育的要求后方可申请初始注册。

(3)执业资格延续注册

注册有效期满需继续执业的,应当在注册有效期届满30日前,按照规定申请延续注册。延续注册的,有效期为3年。

(4)不予注册和注册证书的失效、注销

申请人有下列情形之一的,不予注册:①不具有完全民事行为能力的;②申请在两个或者两个以上单位注册的;③未达到注册建造师继续教育要求的;④受到刑事处罚,刑事处罚尚未执行完毕的;⑤因执业活动受到刑事处罚,自刑事处罚执行完毕之日起至申请注册之日止不满5年的;⑥因前项规定以外的原因受到刑事处罚,自处罚决定之日起至申请注册之日止不满3年的;⑦被吊销注册证书,自处罚决定之日起至申请注册之日止不满2年的;⑧在申请注册之日前3年内担任项目经理期间,所负责项目发生过重大质量和安全事故的;⑨申请人的聘用单位不符合注册单位要求的;⑩年龄超过65周岁的,以及法律、法规规定不予注册的其他情形。

注册建造师有下列情形之一的,其注册证书和执业印章失效:①聘用单位破产的;②聘用单位被吊销营业执照的;③聘用单位被吊销或者撤回资质证书的;④已与聘用单位解除聘用合同关系的;⑤注册有效期满且未延续注册的;⑥年龄超过65周岁的;⑦死亡或不具有完全民事行为能力的;⑧其他导致注册失效的情形。

注册建造师有下列情形之一的,由注册机关办理注销手续,收回注册证书和执业印章或者公告其注册证书和执业印章作废:①有以上规定的注册证书和执业印章失效情形发生的;②依法被撤销注册的;③依法被吊销注册证书的;④受到刑事处罚的;⑤法律、法规规定应当注销注册的其他情形。

3)注册建造师执业

(1)建造师的受聘单位

取得资格证书的人员应当受聘于一个具有建设工程勘察、设计、施工、监理、招标代理、造价咨询等一项或者多项资质的单位,经注册后方可从事相应的执业活动。担任施工单位项目负责人的,应当受聘并注册于一个具有施工资质的企业。

(2)建造师的执业范围

建造师的执业范围包括:从事建设工程项目总承包管理或施工管理,建设工程项目管理服务,建设工程技术经济咨询,以及法律、行政法规和国务院建设主管部门规定的其他业务。

《注册建造师执业管理办法(试行)》第五条规定:"大中型工程施工项目负责人必须由本专业注册建造师担任。一级注册建造师可担任大、中、小型工程施工项目负责人,二级注册建造师可以承担中、小型工程施工项目负责人。"

注册建造师不得同时担任两个及以上建设工程施工项目负责人。发生下列情形之一的除外:①同一工程相邻分段发包或分期施工的;②合同约定的工程验收合格的;③因非承包方原因致使工程项目停工超过120天(含),经建设单位同意的。

注册建造师担任施工项目负责人期间原则上不得更换。如发生下列情形之一的,应当办理书面交接手续后更换施工项目负责人:①发包方与注册建造师受聘企业已解除承包合同的;②发包方同意更换项目负责人的;③因不可抗力等特殊情况必须更换项目负责人的。建设工程合同履行期间变更项目负责人的,企业应当于项目负责人变更5个工作日内报建设行政主管部门和有关部门及时进行网上变更。

建设工程施工活动中形成的有关工程施工管理文件,应当由注册建造师签字并加盖执业印章。施工单位签署质量合格的文件时,必须有注册建造师的签字盖章。

4)建造师继续教育

接受继续教育,既是注册建造师应当享有的权利,也是注册建造师应当履行的义务。注册建造师按规定参加继续教育，是申请初始注册、延续注册、增项注册和重新注册的必要条件。

注册一个专业的建造师在每一注册有效期内应参加继续教育不少于120学时，其中必修课60学时，选修课60学时。

5)建造师违法行为应承担的法律责任

(1)注册违法行为应承担的法律责任

根据《注册建造师管理规定》第三十三条、第三十四条、第三十九条的规定，建造师注册违法行为应承担的法律责任如下：

①隐瞒有关情况或者提供虚假材料申请注册的，建设主管部门不予受理或者不予注册，并给予警告，申请人1年内不得再次申请注册。

②以欺骗、贿赂等不正当手段取得注册证书的，由注册机关撤销其注册，3年内不得再次申请注册，并由县级以上地方人民政府建设主管部门处以罚款。其中没有违法所得的，处以1万元以下的罚款；有违法所得的，处以违法所得3倍以下且不超过3万元的罚款。

③聘用单位为申请人提供虚假注册材料的，由县级以上地方人民政府建设主管部门或者其他有关部门给予警告，责令限期改正；逾期未改正的，可处以1万元以上3万元以下的罚款。

(2)无证或未办理变更注册执业应承担的法律责任

根据《注册建造师管理规定》第三十五条的规定，未取得注册证书和执业印章，担任大中型建设工程项目施工单位项目负责人，或者以注册建造师的名义从事相关活动的，其所签署的工程文件无效，由县级以上地方人民政府建设主管部门或者其他有关部门给予警告，责令停止违法活动，并可处以1万元以上3万元以下的罚款。

根据《注册建造师管理规定》第三十六条的规定，未办理变更注册而继续执业的，由县级以上地方人民政府建设主管部门或者其他有关部门责令限期改正；逾期不改正的，可处以5 000元以下的罚款。

(3)执业活动中违法行为应承担的法律责任

根据《注册建造师管理规定》第三十七条的规定，注册建造师在执业活动中有下列行为之一的，由县级以上地方人民政府建设主管部门或者其他有关部门给予警告，责令改正，没有违法所得的，处以1万元以下的罚款；有违法所得的，处以违法所得3倍以下且不超过3万元的罚款：①不履行注册建造师义务；②在执业过程中，索贿、受贿或者谋取合同约定费用外的其他利益；③在执业过程中实施商业贿赂；④签署有虚假记载等不合格的文件；⑤允许他人以自己的名义从事执业活动；⑥同时在两个或者两个以上单位受聘或者执业；⑦涂改、倒卖、出租、出借或以其他形式非法转让资格证书、注册证书和执业印章；⑧超出执业范围和聘用单位业务范围内从事执业活动；⑨法律、法规、规章禁止的其他行为。

(4)未提供注册建造师信用档案信息应承担的法律责任

根据《注册建造师管理规定》第三十八条规定，注册建造师或者其聘用单位未按照要求提供注册建造师信用档案信息的，由县级以上地方人民政府建设主管部门或者其他有关部门责令限期改正；逾期未改正的，可处以1 000元以上1万元以下的罚款。

(5)继续教育违法行为应承担的法律责任

根据《注册建造师继续教育管理暂行办法》第二十六条的规定，注册建造师应按规定参加继续教育，接受培训测试，不参加继续教育或继续教育不合格的不予注册。

根据《注册建造师继续教育管理暂行办法》第二十七条的规定，对于采取弄虚作假等手段取得《注册建造师继续教育证书》的，一经发现，立即取消其继续教育记录，并记入不良信用记录，对社会公布。

(6)注册执业人员因过错造成质量事故应承担的法律责任

根据《建设工程质量管理条例》第七十二条的规定，违反本条例规定，注册建筑师、注册结构工程师、监理工程师等注册执业人员因过错造成质量事故的，责令停止执业 1 年；造成重大质量事故的，吊销执业资格证书，5 年以内不予注册；情节特别恶劣的，终身不予注册。

2.3.2 注册造价工程师执业资格制度

注册造价工程师，是指通过土木建筑工程或者安装工程专业造价工程师职业资格考试取得造价工程师职业资格证书或者通过资格认定、资格互认并注册后，从事工程造价活动的专业人员。注册造价工程师分为一级注册造价工程师和二级注册造价工程师。

1)造价工程师执业资格考试

(1)报名条件

凡遵守中华人民共和国宪法、法律、法规，具有良好的业务素质和道德品行，具备下列条件之一者，可以申请参加一级造价工程师职业资格考试：

①具有工程造价专业大学专科(或高等职业教育)学历，从事工程造价业务工作满 5 年；具有土木建筑、水利、装备制造、交通运输、电子信息、财经商贸大类大学专科(或高等职业教育)学历，从事工程造价业务工作满 6 年。

②具有通过工程教育专业评估(认证)的工程管理、工程造价专业大学本科学历或学位，从事工程造价业务工作满 4 年；具有工学、管理学、经济学门类大学本科学历或学位，从事工程造价业务工作满 5 年。

③具有工学、管理学、经济学门类硕士学位或者第二学士学位，从事工程造价业务工作满 3 年。

④具有工学、管理学、经济学门类博士学位，从事工程造价业务工作满 1 年。

⑤具有其他专业相应学历或者学位的人员，从事工程造价业务工作年限相应增加 1 年。

凡遵守中华人民共和国宪法、法律、法规，具有良好的业务素质和道德品行，具备下列条件之一者，可以申请参加二级造价工程师职业资格考试：

①具有工程造价专业大学专科(或高等职业教育)学历，从事工程造价业务工作满 2 年；具有土木建筑、水利、装备制造、交通运输、电子信息、财经商贸大类大学专科(或高等职业教育)学历，从事工程造价业务工作满 3 年。

②具有工程管理、工程造价专业大学本科及以上学历或学位，从事工程造价业务工作满 1 年；具有工学、管理学、经济学门类大学本科及以上学历或学位，从事工程造价业务工作满 2 年。

③具有其他专业相应学历或学位的人员，从事工程造价业务工作年限相应增加1年。

(2)考试科目及成绩管理

一级造价工程师职业资格考试设《建设工程造价管理》《建设工程计价》《建设工程技术与计量》《建设工程造价案例分析》4个科目。其中，《建设工程造价管理》和《建设工程计价》为基础科目，《建设工程技术与计量》和《建设工程造价案例分析》为专业科目。

二级造价工程师职业资格考试设《建设工程造价管理基础知识》《建设工程计量与计价实务》2个科目。其中，《建设工程造价管理基础知识》为基础科目，《建设工程计量与计价实务》为专业科目。

造价工程师职业资格考试专业科目分为土木建筑工程、交通运输工程、水利工程和安装工程4个专业类别，考生在报名时可根据实际工作需要选择其一。

一级造价工程师职业资格考试成绩实行4年为一个周期的滚动管理办法，在连续的4个考试年度内通过全部考试科目，方可取得一级造价工程师职业资格证书。

二级造价工程师职业资格考试成绩实行2年为一个周期的滚动管理办法，参加全部2个科目考试的人员必须在连续的2个考试年度内通过全部科目，方可取得二级造价工程师职业资格证书。

已取得造价工程师一种专业职业资格证书的人员，报名参加其他专业科目考试的，可免考基础科目。考试合格后，核发人力资源社会保障部门统一印制的相应专业考试合格证明。该证明作为注册时增加执业专业类别的依据。

一级造价工程师职业资格考试合格者，由各省、自治区、直辖市人力资源社会保障行政主管部门颁发中华人民共和国一级造价工程师职业资格证书。该证书由人力资源社会保障部统一印制，住房城乡建设部、交通运输部、水利部按专业类别分别与人力资源社会保障部用印，在全国范围内有效。

二级造价工程师职业资格考试合格者，由各省、自治区、直辖市人力资源社会保障行政主管部门颁发中华人民共和国二级造价工程师职业资格证书。该证书由各省、自治区、直辖市住房城乡建设、交通运输、水利行政主管部门按专业类别分别与人力资源社会保障行政主管部门用印，原则上在所在行政区域内有效。

2)造价工程师执业资格注册

《注册造价工程师管理办法》第六条规定："注册造价工程师实行注册执业管理制度。取得执业资格的人员，经过注册方能以注册造价工程师的名义执业。"

准予注册的，由注册机关核发注册证书，注册造价工程师按照规定自行制作执业印章。注册证书和执业印章是注册造价工程师的执业凭证，由注册造价工程师本人保管、使用。

①初始注册。取得职业资格证书的人员，可自职业资格证书签发之日起1年内申请初始注册。逾期未申请者，须符合继续教育的要求后方可申请初始注册。初始注册的有效期为4年。

②延续注册。注册造价工程师注册有效期满需继续执业的，应当在注册有效期满30日前，按照《注册造价工程师管理办法》规定的程序申请延续注册。延续注册的有效期为4年。

3)注册造价工程师的执业范围

一级注册造价工程师执业范围包括建设项目全过程的工程造价管理与工程造价咨询等,具体工作内容:①项目建议书、可行性研究投资估算与审核,项目评价造价分析;②建设工程设计概算、施工预算编制和审核;③建设工程招标投标文件工程量和造价的编制与审核;④建设工程合同价款、结算价款、竣工决算价款的编制与管理;⑤建设工程审计、仲裁、诉讼、保险中的造价鉴定,工程造价纠纷调解;⑥建设工程计价依据、造价指标的编制与管理;⑦与工程造价管理有关的其他事项。

二级注册造价工程师协助一级注册造价工程师开展相关工作,并可以独立开展以下工作:①建设工程工料分析、计划、组织与成本管理,施工图预算、设计概算编制;②建设工程量清单、最高投标限价、投标报价编制;③建设工程合同价款、结算价款和竣工决算价款的编制。

注册造价工程师应当根据执业范围,在本人形成的工程造价成果文件上签字并加盖执业印章,并承担相应的法律责任。最终出具的工程造价成果文件应当由一级注册造价工程师审核并签字盖章。

2.3.3 注册监理工程师执业资格制度

注册监理工程师,是指经考试取得中华人民共和国监理工程师资格证书,并按照规定注册,取得中华人民共和国注册监理工程师注册执业证书和执业印章,从事工程监理及相关业务活动的专业技术人员。

1)监理工程师执业资格考试

(1)报名条件

凡遵守中华人民共和国宪法、法律、法规,具有良好的业务素质和道德品行,具备下列条件之一者,可以申请参加监理工程师职业资格考试:

①具有各工程大类专业大学专科学历(或高等职业教育),从事工程施工、监理、设计等业务工作满6年。

②具有工学、管理科学与工程类专业大学本科学历或学位,从事工程施工、监理、设计等业务工作满4年。

③具有工学、管理科学与工程一级学科硕士学位或专业学位,从事工程施工、监理、设计等业务工作满2年。

④具有工学、管理科学与工程一级学科博士学位。

(2)考试科目及成绩管理

监理工程师职业资格考试设《建设工程监理基本理论和相关法规》《建设工程合同管理》《建设工程目标控制》《建设工程监理案例分析》4个科目。其中《建设工程监理基本理论和相关法规》《建设工程合同管理》为基础科目,《建设工程目标控制》《建设工程监理案例分析》为专业科目。

监理工程师职业资格考试专业科目分为土木建筑工程、交通运输工程、水利工程3个专业类别，考生在报名时可根据实际工作需要选择。

监理工程师职业资格考试成绩实行4年为一个周期的滚动管理办法，在连续的4个考试年度内通过全部考试科目，方可取得监理工程师职业资格证书。已取得监理工程师一种专业职业资格证书的人员，报名参加其他专业科目考试的，可免考基础科目。免考基础科目和增加专业类别的人员，专业科目成绩按照2年为一个周期滚动管理。

监理工程师职业资格考试合格者，由各省、自治区、直辖市人力资源社会保障行政主管部门颁发中华人民共和国监理工程师职业资格证书（或电子证书）。该证书由人力资源社会保障部统一印制，住房和城乡建设部、交通运输部、水利部按专业类别分别与人力资源社会保障部用印，在全国范围内有效。

2）监理工程师执业资格注册

《注册监理工程师管理规定》第五条规定："注册监理工程师实行注册执业管理制度。取得资格证书的人员，经过注册方能以注册监理工程师的名义执业。"

符合条件的，由国务院住房城乡建设主管部门核发注册证书，并核定执业印章编号。注册证书和执业印章是注册监理工程师的执业凭证，由注册监理工程师本人保管、使用。注册证书和执业印章的有效期为3年。

①初始注册。取得中华人民共和国监理工程师执业资格证书的申请人，应自证书签发之日起3年内提出初始注册申请。逾期未申请者，须符合近3年继续教育要求后方可申请初始注册。

②延续注册。注册监理工程师注册有效期为3年，注册期满需继续执业的，应符合继续教育要求并在注册有效期届满30日前申请延续注册。在注册有效期届满30日前未提出延续注册申请的，在有效期满后，其注册执业证书和执业印章自动失效，需继续执业的，应重新申请初始注册。

③注册监理工程师执业。取得资格证书的人员，应当受聘于一个具有建设工程勘察、设计、施工、监理、招标代理、造价咨询等一项或者多项资质的单位，经注册后方可从事相应的执业活动。从事工程监理执业活动的，应当受聘并注册于一个具有工程监理资质的单位。

注册监理工程师可以从事工程监理、工程经济与技术咨询、工程招标与采购咨询、工程项目管理服务以及国务院有关部门规定的其他业务。

工程监理活动中形成的监理文件由注册监理工程师按照规定签字盖章后方可生效。

习　题

一、单项选择题

1. 关于申领建设工程施工许可证，下列说法错误的是（　　）。

A. 申请施工许可证是取得建设工程规划许可证的前置条件

B. 已经确定施工企业

C. 建设单位应当提供建设资金已经落实承诺书

D. 有保证工程质量和安全的具体措施

2. 领取施工许可证后因故不能按期开工的，应当向发证机关申请延期，关于申请延期，下列说法正确的是(　　)。

A. 每次不超过3个月

B. 应当由施工企业提出申请

C. 延期没有次数限制

D. 超过延期时限但在宽限期内的施工许可证仍有效

3. 在建工程因故中止施工的，建设单位应当自中止施工之日起(　　)内，向施工许可证颁发机关报告，并按照规定做好建筑工程的维护管理工作。

A. 15天　　B. 1个月　　C. 2个月　　D. 3个月

4. 根据《建筑业企业资质管理规定》，属于建筑业企业资质序列的是(　　)。

A. 工程总承包　　B. 专业分包　　C. 专业承包　　D. 劳务承包

5. 有下列(　　)情形的，资质许可机关应当撤销建筑业企业资质。

A. 企业未取得施工许可证擅自施工的

B. 资质许可机关超越法定职权准予资质许可的

C. 企业将承包工程转包或违法分包的

D. 企业发生过较大生产安全事故或者发生过两起以上一般生产安全事故的

6. 取得建造师资格证书并经(　　)后，方有资格以建造师名义担任建设工程项目施工的项目经理。

A. 登记　　B. 注册　　C. 备案　　D. 所在单位考核合格

7. 建造师初始注册者，自资格证书签发之日起提出注册申请的最长期限为(　　)，逾期未申请者，须符合本专业继续教育的要求后方可申请初始注册。

A. 6个月　　B. 1年　　C. 2年　　D. 3年

8. 注册机关对申请注册建造师的申请人不予注册的情形是(　　)。

A. 同时受聘于两个或两个以上单位的

B. 被吊销注册证书，自处罚决定之日起至申请注册之日止不满2年的

C. 因执业活动受到刑事处罚，刑事处罚执行完毕已满5年的

D. 年龄超过60岁的

9. 某市政工程因政府部门规划调整，导致该工程停工达1年之久，施工企业拟让该工程的项目经理甲担任其他市政工程的项目经理，根据有关规定，关于甲任职的说法，正确的是(　　)。

A. 甲不能同时担任两个项目的项目经理

B. 经建设单位同意，甲可以同时担任两个项目的项目经理

C. 经施工单位同意，甲可以同时担任两个项目的项目经理

D. 经建设主管部门同意，甲可以同时提任两个项目的项目经理

10. 关于注册建造师执业管理的说法，正确的是(　　)。

A. 所有工程施工项目负责人必须由本专业注册建造师担任

B. 大型工程项目施工负责人可以由一级或者二级注册建造师担任

C. 施工中形成的施工管理文件，应当由注册建造师签字或加盖执业印章

D. 在施工单位签署质量合格的文件上，必须有注册建造师的签字盖章

11. 根据《建设工程质量管理条例》，注册建造师因过错造成重大质量事故，情节特别恶劣的，其将受到的行政处罚为（　　）。

A 终身不予注册　　B 吊销执业资格证书，5 年以内不予注册

C 责令停止执业 2 年　　D 责令停止执业 1 年

二、多项选择题

1. 关于施工许可证的申领范围，下列说法正确的是（　　）。

A. 施工许可证的申请领取应该由施工单位负责

B. 工程投资额在 30 万元以下可以不申请办理施工许可证

C. 建筑面积在 300 平方米以下的建筑工程可以不申请办理施工许可证

D. 抢险救灾工程不需要办理施工许可证

E. 农民自建两层以下（含两层）住宅工程不需要办理施工许可证

2. 根据《建筑工程施工许可管理办法》，申请领取施工许可证应当具备的条件包括（　　）。

A. 已经办理该建筑工程用地批准手续

B. 已经确定施工企业

C. 有满足施工需要的资金安排、施工图纸及技术资料

D. 有保证工程质量和安全的具体措施

E. 按照国务院规定的权限和程序已批准开工报告

3. 有下列（　　）情形之一的，资质许可机关应当依法注销建筑业企业资质。

A. 超越法定职权作出准予建筑业企业资质许可的

B. 违反法定程序作出准予建筑业企业资质许可的

C. 资质证书有效期届满，未依法申请延续的

D. 建筑业企业依法终止的

E. 建筑业企业资质依法被撤销、撤回或吊销的

4. 有下列（　　）情形之一的，注册建造师的注册证书和执业印章失效。

A. 聘用单位被吊销营业执照的

B. 聘用单位被吊销或者撤回资质证书的

C. 已与聘用单位解除聘用合同关系的

D. 注册有效期满且未延续注册的

E. 年龄超过 65 周岁的

第3章

建设工程发包与承包法律制度

本章学习要求：

了解建设工程发承包的有关法律规定，熟悉建设工程发承包违法责任；熟悉建设工程招标投标制度，掌握建设工程投标的有关法律规定。

主要法律法规：

《中华人民共和国建筑法》(1997年11月1日通过，2019年4月23日第2次修正)

《中华人民共和国招标投标法》(1999年8月30日通过，2017年12月27日修正)

《建设工程质量管理条例》(国务院令〔2000〕第279号公布，国务院令〔2019〕第714号第2次修订)

《中华人民共和国招标投标法实施条例》(国务院令〔2011〕第613号公布，国务院令〔2019〕第709号第3次修订)

《房屋建筑和市政基础设施项目工程总承包管理办法》(住建部建市规〔2019〕12号)

《房屋建筑和市政基础设施工程施工分包管理办法》(建设部令〔2004〕第124号公布，住建部令〔2019〕第47号第2次修正)

《建筑工程施工发包与承包计价管理办法》(住建部令〔2013〕第16号公布)

《工程建设项目招标范围和规模标准规定》(国家发展计划委员会令〔2000〕第18号公布)

《工程建设项目施工招标投标办法》(国家七部委令〔2003〕第30号公布，国家发改委令〔2013〕第23号修改)

《房屋建筑和市政基础设施工程施工招标投标管理办法》(建设部令〔2001〕第89号公布，住建部令〔2019〕第47号第2次修正)

【驱动案例】

背景材料3：某省重点工程项目计划于2021年11月28日开工，由于工程复杂，技术难度高，一般施工队伍难以胜任，业主自行决定采取邀请招标方式。2021 年 8 月 8 日，业主向通过资格预审的 A、B、C、D、E 五家施工承包企业发出了投标邀请书。该五家企业均接受了邀请，并于规定时间 2021 年 8 月 20 至 22 日购买了招标文件。招标文件中规定，2021 年 9 月 18 日 16:00 是招标文件规定的投标截止时间。评标标准：能够最大限度地满足招标文件中规定的各项综合评价标准。在投标截止时间之前，A、B、D、E 四家企业提交了投标文件，但 C 企业于 9 月 18 日 17:00 才送达，原因是中途堵车。2021 年 9 月 21 日下午由招标人主持进行了公开开标。评标委员会成员共有 7 人组成，其中招标人代表 2 人、技术经济方面专家 5 人。评标委员会于 9 月 28 日提出了书面评标报告。B、A 分列综合得分第一、第二名。招标人考虑到 B 企业投标报价高于 A 企业，要求评标委员会按照投标价格标准将 A 企业排名第一、B 企业排名第二。10 月 10 日招标人向 A 企业发出了中标通知书，并于 11 月 12 日签订了书面合同。

试依据《招标投标法》对下列问题进行分析：

(1)本案中业主自行决定采取邀请招标方式的做法是否妥当？

(2)本案中招标人是否应当拒收 C 企业的投标文件？

(3)本案开标工作是否存在违法之处？

(4)本案评标委员会成员组成是否合法？

(5)本案招标人要求按照价格标准评标是否违法？

(6)本案合同签订的日期是否违法？

本案例分析见第 77 页。

建设工程发包与承包法律制度，是《建筑法》确定的建设活动的基本法律制度之一。我国《建筑法》对建设工程发承包活动作了规定，在此基础上《招标投标法》和《建设工程质量管理条例》对建设工程发承包有关行为又作了进一步规定。

建设工程招标投标，是市场经济条件下进行工程建设项目发包与承包时通常采用的一种交易方式，是建设市场中一对相互依存的经济活动。《招标投标法》是我国建设工程招标投标活动的基本法律。依据《招标投标法》，我国又公布了一系列规范招标投标活动的法规和部门规章，主要有《招标投标法实施条例》《工程建设项目招标范围和规模标准规定》《工程建设项目施工招标投标办法》《房屋建筑和市政基础设施工程施工招标投标管理办法》等。

3.1 建设工程发包与承包的基本规定

建设工程发包，是建设工程的建设单位(或总承包单位)将建设工程任务依法委托给具有法定从业资格的单位完成，并按照合同约定支付报酬的行为。建设工程承包，则是具有法定从业资格的单位依法承揽建设工程任务，通过签订合同确立双方的权利与义务，按照合同约定取得相应报酬，并完成建设工程任务的行为。

建筑工程发包与承包的内容涉及建筑工程的全过程，包括可行性研究、工程勘察设计、材料及设备采购、工程施工、工程监理等过程。但在实践中，建筑工程发承包较多的是指建筑工程勘察设计与施工的发承包。

3.1.1 建设工程发包

1)建设工程发包方式

建设工程的发包方式,主要有招标发包和直接发包两种。《建筑法》第十九条规定:"建筑工程依法实行招标发包,对不适用于招标发包的可以直接发包。"

根据《房屋建筑和市政基础设施项目工程总承包管理办法》第八条的规定,建设单位采用工程总承包方式的,工程总承包项目范围内的设计、采购或者施工中,有任一项属于依法必须进行招标的项目范围且达到国家规定规模标准的,应当采用招标的方式选择工程总承包单位。

建筑工程实行公开招标的,发包单位应当依照法定程序和方式,发布招标公告,提供载有招标工程的主要技术要求、主要的合同条款、评标的标准和方法以及开标、评标、定标的程序等内容的招标文件。开标应当在招标文件规定的时间、地点公开进行。开标后应当按照招标文件规定的评标标准和程序对标书进行评价、比较,在具备相应资质条件的投标者中,择优选定中标者。

2)禁止肢解工程发包和违法采购的规定

(1)禁止肢解发包的规定

肢解发包,是指建设单位将应当由一个承包单位完成的建设工程分解成若干部分发包给不同的承包单位的行为。在实践中,由于一些发包单位肢解发包工程,使施工现场缺乏应有的组织协调,不仅承建单位之间容易出现推诿扯皮与掣肘,还会造成施工现场秩序混乱、责任不清,工期拖延,成本增加,甚至发生严重的建设工程质量和安全问题。肢解发包还往往与发包单位有关人员徇私舞弊、收受贿赂、索拿回扣等违法行为有关。

为此,《建筑法》第二十四条规定:"提倡对建筑工程实行总承包,禁止将建筑工程肢解发包。建筑工程的发包单位可以将建筑工程的勘察、设计、施工、设备采购一并发包给一个工程总承包单位,也可以将建筑工程勘察、设计、施工、设备采购的一项或者多项发包给一个工程总承包单位;但是,不得将应当由一个承包单位完成的建筑工程肢解成若干部分发包给几个承包单位。"

(2)禁止违法采购的规定

《建筑法》第二十五条规定:"按照合同约定,建筑材料、建筑构配件和设备由工程承包单位采购的,发包单位不得指定承包单位购入用于工程的建筑材料、建筑构配件和设备或者指定生产厂、供应商。"

3.1.2 建设工程承包

《建筑法》第二十六条规定:"承包建筑工程的单位应当持有依法取得的资质证书,并在其资质等级许可的业务范围内承揽工程。禁止建筑施工企业超越本企业资质等级许可的业务范围或者以任何形式用其他建筑施工企业的名义承揽工程。禁止建筑施工企业以任何形式允许其他单位或者个人使用本企业的资质证书、营业执照，以本企业的名义承揽工程。”

建设工程承包，包括总承包、联合承包、分包等。

1）建设工程总承包

（1）总承包概念

建设工程总承包通常分为工程总承包和施工总承包两大类。

工程总承包是指承包单位按照与建设单位签订的合同，对工程设计、采购、施工或者设计、施工等阶段实行总承包，并对工程的质量、安全、工期和造价等全面负责的工程建设组织实施方式。

施工总承包是指发包人将全部施工任务发包给具有施工总承包资质的建筑业企业，由施工总承包企业按照合同的约定对业主或业主委托的工程总承包负责，承包完成施工任务。

（2）有关总承包的规定

《建筑法》第二十九条第二款规定：“建筑工程总承包单位按照总承包合同的约定对建设单位负责；分包单位按照分包合同的约定对总承包单位负责。总承包单位和分包单位就分包工程对建设单位承担连带责任。”

《建设工程质量管理条例》第二十六条规定：“建设工程实行总承包的，总承包单位应当对全部建设工程质量负责；建设工程勘察、设计、施工、设备采购的一项或者多项实行总承包的，总承包单位应当对其承包的建设工程或者采购的设备的质量负责。”《建设工程质量管理条例》第二十七条进一步规定：“总承包单位依法将建设工程分包给其他单位的，分包单位应当按照分包合同的约定对其分包工程的质量向总承包单位负责，总承包单位与分包单位对分包工程的质量承担连带责任。”

连带责任是我国《民法典》中的一项重要民事责任制度。《民法典》第一百七十八条规定：“二人以上依法承担连带责任的，权利人有权请求部分或者全部连带责任人承担责任。连带责任人的责任份额根据各自责任大小确定；难以确定责任大小的，平均承担责任。实际承担责任超过自己责任份额的连带责任人，有权向其他连带责任人追偿。连带责任，由法律规定或者当事人约定。”《民法典》第七百九十一条第二款规定，“总承包人或者勘察、设计、施工承包人经发包人同意，可以将自己承包的部分工作交由第三人完成。第三人就其完成的工作成果与总承包人或者勘察、设计、施工承包人向发包人承担连带责任。承包人不得将其承包的全部建设工程转包给第三人或者将其承包的全部建设工程支解以后以分包的名义分别转包给第三人。”

据此，总承包单位与分包单位就分包工程承担连带责任，就是当分包工程发生了质量责任或者违约责任时，建设单位可以向总承包单位请求赔偿，也可以向分包单位请求赔偿，在总承包单位或分包单位进行赔偿后，方有权依据分包合同对于不属于自己责任的赔偿向另一方进行追偿。连带责任也不仅限于连带赔偿责任，还有其他履行工程义务的连带责任。因此，总承包单位除了应加强自行完成工程部分的管理外，还有责任强化对分包单位分包工程的监管。

2)建设工程联合承包

(1)联合承包的概念

联合承包是指由两个以上具备承包资格的单位共同组成非法人的联合体,以共同的名义对工程进行承包的行为。这是在国际工程发承包活动中较为通行的一种做法,可有效地规避工程承包风险。

作为大型的建筑工程或结构复杂的建筑工程,一般是投资额大、技术要求复杂和建设周期长,潜在风险较大,如果采取联合共同承包的方式,有利于更好地发挥各承包单位在资金、技术、管理等方面的优势,增强抗风险能力,保证工程质量和工期,提高投资效益。

(2)有关联合承包的规定

《建筑法》第二十七条第一款规定:"大型建筑工程或者结构复杂的建筑工程,可以由两个以上的承包单位联合共同承包。共同承包的各方对承包合同的履行承担连带责任。"为防止以联合共同承包为名而进行"资质挂靠"的不规范行为,《建筑法》第二十七条第二款规定:"两个以上不同资质等级的单位实行联合共同承包的,应当按照资质等级低的单位的业务许可范围承揽工程。"

《招标投标法》第三十一条规定:"联合体中标的,联合体各方应当共同与招标人签订合同,就中标项目向招标人承担连带责任。"

共同承包各方也应签订联合承包协议,明确约定各方的权利、义务以及相互合作、违约责任承担等条款。各承包方就承包合同的履行对建设单位承担连带责任。如果出现赔偿责任,建设单位有权向共同承包的任何一方请求赔偿,而被请求方不得拒绝,在其支付赔偿后可依据联合承包协议及有关各方过错大小,有权对超过自己应赔偿的那部分份额向其他方进行追偿。

3)建设工程分包

(1)分包概念

建设工程分包主要指施工分包,具体指建筑业企业将其所承包的房屋建筑和市政基础设施工程中的专业工程或者劳务作业发包给其他建筑业企业完成的活动。施工分包包括专业工程分包和劳务作业分包。

专业工程分包,是指施工总承包企业(以下简称"专业分包工程发包人")将其所承包工程中的专业工程发包给具有相应资质的其他建筑业企业(以下简称"专业分包工程承包人")完成的活动。

劳务作业分包,是指施工总承包企业或者专业承包企业(以下简称"劳务作业发包人")将其承包工程中的劳务作业发包给劳务分包企业(以下简称"劳务作业承包人")完成的活动。

(2)有关分包的规定

《建筑法》第二十九条第一款规定:"建筑工程总承包单位可以将承包工程中的部分工程发包给具有相应资质条件的分包单位;但是,除总承包合同中约定的分包外,必须经建设单位认可。施工总承包的,建筑工程主体结构的施工必须由总承包单位自行完成。"为防止层层分包,《建筑法》第二十九条第三款还规定:“禁止分包单位将其承包的工程再分包。”

《招标投标法》第四十八条第二款规定:“中标人按照合同约定或者经招标人同意,可以将中标项目的部分非主体、非关键性工作分包给他人完成。接受分包的人应当具备相应的资格条件,并不得再次分包。”

《房屋建筑和市政基础设施工程施工分包管理办法》规定,国家鼓励发展专业承包企业和劳务分包企业,提倡分包活动进入有形建筑市场公开交易。建设单位不得直接指定分包工程承包人。任何单位和个人不得对依法实施的分包活动进行干预。

《房屋建筑和市政基础设施项目工程总承包管理办法》第二十一条规定:“工程总承包单位可以采用直接发包的方式进行分包。但以暂估价形式包括在总承包范围内的工程、货物、服务分包时,属于依法必须进行招标的项目范围且达到国家规定规模标准的,应当依法招标。”

据此,总承包单位如果要将所承包的工程再分包给他人,应当依法告知建设单位并取得认可。这种认可应当依法通过两种方式:一是在总承包合同中规定分包的内容;二是在总承包合同中没有规定分包内容的,应当事先征得建设单位的同意。总承包单位分包只能分包部分工程,并且是非主体、非关键性工作。分包单位不得将其承包的工程再次分包。

(3)有关违法分包的界定

根据《建设工程质量管理条例》第七十八条的规定,违法分包指下列行为:

①总承包单位将建设工程分包给不具备相应资质条件的单位的;

②建设工程总承包合同中未有约定,又未经建设单位认可,承包单位将其承包的部分建设工程交由其他单位完成的;

③施工总承包单位将建设工程主体结构的施工分包给其他单位的;

④分包单位将其承包的建设工程再分包的。

根据《房屋建筑和市政基础设施工程施工分包管理办法》第十四条的规定,下列行为属于违法分包:

①分包工程发包人将专业工程或者劳务作业分包给不具备相应资质条件的分包工程承包人的;

②施工总承包合同中未有约定,又未经建设单位认可,分包工程发包人将承包工程中的部分专业工程分包给他人的。

4)禁止转包的规定

所谓转包,是指承包单位承包建设工程后,不履行合同约定的责任和义务,将其承包的全部建设工程转给他人或者将其承包的全部建设工程肢解以后以分包的名义分别转给其他单位承包的行为。

《建筑法》第二十八条规定:“禁止承包单位将其承包的全部建筑工程转包给他人,禁止承包单位将其承包的全部建筑工程肢解以后以分包的名义分别转包给他人。”《招标投标法》第四十八条第一款规定:“中标人应当按照合同约定履行义务,完成中标项目。中标人不得向他人转让中标项目,也不得将中标项目肢解后分别向他人转让。”

《最高人民法院关于审理建设工程施工合同纠纷案件适用法律问题的解释(一)》第一

条第二款规定："承包人因转包、违法分包建设工程与他人签订的建设工程施工合同，应当依据民法典第一百五十三条第一款及第七百九十一条第二款、第三款的规定，认定无效。"具体参考 4.3.2 节相关内容。

3.1.3 建设工程发承包计价

建设工程造价，是发包方与承包方订立工程承包合同的核心问题。《建筑法》第十八条规定："建筑工程造价应当按照国家有关规定，由发包单位与承包单位在合同中约定。公开招标发包的，其造价的约定，须遵守招标投标法律的规定。发包单位应当按照合同的约定，及时拨付工程款项。"

1) 工程发承包计价规定

工程发承包计价包括编制工程量清单、最高投标限价、招标标底、投标报价，进行工程结算，以及签订和调整合同价款等活动。工程发承包计价应当遵循公平、合法和诚实信用的原则。

《建筑工程施工发包与承包计价管理办法》第六条规定："全部使用国有资金投资或者以国有资金投资为主的建筑工程（以下简称国有资金投资的建筑工程），应当采用工程量清单计价；非国有资金投资的建筑工程，鼓励采用工程量清单计价。国有资金投资的建筑工程招标的，应当设有最高投标限价；非国有资金投资的建筑工程招标的，可以设有最高投标限价或者招标标底。最高投标限价及其成果文件，应当由招标人报工程所在地县级以上地方人民政府住房城乡建设主管部门备案。"

2) 工程发承包计价方式

实行招标方式的建设工程发包承包，招标人与中标人应当根据中标价订立合同。不实行招标投标的工程由发承包双方协商订立合同。《建设工程施工合同（示范文本）》（GF-2017-0201）通用条款规定，发包人和承包人应在合同协议书中选择下列一种合同价格形式：

①单价合同。指合同当事人约定以工程量清单及其综合单价进行合同价格计算、调整和确认的建设工程施工合同，在约定的范围内合同单价不作调整。

②总价合同。指合同当事人约定以施工图、已标价工程量清单或预算书及有关条件进行合同价格计算、调整和确认的建设工程施工合同，在约定的范围内合同总价不作调整。

③其他价格形式。如成本加酬金合同，合同当事人可在专用合同条款中约定。

根据《建筑工程施工发包与承包计价管理办法》第十三条的规定，发承包双方在确定合同价款时，应当考虑市场环境和生产要素价格变化对合同价款的影响：

①实行工程量清单计价的建筑工程，鼓励发承包双方采用单价方式确定合同价款。

②建设规模较小、技术难度较低、工期较短的建筑工程，发承包双方可以采用总价方式确定合同价款。

③紧急抢险、救灾以及施工技术特别复杂的建筑工程，发承包双方可以采用成本加酬金方式确定合同价款。

建设工程承包合同不论采取何种计价方式，都应在合同中作出约定，双方都应按照合同的约定执行。

3)工程结算计价

按照《建筑工程施工发包与承包计价管理办法》和《建设工程价款结算暂行办法》的规定,发承包双方应当按照合同约定,定期或者按照工程进度分段进行工程款结算和支付。工程完工后,应当按照规定进行竣工结算。发承包双方在合同中对结算事项的期限没有明确约定的,应当按照国家有关规定执行;国家没有规定的,可认为其约定期限均为28日。

《建筑工程施工发包与承包计价管理办法》第十九条规定:"工程竣工结算文件经发承包双方签字确认的,应当作为工程决算的依据,未经对方同意,另一方不得就已生效的竣工结算文件委托工程造价咨询企业重复审核。发包方应当按照竣工结算文件及时支付竣工结算款。竣工结算文件应当由发包方报工程所在地县级以上地方人民政府住房城乡建设主管部门备案。"

3.1.4 建设工程发承包违法行为应承担的法律责任

1)发包单位违法行为应承担的法律责任

根据《建筑法》第六十五条第一款规定,"发包单位将工程发包给不具有相应资质条件的承包单位的,或者违反本法规定将建筑工程肢解发包的,责令改正,处以罚款。"

根据《建设工程质量管理条例》第五十四、第五十五条的规定:

①建设单位将建设工程发包给不具有相应资质等级的勘察、设计、施工单位或者委托给不具有相应资质等级的工程监理单位的,责令改正,处50万元以上100万元以下的罚款。

②建设单位将建设工程肢解发包的,责令改正,处工程合同价款0.5%以上1%以下的罚款;对全部或者部分使用国有资金的项目,并可以暂停项目执行或者暂停资金拨付。

2)承包单位违法行为应承担的法律责任

根据《建筑法》第六十五至第六十七条的规定:

①超越本单位资质等级承揽工程的,责令停止违法行为,处以罚款,可以责令停业整顿,降低资质等级;情节严重的,吊销资质证书;有违法所得的,予以没收。

未取得资质证书承揽工程的,予以取缔,并处罚款;有违法所得的,予以没收。

以欺骗手段取得资质证书的,吊销资质证书,处以罚款;构成犯罪的,依法追究刑事责任。

②建筑施工企业转让、出借资质证书或者以其他方式允许他人以本企业的名义承揽工程的,责令改正,没收违法所得,并处罚款,可以责令停业整顿,降低资质等级;情节严重的,吊销资质证书。对因该项承揽工程不符合规定的质量标准造成的损失,建筑施工企业与使用本企业名义的单位或者个人承担连带赔偿责任。

③承包单位将承包的工程转包的,或者违反本法规定进行分包的,责令改正,没收违法所得,并处罚款,可以责令停业整顿,降低资质等级;情节严重的,吊销资质证书。

承包单位有上述规定的违法行为的,对因转包工程或者违法分包的工程不符合规定的质量标准造成的损失,与接受转包或者分包的单位承担连带赔偿责任。

根据《建设工程质量管理条例》第六十至第六十二条的规定:

①勘察、设计、施工、工程监理单位超越本单位资质等级承揽工程的,责令停止违法行为,对勘察、设计单位或者工程监理单位处合同约定的勘察费、设计费或者监理酬金 1 倍以上 2 倍以下的罚款;对施工单位处工程合同价款百分之二以上百分之四以下的罚款,可以责令停业整顿,降低资质等级;情节严重的,吊销资质证书;有违法所得的,予以没收。

未取得资质证书承揽工程的,予以取缔,依照前款规定处以罚款;有违法所得的,予以没收。

以欺骗手段取得资质证书承揽工程的,吊销资质证书,依照上述第一款规定处以罚款;有违法所得的,予以没收。

②勘察、设计、施工、工程监理单位允许其他单位或者个人以本单位名义承揽工程的,责令改正,没收违法所得,对勘察、设计单位和工程监理单位处合同约定的勘察费、设计费和监理酬金 1 倍以上 2 倍以下的罚款;对施工单位处工程合同价款百分之二以上百分之四以下的罚款;可以责令停业整顿,降低资质等级;情节严重的,吊销资质证书。

③违反本条例规定,承包单位将承包的工程转包或者违法分包的,责令改正,没收违法所得,对勘察、设计单位处合同约定的勘察费、设计费百分之二十五以上百分之五十以下的罚款;对施工单位处工程合同价款百分之零点五以上百分之一以下的罚款;可以责令停业整顿,降低资质等级;情节严重的,吊销资质证书。

工程监理单位转让工程监理业务的,责令改正,没收违法所得,处合同约定的监理酬金百分之二十五以上百分之五十以下的罚款;可以责令停业整顿,降低资质等级;情节严重的,吊销资质证书。

3)其他法律责任

根据《建筑法》第六十八条的规定:“在工程发包与承包中索贿、受贿、行贿,构成犯罪的,依法追究刑事责任;不构成犯罪的,分别处以罚款。没收贿赂的财物,对直接负责的主管人员和其他直接责任人员给予处分。对在工程承包中行贿的承包单位,除依照上述规定处罚外,可以责令停业整顿,降低资质等级或者吊销资质证书。”

3.2 建设工程招标与投标制度

建筑工程招标是指发包单位对拟建的工程发布公告,通过法定的程序和方式吸引建设项目的承包单位竞争并从中选择条件优越者来完成工程建设任务的法律行为。建筑工程投标是指经过特定审查而获得投标资格的建筑项目承包单位,按照招标文件的要求,在规定的时间内向招标单位填报投标书,争取中标的法律行为。

3.2.1 招标与投标的一般规定

1）招标投标活动的基本原则

《招标投标法》第五条规定："招标投标活动应当遵循公开、公平、公正和诚实信用的原则。"

①公开原则，就是要求招标投标活动具有高的透明度，实行招标信息、招标过程公开，即发布招标通告，公开开标，公开中标结果，使每一个投标人获得同等的信息，知悉招标的一切条件和要求。

②公平原则，就是要求给予所有投标人平等的机会，使其享有同等的权利并履行相应的义务，不歧视任何一方。

③公正原则，就是要求评标时按事先公布的标准对待所有的投标人。

④诚实信用原则，是我国民事活动所应遵循的一项基本原则。招标投标活动作为订立合同的一种特殊方式，同样应当遵循这一原则。

2）招标投标活动不受限制、垄断或干涉的规定

《招标投标法》第六条规定："依法必须进行招标的项目，其招标投标活动不受地区或者部门的限制。任何单位和个人不得违法限制或者排斥本地区、本系统以外的法人或者其他组织参加投标，不得以任何方式非法干涉招标投标活动。"

招标作为市场经济体制的产物，其最大的特点就是通过充分竞争，使生产要素得以在不同部门、地区之间自由流动和组合，从而满足招标人获得质优价廉货物、工程和服务的要求。因此，一个统一、开放、竞争的市场，不存在任何形式的限制、垄断或干涉，是招标发挥作用的外部环境和前提条件。

3）招标投标活动实施行政监督的规定

《招标投标法》第七条规定："招标投标活动及其当事人应当接受依法实施的监督。有关行政监督部门依法对招标投标活动实施监督，依法查处招标投标活动中的违法行为。"

《房屋建筑和市政基础设施工程施工招标投标管理办法》第三条规定："国务院建设行政主管部门负责全国工程施工招标投标活动的监督管理。县级以上地方人民政府建设行政主管部门负责本行政区域内工程施工招标投标活动的监督管理。具体的监督管理工作，可以委托工程招标投标监督管理机构负责实施。"

3.2.2 建设工程招标

1）建设工程招标的范围和规模标准

（1）必须招标的建设工程项目范围

根据《招标投标法》第三条规定，在中华人民共和国境内进行下列工程建设项目包括项

目的勘察、设计、施工、监理以及与工程建设有关的重要设备、材料等的采购，必须进行招标：

①大型基础设施、公用事业等关系社会公共利益、公众安全的项目；

②全部或者部分使用国有资金投资或者国家融资的项目；

③使用国际组织或者外国政府贷款、援助资金的项目。

上述所称工程建设项目是指工程以及与工程建设有关的货物、服务。其中所称工程是指建设工程，包括建筑物和构筑物的新建、改建、扩建及其相关的装修、拆除、修缮等；所称与工程建设有关的货物，是指构成工程不可分割的组成部分，且为实现工程基本功能所必需的设备、材料等；所称与工程建设有关的服务，是指为完成工程所需的勘察、设计、监理等服务。

(2)必须招标的建设工程规模标准

根据《工程建设项目招标范围和规模标准规定》，必须招标的工程建设项目范围内的各类项目，达到下列标准之一的，必须进行招标：

①施工单项合同估算价在200万元人民币以上的；

②重要设备、材料等货物的采购，单项合同估算价在100万元人民币以上的；

③勘察、设计、监理等服务的采购，单项合同估算价在50万元人民币以上的；

④单项合同估算价低于第①、②、③项规定的标准，但项目总投资额在3 000万元人民币以上的。

(3)可以不进行招标的建设工程项目

《招标投标法》第六十六条规定："涉及国家安全、国家秘密、抢险救灾或者属于利用扶贫资金实行以工代赈、需要使用农民工等特殊情况，不适宜招标的项目，按照国家有关规定可以不进行招标。"

《招标投标法实施条例》第九条进一步规定，除招标投标法第六十六条规定的可以不进行招标的特殊情况外，有下列情形之一的，可以不进行招标：

①需要采用不可替代的专利或者专有技术；

②采购人依法能够自行建设、生产或者提供；

③已通过招标方式选定的特许经营项目投资人依法能够自行建设、生产或者提供；

④需要向原中标人采购工程、货物或者服务，否则将影响施工或者功能配套要求；

⑤国家规定的其他特殊情形。

2)招标人招标应具备的条件

招标人是指依照《招标投标法》规定提出招标项目、进行招标的法人或者其他组织。

招标人招标必须具备一定的条件。根据《工程建设项目施工招标投标办法》第八条的规定，依法必须招标的工程建设项目，应当具备下列条件才能进行施工招标：

①招标人已经依法成立；

②初步设计及概算应当履行审批手续的，已经批准；

③有相应资金或资金来源已经落实；

④有招标所需的设计图纸及技术资料。

此外，根据《工程建设项目施工招标投标办法》第十条的规定，按照国家有关规定需要履行项目审批、核准手续的依法必须进行施工招标的工程建设项目，其招标范围、招标方式、招标组织形式应当报项目审批部门审批、核准。

3）建设工程招标方式

招标分为公开招标和邀请招标：

①公开招标也称为无限竞争性招标，是指招标人以招标公告的方式邀请不特定的法人或者其他组织招标。

②邀请招标也称为有限竞争性招标，是指招标人以投标邀请书的方式邀请特定的法人或者其他组织投标。

《招标投标法》第十一条规定："国务院发展计划部门确定的国家重点项目和省、自治区、直辖市人民政府确定的地方重点项目不适宜公开招标的，经国务院发展计划部门或者省、自治区、直辖市人民政府批准，可以进行邀请招标。"《房屋建筑和市政基础设施工程施工招标投标管理办法》第八条规定："依法必须进行施工招标的工程，全部使用国有资金投资或者国有资金投资占控股或者主导地位的，应当公开招标，但经国家计委或者省、自治区、直辖市人民政府依法批准可以进行邀请招标的重点建设项目除外；其他工程可以实行邀请招标。"

《工程建设项目施工招标投标办法》第十一条规定：依法必须进行公开招标的项目，有下列情形之一的，可以邀请招标：

①项目技术复杂或有特殊要求，或者受自然地域环境限制，只有少量潜在投标人可供选择；

②涉及国家安全、国家秘密或者抢险救灾，适宜招标但不宜公开招标；

③采用公开招标方式的费用占项目合同金额的比例过大。

4）建设工程招标基本程序

建设工程招标的基本程序主要包括：履行项目审批手续、委托招标代理机构、编制招标文件及标底、发布招标公告或投标邀请书、投标人资格审查等。

（1）履行项目审批手续

《招标投标法》第九条规定："招标项目按照国家有关规定需要履行项目审批手续的，应当先履行审批手续，取得批准。招标人应当有进行招标项目的相应资金或者资金来源已经落实，并应当在招标文件中如实载明。"其中，招标人是指依照招标投标法规定提出招标项目、进行招标的法人或者其他组织。

《招标投标法实施条例》第七条规定："按照国家有关规定需要履行项目审批、核准手续的依法必须进行招标的项目，其招标范围、招标方式、招标组织形式应当报项目审批、核准部门审批、核准。项目审批、核准部门应当及时将审批、核准确定的招标范围、招标方式、招标组织形式通报有关行政监督部门。"

（2）委托招标代理机构

建设工程招标，招标人可以自行办理招标事宜，也可委托招标代理机构办理招标事宜。

《招标投标法》第十二条规定："招标人有权自行选择招标代理机构，委托其办理招标事宜。任何单位和个人不得以任何方式为招标人指定招标代理机构。招标人具有编制招标文件和组织评标能力的，可以自行办理招标事宜。任何单位和个人不得强制其委托招标代理机构办理招标事宜。依法必须进行招标的项目，招标人自行办理招标事宜的，应当向有关行政监督部门备案。”

《招标投标法实施条例》第十条进一步规定，招标人具有编制招标文件和组织评标能力，是指招标人具有与招标项目规模和复杂程度相适应的技术、经济等方面的专业人员。

招标代理机构是依法设立、从事招标代理业务并提供相关服务的社会中介组织。根据《招标投标法》第十三条的规定，招标代理机构应当具备下列条件：①有从事招标代理业务的营业场所和相应资金；②有能够编制招标文件和组织评标的相应专业力量。

(3)编制招标文件及标底

根据《房屋建筑和市政基础设施工程施工招标投标管理办法》第十七条的规定，招标人应当根据招标工程的特点和需要，自行或者委托工程招标代理机构编制招标文件。招标文件应当包括下列内容：

①投标须知，包括工程概况，招标范围，资格审查条件，工程资金来源或者落实情况，标段划分，工期要求，质量标准，现场踏勘和答疑安排，投标文件编制、提交、修改、撤回的要求，投标报价要求，投标有效期，开标的时间和地点，评标的方法和标准等；

②招标工程的技术要求和设计文件；

③采用工程量清单招标的，应当提供工程量清单；

④投标函的格式及附录；

⑤拟签订合同的主要条款；

⑥要求投标人提交的其他材料。

招标人应当在招标文件中载明投标有效期，以保证招标人有足够的时间完成评标和与中标人签订合同。投标有效期从投标人提交投标文件截止之日起计算。

招标人在招标文件中要求投标人提交投标保证金的，投标保证金不得超过招标项目估算价的2%。投标保证金有效期应当与投标有效期一致。投标保证金是投标人按照招标文件的要求向招标人出具的，以一定金额表示的投标责任担保。其实质是为了避免因投标人在投标有效期内随意撤回、撤销投标或中标后不能提交履约保证金和签署合同等行为而给招标人造成损失。投标保证金除现金外，可以是银行出具的银行保函、保兑支票、银行汇票或现金支票。

招标人可以自行决定是否编制标底。一个招标项目只能有一个标底。标底必须保密。接受委托编制标底的中介机构不得参加受托编制标底项目的投标，也不得为该项目的投标人编制投标文件或者提供咨询。招标人设有最高投标限价的，应当在招标文件中明确最高投标限价或者最高投标限价的计算方法。招标人不得规定最低投标限价。

(4)发布招标公告或投标邀请书

招标人采用公开招标方式的，应当发布招标公告。依法必须进行招标的项目的招标公告，应当通过国家指定的报刊、信息网络或者其他媒介发布。

招标人采用邀请招标方式的，应当向3个以上具备承担招标项目的能力、资信良好的特定的法人或者其他组织发出投标邀请书。

招标公告或投标邀请书应当载明招标人的名称和地址、招标项目的性质、数量、实施地点和时间以及获取招标文件的办法等事项。《招标投标法实施条例》第十六条规定：“招标人应当按照资格预审公告、招标公告或者投标邀请书规定的时间、地点发售资格预审文件或者招标文件。资格预审文件或者招标文件的发售期不得少于5日。招标人发售资格预审文件、招标文件收取的费用应当限于补偿印刷、邮寄的成本支出,不得以营利为目的。”

《招标投标法》第二十四条规定:“招标人应当确定投标人编制投标文件所需要的合理时间;但是,依法必须进行招标的项目,自招标文件开始发出之日起至投标人提交投标文件截止之日止,最短不得少于二十日。”

(5)投标人资格审查

投标人资格审查分为资格预审和资格后审。

①资格预审。资格预审是指在投标前对潜在投标人进行的资格审查。

《招标投标法实施条例》规定,招标人采用资格预审的,应当发布资格预审公告、编制资格预审文件。资格预审文件中应载明资格预审的条件、标准和方法。依法必须进行招标的项目提交资格预审申请文件的时间,自资格预审文件停止发售之日起不得少于5日。

资格预审应当按照资格预审文件载明的标准和方法进行。国有资金占控股或者主导地位的依法必须进行招标的项目,招标人应当组建资格审查委员会审查资格预审申请文件。

资格预审结束后,招标人应当及时向资格预审申请人发出资格预审结果通知书。未通过资格预审的申请人不具有投标资格。通过资格预审的申请人少于3个的,应当重新招标。

②资格后审。资格后审是指在开标后对投标人进行的资格审查。

招标人采取资格后审的,应当在招标文件中载明对投标人资格要求的条件、标准和方法,开标后由评标委员会对投标人的资格进行审查。

经资格后审不合格的投标人的投标应作废标处理。

③资格审查的内容

根据《工程建设项目施工招标投标办法》第二十条的规定,对建设工程项目施工投标人的资格审查,应主要审查潜在投标人或者投标人是否符合下列条件:

a.具有独立订立合同的权利;

b.具有履行合同的能力,包括专业、技术资格和能力,资金、设备和其他物质设施状况,管理能力,经验、信誉和相应的从业人员;

c.没有处于被责令停业,投标资格被取消,财产被接管、冻结,破产状态;

d.在最近3年内没有骗取中标和严重违约及重大工程质量问题;

e.国家规定的其他资格条件。

资格审查时,招标人不得以不合理的条件限制、排斥潜在投标人或者投标人,不得对潜在投标人或者投标人实行歧视待遇。任何单位和个人不得以行政手段或者其他不合理方式限制投标人的数量。

5)对资格预审文件或招标文件有关问题的处理

(1)对资格预审文件或招标文件的澄清与修改

根据《招标投标法实施条例》第二十一条的规定,招标人可以对已发出的资格预审文件或者招标文件进行必要的澄清或者修改。澄清或者修改的内容可能影响资格预审申请文件或者投标文件编制的,招标人应当在提交资格预审申请文件截止时间至少3日前,或者投标截止时间至少15日前,以书面形式通知所有获取资格预审文件或者招标文件的潜在投标人;不足3日或者15日的,招标人应当顺延提交资格预审申请文件或者投标文件的截止时间。

(2)对资格预审文件或招标文件异议与答复

根据《招标投标法实施条例》第二十二条的规定,潜在投标人或者其他利害关系人对资格预审文件有异议的,应当在提交资格预审申请文件截止时间2日前提出;对招标文件有异议的,应当在投标截止时间10日前提出。招标人应当自收到异议之日起3日内作出答复;作出答复前,应当暂停招标投标活动。

(3)对资格预审文件或招标文件内容合法性的处理

招标人编制的资格预审文件、招标文件的内容违反法律、行政法规的强制性规定,违反公开、公平、公正和诚实信用原则,影响资格预审结果或者潜在投标人投标的,依法必须进行招标的项目的招标人应当在修改资格预审文件或者招标文件后重新招标。

6)禁止限制或者排斥投标人行为的规定

《招标投标法实施条例》第三十二条规定:招标人不得以不合理的条件限制、排斥潜在投标人或者投标人。招标人有下列行为之一的,属于以不合理条件限制、排斥潜在投标人或者投标人:

①就同一招标项目向潜在投标人或者投标人提供有差别的项目信息;

②设定的资格、技术、商务条件与招标项目的具体特点和实际需要不相适应或者与合同履行无关;

③依法必须进行招标的项目以特定行政区域或者特定行业的业绩、奖项作为加分条件或者中标条件;

④对潜在投标人或者投标人采取不同的资格审查或者评标标准;

⑤限定或者指定特定的专利、商标、品牌、原产地或者供应商;

⑥依法必须进行招标的项目非法限定潜在投标人或者投标人的所有制形式或者组织形式;

⑦以其他不合理条件限制、排斥潜在投标人或者投标人。

7)违反招标规定的法律责任

(1)规避招标的法律责任

根据《招标投标法》第四十九条的规定,违反招标投标法规定,依法必须进行招标的项目而不招标的,将必须进行招标的项目化整为零或者以其他任何方式规避招标的,有关行政监督部门责令限期改正,可以处项目合同金额千分之五以上千分之十以下的罚款;对全部或者部分使用国有资金的项目,项目审批部门可以暂停项目执行或者暂停资金拨付;对单位直接负责的主管人员和其他直接责任人员依法给予处分。

(2)招标代理机构违规的法律责任

根据《招标投标法》第五十条的规定,招标代理机构违反招标投标法规定,泄露应当保密的与招标投标活动有关的情况和资料的,或者与招标人、投标人串通损害国家利益、社会公共利益或者他人合法权益的，处五万元以上二十五万元以下的罚款；对单位直接负责的主管人员和其他直接责任人员处单位罚款数额百分之五以上百分之十以下的罚款；有违法所得的，并处没收违法所得；情节严重的，禁止其一年至二年内代理依法必须进行招标的项目并予以公告，直至由工商行政管理机关吊销营业执照；构成犯罪的，依法追究刑事责任。给他人造成损失的，依法承担赔偿责任。

上述所列行为影响中标结果的，中标无效。

(3)影响公平竞争的法律责任

根据《招标投标法》第五十一条、第五十二条的规定：

①招标人以不合理的条件限制或者排斥潜在投标人的，对潜在投标人实行歧视待遇的，强制要求投标人组成联合体共同投标的，或者限制投标人之间竞争的，责令改正，可以处1万元以上5万元以下的罚款。

②依法必须进行招标的项目的招标人向他人透露已获取招标文件的潜在投标人的名称、数量或者可能影响公平竞争的有关招标投标的其他情况的，或者泄露标底的，给予警告，可以并处1万元以上10万元以下的罚款；对单位直接负责的主管人员和其他直接责任人员依法给予处分；构成犯罪的，依法追究刑事责任。同时，上述行为影响中标结果的，中标无效。

上述所列行为影响中标结果的，中标无效。

3.2.3 建设工程投标

1)投标人的资格及限制规定

(1)投标人的资格要求

投标人是指响应招标、参加投标竞争的法人或者其他组织。《招标投标法》第二十六条规定："投标人应当具备承担招标项目的能力；国家有关规定对投标人资格条件或者招标文件对投标人资格条件有规定的，投标人应当具备规定的资格条件。"

对于建设工程施工企业来讲，投标人具备承担招标项目的能力主要体现在不同资质等级的认定上，其法律依据为《建筑业企业资质管理规定》。

(2)对投标人的限制规定

根据《招标投标法实施条例》第三十四条的规定，投标人在下列情况下不得参见投标：

①与招标人存在利害关系可能影响招标公正性的法人、其他组织或者个人，不得参加投标；

②单位负责人为同一人或者存在控股、管理关系的不同单位，不得参加同一标段投标或者未划分标段的同一招标项目投标。

违反上述规定的，相关投标均无效。

2)投标文件的编制与提交

(1)投标文件的编制

《招标投标法》第二十七条的规定："投标人应当按照招标文件的要求编制投标文件。

投标文件应当对招标文件的实质性要求作出响应。招标项目属于建设施工的，投标文件的内容应当包括拟派出的项目负责人与主要技术人员的简历、业绩和拟用于完成招标项目的机械设备等。"

投标人根据招标文件载明的项目实际情况，拟在中标后将中标项目的部分非主体、非关键性工作进行分包的，应当在投标文件中载明。

(2)投标文件的提交

《招标投标法》第二十八条的规定："投标人应当在招标文件要求提交投标文件的截止时间前，将投标文件送达投标地点。招标人收到投标文件后，应当签收保存，不得开启。投标人少于三个的，招标人应当依照本法重新招标。在招标文件要求提交投标文件的截止时间后送达的投标文件，招标人应当拒收。"

《招标投标法实施条例》第三十六条规定："未通过资格预审的申请人提交的投标文件，以及逾期送达或者不按照招标文件要求密封的投标文件，招标人应当拒收。招标人应当如实记载投标文件的送达时间和密封情况，并存档备查。"

(3)投标文件的补充、修改、替代或撤回

投标人在招标文件要求投标文件的截止时间前，可以补充、修改或者撤回已提交的投标文件，并书面通知招标人。补充、修改的内容为投标文件的组成部分。

《招标投标法实施条例》第三十五条规定："投标人撤回已提交的投标文件，应当在投标截止时间前书面通知招标人。招标人已收取投标保证金的，应当自收到投标人书面撤回通知之日起5 日内退还。投标截止后投标人撤销投标文件的，招标人可以不退还投标保证金。"

3)联合体投标

(1)联合体投标规定

联合体投标指的是某一承包单位为了承揽不适于自己单独承包的工程项目而与其他单位联合，以一个投标人的身份去投标的行为。《招标投标法》第三十一条规定：两个以上法人或者其他组织可以组成一个联合体，以一个投标人的身份共同投标。

《招标投标法实施条例》第三十七条规定：

①招标人应当在资格预审公告、招标公告或者投标邀请书中载明是否接受联合体投标。

②招标人接受联合体投标并进行资格预审的，联合体应当在提交资格预审申请文件前组成。资格预审后联合体增减、更换成员的，其投标无效。

③联合体各方在同一招标项目中以自己名义单独投标或者参加其他联合体投标的，相关投标均无效。

(2)联合体的资质要求

根据《招标投标法》第三十一条的规定，联合体应符合下列资质要求：

①联合体各方均应当具备承担招标项目的相应能力；

②国家有关规定或者招标文件对投标人资格条件有规定的，联合体各方均应当具备规定的相应资格条件；

③由同一专业单位组成的联合体，按照资质等级较低的单位确定资质等级。

《工程建设项目施工招标投标办法》第四十四条规定:"联合体各方应当指定牵头人,授权其代表所有联合体成员负责投标和合同实施阶段的主办、协调工作,并应当向招标人提交由所有联合体成员法定代表人签署的授权书。"

(3)联合体共同投标协议

联合体各方应当签订共同投标协议,明确约定各方拟承担的工作和责任,并将共同投标协议连同投标文件一并提交招标人。联合体中标的,联合体各方应当共同与招标人签订合同,就中标项目向招标人承担连带责任。

4)关于投标的禁止性规定

(1)禁止投标人相互串通投标

《招标投标法》第三十二条第一款规定:"投标人不得相互串通投标报价,不得排挤其他投标人的公平竞争,损害招标人或者其他投标人的合法权益。"

投标人相互串通投标,可从主体行为意识和目的及出现串通投标客观事实两个方面界定。

从主体行为意识和目的界定,《招标投标法实施条例》第三十九条规定,有下列情形之一的,属于投标人相互串通投标:

①投标人之间协商投标报价等投标文件的实质性内容;

②投标人之间约定中标人;

③投标人之间约定部分投标人放弃投标或者中标;

④属于同一集团、协会、商会等组织成员的投标人按照该组织要求协同投标;

⑤投标人之间为谋取中标或者排斥特定投标人而采取的其他联合行动。

从出现串标客观事实界定串标,《招标投标法实施条例》第四十条规定,有下列情形之一的,视为投标人相互串通投标:

①不同投标人的投标文件由同一单位或者个人编制;

②不同投标人委托同一单位或者个人办理投标事宜;

③不同投标人的投标文件载明的项目管理成员为同一人;

④不同投标人的投标文件异常一致或者投标报价呈规律性差异;

⑤不同投标人的投标文件相互混装;

⑥不同投标人的投标保证金从同一单位或者个人的账户转出。

(2)禁止招标人与投标人串通投标

《招标投标法》第三十二条第二款规定:"投标人不得与招标人串通投标,损害国家利益、社会公共利益或者他人的合法权益。"

《招标投标法实施条例》第四十一条规定,有下列情形之一的,属于招标人与投标人串通投标:

①招标人在开标前开启投标文件并将有关信息泄露给其他投标人;

②招标人直接或者间接向投标人泄露标底、评标委员会成员等信息;

③招标人明示或者暗示投标人压低或者抬高投标报价;

④招标人授意投标人撤换、修改投标文件;

⑤招标人明示或者暗示投标人为特定投标人中标提供方便;

⑥招标人与投标人为谋求特定投标人中标而采取的其他串通行为。

(3)禁止投标人以行贿的手段谋取中标

《招标投标法》第三十二条第三款规定:"禁止投标人以向招标人或者评标委员会成员行贿的手段谋取中标。"

投标人以行贿的手段谋取中标,是严重违背《招标投标法》"公平、公正"原则的违法行为。投标人以行贿手段谋取中标的,中标无效;同时,有关责任人和单位应当承担相应的行政责任或刑事责任,给他人造成损失的,还应当承担民事赔偿责任。

(4)禁止投标人以低于成本的报价竞标

《招标投标法》第三十三条规定:"投标人不得以低于成本的报价竞标。"

这里所谓的成本,应指投标人的个别成本,该成本是根据投标人的企业定额测定的成本。如果投标人低于成本的报价竞标时将很难保证建设工程的安全和质量。

《评标委员会和评标方法暂行规定》第二十一条规定:"在评标过程中,评标委员会发现投标人的报价明显低于其他投标报价或者在设有标底时明显低于标底,使得其投标报价可能低于其个别成本的,应当要求该投标人作出书面说明并提供相关证明材料。投标人不能合理说明或者不能提供相关证明材料的,由评标委员会认定该投标人以低于成本报价竞标,其投标应作废标处理。"

(5)投标人以非法手段骗取中标

《招标投标法》第三十三条规定,投标人不得以他人名义投标或者以其他方式弄虚作假,骗取中标。

根据《招标投标法实施条例》第四十二条规定,使用通过受让或者租借等方式获取的资格、资质证书投标的,属于《招标投标法》第三十三条规定的以他人名义投标。投标人有下列情形之一的,属于《招标投标法》第三十三条规定的以其他方式弄虚作假的行为:①使用伪造、变造的许可证件;②提供虚假的财务状况或者业绩;③提供虚假的项目负责人或者主要技术人员简历、劳动关系证明;④提供虚假的信用状况;⑤其他弄虚作假的行为。

5)违反投标规定的法律责任

(1)串通投标的法律责任

根据《招标投标法》第五十三条的规定,投标人相互串通投标或者与招标人串通投标的,投标人以向招标人或者评标委员会成员行贿的手段谋取中标的,中标无效,处中标项目金额千分之五以上千分之十以下的罚款,对单位直接负责的主管人员以及其他直接责任人员处单位罚款数额百分之五以上百分之十以下的罚款;有违法所得的,并处没收违法所得;情节严重的,取消其1~2年内参加依法必须进行招标的项目的投标资格并予以公告,直至由工商行政管理机关吊销营业执照;构成犯罪的,应依法追究刑事责任。给他人造成损失的,依法承担赔偿责任。

上述行为影响中标结果的,中标无效。

(2)骗取中标的法律责任

根据《招标投标法》第五十四条的规定,投标人以他人名义投标或者以其他方式弄虚作假,骗取中标的,中标无效,给招标人造成损失的,依法承担赔偿责任;构成犯罪的,依法追究刑事责任。依法必须进行招标的项目的投标人有上述所列行为尚未构成犯罪的，处中标项目金额千分之五以上千分之十以下的罚款，对单位直接负责的主管人员和其他直接责任人员处单位罚款数额百分之五以上百分之十以下的罚款；有违法所得的，并处没收违法所得；情节严重的，取消其1～3年内参加依法必须进行招标的项目的投标资格并予以公告，直至由工商行政管理机关吊销营业执照。

3.2.4 建设工程开标、评标和中标

1）开标规定

根据《招标投标法》第三十四条、第三十五条、第三十六条的相关规定，开标应当遵守下列规定：

①开标应当在招标文件确定的提交投标文件截止时间的同一时间公开进行；开标地点应当为招标文件中预先确定的地点。

②开标由招标人主持，邀请所有投标人参加。

③开标时，由投标人或者其推选的代表检查投标文件的密封情况，也可以由招标人委托的公证机构检查并公证；经确认无误后，由工作人员当众拆封，宣读投标人名称、投标价格和投标的其他主要内容。开标过程应当记录，并存档备查。

根据《招标投标法实施条例》第四十四条的规定，投标人少于3个的，不得开标；招标人应当重新招标。投标人对开标有异议的，应当在开标现场提出，招标人应当当场作出答复，并制作记录。

2）评标委员会

（1）评标委员会的组成

根据《招标投标法》第三十七条的规定，评标由招标人依法组建的评标委员会负责。依法必须进行招标的项目，其评标委员会由招标人的代表和有关技术、经济等方面的专家组成，成员为5人以上单数，其中技术、经济等方面的专家不得少于成员总数的三分之二。

评标专家应当从事相关领域工作满八年并具有高级职称或者具有同等专业水平，由招标人从国务院有关部门或者省、自治区、直辖市人民政府有关部门提供的专家名册或者招标代理机构的专家库的相关专业的专家名单中确定；一般招标项目可以采取随机抽取方式，技术特别复杂、专业性要求特别高或者国家有特殊要求的招标项目，采取随机抽取方式确定的专家难以胜任的，可以由招标人直接确定。

与投标人有利害关系的人不得进入相关项目的评标委员会；已经进入的应当更换。

评标委员会成员的名单在中标结果确定前应当保密。

（2）评标委员会成员的义务

《招标投标法》第四十四条规定：“评标委员会成员应当客观、公正地履行职责，遵守职业道德，对所提出的评审意见承担个人责任。评标委员会成员不得私下接触投标人，不得收受投标人的财物或者其他好处。评标委员会成员和参与评标的有关工作人员不得透露对投标文件的评审和比较、中标候选人的推荐情况以及与评标有关的其他情况。”

3)评标规定

根据《招标投标法》《招标投标法实施条例》的相关规定,评标应当遵守如下规定:

(1)评标标准和办法

根据《招标投标法》第四十条的规定,评标委员会应当按照招标文件确定的评标标准和方法,对投标文件进行评审和比较;设有标底的,应当参考标底。

《招标投标法实施条例》第四十九条规定:“评标委员会成员应当依照招标投标法和本条例的规定,按照招标文件规定的评标标准和方法,客观、公正地对投标文件提出评审意见。招标文件没有规定的评标标准和方法不得作为评标的依据。评标委员会成员不得私下接触投标人,不得收受投标人给予的财物或者其他好处,不得向招标人征询确定中标人的意向,不得接受任何单位或者个人明示或者暗示提出的倾向或者排斥特定投标人的要求,不得有其他不客观、不公正履行职务的行为。

《招标投标法实施条例》第五十条规定:“招标项目设有标底的,招标人应当在开标时公布。标底只能作为评标的参考,不得以投标报价是否接近标底作为中标条件,也不得以投标报价超过标底上下浮动范围作为否决投标的条件。”

(2)否决投票的情形

根据《招标投标法实施条例》第五十一条的规定,有下列情形之一的,评标委员会应当否决其投标:

①投标文件未经投标单位盖章和单位负责人签字;

②投标联合体没有提交共同投标协议;

③投标人不符合国家或者招标文件规定的资格条件;

④同一投标人提交两个以上不同的投标文件或者投标报价,但招标文件要求提交备选投标的除外;

⑤投标报价低于成本或者高于招标文件设定的最高投标限价;

⑥投标文件没有对招标文件的实质性要求和条件作出响应;

⑦投标人有串通投标、弄虚作假、行贿等违法行为。

(3)投标文件澄清、说明

根据《招标投标法实施条例》第五十二条的规定,投标文件中有含义不明确的内容、明显文字或者计算错误,评标委员会认为需要投标人作出必要澄清、说明的,应当书面通知该投标人。投标人的澄清、说明应当采用书面形式,并不得超出投标文件的范围或者改变投标文件的实质性内容。

评标委员会不得暗示或者诱导投标人作出澄清、说明,不得接受投标人主动提出的澄清、说明。

(4)评标报告

《招标投标法实施条例》第五十三条的规定,评标完成后,评标委员会应当向招标人提交书面评标报告和中标候选人名单。中标候选人应当不超过3个,并标明排序。

评标报告应当由评标委员会全体成员签字。对评标结果有不同意见的评标委员会成员应当以书面形式说明其不同意见和理由,评标报告应当注明该不同意见。评标委员会成员拒绝在评标报告上签字又不书面说明其不同意见和理由的，视为同意评标结果。

(5)评标结果公示

根据《招标投标法实施条例》第五十四条的规定，依法必须进行招标的项目，招标人应当自收到评标报告之日起3日内公示中标候选人，公示期不得少于3日。

投标人或者其他利害关系人对依法必须进行招标的项目的评标结果有异议的，应当在中标候选人公示期间提出。招标人应当自收到异议之日起3日内作出答复；作出答复前，应当暂停招标投标活动。

4)中标人的确定与中标通知书

(1)中标人的确定

根据《招标投标法》第四十一条的规定，中标人的投标应当符合下列条件之一：

①能够最大限度地满足招标文件中规定的各项综合评价标准；

②能够满足招标文件的实质性要求，并且经评审的投标价格最低；但是投标价格低于成本的除外。

《招标投标法实施条例》第五十五条规定："国有资金占控股或者主导地位的依法必须进行招标的项目，招标人应当确定排名第一的中标候选人为中标人。排名第一的中标候选人放弃中标、因不可抗力不能履行合同、不按照招标文件要求提交履约保证金，或者被查实存在影响中标结果的违法行为等情形，不符合中标条件的，招标人可以按照评标委员会提出的中标候选人名单排序依次确定其他中标候选人为中标人，也可以重新招标。"

(2)中标规定

根据《招标投标法》第四十五条至第四十八条的相关规定，招标人发出中标通知书应当遵守如下规定：

①中标人确定后，招标人应当向中标人发出中标通知书，并同时将中标结果通知所有未中标的投标人。

中标通知书对招标人和中标人具有法律效力。中标通知书发出后，招标人改变中标结果的，或者中标人放弃中标项目的，应当依法承担法律责任。

②招标人和中标人应当自中标通知书发出之日起30日内，按照招标文件和中标人的投标文件订立书面合同。招标人和中标人不得再行订立背离合同实质性内容的其他协议。

③依法必须进行招标的项目，招标人应当自确定中标人之日起15日内，向有关行政监督部门提交招标投标情况的书面报告。

④中标人应当按照合同约定履行义务，完成中标项目。中标人不得向他人转让中标项目，也不得将中标项目肢解后分别向他人转让。

中标人按照合同约定或者经招标人同意，可以将中标项目的部分非主体、非关键性工作分包给他人完成。接受分包的人应当具备相应的资格条件，并不得再次分包。

中标人应当就分包项目向招标人负责，接受分包的人就分包项目承担连带责任。

(3)履约保证金

《招标投标法》规定，招标文件要求中标人提交履约保证金的，中标人应当提交。《招标投标法实施条例》进一步规定，履约保证金不得超过中标合同金额的10%。

5)招标投标投诉与处理

(1)投诉的规定

根据《招标投标法实施条例》第六十条的规定,投标人或者其他利害关系人认为招标投标活动不符合法律、行政法规规定的,可以自知道或者应当知道之日起10日内向有关行政监督部门投诉。投诉应当有明确的请求和必要的证明材料。

但是,对资格预审文件、招标文件、开标以及对依法必须进行招标项目的评标结果有异议的,应当依法先向招标人提出异议,其异议答复期间不计算在以上规定的期限内。

(2)投诉处理的规定

《招标投标法实施条例》第六十一条规定:"投诉人就同一事项向两个以上有权受理的行政监督部门投诉的,由最先收到投诉的行政监督部门负责处理。行政监督部门应当自收到投诉之日起3个工作日内决定是否受理投诉,并自受理投诉之日起30个工作日内作出书面处理决定;需要检验、检测、鉴定、专家评审的,所需时间不计算在内。投诉人捏造事实、伪造材料或者以非法手段取得证明材料进行投诉的,行政监督部门应当予以驳回。"

《招标投标法实施条例》第六十二条规定:"行政监督部门处理投诉,有权查阅、复制有关文件、资料,调查有关情况,相关单位和人员应当予以配合。必要时,行政监督部门可以责令暂停招标投标活动。行政监督部门的工作人员对监督检查过程中知悉的国家秘密、商业秘密,应当依法予以保密。"

6)违法评标和中标规定的法律责任

(1)违法评标规定的法律责任

根据《招标投标法》第五十六条、第五十七条的规定:

①评标委员会成员收受投标人的财物或者其他好处的,评标委员会成员或者参加评标的有关工作人员向他人透露对投标文件的评审和比较、中标候选人的推荐以及与评标有关的其他情况的,给予警告,没收收受的财物,可以并处3 000元以上5万元以下的罚款,对有所列违法行为的评标委员会成员取消担任评标委员会成员的资格,不得再参加任何依法必须进行招标的项目的评标;构成犯罪的,依法追究刑事责任。

②招标人在评标委员会依法推荐的中标候选人以外确定中标人的,依法必须进行招标的项目在所有投标被评标委员会否决后自行确定中标人的,中标无效。责令改正,可以处中标项目金额千分之五以上千分之十以下的罚款;对单位直接负责的主管人员和其他直接责任人员依法给予处分。

(2)违法中标规定的法律责任

根据《招标投标法》第五十八至第六十条的规定:

①中标人将中标项目转让给他人的,将中标项目肢解后分别转让给他人的,违反本法规定将中标项目的部分主体、关键性工作分包给他人的,或者分包人再次分包的,转让、分包无效,处转让、分包项目金额千分之五以上千分之十以下的罚款;有违法所得的,并处没收违法所得;可以责令停业整顿;情节严重的,由工商行政管理机关吊销营业执照。

②招标人与中标人不按照招标文件和中标人的投标文件订立合同的，或者招标人、中标人订立背离合同实质性内容的协议的，责令改正；可以处中标项目金额千分之五以上千分之十以下的罚款。

③中标人不履行与招标人订立的合同的，履约保证金不予退还，给招标人造成的损失超过履约保证金数额的，还应当对超过部分予以赔偿；没有提交履约保证金的，应当对招标人的损失承担赔偿责任。

中标人不按照与招标人订立的合同履行义务，情节严重的，取消其2~5年内参加依法必须进行招标的项目的投标资格并予以公告，直至由工商行政管理机关吊销营业执照。

【案例分析】

案例背景材料3及问题见第55页。

(1)本案中业主自行决定采取邀请招标方式的做法不妥。根据《招标投标法》第十一条的规定，国务院发展计划部门确定的国家重点项目和省、自治区、直辖市人民政府确定的地方重点项目不适宜公开招标的，经国务院发展计划部门或者省、自治区、直辖市人民政府批准，可以进行邀请招标。因此，本案业主自行决定对省重点工程项目采取邀请招标方式的做法是不妥的。

(2)本案中招标人应当拒收C企业的投标文件。根据《招标投标法》第二十八条的规定，在招标文件要求提交投标文件的截止时间后送达的投标文件，招标人应当拒收。本案C企业的投标文件送达时间迟于投标截止时间，因此，该投标文件应当被拒收。

(3)本案开标工作存在违法。根据《招标投标法》第三十四条的规定，开标应当在招标文件确定的提交投标文件的截止时间的同一时间公开进行。本案招标文件规定的投标截止时间是9月18日16:00，但迟至10月21日下午才开标，因此，开标工作存在违法。

(4)本案评标委员会成员组成合法。根据《招标投标法》第三十七条的规定，依法必须进行招标的项目，其评标委员会由招标人的代表和有关技术、经济等方面的专家组成，成员人数为5人以上单数，其中技术、经济等方面的专家不得少于成员总数的三分之二。本案技术经济方面专家比例为5/7，高于法律规定的比例要求。

(5)本案招标人要求按照价格标准评标违法。根据《招标投标法》第四十条的规定，评标委员会应当按照招标文件确定的评标标准和方法，对投标文件进行评审和比较。本案招标文件规定的评标标准是能够最大限度地满足招标文件中规定的各项综合评价标准。因此，招标人按照投标价格评标不符合招标文件的要求，属于违法行为。

(6)本案合同签订日期存在违法。根据《招标投标法》第四十六条的规定，招标人和中标人应当自中标通知书发出之日起30日内，按照招标文件和中标人的投标文件订立书面合同。因此，本案招标人于10月10日向A企业发出中标通知书，于11月12日签订书面合同违法。

习　题

一、单项选择题

1. 某施工合同中约定设备由施工企业自行采购。施工期间，建设单位要求施工企业购买某品牌设备，理由是该品牌设备的生产商与建设单位有长期合作关系，关于本案中施工企业的行为，正确的是（　　）。

A. 施工企业应同意建设单位自行采购

B. 设计单位提出此要求，施工企业就必须接受

C. 建设单位以书面形式提出要求，施工企业就必须接受

D. 施工企业可拒绝建设单位的要求

2. 某建筑公司与某安装公司组成联合体承包工程，并约定质量缺陷引起的赔偿责任由双方各自承担50%。施工中由于安装公司技术问题导致质量缺陷，造成工程20万元损失，则以下说法正确的是（　　）。

A. 建设单位可以向建筑公司索赔20万元

B. 建设单位只能向安装公司索赔20万元

C. 建设单位只能向建筑公司和安装公司分别索赔10万元

D. 建设单位不可以向安装公司索赔20万元

3. 总承包单位甲公司将部分非主体工程分包给具有相应资质条件的乙分包公司，且已征得建设单位同意。根据《建筑法》的规定，下列关于分包行为的说法正确的是（　　）。

A. 甲总承包单位必须报上级主管部门批准备案

B. 建设单位必须与乙分包公司重新签订分包合同

C. 乙分包公司应按照分包合同的约定对甲总承包单位负责

D. 建设单位必须重新为乙分包工程办理施工许可证

4. 关于分包工程发生质量、安全、进度等问题给建设单位造成损失的责任承担说法，正确的是（　　）。

A. 建设单位只能向给其造成损失的分包单位主张权利

B. 建设单位与分包单位无合同关系，无权向分包单位主张权利

C. 总承包单位承担的责任超过其应承担份额的，有权向分包单位追偿

D. 分包单位只对总承包单位负责

5. 某人挂靠某建筑施工企业并以该企业的名义承揽工程，因工程质量不合格给建设单位造成较大损失，关于责任承担的说法，正确的是（　　）。

A. 建筑施工企业与挂靠个人承担连带赔偿责任

B. 挂靠的个人承担全部责任

C. 建筑施工企业承担全部责任

D. 建筑施工企业与挂靠个人按比例承担责任

6. 根据《招标投标法》的规定，必须进行招标的项目不包括（　　）。

A. 大型基础设施、公用事业等关系到社会公共利益、公众安全的项目

B. 全部或部分使用国有资金投资或者国家融资的项目

C. 使用国际组织或者外国政府贷款、援助资金的项目

D. 国外资金投资或者国外资金投资占控股地位的项目

7. 根据《工程建设项目招标范围和规模标准规定》的规定，对于招标范围内的各类工程建设项目，下列表述不正确的是（　　）。

A. 施工单项合同估算价在200万元人民币以上的必须招标

B. 重要设备、材料等货物的采购，单项合同估算价在100万元人民币以上的必须招标

C. 勘察、设计、监理等服务的采购，单项合同估算价在50万元人民币以上的必须招标

D. 单项合同估算价低于规定的标准，但项目总投资额在1 000万元人民币以上的必须招标

8. 关于公开招标，下列表述正确的是（　　）。

A. 招标人以招标公告的方式邀请特定的法人或其他组织投标

B. 招标人以招标公告的方式邀请不特定的法人或其他组织投标

C. 招标人以投标邀请书的方式邀请特定的法人或其他组织投标

D. 招标人以投标邀请书的方式邀请不特定的法人或其他组织投标

9. 关于建设项目招标，下列说法正确的是（　　）。

A. 自招标文件出售之日起至停止出售之日止，最短不得少于7个工作日

B. 对招标文件的收费应当合理，只能获取微利

C. 招标人必须编制标底

D. 招标人编制的标底必须保密

10. 某建筑公司对已经提交的投标文件进行修改，可以在（　　）修改投标文件，并书面通知招标人。

A. 投标有效期内　　　　B. 评标之前

C. 投标文件截止时间后　　　　C. 提交投标文件截止时间前

11. 某招标人于4月1日发出招标文件，招标文件中要求投标人于4月30日前提交投标文件。招标人要对发出的招标文件进行修改，根据《招标投标法》的规定，招标人至少应当在（　　）前以书面形式通知所有招标文件收受人。

A. 4月10日　　　　B. 4月15日

C. 4月20日　　　　D. 4月25日

12. 某投标人在编制投标文件时出现了不同的意见，以下观点正确的是（　　）。

A. 甲观点：由于投标文件中没有要求提交投标保证金，投标人就可以不予提交

B. 乙观点：即使招标文件中没有要求提交投标保证金，投标人也要提交

C. 丙观点：投标保证金的数额与投标报价相同

D. 丁观点：投标保证金的数额与工程预付款相同

13. 某施工项目招标，招标文件开始出售的时间为3月20日，停止出售的时间为3月30日，提交招标文件的截止时间为4月25日，评标结束的时间为4月30日，则投标有效期开

始的时间为(　　)。

A. 3 月 20 日　　B. 3 月 30 日　　C. 4 月 25 日　　D. 4 月 30 日

14. 关于投标,下列说法错误的是(　　)。

A. 投标人在招标文件要求提交投标文件的截止时间前,可以补充、修改、撤回已提交的投标文件,并书面通知招标人

B. 补充、修改的内容为投标文件的组成部分

C. 投标联合体就中标项目向招标人承担合同中各自应承担的责任

D. 投标联合体按资质等级较低的单位确定资质等级

15. 投标文件有(　　)情形的,招标人将不予受理。

A. 投标文件未按规定的格式填写,内容不全

B. 未按招标文件要求提交投标保证金

C. 联合体投标未附联合体各方共同投标协议

D. 未送达指定地点

16. 评标委员会的下列做法符合法律规定的是(　　)。

A. 要求投标人对超出投标文件范围的内容作出说明

B. 按照招标文件确定的评标标准对投标文件进行评审和比较

C. 其成员向媒体透露中标候选人的推荐情况

D. 其成员是投标人之一的董事

17. 在评标委员会组建过程中,下列做法符合规定的是(　　)。

A. 评标委员会成员的名单仅在评标结束前保密

B. 评标委员会 7 个成员中,招标人的代表有 3 名

C. 项目评标专家从招标代理机构的专家库内的专家名单中随机抽取

D. 评标委员会成员由 3 人组成

18. 关于评标委员会,下列说法正确的是(　　)。

A. 由建设行政主管部门组建评标委员会　　B. 由招标人依法组建评标委员会

C. 由投标人依法组建评标委员会　　D. 由招标人与投标人共同组建评标委员会

19. 对于依法必须招标的工程建设项目,排名第一的中标候选人(　　),招标人可以确定排名第二的中标候选人为中标人。

A. 提供虚假资质证明　　B. 向评标委员会成员行贿

C. 因不可抗力提出不能履行合同　　D. 与招标代理机构串通

20. 关于投标的禁止性规定中,以下说法错误的是(　　)。

A. 投标人之间不得串通投标　　B. 投标人与招标人之间不得串通招标投标

C. 投标人不得以高于成本价报价竞标　　D. 投标人不得以行贿手段谋取中标

21. 开标应当在招标文件确定的提交投标文件截止时间(　　)公开进行,开标地点应为招标文件中预先确定的地点。

A. 同一时间　　B. 之后一天　　C. 之后三天　　D. 之后一周

22. 下列行为中,属于隶属投标人与招标人串通投标行为的是(　　)。

A. 投标人为了争取中标而降低报价

B. 投标人之前通过竞价内定中标人,再参加投标

C. 某投标人为其他投标人陪同

D. 开标前招标人将其他投标人投标信息告知某投标人

二、多项选择题

1. 某体育馆施工实行工程总承包,发包单位可以将工程的(　　)一并发包。

A. 勘察　　B. 设计　　C. 施工　　D. 监理　　E. 设备采购

2. 甲建设单位发包某大型工程项目,乙是总承包单位,丙是具有相应专业承包资质的施工单位,丁是具有劳务分包资质的施工单位,下列关于该项目发包、分包的说法中,正确的有(　　)。

A. 乙可以将专业工程分包给丙　　B. 丙可以将劳务作业分包给丁

C. 乙可以将劳务作业分包给丁　　D. 甲可以将专业工程发包给丙

E. 甲可以将劳务作业分包给丁

3. 关于联合体投标的说法,正确的是(　　)。

A. 多个施工单位可以组成一个联合体,以一个投标人的身份共同投标

B. 中标的联合体各方应当共同就中标项目向招标人承担连带责任

C. 联合体各方的共同投标协议属于合同关系

D. 由不同专业的单位组成的联合体,按照资质等级较低的单位确定业务许可范围

E. 联合体中标的,应当由联合体各方共同与招标人签订合同

4. 开标时,由(　　)检查投标文件的密封情况。

A. 投标人　　B. 投标人推选的代表

C. 招标人推选的代表　　D. 招标人委托的公证机构

E. 评标委员会专家

5. 评标委员会里的专家由招标人从(　　)中确定。

A. 国务院有关部门提供的专家名册

B. 省、自治区、直辖市人民政府有关部门提供的专家名册

C. 招标代理机构提供的专家名册

D. 招标代理机构专家库的相关专业的专家名单

E. 项目所在地人民政府推荐的专家名册

6. 根据《招标投标法实施条例》的规定,评标委员会应当否决其投标的情形之一是(　　)。

A. 投标文件未经投标单位盖章和单位负责人签字

B. 投标报价低于成本

C. 投标报价高于招标文件设定的最高投标限价

D. 投标文件没有对招标文件的实质性要求和条件作出响应

E. 投标人有串通投标、弄虚作假、行贿等违法行为

7. 招标公告或投标邀请书上应当载明(　　)。

A. 招标人的名称和地址　　B. 招标项目的性质、数量

C. 实施地点和时间　　D. 获取招标文件的办法

E. 投标保证金

8. 下列情形属于投标人相互串通投标的是(　　)。

A. 投标人之间协商投标报价等投标文件的实质性内容

B. 投标人之间约定中标人

C. 投标人之间约定部分投标人放弃投标或者中标

D. 属于同一集团、协会、商会等组织成员的投标人按照该组织要求协同投标

E. 使用通过受让或者租借等方式获取的资格、资质证书投标的

9. 下列情形属于投标人以非法手段骗取中标的是(　　)。

A. 投标人之间约定中标人

B. 提供虚假的财务状况或者业绩

C. 提供虚假的项目负责人或者主要技术人员简历、劳动关系证明

D. 提供虚假的信用状况

E. 使用通过受让或者租借等方式获取的资格、资质证书投标的

10. 关于招标投标活动公开原则的说法,正确的有(　　)。

A. 招标信息公开　　B. 评标标准公开

C. 开标程序公开　　D. 评标委员会组成人员公开

E. 中标结果公开

11. 下列行为中,属于投标人串通投标的有(　　)。

A. 投标人之间先行内部竞价确定中标人

B. 投标人之间互相约定抬高或者压低竞标报价

C. 招标人向投标人泄露标底

D. 投标人借用其他企业名义投标

E. 招标人预先内定中标人

12. 根据《招标投标法》规定,下列表述是(　　)。

A. 中标人的投标应当能够最大限度地满足招标文件中规定的各项综合评价标准

B. 中标人的投标应当能够满足招标文件的实质性要求,并且经评审的投标价格适中

C. 国有资金占控股或者主导地位的依法必须进行招标的项目,招标人应当确定排名第一的中标候选人为中标人

D. C 选项排名第一的中标候选人放弃中标,招标人可以按照评标委员会提出的中标候选人名单排序依次确定其他中标候选人为中标人

E. C 选项排名第一的中标候选人放弃中标,招标人可以重新招标

第 4 章

建设工程合同法律制度

本章学习要求：

熟悉合同法律制度；掌握建设工程合同订立、合同效力、合同履行的规定；熟悉合同的变更、转让与权利义务终止的规定及合同违约责任处理。

主要法律法规：

《中华人民共和国民法典》(2020 年 5 月 28 日通过)；

《中华人民共和国招标投标法》(1999年8月30日通过,2017年12月27日修正)；

《最高人民法院关于审理建设工程施工合同纠纷案件适用法律问题的解释(一)》(法释〔2020〕25 号)

【驱动案例】

背景材料 4:2019 年 9 月 22 日被告就某住宅项目进行邀请招标,原告与其他三家建筑公司共同参加了投标,结果由原告中标。2019 年 10 月 14 日,被告就该项目向原告发出中标通知书,该通知书载明:项目建筑面积 82 174 m^2,中标价 8 000 万元,要求 10 月 25 日签订工程承包合同,10 月 28 日开工。中标通知书发出后,原告经请示被告同意,为抓紧工期,拟先做施工准备,后签工程合同。随后,原告进场,平整了施工场地,将打桩桩架运入现场,于 10 月 28 日打了两根桩,完成了项目的开工仪式。但是工程开工后,还没有等到正式签订承包合同,双方就因为对合同内容的意见不一而发生了争议。2020 年 3 月 1 日,被告函告原告将另行落实施工队伍。双方协商不成,原告只得诉至法院。在法庭上,原告指出,被告既已发出中标通知书,就表明招投标过程中的邀约已经承诺,按照招投标文件和《建设工程施工合同(示范文本)》的有关规定,签订工程承包合同是被告的法定义务。因此,原告要求被告继续履行合同。但被告辩称:虽然已发出了中标通知书,但这个文件并无合同效力,且双方的合同并未签订,因此双方还不存在合同上的权利义务关系,被告有权另行确定合同相对人。

试根据《民法典》和《招标投标法》对该案例进行分析。

本案例分析见第 93 页。

合同法律制度是我国《民法典》的重要组成部分，是规范市场交易的基本法律制度。建设工程合同是以完成特定不动产的工程建设为主要内容的合同。在我国，大量建设工程的投资主体是国家和国有资本，而且建设工程项目一经投入使用，通常会对公共利益产生重大影响，因此，国家对建设工程合同实施了较为严格的干预。

目前，调整与规范建设工程合同的法律规范主要有《民法典》《招标投标法》和《最高人民法院关于审理建设工程施工合同纠纷案件适用法律问题的解释（一）》（以下简称《解释（一）》）等。此外，住房和城乡建设部还制定了《建设工程施工合同（示范文本）》。

4.1 建设工程合同概述

建设工程合同是承包人进行工程建设，发包人支付价款的合同。建设工程合同的订立，应当遵循平等原则、自愿原则、公平原则、诚实信用原则、合法原则等。

4.1.1 合同的特征

民法中的合同有广义和狭义之分。广义的合同是指两个以上的主体之间设立、变更、终止权利义务关系的协议。广义的合同除了民法中债权合同之外，还包括物权合同、身份合同，以及行政法中的行政合同和劳动法中的劳动合同等。狭义合同是指债权合同，即两个以上的民事主体之间设立、变更、终止债权关系的协议。

《民法典》合同编调整因合同产生的民事关系。这里所称的合同，是民事主体之间设立、变更、终止民事法律关系的协议。婚姻、收养、监护等有关身份关系的协议，适用有关该身份关系的法律规定。劳动合同关系受《劳动合同法》的调整。

合同具有以下法律特征：

①合同是双方或多方当事人自愿达成的民事法律行为。第一，从合同的主体看，必须有两个以上当事人；第二，从意思表示看，必须是合同当事人意思表示一致；第三，合同是一种民事法律行为。

②合同以在当事人之间设立、变更、终止民事权利义务关系为目的。当事人订立合同的目的是设立、变更、终止民事权利义务关系，这种权利义务关系是为了满足当事人的某种需求或实现某种愿望。

③订立、履行合同，应当遵守法律、行政法规。这其中包括合同的主体必须合法，订立合同的程序必须合法，合同的形式必须合法，合同的内容必须合法，合同的履行必须合法，合同的变更、解除必须合法等。

④合同依法成立即具有法律约束力。所谓法律约束力，是指合同的当事人必须遵守合同的规定，如果违反，就要承担相应的法律责任。合同的法律约束力主要体现在以下两个方面：一是不得擅自变更或解除合同；二是违反合同应当承担相应的违约责任。

4.1.2 合同的分类

合同的分类是指按照一定的标准，将合同划分成不同的类型。一般来说，合同可作如下分类：

(1)有名合同与无名合同

根据法律是否规定一定名称并有专门规定为标准，合同可以分为有名合同与无名合同。

有名合同，也称典型合同，是法律上已经确定一定的名称，并设定具体规则的合同。如《民法典》合同编第二分编规定的19种典型合同属于有名合同：包括买卖合同；供用电、水、气、热力合同；赠与合同；借款合同；保证合同、租赁合同；融资租赁合同；保理合同；承揽合同；建设工程合同；运输合同；技术合同；保管合同；仓储合同；委托合同；物业服务合同；行纪合同；中介合同、合伙合同。

无名合同，也称非典型合同，是法律上尚未确定专门名称和具体规则的合同。根据合同自由原则，合同当事人可以自由决定合同的内容。从实践来看，无名合同大量存在，是合同的常态。

(2)格式合同与非格式合同

按条款是否预先拟定，可以将合同分为格式合同与非格式合同。

格式合同，又称为定式合同，它是采用格式条款订立的合同。格式条款是指当事人为了重复使用而预先拟定，并在订立合同时未与对方协商的条款。采用非格式条款订立的合同，称为非格式合同。

采用格式条款订立合同的，提供格式条款的一方应当遵循公平原则确定当事人之间的权利和义务，并采取合理的方式提示对方注意免除或者减轻其责任等与对方有重大利害关系的条款，按照对方的要求，对该条款予以说明。提供格式条款的一方未履行提示或者说明义务，致使对方没有注意或者理解与其有重大利害关系的条款的，对方可以主张该条款不成为合同的内容。

对格式条款的理解发生争议的，应当按照通常理解予以解释。对格式条款有两种以上解释的，应当作出不利于提供格式条款一方的解释。格式条款和非格式条款不一致的，应当采用非格式条款。

(3)双务合同与单务合同

根据当事人双方是否互负对待给付义务为标准，合同可以分为双务合同与单务合同。

双务合同是当事人之间互负义务的合同。如买卖合同、租赁合同、借款合同、承揽合同与建设工程合同等。

单务合同是只有一方当事人负担义务的合同。如赠与合同、借款合同等。

(4)有偿合同与无偿合同

根据当事人是否可以从合同中获取某种利益为标准，可以将合同分为有偿合同与无偿合同。

有偿合同，是指当事人一方享有合同规定的权益，须向另一方付出相应代价的合同。有偿合同是商品交换最典型的法律形式之一。在实践中，绝大多数合同都是有偿的。有偿合同是常见的合同形式，诸如买卖、租赁、运输、承揽等。

无偿合同,是一方当事人享有合同约定的权益,但无须向另一方付出相应对价的合同。如赠与合同、借款合同等。

(5)诺成合同与实践合同

以合同的成立是否必须交付标的物为标准,合同分为诺成合同与实践合同。

诺成合同,是指当事人各方的意思表示一致即告成立的合同,如委托合同、设计合同等。

实践合同,又称要物合同,是指除双方当事人的意思表示一致后,尚需交付标的物才能成立的合同,如保管合同、定金合同等。

(6)要式合同与不要式合同

根据合同的成立是否必须采取一定形式为标准,可以将合同划分为要式合同与不要式合同。

要式合同是法律或当事人必须具备特定形式的合同。如建设工程合同应当采用书面形式,就是要式合同。

不要式合同是指法律或当事人不要求必须具备一定形式的合同。实践中,以不要式合同居多。

(7)主合同与从合同

以合同相互间的主从关系为标准,合同分为主合同与从合同。

主合同是指不需要其他合同存在即可独立存在的合同;从合同就是以其他合同为存在前提的合同。如对于保证合同而言,设立主债务的合同就是主合同,保证合同是从合同。

4.1.3 建设工程合同

1)建设工程合同的特征

《民法典》第七百八十八条规定:"建设工程合同是承包人进行工程建设,发包人支付价款的合同。"工程建设一般要经过工程勘察、设计、施工等过程,因此,建设工程合同也分为工程勘察合同、设计合同与施工合同。

建设工程合同除具有合同的一般特征外,还有下列特征:

①建设工程合同是以完成特定不动产的工程建设为主要内容的合同。其工作任务是工程建设,当事人权利义务所指向的工作物是建设工程项目,包括工程项目的勘察、设计和施工成果。

②在建设工程合同的订立和履行各环节,均体现了国家较强的干预。在我国,大量的建设工程投资主体是国家或国有资本,而且建设工程项目一经投入使用,通常会对公共利益产生重大影响,因此国家对建设工程合同实施了较为严格的干预。体现在立法上,就是除《民法典》外还有大量的法律和法规,如《建筑法》《城乡规划法》《招标投标法》以及《建设工程质量管理条例》《建设工程安全生产管理条例》等,对建设工程合同的订立和履行诸环节进行规制。具体来说,立法对建设工程合同的干预体现在以下方面。

a.对缔约主体的限制。在我国,自然人基本上被排除在建设工程合同承包人的主体之外,只有具备法定资质的单位才能成为建设工程合同的承包主体。《建筑法》第十二条明确规定了从事建筑活动的建筑施工企业、勘察单位、设计单位和工程监理单位应具备的条件,并将其划分为不同的资质等级，只有取得相应等级的资质证书后，才可在其资质等级许可的范围内从事建筑活动。此外，对建筑从业人员也有相应的条件限制。这是法律的强制性规定，违反此规定的建设工程合同依法无效。

b. 对合同的履行有一系列的强制性标准。建设工程的质量动辄涉及民众生命财产安全，因此对其质量进行监控显得非常重要。为确保建设工程质量监控的可操作性，在建设工程质量的监控过程中需要适用大量的标准。《建筑法》第三条规定："建筑活动应当确保建筑工程质量和安全，符合国家的建筑工程安全标准。"建筑活动从勘测、设计到施工、验收等各个环节，均存在大量的国家强制性标准。可以说，对主体资格的限制和强制性标准的大量适用，使得建筑业的行业准入标准得到了提高，为建设工程的质量提供了制度上的保障。

c. 合同责任的法定性。在建设工程合同的立法中强制性规范占了很大的比例，相当部分的合同责任因此成为法定责任，使得建设工程合同的主体责任呈现出较强的法定性。如关于施工开工前应取得施工许可证的要求，合同订立程序中的招标发包规定，对承包人转包的禁止性规定与分包的限制性规定，以及对承包人质量保修责任的规定等，均带有不同程度的强制性，从而部分或全部排除了当事人的缔约自由。

2）建设工程施工合同

建设工程施工合同是建设工程的主要合同，同时也是工程建设质量控制、进度控制、投资控制的主要依据。

（1）建设工程施工合同组成

建设工程施工合同，又称建筑安装工程承包合同，是承包人进行工程建设施工，发包人支付价款的合同。建设工程施工合同的发包人可以是法人，也可以是依法成立的其他组织或公民，而承包人必须是法人。

《民法典》第七百九十五条规定："施工合同的内容一般包括工程范围、建设工期、中间交工工程的开工和竣工时间、工程质量、工程造价、技术资料交付时间、材料和设备供应责任、拨款和结算、竣工验收、质量保修范围和质量保证期、相互协作等条款。"

我国建设工程施工合同，多采用住房和城乡建设部制定的《建设工程施工合同（示范文本）》。《示范文本》由合同协议书、通用合同条款和专用合同条款三部分组成。适用于房屋建筑工程、土木工程、线路管道和设备安装工程、装修工程等建设工程的施工承发包活动。合同当事人可结合建设工程具体情况，根据《示范文本》订立合同，并按照法律法规规定和合同约定承担相应的法律责任及合同权利义务。

①合同协议书。《示范文本》合同协议书共计十三条，主要包括：工程概况、合同工期、质量标准、签约合同价和合同价格形式、项目经理、合同文件构成、承诺以及合同生效条件等重要内容，集中约定了合同当事人基本的合同权利义务。

②通用合同条款。通用合同条款是合同当事人根据《民法典》《建筑法》等法律法规的规定，就工程建设的实施及相关事项，对合同当事人的权利义务作出的原则性约定。

通用合同条款共计20条，具体条款分别为：一般约定、发包人、承包人、监理人、工程质量、安全文明施工与环境保护、工期和进度、材料与设备、试验与检验、变更、价格调整、合同价格、计量与支付、验收和工程试车、竣工结算、缺陷责任与保修、违约、不可抗力、保险、索赔和争议解决。上述条款安排既考虑了现行法律法规对工程建设的有关要求，也考虑了建设工程施工管理的特殊需要。

③专用合同条款。专用合同条款是对通用合同条款原则性约定的细化、完善、补充、修改或另行约定的条款。合同当事人可以根据不同建设工程的特点及具体情况，通过双方的谈判、协商对相应的专用合同条款进行修改补充。

(2)建设工程施工合同文件

在合同订立及履行过程中形成的与合同有关的文件均是建设工程施工合同文件，包括：①合同协议书；②中标通知书（如果有）；③投标函及其附录（如果有）；④专用合同条款及其附件；⑤通用合同条款；⑥技术标准和要求；⑦图纸；⑧已标价工程量清单或预算书；⑨其他合同文件。

上述各项合同文件包括合同当事人就该项合同文件所作出的补充和修改，属于同一类内容的文件，应以最新签署的为准。其他合同文件是指经合同当事人约定的与工程施工有关的具有合同约束力的文件或书面协议，如合同履行中有关工程的洽商、变更等书面协议或文件。

组成合同的各项文件应互相解释，互为说明。除专用合同条款另有约定外，解释合同文件的优先顺序如上述文件序号。

4.2 建设工程合同的订立

4.2.1 合同的形式

合同的形式指订立合同的当事人达成一致意思表示的表现形式。《民法典》第四百六十九条规定："当事人订立合同，可以采用书面形式、口头形式或者其他形式。"

(1)书面形式

书面形式是指以合同书、信件、电报、电传、传真等可以有形地表现所载内容的合同形式。以电子数据交换、电子邮件等方式能够有形地表现所载内容，并可以随时调取查用的数据电文，视为书面形式。书面形式合同的优点是权利义务明确记载，便于履行，纠纷时易于举证和分清责任；缺点是制订过程比较复杂。

《民法典》第七百八十九条规定："建设工程合同应当采用书面形式。"

(2)口头形式

口头形式是指当事人只用口头语言为意思表示而订立的合同。口头形式合同在日常生活中经常被采用，如集市的现货交易、商店里的零售等。凡当事人无约定或法律未规定特定形式的合同，均可采取口头形式。以口头形式订立合同，可以简化手续、方便交易，但其缺点是发生合同纠纷时难以取证，不易分清责任。

(3)其他形式

主要指行为形式。即当事人不直接用口头或者书面形式进行意思表示，而是通过实施某种作为或者不作为的行为方式进行意思表示。前者是明示意思表示的一种，如顾客到自选商场购买商品，直接到货架上拿取商品，支付价款后合同即成立，无须以口头或书面形式确立双方的合同关系；后者是默示意思表示方式，如存在长期供货业务关系的企业之间，一方当事人在收到与其素有业务往来的相对方发出的订货单或提供的货物时，如不及时向对方表示拒绝接受，则推定为同意接受。但不作为的意思表示只有在有法定或约定、存在交易习惯的情况下，才可视为同意的意思表示。

4.2.2 合同的订立

《民法典》第四百七十一条规定："当事人订立合同，可以采取要约、承诺方式或者其他方式。"要约与承诺，是当事人订立合同必经的程序，也即当事人双方就合同的一般条款经过协商一致并签署书面协议的过程。

1）要约

(1)要约的构成要件

要约是希望与他人订立合同的意思表示，该意思表示应当符合下列条件：

①内容具体确定；

②表明经受要约人承诺，要约人即受该意思表示约束。

要约是一种法律行为。提出要约的一方为要约人，接受要约的一方为受要约人。它表现为在规定的有效期限内，要约人要受到要约的约束。受要约人若按时和完全接受要约条款时，要约人负有与受要约人签订合同的义务。否则，要约人对由此造成受要约人的损失应承担法律责任。

(2)要约邀请

要约邀请是希望他人向自己发出要约的表示。要约邀请可以是向特定人发出，也可以是向不特定人发出。要约邀请只是邀请他人向自己发出要约，如果自己承诺才成立合同。因此，要约邀请处于合同的准备阶段，没有法律约束力。

拍卖公告、招标公告、招股说明书、债券募集办法、基金招募说明书、商业广告和宣传、寄送的价目表等为要约邀请。商业广告和宣传的内容符合要约条件的，构成要约。

在建设工程招标投标活动中，招标文件是要约邀请，对招标人不具有法律约束力；投标文件是要约，应受自己作出的与他人订立合同的意思表示的约束。

(3)要约生效

要约以对话方式作出的意思表示，相对人知道其内容时生效。

要约以非对话方式作出的意思表示，到达受要约人时生效。以非对话方式作出的采用数据电文形式的意思表示，受要约人指定特定系统接收数据电文的，该数据电文进入该特定系统时生效；未指定特定系统的，受要约人知道或者应当知道该数据电文进入其系统时生效。当事人对采用数据电文形式的意思表示的生效时间另有约定的，按照其约定。

(4)要约撤回与要约撤销

要约撤回，是指在要约发生法律效力之前，要约人使其不发生法律效力而取消要约的行为。《民法典》第四百七十五条规定："要约可以撤回。"撤回要约的通知应当在要约到达相对人前或者与要约同时到达相对人。"

要约撤销，是指在要约发生法律效力之后，要约人使其丧失法律效力而取消要约的行为。根据《民法典》第四百七十六条的规定，要约可以撤销，但是有下列情形之一的除外：

①要约人以确定承诺期限或者其他形式明示要约不可撤销；

②受要约人有理由认为要约是不可撤销的，并已经为履行合同做了合理准备工作。

撤销要约的意思表示以对话方式作出的，该意思表示的内容应当在受要约人作出承诺之前为受要约人所知道；撤销要约的意思表示以非对话方式作出的，应当在受要约人作出承诺之前到达受要约人。

(5)要约失效

根据《民法典》第四百七十八条的规定，有下列情形之一的，要约失效：①要约被拒绝；②要约被依法撤销；③承诺期限届满，受要约人未作出承诺；④受要约人对要约的内容作出实质性变更。

2)承诺

(1)承诺的方式

承诺是受要约人同意要约的意思表示。承诺也是一种法律行为。承诺必须是要约的相对人在要约有效期限内以明示的方式作出，并送达要约人；承诺必须是承诺人作出完全同意要约的条款，方为有效。如果受要约人对要约中的某些条款提出修改、补充、部分同意，附有条件或者另行提出新的条件，以及迟到送达的承诺，都不被视为有效的承诺，而被称为新要约。

《民法典》第四百八十条规定："承诺应当以通知的方式作出；但是，根据交易习惯或者要约表明可以通过行为作出承诺的除外。"

《民法典》第四百八十八条规定："承诺的内容应当与要约的内容一致。受要约人对要约的内容作出实质性变更的，为新要约。有关合同标的、数量、质量、价款或者报酬、履行期限、履行地点和方式、违约责任和解决争议方法等的变更，是对要约内容的实质性变更。"第四百八十九规定："承诺对要约的内容作出非实质性变更的，除要约人及时表示反对或者要约表明承诺不得对要约的内容作出任何变更外，该承诺有效，合同的内容以承诺的内容为准。"

(2)承诺期限

承诺应当在要约确定的期限内到达要约人。要约没有确定承诺期限的，承诺应当依照下列规定到达：

①要约以对话方式作出的，应当即时作出承诺；

②要约以非对话方式作出的，承诺应当在合理期限内到达。

《民法典》第四百八十二条规定："要约以信件或者电报作出的，承诺期限自信件载明的日期或者电报交发之日开始计算。信件未载明日期的，自投寄该信件的邮戳日期开始计算。要约以电话、传真、电子邮件等快速通讯方式作出的，承诺期限自要约到达受要约人时开始计算。"

(3)承诺生效

承诺生效，是指承诺发生法律效力，也即承诺对承诺人和要约人产生法律约束力。

以通知方式作出的承诺，到达要约人时生效。以非对话方式作出的采用数据电文形式的意思表示，要约人指定特定系统接收数据电文的，该数据电文进入该特定系统时生效；未指定特定系统的，要约人知道或者应当知道该数据电文进入其系统时生效。当事人对采用数据电文形式的意思表示的生效时间另有约定的，按照其约定。

承诺不需要通知的，根据交易习惯或者要约的要求作出承诺的行为时生效。

承诺生效与合同成立是密不可分的法律事实。承诺人作出有效的承诺，在事实上合同已经成立。因此，《民法典》第四百八十三条规定："承诺生效时合同成立，但是法律另有规定或者当事人另有约定的除外。"

在此应特别注意，对于采用合同书形式订立的合同，《民法典》第四百九十条规定：

①当事人采用合同书形式订立合同的，自当事人均签名、盖章或者按指印时合同成立。在签名、盖章或者按指印之前，当事人一方已经履行主要义务，对方接受时，该合同成立。

②法律、行政法规规定或者当事人约定合同应当采用书面形式订立，当事人未采用书面形式但是一方已经履行主要义务，对方接受时，该合同成立。

(4)承诺撤回、超期和延误

①承诺撤回。承诺撤回是指承诺人主观上欲阻止或者消灭承诺发生法律效力的意思表示。根据《民法典》第四百八十五条规定："承诺可以撤回。"撤回承诺的通知应当在承诺通知到达要约人之前或者与承诺通知同时到达要约人。

②承诺超期。承诺超期是指受要约人主观上超过承诺期限而发出的承诺。《民法典》第四百七十六条规定："受要约人超过承诺期限发出承诺，或者在承诺期限内发出承诺，按照通常情形不能及时到达要约人的，为新要约；但是，要约人及时通知受要约人该承诺有效的除外。"

③承诺延误。承诺延误是指受要约人发出的承诺由于外界原因而延迟到达要约人。《民法典》第四百八十七条规定："受要约人在承诺期限内发出承诺，按照通常情形能够及时到达要约人，但是因其他原因致使承诺到达要约人时超过承诺期限的，除要约人及时通知受要约人因承诺超过期限不接受该承诺外，该承诺有效。"

3)缔约过失责任

缔约过失责任，是指当事人在订立合同过程中，因一方或者双方的过失行为，致使预期的合同不成立，被确认无效或者被撤销，从而导致另一方当事人信赖其合同能够有效成立而受到损失时，有权要求相对人承担相应民事责任，赔偿基于此项信赖而发生的实际损失，所应承担的民事责任。缔约过失责任不同于违约责任。

(1)缔约过失责任的构成要件

缔约过失责任是针对合同尚未成立应当承担的责任，其成立必须具备一定的要件，否则将极大地损害当事人协商订立合同的积极性：①缔约一方受有损失；②缔约当事人有过错；③合同尚未成立；④缔约当事人的过错行为与该损失之间有因果关系。

(2)缔约过失责任的法律规定

根据《民法典》第五百条的规定，当事人在订立合同过程中有下列情形之一，造成对方损失的，应当承担赔偿责任：①假借订立合同，恶意进行磋商；②故意隐瞒与订立合同有关的重要事实或者提供虚假情况；③有其他违背诚信原则的行为。

《民法典》第五百零一条规定："当事人在订立合同过程中知悉的商业秘密或者其他应当保密的信息，无论合同是否成立，不得泄露或者不正当地使用；泄露、不正当地使用该商业秘密或者信息，造成对方损失的，应当承担赔偿责任。"

4.2.3 建设工程合同的订立

建设工程合同的订立，通常要经过招标、投标、定标这几个环节，形成招标文件、投标文件、中标通知书三个主要文件。中标通知书对招标人和中标人均具有法律效力。

《招投标法》第四十五条规定："中标人确定后，招标人应当向中标人发出中标通知书，并同时将中标结果通知所有未中标的投标人。中标通知书对招标人和中标人具有法律效力。中标通知书发出后，招标人改变中标结果的，或者中标人放弃中标项目的，应当依法承担法律责任。"

《招投标法》第四十六条规定："招标人和中标人应当自中标通知书发出之日起三十日内，按照招标文件和中标人的投标文件订立书面合同。招标人和中标人不得再行订立背离合同实质性内容的其他协议。"

由此可以看出，招标文件是要约邀请、投标文件是要约、中标通知书是承诺，所以，依据《民法典》，中标通知书送达要约人就表示合同成立。但是，根据《民法典》规定，建设工程合同应当采用书面形式，当事人采用合同书形式订立合同的，自当事人均签名、盖章或者按指印时合同成立；同时考虑到一般招标文件中有"以签订正式合同书为合同成立"的约定，所以当事人应十分注意建设工程合同的签订工作，以维护自身权益，防范合同风险。

【案例分析】

案例背景材料4及问题见第85页。

本案例中招标人发出中标通知书的行为，属于《民法典》规定的承诺。这时，双方虽然尚未签订书面合同，但是中标通知书已经对当事人具有法律效力。任何一方拒绝签订合同，违反了诚实信用原则，应当承担缔约过失责任。根据《民法典》第五百条的规定，当事人在订立合同过程中有下列情形之一，造成对方损失的，应当承担赔偿责任：①假借订立合同，恶意进行磋商；②故意隐瞒与订立合同有关的重要事实或者提供虚假情况；③有其他违背诚信原则的行为。因此，招标人无正当理由不与中标人签订合同，给中标人造成损失的，招标人应当给予赔偿。

法院在审理中认为，按照我国《招投标法》第四十五条："中标人确定后，招标人应当向中标人发出中标通知书，并同时将中标结果通知所有未中标的投标人。中标通知书对招标人和中标人具有法律效力。中标通知书发出后，招标人改变中标结果的，或者中标人放弃中标项目的，应当依法承担法律责任"的规定和第四十六条"招标人和中标人应当自中标通知书发出之日起三十日内，按照招标文件和中标人的投标文件订立书面合同。招标人和中标人不得再行订立背离合同实质性内容的其他协议"的规定，被告的观点和行为是不符合法律规定的。因此，法院依据上述规定认定被告违约，并判决由被告补偿原告经济损失158万元。

4.3 建设工程合同的效力

4.3.1 合同效力与生效要件

1)合同效力

合同效力,又称合同的法律效力,是指法律赋予依法成立的合同具有约束当事人各方乃至第三人的强制力。合同对当事人各方具有以下约束力:①当事人应当按照合同约定全面履行自己的义务;②违约方应当依法承担违约责任;③当事人不得擅自变更或解除合同。

合同对第三人的效力,在一般情况下,表现为第三人不得损害合同债权。在合同债权人行使撤销权或代位权时涉及第三人,在涉他合同中可有向第三人履行或由第三人履行的效力。

2)合同生效要件

合同生效,是指已经依法成立的合同在当事人之间产生法律效力。合同生效意味着双方当事人享有合同中约定的权利和承担合同中约定的应当履行的义务

《民法典》第五百零二条规定:"依法成立的合同,自成立时生效,但是法律另有规定或者当事人另有约定的除外。依照法律、行政法规的规定,合同应当办理批准等手续的,依照其规定。"

合同生效需要具备以下要件:

①合同当事人具有相应的民事权利能力和民事行为能力。合同当事人必须具有相应的民事权利能力和民事行为能力以及缔约能力,才能成为合格的合同主体。若主体不合格,合同不能产生法律效力。

②合同当事人意思表示真实。当事人意思表示真实,是指行为人的意思表示应当真实反映其内心的意思。合同成立后,当事人的意思表示是否真实往往难以从其外部判断,法律对此一般不主动干预。缺乏意思表示真实这一要件即意思表示不真实,并不绝对导致合同一律无效。

③合同不违反法律或者社会公共利益。合同不违反法律和社会公共利益,主要包括两层含义:一是合同的内容合法,即合同条款中约定的权利、义务及其指向的对象即标的等,应符合法律的规定和社会公共利益的要求。二是合同的目的合法,即当事人缔约的原因合法,并且是直接的内心原因合法,不存在以合法的方式达到非法目的等规避法律的事实。

④具备法律、行政法规规定的合同生效必须具备的形式要件。所谓形式要件,是指法律、行政法规对合同形式上的要求,形式要件通常不是合同生效的要件,但如果法律、行政法规规定将其作为合同生效的条件时,便成为合同生效的要件之一,不具备这些形式要件,合同不能生效。如《民法典》规定,建设工程合同应当采用书面形式。

建设工程合同生效除满足上述基本要件外,还应满足以下条件:

①当事人必须具有与签订建设工程合同相适应的缔约能力。建设工程合同的发包人，可以是法人、其他经济组织和进行住宅建造的公民个人。但作为承包人的资格，除持证上岗的个体工匠依法可承揽二层以下简易建筑的施工任务之外，任何公民个人不得成为建设工程合同的承包方；承揽建设工程任务的企业法人和其他经济组织必须具有从事勘察、设计、建筑和安装活动相适应的资质等级。

②不违反建设工程的基本建设程序。建设工程的基本建设程序是工程项目实施建设的法定程序。这是判断建设合同效力的重要标准，比如设计任务书被批准是签订勘察合同、设计合同的基本依据；而建筑安装承包合同还必须经过报建、施工招标投标程序才能签订。

4.3.2 无效合同

1）合同无效的特征

合同无效，是指虽经合同当事人协商订立，但因其不具备或违反了法定条件，法律规定不承认其效力的合同。当事人可以请求确认合同无效，但是，是否无效，由人民法院或者仲裁机构来确定。

无效合同具有以下特征：

①违法性。违法性是指违反了法律和行政法规的强制性规定和社会公共利益。

②不履行性。不履行性是指当事人在订立无效合同后，不得依据合同实际履行，也不承担不履行合同的违约责任。

③自始无效。无效合同违反了法律的规定，国家不予承认和保护。一旦确认无效，将具有溯及力，使合同从订立之日起就不具有法律约束力，以后也不能转化为有效合同。

2）合同无效的法律规定

根据《民法典》第一百四十四条、第一百四十六条、第一百五十三条、第一百五十四条的规定，合同无效的禁止性规定如下：

①无民事行为能力人订立的合同无效；

②行为人与相对人以虚假的意思表示签订的合同无效。以虚假的意思表示隐藏的民事法律行为的效力，依照有关法律规定处理；

③违反法律、行政法规的强制性规定的合同无效。但是，该强制性规定不导致该民事法律行为无效的除外；

④违背公序良俗的合同无效；

⑤行为人与相对人恶意串通，损害他人合法权益的合同无效。

3）合同中免责条款无效的法律规定

合同中免责条款，是指当事人在合同中约定免除或者限制其未来责任的合同条款。根据《民法典》第五百零六条的规定，合同中的下列免责条款无效：

①造成对方人身损害的；

②因故意或者重大过失造成对方财产损失的。

法律之所以规定上述两种情况的免责条款无效，其原因一是这两种行为具有一定的社会危害性和法律的谴责性；二是这两种行为都可能构成侵权行为责任，如果当事人约定这种侵权行为可以免责，就等于以合同的方式剥夺了当事人合同以外的合法权利。

4）无效合同的民事法律后果

无效合同从订立时起就没有法律约束力，不能产生当事人期望的经济利益。

无效合同的民事法律后果包括返还财产、折价补偿、损害赔偿等。《民法典》第一百五十七条规定："民事法律行为无效、被撤销或者确定不发生效力后，行为人因该行为取得的财产，应当予以返还；不能返还或者没有必要返还的，应当折价补偿。有过错的一方应当赔偿对方由此所受到的损失；各方都有过错的，应当各自承担相应的责任。法律另有规定的，依照其规定。"

5）无效建设工程施工合同的认定及处理办法

建设工程施工合同不仅关系到双方当事人的利益，其所涉及的工程还关系到第三人或社会公众利益，因此，我国对建设工程实行严格的准入制度，同时对建设工程施工合同实行较为严格的法律干预。建设工程施工合同若被认定为无效，不仅会给合同双方带来较大的经济损失，而且会对公共利益产生不利的影响。

根据《解释（一）》第一条的规定，建设工程施工合同具有下列情形之一的，应当依据《民法典》第一百五十三条第一款的规定，认定无效：

①承包人未取得建筑业企业资质或者超越资质等级的；

②没有资质的实际施工人借用有资质的建筑施工企业名义的；

③建设工程必须进行招标而未招标或者中标无效的。

承包人因转包、违法分包建设工程与他人签订的建设工程施工合同，应当依据《民法典》第一百五十三条第一款及第七百九十一条第二款、第三款的规定，认定无效。

施工合同属于承揽合同，履行建设施工合同的过程就是把人力、建筑材料物化到建设工程中的过程。因此，施工合同无效后一般不能返还，只能根据《民法典》第七百九十三条的规定通过折价补偿的方式来支付工程价款，有过错的一方承担自己相应的责任。

根据《民法典》第七百九十三条的规定，施工合同无效后按下列规定处理：

①建设工程施工合同无效，但是建设工程经验收合格的，可以参照合同关于工程价款的约定折价补偿承包人。

②建设工程施工合同无效，且建设工程经验收不合格的，按照以下情形处理：

a. 修复后的建设工程经验收合格的，发包人可以请求承包人承担修复费用；

b. 修复后的建设工程经验收不合格的，承包人无权请求参照合同关于工程价款的约定折价补偿。

③发包人对因建设工程不合格造成的损失有过错的，应当承担相应的责任。

4.3.3 可撤销的合同

可撤销的合同，是指基于法定原因，当事人有权诉请法院或仲裁机构予撤销的合同。撤销合同的目的是使合同的效力归于消灭。撤销权是诉权，只能通过法院或者仲裁机构行使。

可撤销合同与无效合同存在显著区别。无效合同是自始无效、当然无效，即从订立起就是无效，且不必取决于当事人是否主张无效。但是，可撤销合同在被撤销之前存在效力，尤其是对无撤销权的一方具有完全拘束力；而且，其效力取决于撤销权人是否向法院或者仲裁机构主张行使撤销权以及是否被支持。

1）可撤销合同的法律规定

《民法典》第一百四十七至第一百五十一条规定了可以撤销的合同情形，具体如下：

①基于重大误解而订立的合同，行为人有权请求人民法院或者仲裁机构予以撤销。

②一方以欺诈手段，使对方在违背真实意思的情况下而订立的合同，受欺诈方有权请求人民法院或者仲裁机构予以撤销。

③第三人实施欺诈行为，使一方在违背真实意思的情况下而订立的合同，对方知道或者应当知道该欺诈行为的，受欺诈方有权请求人民法院或者仲裁机构予以撤销。

④一方或者第三人以胁迫手段，使对方在违背真实意思的情况下而订立的合同，受胁迫方有权请求人民法院或者仲裁机构予以撤销。

⑤一方利用对方处于危困状态、缺乏判断能力等情形，致使合同成立时显失公平的，受损害方有权请求人民法院或者仲裁机构予以撤销。

2）合同撤销权消灭的法律规定

合同撤销权，是指撤销权人依其单方的意思表示使合同效力溯及既往的消灭的权利。合同撤销权消灭，是指依照法律的规定，当事人原享有的撤销权因一定的法定事由的出现，而使其撤销权丧失的法律事实。

根据《民法典》第一百五十二条的规定，有下列情形之一的，撤销权消灭：

①当事人自知道或者应当知道撤销事由之日起1年内、重大误解的当事人自知道或者应当知道撤销事由之日起90日内没有行使撤销权；

②当事人受胁迫，自胁迫行为终止之日起1年内没有行使撤销权；

③当事人知道撤销事由后明确表示或者以自己的行为表明放弃撤销权。

当事人自民事法律行为发生之日起5年内没有行使撤销权的，撤销权消灭。

3）可撤销合同被撤销的后果

可撤销合同被撤销后，其法律后果与无效合同后果相同。

4.3.4 效力待定合同

效力待定合同，是指已成立的合同因欠缺一定的生效要件，其生效与否尚未确定，须经过补正方可生效，在一定的期限内不予补正则视为无效的合同。从我国《民法典》的规定来看，合同效力待定主要因为合同签订主体存在瑕疵，在第三人或行为人采取补救措施或拒绝采取补救措施之前，该合同效力处于不确定状态。

效力待定合同不同于无效合同。二者主要区别在于：无效合同具有违法性，其不具有效力是自始确定的，不会因其他行为而产生法律效力；效力待定合同并无违法性，只是效力尚不确定，法律并不强行干预，而将选择合同效力的权利赋予相关当事人或者真正权利人。

效力待定合同不同于可撤销合同。二者主要区别在于：可撤销合同在未被撤销前是有效的，效力待定合同是欠缺某种生效要件，是否有效未确定；可撤销合同只能通过法院或者仲裁机构进行撤销，效力待定合同不必通过法院或者仲裁机构，而是通过私人之间的行为（诸如追认、催告）或者一定事实来确定合同效力。

根据《民法典》的相关规定，效力待定合同有两种情况：

①限制民事行为能力订立的合同。《民法典》第一百四十五条规定："限制民事行为能力人实施的纯获利益的民事法律行为或者与其年龄、智力、精神健康状况相适应的民事法律行为有效；实施的其他民事法律行为经法定代理人同意或者追认后有效。"由此可见，限制民事行为能力人即已满14周岁不满18周岁的人和不能完全辨认自己行为的人签订的与其年龄、智力、精神健康状况不相适应的非纯获利益的合同，因为行为人缺乏缔约能力，在其法定代理人未追认前，属于效力待定合同。

相对人可以催告法定代理人自收到通知之日起30日内予以追认。法定代理人未作表示的，视为拒绝追认。民事法律行为被追认前，善意相对人有撤销的权利。撤销应当以通知的方式作出。

②无权代理订立的合同。《民法典》第一百七十一条规定："行为人没有代理权、超越代理权或者代理权终止后，仍然实施代理行为，未经被代理人追认的，对被代理人不发生效力。"此类合同因行为人没有代订合同的资格，在被代理人未追认前处于效力待定状态。

相对人可以催告被代理人自收到通知之日起30日内予以追认。被代理人未作表示的，视为拒绝追认。行为人实施的行为被追认前，善意相对人有撤销的权利。撤销应当以通知的方式作出。

行为人实施的行为未被追认的，善意相对人有权请求行为人履行债务或者就其受到的损害请求行为人赔偿。但是，赔偿的范围不得超过被代理人追认时相对人所能获得的利益。

相对人知道或者应当知道行为人无权代理的，相对人和行为人按照各自的过错承担责任。

[知识链接与拓展]

《民法典》关于无处分权人转让不动产或者动产的规定

《民法典》施行之后，对于合同效力的规定最大的变化在于原《合同法》第五十一条关于无权处分的效力规定不再适用。这一合同效力的变化实质上是保护了与无权处分人订立合同的善意相对人的合法权利。

关于无处分权人转让不动产或者动产，《民法典》第三百一十一条规定：无处分权人将不动产或者动产转让给受让人的，所有权人有权追回；除法律另有规定外，符合下列情形的，受让人取得该不动产或者动产的所有权：

①受让人受让该不动产或者动产时是善意；

②以合理的价格转让；

③转让的不动产或者动产依照法律规定应当登记的已经登记，不需要登记的已经交付给受让人。

受让人依据前款规定取得不动产或者动产的所有权的,原所有权人有权向无处分权人请求损害赔偿。

当事人善意取得其他物权的,参照适用前两款规定。

《民法典》第五百九十七条规定:"因出卖人未取得处分权致使标的物所有权不能转移的,买受人可以解除合同并请求出卖人承担违约责任。法律、行政法规禁止或者限制转让的标的物,依照其规定。"

4.3.5 附条件、附期限合同的效力

1)附条件合同的效力

所谓附条件合同,是指在合同中约定了一定的条件,并且把该条件的成就或者不成就作为合同效力发生或者消灭的根据的合同。根据条件对合同效力的影响,可将所附条件分为生效条件和解除条件。

《民法典》第一百五十八条规定:"民事法律行为可以附条件,但是根据其性质不得附条件的除外。附生效条件的民事法律行为,自条件成就时生效。附解除条件的民事法律行为,自条件成就时失效。"

第一百五十九条规定:"附条件的民事法律行为,当事人为自己的利益不正当地阻止条件成就的,视为条件已经成就;不正当地促成条件成就的,视为条件不成就。"

2)附期限合同的效力

附期限合同,是指当事人在合同中设定一定的期限,并把未来期限的到来作为合同效力发生或者效力消灭的根据的合同。根据期限对合同效力的影响,可将所附期限分为生效期限和终止期限。

《民法典》第一百六十条规定:"民事法律行为可以附期限,但是根据其性质不得附期限的除外。附生效期限的民事法律行为,自期限届至时生效。附终止期限的民事法律行为,自期限届满时失效。"

4.4 建设工程合同的履行

4.4.1 合同履行的一般规定

合同履行是指合同当事人双方依据合同条款的规定,实现各自享有的权利,并承担各自负有的义务。合同的履行,就其实质来说,是合同当事人在合同生效后,全面地完成合同义务的行为。

1)合同履行的原则

根据《民法典》第五百零九条的规定,履行合同时,应遵循以下原则:

①当事人应当按照约定全面履行自己的义务。

②当事人应当遵循诚信原则,根据合同的性质、目的和交易习惯履行通知、协助、保密等义务。

③当事人在履行合同过程中,应当避免浪费资源、污染环境和破坏生态。

2)合同履行中条款空缺的法律规定

合同条款空缺,是指合同生效后,当事人对合同条款约定有缺陷,依法采取完善或妥善处理的法律行为。

《民法典》第五百一十条规定:"合同生效后,当事人就质量、价款或者报酬、履行地点等内容没有约定或者约定不明确的,可以协议补充;不能达成补充协议的,按照合同相关条款或者交易习惯确定。"

根据《民法典》第五百一十一条的规定,当事人就有关合同内容约定不明确,依据《民法典》第五百一十条规定仍不能确定的,适用下列规定:

①质量要求不明确的,按照强制性国家标准履行;没有强制性国家标准的,按照推荐性国家标准履行;没有推荐性国家标准的,按照行业标准履行;没有国家标准、行业标准的,按照通常标准或者符合合同目的的特定标准履行。

②价款或者报酬不明确的,按照订立合同时履行地的市场价格履行;依法应当执行政府定价或者政府指导价的,依照规定履行。

③履行地点不明确,给付货币的,在接受货币一方所在地履行;交付不动产的,在不动产所在地履行;其他标的,在履行义务一方所在地履行。

④履行期限不明确的,债务人可以随时履行,债权人也可以随时请求履行,但是应当给对方必要的准备时间。

⑤履行方式不明确的,按照有利于实现合同目的的方式履行。

⑥履行费用的负担不明确的,由履行义务一方负担;因债权人原因增加的履行费用,由债权人负担。

3)合同中规定执行政府定价或政府指导价的法律规定

《民法典》第五百一十三条规定:"执行政府定价或者政府指导价的,在合同约定的交付期限内政府价格调整时,按照交付时的价格计价。逾期交付标的物的,遇价格上涨时,按照原价格执行;价格下降时,按照新价格执行。逾期提取标的物或者逾期付款的,遇价格上涨时,按照新价格执行;价格下降时,按照原价格执行。"

4.4.2 合同履行中的抗辩权及合同保全中的代位权和撤销权

1)合同履行中的抗辩权

抗辩权,是指在双务合同中,当事人一方有依法对抗对方要求或否认对方权利主张的权利。建设工程合同属于双务合同,发包方与承包方互负合同义务,在履行合同中享有抗辩权。抗辩权依其具体情形可分为同时履行抗辩权、先履行抗辩权和不安抗辩权三种。

(1)同时履行抗辩权

同时履行抗辩权,是指在没有规定履行顺序的双务合同中,当事人一方在当事人另一方未为对方给付以前,有权拒绝先为给付的权利。

《民法典》第五百二十五条规定:“当事人互负债务,没有先后履行顺序的,应当同时履行。一方在对方履行之前有权拒绝其履行请求。一方在对方履行债务不符合约定时,有权拒绝其相应的履行请求。”

同时履行抗辩权只能由当事人行使,法院不能依职权主动适用。

(2)先履行抗辩权

先履行抗辩权,是指当事人互负债务,有先后履行顺序,先履行一方未履行或者履行债务不符合约定的,后履行一方有权拒绝先履行一方的履行要求。

《民法典》第五百二十六条规定:“当事人互负债务,有先后履行顺序,应当先履行债务一方未履行的,后履行一方有权拒绝其履行请求。先履行一方履行债务不符合约定的,后履行一方有权拒绝其相应的履行请求。”

如果先履行一方已经适当、全面地履行债务,则后履行一方就没有先履行抗辩权,而应当依约履行自身义务,否则可能承担违约责任。

(3)不安抗辩权

不安抗辩权,是指先履行合同的当事人一方因后履行合同一方当事人欠缺履行债务能力或信用,而拒绝履行合同的权利。

不安抗辩权制度在于保护履行顺序在先的当事人,但不是无条件的,而是以该当事人的债权实现受到存在于对方当事人的现实危险威胁为条件。根据《民法典》第五百二十七条的规定,应当先履行债务的当事人,有确切证据证明对方有下列情形之一的,可以中止履行:①经营状况严重恶化;②转移财产、抽逃资金,以逃避债务;③丧失商业信誉;④有丧失或者可能丧失履行债务能力的其他情形。当事人没有确切证据中止履行的,应当承担违约责任。

当事人依据前条规定中止履行的,应当及时通知对方。对方提供适当担保的,应当恢复履行。中止履行后,对方在合理期限内未恢复履行能力且未提供适当担保的,视为以自己的行为表明不履行主要债务,中止履行的一方可以解除合同并可以请求对方承担违约责任。

2)合同保全中的代位权和撤销权

合同保全是指法律为防止因债务人的财产不当减少致使债权人的债权实现受到危害,而设置的保全债权人债权的法律制度。包括债权人代位权制度和债权人撤销权制度。

债权人代位权,是指当债务人怠于行使其对第三人享有的权利而有损债权人的债权时,债权人为保全自己的债权,请求人民法院以自己的名义代位行使债务人对第三人的权利。代位权的行使条件是债务人享有第三人权利,债务人怠于行使权利,债务人的债权已到期,以及债权人出于保全目的提出代位权行使。

《民法典》第五百三十五条规定:“因债务人怠于行使其债权或者与该债权有关的从权利,影响债权人的到期债权实现的,债权人可以向人民法院请求以自己的名义代位行使债务人对相对人的权利,但是该权利专属于债务人自身的除外。代位权的行使范围以债权人的到期债权为限。债权人行使代位权的必要费用,由债务人负担。”

债权人行使代位权的,必须以自己的名义提起诉讼,因此,代位权诉讼的原告只能是债权人。代位权必须通过诉讼程序行使。

债权人向次债务人提起的代位权诉讼经人民法院审理后认定代位权成立的,由次债务人向债权人履行清偿义务,债权人与债务人、债务人与次债务人之间相应的债权债务关系即予消灭。

3)债权人撤销权

债权人撤销权,是指当债务人放弃对第三人的债权,实施无偿或低价处分财产的行为而损害债权人的债权时,债权人依法请求法院撤销债务人所实施的行为。撤销权的行使条件是债权人对债务人享有债权,债务人实施了处分财产的行为,债务人实施的财产行为影响债权人的债权实现。

《民法典》第五百三十八条规定:“债务人以放弃其债权、放弃债权担保、无偿转让财产等方式无偿处分财产权益,或者恶意延长其到期债权的履行期限,影响债权人的债权实现的,债权人可以请求人民法院撤销债务人的行为。”

《民法典》第五百三十九条规定:“债务人以明显不合理的低价转让财产、以明显不合理的高价受让他人财产或者为他人的债务提供担保,影响债权人的债权实现,债务人的相对人知道或者应当知道该情形的,债权人可以请求人民法院撤销债务人的行为。”

撤销权的行使范围以债权人的债权为限。债权人行使撤销权的必要费用,由债务人负担。

撤销权自债权人知道或者应当知道撤销事由之日起1年内行使。自债务人的行为发生之日起5年内没有行使撤销权的,该撤销权消灭。

债权人行使撤销权必须通过向法院起诉的方式进行,并由法院作出撤销判决才能发生撤销的效果。若撤销权实现,即撤销了债务人与第三人之间的民事行为。

4.4.3 建设工程合同履行纠纷的处理

建设工程合同履行过程中会产生大量的法律纠纷,为此,《民法典》合同编对建设工程合同作出了专门规定,《建筑法》及国务院颁布的《建设工程安全生产管理条例》《建设工程质量管理条例》等部行政法规也对建设工程活动进行了规范。对于一些并不容易直接适用现有法律条款予以解决的纠纷,可以通过《解释(一)》等相关司法解释来进行处理。

此外,国家标准规范《建设工程工程量清单计价规范》(简称《计价规范》),从法律性质上讲属于技术性法规,不但从宏观上规范了政府造价管理行为,而且从微观上规范了发、承包双方的工程造价计价行为,为工程结算纠纷的处理提供了重要依据。《计价规范》在计量计价方法、招标采购操作、工程合同契合、甲乙方风险分担、措施费计算的细化、工程价款调整、全过程价款支付、结算与工程款清欠、争议纠纷与造价鉴定、工程造价档案管理等10个方面都做出了明确规定。

1)关于竣工日期纠纷的处理

竣工日期可以分为合同中约定的竣工日期和实际竣工日期。合同中约定的竣工日期是指发包人和承包人在协议书中约定的承包人完成承包范围内工程的绝对或相对的日期。实际竣工日期是指承包人全面、适当履行了施工承包合同时的日期。合同中约定的竣工日期是发包人限定的竣工日期的底线,如果承包人超过了这个日期竣工就将为此承担违约责任。而实际竣工日期则是承包人可以全面主张合同中约定的权利的开始之日,如果该日期先于合同中约定的竣工日期,承包商可以因此获得奖励。

正是由于确定实际竣工日期涉及发包人和承包人的利益,对于工程竣工日期的争议就时有发生。这些争议主要表现在:

①由于发包人拖延验收而产生的对实际竣工日期的争议;

②由于发包人擅自使用工程而产生的对于实际竣工验收日期的争议;

③由于对工程质量是否符合合同约定产生争议而导致对竣工日期的争议。

对此,《解释(一)》第九条规定,当事人对建设工程实际竣工日期有争议的,按照以下情形予以认定:

①建设工程经竣工验收合格的,以竣工验收合格之日为竣工日期;

②承包人已经提交竣工验收报告,发包人拖延验收的,以承包人提交验收报告之日为竣工日期;

③建设工程未经竣工验收,发包人擅自使用的,以转移占有建设工程之日为竣工日期。

《建设工程施工合同(示范文本)》通用合同条款进一步明确:工程经竣工验收合格的,以承包人提交竣工验收申请报告之日为实际竣工日期,并在工程接收证书中载明;因发包人原因,未在监理人收到承包人提交的竣工验收申请报告42天内完成竣工验收,或完成竣工验收不予签发工程接收证书的,以提交竣工验收申请报告的日期为实际竣工日期;工程未经竣工验收,发包人擅自使用的,以转移占有工程之日为实际竣工日期。”

《解释(一)》第十一条规定:“建设工程竣工前,当事人对工程质量发生争议,工程质量经鉴定合格的,鉴定期间为顺延工期期间。”

2)关于计价方法纠纷的处理

在工程建设合同中,当事人双方会约定计价的方法,这是发包人向承包人支付工程款的基础。如果合同双方对计价方法产生了纠纷且不能得到及时妥善地解决,就必然会影响到当事人的切身利益。

对计价方法的纠纷主要表现在以下几个方面:

(1)因变更引起的纠纷

在工程建设过程中,变更是普遍存在的。尽管变更的表现形式纷繁复杂,但是其对于工程款的支付的影响却仅仅表现在两个方面:一是工程量的变化导致价格的纠纷;二是工程质量标准的变化导致价格的纠纷。

对于由于变更而引起的计价方法的纠纷,《解释(一)》第十九条第一款、第二款规定:

①当事人对建设工程的计价标准或者计价方法有约定的,按照约定结算工程价款。

②因设计变更导致建设工程的工程量或者质量标准发生变化,当事人对该部分工程价款不能协商一致的,可以参照签订建设工程施工合同时当地建设行政主管部门发布的计价方法或者计价标准结算工程价款。

(2)因工程质量不合格导致的纠纷

工程合同中的价款是针对合格工程而言的,而在工程实践中,工程质量验收不合格也是普遍存在的,对于不合格产品如何计价也就自然成了合同当事人关注的问题。这个问题也涉及两方面的问题:一是工程质量与合同约定的不符合程度;二是针对该工程质量应予支付工程款的问题。

《民法典》第八百零一条规定:"因施工人的原因致使建设工程质量不符合约定的,发包人有权请求施工人在合理期限内无偿修理或者返工、改建。经过修理或者返工、改建后,造成逾期交付的,施工人应当承担违约责任。"

《解释(一)》第十二条规定:"因承包人的原因造成建设工程质量不符合约定,承包人拒绝修理、返工或者改建,发包人请求减少支付工程价款的,人民法院应予支持。"

《解释(一)》第十九条第三款规定:"建设工程施工合同有效,但建设工程经竣工验收不合格的,依照民法典第五百七十七条规定处理。"《民法典》第五百七十七条规定:"当事人一方不履行合同义务或者履行合同义务不符合约定的,应当承担继续履行、采取补救措施或者赔偿损失等违约责任。"

(3)因利息而产生的纠纷

发包人拖欠承包人工程款,不仅应当支付工程款本金,还应当支付工程款利息。因为利息是建设单位如果按期支付工程款后承包商的预期利益。在实践中,对于利息的支付容易在两个方面产生纠纷:一是利息的计付标准,二是何时开始计付利息。

《解释(一)》第二十六条对于利息的计付标准规定:"当事人对欠付工程价款利息计付标准有约定的,按照约定处理。没有约定的,按照同期同类贷款利率或者同期贷款市场报价利率计息。"

《解释(一)》第二十七条对于何时开始计付利息规定:利息从应付工程价款之日开始计付。当事人对付款时间没有约定或者约定不明的,下列时间视为应付款时间:

①建设工程已实际交付的,为交付之日;

②建设工程没有交付的,为提交竣工结算文件之日;

③建设工程未交付,工程价款也未结算的,为当事人起诉之日。

(4)工程垫资的处理

《解释(一)》第二十五条规定:"当事人对垫资和垫资利息有约定,承包人请求按照约定返还垫资及其利息的,人民法院应予支持,但是约定的利息计算标准高于垫资时的同类贷款利率或者同期贷款市场报价利率的部分除外。当事人对垫资没有约定的,按照工程欠款处理。当事人对垫资利息没有约定,承包人请求支付利息的,人民法院不予支持。"

3)关于工程量纠纷的处理

在工程款支付的过程中,确认完成的工程量是一个重要的环节。只有确认了完成的工程量,才能进行下一步的结算。

(1)对未经签证但事实上已经完成的工程量的确认

在施工过程中,有时发包人会避开监理直接口头通知承包人进行某项工程的修建或某一部位的变更,承包人要求发包人补充书面资料时,由于主观的或者客观的原因发包人没能及时提供签证。因此,对于这部分工程量的确认就很容易引起纠纷。

《民法典》第四百九十条第二款规定:"法律、行政法规规定或者当事人约定合同应当采用书面形式订立,当事人未采用书面形式但是一方已经履行主要义务,对方接受时,该合同成立。"

依据这个条款,《解释(一)》第二十条规定:"当事人对工程量有争议的,按照施工过程中形成的签证等书面文件确认。承包人能够证明发包人同意其施工,但未能提供签证文件证明工程量发生的,可以按照当事人提供的其他证据确认实际发生的工程量。"

(2)对于确认工程量的时间的纠纷

如果建设单位迟迟不确认施工单位完成的工程量,就会导致施工单位不能及时得到工程款,这样就损害了施工单位的利益。为了保护合同当事人的合法权益,《解释(一)》第二十一条规定:"当事人约定,发包人收到竣工结算文件后,在约定期限内不予答复,视为认可竣工结算文件的,按照约定处理。承包人请求按照竣工结算文件结算工程价款的,人民法院应予支持。"

4)关于建设工程价款优先受偿权问题的司法解释

建设工程优先受偿权是指承包人对于建设工程的价款就该工程折价或者拍卖的价款享有优先受偿的权利,优先于抵押权和其他债权。优先受偿建设工程价款的范围是承包人因承包工程实际支出的费用。根据住房和城乡建设部、财政部关于《建筑安装工程费用项目组成》的规定,建筑安装工程费用项目按费用构成要素组成划分为人工费、材料费、施工机具使用费、企业管理费、利润和税金。因此,一般认为建设工程价款优先受偿的范围包括人工费、材料费、施工机具使用费、企业管理费、利润、规费和税金。

《民法典》第八百零七条规定:"发包人未按照约定支付价款的,承包人可以催告发包人在合理期限内支付价款。发包人逾期不支付的,除根据建设工程的性质不宜折价、拍卖外,承包人可以与发包人协议将该工程折价,也可以请求人民法院将该工程依法拍卖。建设工程的价款就该工程折价或者拍卖的价款优先受偿。"

对于建设工程价款优先受偿权,《解释(一)》第三十五至第四十一条进一步明确:

①与发包人订立建设工程施工合同的承包人,依据民法典第八百零七条的规定请求其承建工程的价款就工程折价或者拍卖的价款优先受偿的,人民法院应予支持。

②承包人根据民法典第八百零七条规定享有的建设工程价款优先受偿权优于抵押权和其他债权。

③装饰装修工程具备折价或者拍卖条件,装饰装修工程的承包人请求工程价款就该装饰装修工程折价或者拍卖的价款优先受偿的,人民法院应予支持。

④建设工程质量合格,承包人请求其承建工程的价款就工程折价或者拍卖的价款优先受偿的,人民法院应予支持。

⑤未竣工的建设工程质量合格,承包人请求其承建工程的价款就其承建工程部分折价

或者拍卖的价款优先受偿的，人民法院应予支持。

⑥承包人建设工程价款优先受偿的范围依照国务院有关行政主管部门关于建设工程价款范围的规定确定。承包人就逾期支付建设工程价款的利息、违约金、损害赔偿金等主张优先受偿的，人民法院不予支持。

⑦承包人应当在合理期限内行使建设工程价款优先受偿权，但最长不得超过18个月，自发包人应当给付建设工程价款之日起算。

4.5 建设合同的变更、转让与权利义务终止

4.5.1 合同的变更

1)合同变更的规定

合同变更，是指依法成立的合同，经当事人协商一致，对合同内容进行的局部修改和变更。合同变更是合同关系的局部变化(如标的数量的增减、价款的变化、履行时间、地点、方式的变化)，而不是合同主体的改变和合同性质的变化。

《民法典》第五百四十三条规定："当事人协商一致，可以变更合同。"

2)建设工程施工合同变更

建设工程施工合同的变更，主要是在合同主体不变的情况下，对合同内容进行的变更：

①标的条款变更，主要包括标的本身、标的数量、质量、型号、规格以及标的其他方面的条款内容发生变更；

②履行条款变更，主要包括价款或报酬、履行期限、地点、方式和所附条件等条款内容的变更；

③合同责任条款变更，主要是担保、违约责任形式、合同救济方式或争议解决方式等条款内容的变更。

建设工程施工合同的变更往往可以通过工程签证来实现，其实质是工程承发包双方在合同履行过程中对支付各种费用、顺延工期、赔偿损失等事项所达成的补充协议。经双方书面确认的工程签证，将成为工程结算和工程索赔的依据。

工程签证是双方协商一致的结果，是对原合同进行变更的法律行为，具有与合同同等的法律效力，并构成整个工程合同的组成部分。

4.5.2 合同的转让

1)合同转让的规定

合同转让，是指合同成立后，当事人一方依法将合同的权利、义务全部或者部分转让或

转移给第三人的法律行为。合同转让分为债权人权利转让、债务人义务转移、当事人权利和义务转让三种情况。

《民法典》第五百四十五条规定:"债权人可以将债权的全部或者部分转让给第三人,但是有下列情形之一的除外:(一)根据债权性质不得转让;(二)按照当事人约定不得转让;(三)依照法律规定不得转让。当事人约定非金钱债权不得转让的,不得对抗善意第三人。当事人约定金钱债权不得转让的,不得对抗第三人。"债权人转让债权,未通知债务人的,该转让对债务人不发生效力。

《民法典》第五百五十一条规定:"债务人将债务的全部或者部分转移给第三人的,应当经债权人同意。债务人或者第三人可以催告债权人在合理期限内予以同意,债权人未作表示的,视为不同意。"

2)建设工程合同的转让

建设工程合同的转让不同于一般合同转让,严格受到《建筑法》《招标投标法》等法律法规的规范。

根据《建筑法》和《招标投标法》的规定,建设工程必须依法实行招投标。由于招标人通过招标方式确定中标人时,除价格因素外,主要考虑的是中标人的履约能力,如果中标人在获取中标项目后倒手转让给他人或将中标项目肢解后分别转让给他人,实际用于该项目的资金就会减少,并将严重影响招标项目的质量,使招标程序失去意义。因此,《招标投标法》第四十八条第一款规定:"中标人不得向他人转让中标项目,也不得将中标项目肢解后分别向他人转让。"

但是,若中标人(承包人)对完成某部分工作不具有优势时,《招标投标法》第四十八条第二款规定:"中标人按照合同约定或者经招标人同意,可以将中标项目的部分非主体、非关键性工作分包给他人完成。接受分包的人应当具备相应的资格条件,并不得再次分包。"中标人应当就分包项目向招标人负责,接受分包的人就分包项目承担连带责任。"

4.5.3 合同的权利义务终止

1)合同的权利义务终止

合同的权利义务终止,是指合同权利与义务因法定事由或约定事由的出现而消灭,合同关系不复存在。

根据《民法典》第五百五十七条的规定,有下列情形之一的,债权债务终止:①债务已经履行;②债务相互抵销;③债务人依法将标的物提存;④债权人免除债务;⑤债权债务同归于一人;⑥法律规定或者当事人约定终止的其他情形。

合同解除的,该合同的权利义务关系终止。

2)合同解除

合同解除,是指合同当事人依法行使解除权或者双方协商决定,提前解除合同效力的行为。合同解除包括约定解除和法定解除。

(1)约定解除合同

《民法典》第五百六十二条规定:"当事人协商一致,可以解除合同。当事人可以约定一方解除合同的事由。解除合同的事由发生时,解除权人可以解除合同。"

(2)法定解除合同

《民法典》第五百六十三条规定,有下列情形之一的,当事人可以解除合同:

①因不可抗力致使不能实现合同目的;

②在履行期限届满之前,当事人一方明确表示或者以自己的行为表明不履行主要债务;

③当事人一方迟延履行主要债务,经催告后在合理期限内仍未履行;

④当事人一方迟延履行债务或者有其他违约行为致使不能实现合同目的;

⑤法律规定的其他情形。

以持续履行的债务为内容的不定期合同,当事人可以随时解除合同,但是应当在合理期限之前通知对方。

(3)解除权行使的期限

法律规定或者当事人约定解除权行使期限,期限届满当事人不行使的,该权利消灭。

法律没有规定或者当事人没有约定解除权行使期限,自解除权人知道或者应当知道解除事由之日起1年内不行使,或者经对方催告后在合理期限内不行使的,该权利消灭。

(4)解除权行使的方式

当事人一方依法主张解除合同的,应当通知对方。合同自通知到达对方时解除;通知载明债务人在一定期限内不履行债务则合同自动解除,债务人在该期限内未履行债务的,合同自通知载明的期限届满时解除。对方对解除合同有异议的,任何一方当事人均可以请求人民法院或者仲裁机构确认解除行为的效力。

当事人一方未通知对方,直接以提起诉讼或者申请仲裁的方式依法主张解除合同,人民法院或者仲裁机构确认该主张的,合同自起诉状副本或者仲裁申请书副本送达对方时解除。

(5)合同解除后的法律后果

合同解除后,尚未履行的,终止履行;已经履行的,根据履行情况和合同性质,当事人可以请求恢复原状或者采取其他补救措施,并有权请求赔偿损失。

合同因违约解除的,解除权人可以请求违约方承担违约责任,但是当事人另有约定的除外。

主合同解除后,担保人对债务人应当承担的民事责任仍应当承担担保责任,但是担保合同另有约定的除外。

《民法典》第五百六十七条规定:"合同的权利义务关系终止,不影响合同中结算和清理条款的效力。"

3)建设工程施工合同的解除

建设工程施工合同,除依据《民法典》第五百六十二条、第五百六十三条的规定解除外,还可以依据《民法典》第八百零六条的特别规定解除。

《民法典》第八百零六条规定了两种可以解除建设工程施工合同的情形:

①承包人将建设工程转包、违法分包的,发包人可以解除合同。

②发包人提供的主要建筑材料、建筑构配件和设备不符合强制性标准或者不履行协助义务，致使承包人无法施工，经催告后在合理期限内仍未履行相应义务的，承包人可以解除合同。

③合同解除后，已经完成的建设工程质量合格的，发包人应当按照约定支付相应的工程价款；已经完成的建设工程质量不合格的，参照《民法典》第七百九十三条的规定处理。

4.6 合同违约责任处理

4.6.1 违约责任的构成要件

违约责任，是指合同当事人违反合同约定，不履行合同义务或者履行合同义务不符合约定而应承担的民事责任。

违约责任的构成要件包括主观要件和客观要件。

①主观要件。主观要件是指作为合同当事人，在履行合同中不论其主观上是否有过错，即主观上有无故意或过失，只要造成违约的事实，均应承担违约法律责任。

②客观要件。客观要件是指合同依法成立、生效后，合同当事人一方或者双方未按照法定或约定全面地履行应尽的义务，也即出现了客观的违约事实，即应承担违约的法律责任。

违约责任实行严格责任原则。严格责任原则是指有违约行为即构成违约责任，只有存在免责事由时才可以免除违约责任。

4.6.2 承担违约责任的基本形式

《民法典》第五百七十七条规定："当事人一方不履行合同义务或者履行合同义务不符合约定的，应当承担继续履行、采取补救措施或者赔偿损失等违约责任。"

1）继续履行

继续履行，是指违约当事人在违反合同后，非违约方有权要求其依照合同约定继续履行合同，也称强制实际履行。

（1）价款或者报酬的实际履行

《民法典》第五百七十九条规定："当事人一方未支付价款、报酬、租金、利息，或者不履行其他金钱债务的，对方可以请求其支付。"

（2）非金钱债务的实际履行

根据《民法典》第五百八十条的规定，当事人一方不履行非金钱债务或者履行非金钱债务不符合约定的，对方可以请求履行，但有下列情形之一的除外：①法律上或者事实上不能履行；②债务的标的不适于强制履行或者履行费用过高；③债权人在合理期限内未要求履行。

有前款规定的除外情形之一，致使不能实现合同目的的，人民法院或者仲裁机构可以根据当事人的请求终止合同权利义务关系，但是不影响违约责任的承担。

2)采取补救措施

采取补救措施，是指当事人违反合同的事实发生后，为防止损失发生或者扩大，而由违约方依据法律规定或者约定采取补救措施，以减少或者挽回非违约方的损失。

《民法典》第五百八十二条规定："履行不符合约定的，应当按照当事人的约定承担违约责任。对违约责任没有约定或者约定不明确，依据本法第五百一十条的规定仍不能确定的，受损害方根据标的的性质以及损失的大小，可以合理选择请求对方承担修理、重作、更换、退货、减少价款或者报酬等违约责任。"

3)赔偿损失

赔偿损失，是指当事人一方不履行合同义务或者履行合同义务不符合约定的，在履行义务或者采取补救措施后，对方还有其他损失的，应当赔偿损失。

《民法典》第五百八十四条的规定："当事人一方不履行合同义务或者履行合同义务不符合约定，造成对方损失的，损失赔偿额应当相当于因违约所造成的损失，包括合同履行后可以获得的利益；但是，不得超过违约一方订立合同时预见到或者应当预见到的因违约可能造成的损失。"

4)支付违约金或定金担保

(1)支付违约金

违约金，是指按照当事人的约定或者法律规定因一方违约而应向另一方支付的金钱。

根据《民法典》第五百八十五条的规定，当事人可以约定一方违约时应当根据违约情况向对方支付一定数额的违约金，也可以约定因违约产生的损失赔偿额的计算方法。

约定的违约金低于造成的损失的，人民法院或者仲裁机构可以根据当事人的请求予以增加；约定的违约金过分高于造成的损失的，人民法院或者仲裁机构可以根据当事人的请求予以适当减少。

当事人就迟延履行约定违约金的，违约方支付违约金后，还应当履行债务。

(2)定金担保

定金，是合同当事人一方预先支付给对方的款项，其目的在于担保合同债权的实现。定金是债权担保的一种形式，定金之债是从债务，因此，合同当事人对定金的约定是一种从属于被担保债权所依附的合同的从合同。

根据《民法典》第五百八十六条的规定，当事人可以约定一方向对方给付定金作为债权的担保。定金合同自实际交付定金时成立。定金的数额由当事人约定；但是，不得超过主合同标的额的20%，超过部分不产生定金的效力。实际交付的定金数额多于或者少于约定数额的，视为变更约定的定金数额。

第五百八十七条规定，债务人履行债务的，定金应当抵作价款或者收回。给付定金的一方不履行债务或者履行债务不符合约定，致使不能实现合同目的的，无权请求返还定金；收受定金的一方不履行债务或者履行债务不符合约定，致使不能实现合同目的的，应当双倍返还定金。

第五百八十八条规定，当事人既约定违约金，又约定定金的，一方违约时，对方可以选择适用违约金或者定金条款。定金不足以弥补一方违约造成的损失的，对方可以请求赔偿超过定金数额的损失。

4.6.3 承担违约责任的特殊情形

1) 先期违约情形

先期违约，也叫预期违约，是指当事人一方在合同约定的期限届满之前，明示或默示其将来不能履行合同的情形。

《民法典》第五百七十八条规定："当事人一方明确表示或者以自己的行为表明不履行合同义务的，对方可以在履行期限届满之前请求其承担违约责任。"

2) 当事人双方都违约的情形

当事人双方违约，是指当事人双方分别违反了各自的义务的情形。

《民法典》第五百九十二条规定："当事人都违反合同的，应当各自承担相应的责任。当事人一方违约造成对方损失，对方对损失的发生有过错的，可以减少相应的损失赔偿额。"

3) 因第三人原因违约的情形

《民法典》第五百九十三条规定："当事人一方因第三人的原因造成违约的，应当依法向对方承担违约责任。当事人一方和第三人之间的纠纷，依照法律规定或者按照约定处理。"

4) 违约与侵权竞合的情形

《民法典》第一百八十六条规定："因当事人一方的违约行为，损害对方人身权益、财产权益的，受损害方有权选择请求其承担违约责任或者侵权责任。"

《民法典》第九百九十六条规定："因当事人一方的违约行为，损害对方人格权并造成严重精神损害，受损害方选择请求其承担违约责任的，不影响受损害方请求精神损害赔偿。"

4.6.4 违约责任的免除

违约责任的免除，是指合同生效后，当事人之间因不可抗力事件的发生，造成合同不能履行时，依法可以免除责任。不可抗力是指合同签订后，发生了合同当事人不能预见、不能避免并不能克服的客观情况。不可抗力包括以下两种情况：

①自然灾害，如火灾、水灾、地震、瘟疫、海啸等；

②社会事件，如战争、武装冲突、罢工、骚乱、暴动等，以及特定的政府行为，如征收、征用等。

《民法典》第五百九十条规定："当事人一方因不可抗力不能履行合同的，根据不可抗力的影响，部分或者全部免除责任，但是法律另有规定的除外。因不可抗力不能履行合同的，应当及时通知对方，以减轻可能给对方造成的损失，并应当在合理期限内提供证明。当事人迟延履行后发生不可抗力的，不免除其违约责任。”

第五百九十一条规定：“当事人一方违约后，对方应当采取适当措施防止损失的扩大；没有采取适当措施致使损失扩大的，不得就扩大的损失请求赔偿。当事人因防止损失扩大而支出的合理费用，由违约方负担。”

［知识链接与拓展］

相关合同制度

与建设工程活动关系密切的相关合同，主要有承揽合同、租赁合同、借款合同、委托合同等。

1）承揽合同

《民法典》规定，承揽合同是承揽人按照定作人的要求完成工作，交付工作成果，定作人给付报酬的合同。承揽包括加工、定作、修理、复制、测试、检验等工作。

承揽合同的内容包括承揽的标的、数量、质量、报酬、承揽方式、材料的提供、履行期限、验收标准和方法等条款。

承揽人应当以自己的设备、技术和劳力，完成主要工作，但是当事人另有约定的除外。承揽人将其承揽的主要工作交由第三人完成的，应当就该第三人完成的工作成果向定作人负责；未经定作人同意的，定作人也可以解除合同。

2）租赁合同

《民法典》规定，租赁合同是出租人将租赁物交付承租人使用、收益，承租人支付租金的合同。租赁合同的内容一般包括租赁物的名称、数量、用途、租赁期限、租金及其支付期限和方式、租赁物维修等条款。

租赁期限不得超过20年。超过20年的，超过部分无效。租赁期间届满，当事人可以续订租赁合同；但是，约定的租赁期限自续订之日起不得超过20年。

租赁期限6个月以上的，应当采用书面形式。当事人未采用书面形式，无法确定租赁期限的，视为不定期租赁。

3）借款合同

《民法典》规定，借款合同是借款人向贷款人借款，到期返还借款并支付利息的合同。借款合同采用书面形式，但自然人之间借款另有约定的除外。

借款合同的内容包括借款种类、币种、用途、数额、利率、期限和还款方式等条款。

订立借款合同，借款人应当按照贷款人的要求提供与借款有关的业务活动和财务状况的真实情况。

借款的利息不得预先在本金中扣除。利息预先在本金中扣除的，应当按照实际借款数额返还借款并计算利息。

4）委托合同

《民法典》规定，委托合同是委托人和受托人约定，由受托人处理委托人事务的合同。委托人可以特别委托受托人处理一项或者数项事务，也可以概括委托受托人处理一切事务。

委托人应当预付处理委托事务的费用。受托人为处理委托事务垫付的必要费用，委托人应当偿还该费用并支付利息。

受托人应当按照委托人的指示处理委托事务。需要变更委托人指示的，应当经委托人同意；因情况紧急，难以和委托人取得联系的，受托人应当妥善处理委托事务，但是事后应当将该情况及时报告委托人。

习 题

一、单项选择题

1. 下列合同中，受《民法典》合同篇调整的是（　　）。

A. 收养合同　　B. 劳动合同　　C. 施工合同　　D. 行政征用补偿合同

2. 根据《民法典》的规定，下列不可以采用口头形式的合同是（　　）。

A. 租赁合同　　B. 建设工程合同　　C. 借款合同　　D. 买卖合同

3. 下列行为中，属于要约的是（　　）。

A. 发布招标公告　　B. 发布招股说明书　　C. 寄送价目表　　D. 寄送订货单

4. 施工单位向电梯生产公司订购两部 A 型电梯，并要求 10 日内交货。电梯生产公司回函表示如果延长 1 周可如约供货。根据《民法典》，电梯生产公司的回函属于（　　）。

A. 要约邀请　　B. 承诺　　C. 新要约　　D. 部分承诺

5. 某施工单位以电子邮件的方式向某设备供应商发出要约，该供应商向施工单位提供了三个电子邮箱，并且没有特别指定，则此要约的生效时间是（　　）。

A. 该要约进入任一电子邮箱的首次时间

B. 该要约进入三个电子邮箱的最后时间

C. 该供应商获悉该要约收到的时间

D. 该供应商理解该要约内容的时间

6. 施工企业根据材料供应商寄送的价目表发出了一个建筑材料采购清单，后因故又发出加急通知取消了该采购清单。如果施工企业后发出的取消通知先于采购清单到达材料供应商处，则该取消通知在法律上称为（　　）

A. 要约撤回　　B. 要约撤消　　C. 承诺撤回　　D. 承诺撤消

7. 下列行为中，属于当事人应当承担缔约过失责任的是（　　）。

A. 承包人没有按照合同约定的时间完成工程

B. 发包人没有按照合同约定的时间支付工程款

C. 承包人在资格预审时没有通过审查

D. 承包人在订立合同时故意隐瞒其不良财产状况，给发包人造成损失

8. 根据《民法典》的规定，不属于承诺构成要件的是（　　）。

A. 承诺需由受要约人向要约人作出

B. 承诺必须以书面的形式通知要约人

C. 承诺的内容应当与要约的实质性内容一致

D. 承诺必须在要约有效期内作出

9. 下列合同中,属于无效合同的是(　　)。

A. 当事人无履约能力　　B. 当事人对合同有重大误解

C. 违反法律法规的强制性规定　　D. 违反法定的形式

10. 对于可撤销的合同,重大误解的当事人自知道或者应当知道撤销事由之日起(　　)日内没有行使撤销权,撤销权消灭。

A. 30　　B. 45　　C. 60　　D. 90

11. 关于待定合同,下列说法正确是(　　)。

A. 限制民事行为能力人订立的合同属于效力待定合同

B. 对于待定合同,法定代理人或被代理人未作表示的视为拒绝追认

C. 待定合同是生效合同

D. 待定合同是无效合同

12. 关于合同履行,下列说法不正确的是(　　)。

A. 当事人应当按照约定全面履行自己的义务。

B. 当事人在履行合同过程中应当避免浪费资源

C. 价款或者报酬不明确的,按照订立合同时履行地的市场价格履行

D. 履行费用的负担不明确的,任由当事人一方负担

13. 甲、乙签订了建筑材料购买合同,当事人双方拟对合同进行变更,下列不能变更是(　　)。

A. 甲公司名称　　B. 买卖数量　　C. 履行时间　　D. 价款

14. 下列(　　)情况不符合先履行合同义务的当事人行使不安抗辩权。

A. 经营状况严重恶化　　B. 丧失商业信誉

C. 企业负有巨额债务　　D. 转移资产以逃避债务

15. 甲欠乙 50 万元工程款,乙欠丙 20 万元贷款,因乙怠于行使到期债权,又不能还丙的欠款,为此丙起诉甲支付欠款,下列说法的正确的是(　　)。

A. 丙可以以自己的名义向乙提起代位权诉讼

B. 丙可以以自己的名义向甲提起代位权诉讼

C. 丙起提起代位权诉讼以 50 万元为限

D. 丙的起诉费用由自己支付

16. 债务人放弃到期债权或无偿转让财产,对债权人造成损害的,债权人可以行使撤销权。撤销权自债权人知道或者应当知道撤销事由之日起(　　)内行使。

A. 6 个月　　B. 1 年　　C. 2 年　　D. 5 年

17. 承包人应当在合理期限内行使建设工程价款优先受偿权,但最长不得超过(　　)个月,自发包人应当给付建设工程价款之日起算。

A. 6　　B. 10　　C. 18　　D. 20

18. 根据《民法典》的规定,下列合同可以转让的是(　　)。

A. 某教授与施工企业约定培训一次,但因培训当天临时有事,便让自己的博士生代为授课

B. 甲因急需用钱便将对乙享有的一万元债权转让给了第三人,并打电话通知了乙

C. 建设单位到期不能支付工程款，书面通知施工企业将债务转让给第三人，请施工企业向第三人主张债权

D. 监理单位将监理合同转让给其他具有相应监理资质的监理单位

19. 关于合同解除后的法律后果，下列说法不正确的是（　　）。

A. 合同解除后，尚未履行的，终止履行

B. 合同因违约解除的，解除权人可以请求违约方承担违约责任

C. 主合同解除后，担保人对债务人应当承担的民事责任仍应当承担担保责任

D. 合同的权利义务关系终止，影响合同中结算和清理条款的效力

20. 甲乙双方签订总价为 100 万元的合同，并设定定金条款，则定金的最高限额应为（　　）万元。

A. 5　　B. 10　　C. 20　　D. 30

21. 某项目设计费为 100 万元，合同约定违约金为 15%，发包方支付了 15 万元定金后，设计方未开展设计工作，导致发包方损失 12 万元，发包方最多可获得的赔偿是（　　）万元。

A. 15　　B. 27　　C. 30　　D. 42

二、多项选择题

1. 下列关于格式合同的表述中，正确的是（　　）。

A. 格式条款是为了重复使用而预先拟定，并在订立合同时未与对方协商的条款

B. 提供格式条款的一方应采取合理的方式提示对方注意免除其责任的条款

C. 对格式条款的理解发生争议的，应当按照通常理解予以解释

D. 对格式条款有两种以上解释的，应当作出不利于提供格式条款一方的解释

E. 格式条款和非格式条款不一致的，应当采用非格式条款

2. 合同形式可以以口头形式、书面形式和其他形式来体现，下列属于书面形式的是（　　）。

A. 言语方式　　B. 合同书　　C. 传真　　D. 电子邮件　　E. 行为方式

3. 甲建筑公司收到了某水泥厂寄发的价目表但无其他内容。甲按标明价格提出订购 1 000 t 某型号水泥，并附上主要合同条款，却被告知因原材料价格上涨故原来的价格不再适用，要采用提价后的新价格。下列说法正确的是（　　）。

A. 水泥厂的价目表属于要约邀请

B. 甲建筑公司的订购表示属于要约

C. 水泥厂的价目表属于要约

D. 水泥厂新报价属于新要约

E. 水泥厂新报价属于承诺

4. 下列情形导致要约失效的有（　　）。

A. 拒绝要约的通知到达要约人

B. 要约人依法撤销要约

C. 要约人依法撤回要约

D. 承诺期限届满，受要约人未作出承诺

E. 受要约人对要约的内容作出实质性变更

5. 应当先履行合同文件的一方当事人有确切证据证明对方(　　),有权行使抗辩权。

A. 经营状况严重恶化

B. 法定代表人被追究刑事责任

C. 丧失商业信誉

D. 企业负有较大债务

E. 转移财产试图躲避债务

6. 根据《民法典》的规定,当事人在订立合同过程中实施的下列行为,属于缔约过失的有(　　)。

A. 假借订立合同,恶意进行磋商

B. 不正当地使用在订立合同过程中知悉的商业秘密

C. 故意隐瞒与订立合同有关的重要事实

D. 提供与订立合同有关的虚假信息

E. 未按约定支付合同价款

7. 关于可撤销的合同,下列说法正确是(　　)。

A. 基于重大误解而订立的合同,行为人有权请求予以撤销

B. 一方以欺诈手段,使对方在违背真实意思的情况下而订立的合同,受欺诈方有权请予以撤销

C. 第三人实施欺诈行为,使一方在违背真实意思的情况下而订立的合同,受欺诈方有权请求予以撤销

D. 一方以胁迫手段,使对方在违背真实意思的情况下而订立的合同,受胁迫方有权请求予以撤销

E. 一方利用对方处于危困状态,致使合同成立时显失公平的,受损害方有权予以撤销

8. 建设工程价款优先受偿权的范围是(　　)。

A. 施工人员的报酬

B. 租赁施工机械的费用

C. 欠付工程价款的利息

D. 实际支付的材料款

E. 当事人未约定的垫资利息

9. 根据《民法典》规定,有下列(　　)情形之一的,当事人可以解除合同。

A. 因不可抗力致使不能实现合同目的

B. 在履行期限届满之前,当事人一方明确表示或者以自己的行为表明不履行主要债务

C. 当事人一方迟延履行主要债务,经催告后在合理期限内仍未履行

D. 当事人一方迟延履行债务或者有其他违约行为致使不能实现合同目的

E. 以持续履行的债务为内容的不定期合同,当事人可以随时解除合同

10. 关于违约金与定金的说法,下面说法正确的是(　　)。

A. 约定的违约金低于造成的损失的,可以根据当事人的请求予以增加

B. 约定的违约金过分高于造成的损失的,可以根据当事人的请求予以适当减少

C. 当事人就迟延履行约定违约金的,违约方支付违约金后,可以不履行债务

D. 定金的数额不得超过主合同标的额的20%

E. 收受定金的一方不履行债务,致使不能实现合同目的的,应当双倍返还定金

11. 下列属于不能免除违约方违约责任的情形是(　　)。

A. 因发生地震不能履约
B. 因发生战争不能履约
C. 发生不可抗力后没有及时通知对方采取补救措施致使损失扩大
D. 当事人迟延履行后发生不可抗力的
E. 当事人履行合同前发生不可抗力的

第 5 章

建设工程质量法律制度

本章学习要求：

了解建设工程质量监督管理制度；熟悉建设工程质量保修制度；掌握施工单位的质量责任和义务；了解建设单位及其他相关单位的质量责任和义务；了解工程建设标准的规定。

主要法律法规：

《中华人民共和国建筑法》（1997 年 11 月 1 日通过，2019 年 4 月 23 日第 2 次修正）；

《建设工程质量管理条例》（国务院令〔2000〕第 279 号公布，国务院令〔2019〕第 714 号第 2 次修订）；

《房屋建筑和市政基础设施工程质量监督管理规定》（住建部令〔2010〕第 5 号公布）；

《房屋建筑工程和市政基础设施工程竣工验收备案管理办法》（建设部令〔2000〕第 78 号公布，住建部令〔2009〕第 2 号修正）；

《房屋建筑和市政基础设施工程竣工验收规定》（住建部建质〔2013〕171 号）

《房屋建筑工程质量保修办法》（建设部令〔2000〕第 80 号公布）；

《工程建设国家标准管理办法》（建设部令〔1992〕第 24 号公布）；

《工程建设行业标准管理办法》（建设部令〔1992〕第 25 号公布）；

《实施工程建设强制性标准监督规定》（建设部令〔2000〕第 81 号公布，建设部令〔2021〕第 52 号第 2 次修正）

【驱动案例】

背景材料 5：某建筑公司与某学校签订了一份教学楼施工合同，明确施工单位要保质保量保工期完成学校的教学楼施工任务。工程竣工后，承包方向学校提交了工程竣工报告。学校为了不影响学生上课，在还没组织验收的情况下就直接将教学楼投入了使用。在使用过程中，校方发现了教学楼存在质量问题，要求施工单位维修。施工单位认为工程未经验收，学校提前使用出现质量问题，施工单位不应再承担责任。

试依据《建设工程质量管理条例》等法规，分析施工单位是否应当履行该教学楼的保修义务。

本案例分析见第127页。

建设工程质量法律制度，是《建筑法》确定的建设活动的基本法律制度之一。建设工程产品有着建设周期长、涉及面广、价值额度大、生产的不可逆性等特点，建设工程质量的优劣直接关系到国民经济发展和人民生命财产安全。因此，加强建设工程质量管理，是一个非常重要的问题。在我国，《建筑法》对建设工程质量管理做出了原则规定，同时，《建设工程质量管理条例》进一步明确了建设单位、勘察设计单位、施工单位、工程监理单位的质量责任和义务，并进一步确立了建设工程质量监督管理和建设工程质量保修制度。

与此同时，国家建设行政主管部门还出台了一系列保障建设工程质量的部门规章，如《房屋建筑和市政基础设施工程竣工验收规定》《房屋建筑工程和市政基础设施工程竣工验收备案管理办法》《房屋建筑和市政基础设施工程质量监督管理规定》《房屋建筑工程质量保修办法》《实施工程建设强制性标准监督规定》等。此外，我国还制定了大量的工程建设标准。

5.1 建设工程质量监督管理制度

建设工程质量监督管理制度，是《建筑法》和《建设工程质量管理条例》确立的一项重要的质量监督管理制度。这一制度强调建设工程的质量必须实行政府监督管理。

所谓建设工程质量监督管理，是指主管部门依据有关法律法规和工程建设强制性标准，对工程实体质量和工程建设、勘察、设计、施工、监理单位（以下简称"工程质量责任主体"）和质量检测等单位的工程质量行为实施监督。其中，工程实体质量监督是指主管部门对涉及工程主体结构安全、主要使用功能的工程实体质量情况实施监督；工程质量行为监督是指主管部门对工程质量责任主体和质量检测等单位履行法定质量责任和义务的情况实施监督。

5.1.1 建设工程质量监督管理的体制

根据《建设工程质量管理条例》第四十三条的规定，国家实行建设工程质量监督管理制度：

①国务院建设行政主管部门对全国的建设工程质量实施统一监督管理。国务院铁路交通、水利等有关部门按照国务院规定的职责分工，负责对全国的有关专业建设工程质量的监督管理。

②县级以上地方人民政府建设行政主管部门对本行政区域内的建设工程质量实施监督管理。县级以上地方人民政府交通、水利等有关部门在各自的职责范围内，负责对本行政区域内的专业建设工程质量的监督管理。

《建设工程质量管理条例》第四十六条规定："建设工程质量监督管理，可以由建设行政主管部门或者其他有关部门委托的建设工程质量监督机构具体实施。”

所谓建设工程质量监督机构(以下简称“监督机构”)是指受建设行政主管部门或有关专业部门的委托,依据有关法律、法规和工程建设强制性标准,对建设工程质量具体实施监督管理,具有独立法人资格的单位。如江苏省建设工程质量监督总站、南京市建筑工程质量安全监督站、江宁区建设工程质量监督站。

5.1.2 建设工程质量监督检查的规定

1)政府职能部门履行监督检查职责时有权采取的措施

根据《建设工程质量管理条例》第四十八条的规定,县级以上人民政府建设行政主管部门和其他有关部门履行监督检查职责时,有权采取下列措施:

①要求被检查的单位提供有关工程质量的文件和资料;

②进入被检查单位的施工现场进行检查;

③发现有影响工程质量的问题时,责令改正。

有关单位和个人对县级以上人民政府建设行政主管部门和其他有关部门进行的监督检查应当支持与配合,不得拒绝或者阻碍建设工程质量监督检查人员依法执行职务。

2)房屋建筑工程质量监督管理的内容

根据《房屋建筑和市政基础设施工程质量监督管理规定》第五条的规定,工程质量监督管理应当包括下列内容:

①执行法律法规和工程建设强制性标准的情况;

②抽查涉及工程主体结构安全和主要使用功能的工程实体质量;

③抽查工程质量责任主体和质量检测等单位的工程质量行为;

④抽查主要建筑材料、建筑构配件的质量;

⑤对工程竣工验收进行监督;

⑥组织或者参与工程质量事故的调查处理;

⑦定期对本地区工程质量状况进行统计分析;

⑧依法对违法违规行为实施处罚。

3)房屋建筑工程实施质量监督的程序

根据《房屋建筑和市政基础设施工程质量监督管理规定》第六条的规定,对工程项目实施质量监督,应当依照下列程序进行:

①受理建设单位办理质量监督手续。在工程项目开工前,监督机构接受建设工程质量监督的申报手续,并对建设单位提供的文件资料进行审查,审查合格签发有关质量监督文件。建设单位办理工程质量监督手续时应提供以下文件和资料:a. 工程规划许可证;b. 设计单位资质等级证书;c. 监理单位资质等级证书,监理合同及“工程项目监理登记表”;d. 施工单位资质等级证书及营业执照副本;e. 工程勘察设计文件;f. 中标通知书及施工承包合同等。

②制订工作计划并组织实施。开工前召开项目参与各方参加的首次监督会议,公布监督方案,提出监督要求,并进行第一次监督检查。监督检查的主要内容为工程参与各方的工程质量保证体系建立和是否完善的情况的审查。具体内容为:a. 检查项目参与各方的质保体系,包括组织机构、质量控制方案及质量责任制等制度;b. 审查施工组织设计、监理规划等文件及审批手续;c. 各方人员的资质证书;d. 检查的结果记录保存。

③对工程实体质量、工程质量责任主体和质量检测等单位的工程质量行为进行抽查、抽测。在工程建设全过程,监督机构按照监督方案对项目施工情况进行定期或不定期的检查。其中在基础和结构阶段定期安排监督检查。对建设工程项目结构主要部位(如桩基、基础、主体结构)除了常规检查外,在分部工程验收时进行监督,即建设单位将施工、设计、监理、建设方分别签字的质量验收证明在验收后报监督机构备案。对施工过程中发生的质量问题、质量事故进行查处。根据质量检查状况,对查实的问题签发“质量问题整改通知单”或“局部暂停施工指令单”,对问题严重的单位也可根据问题情况发出“临时收缴资质证书通知书”等处理意见。需要行政处罚的,由监督机构报委托的政府部门查处。

④监督工程竣工验收,重点对验收的组织形式、程序等是否符合有关规定进行监督。

⑤形成工程质量监督报告。监督机构完成对工程的质量监督工作后,应当在工程验收合格之日起 5 日内向建设行政主管部门提交《工程质量监督报告》。《工程质量监督报告》由监督人员签署监督意见,经监督机构负责人审核签字,加盖业务专用章。

⑥建立工程质量监督档案。工程质量监督档案是监督机构履行监督职责的有效证明文件。要求监督机构及时、完整、准确地收集工程质量监督的有关文件,经监督机构负责人签字后归档,按规定年限保存。

5.1.3 建设工程竣工验收备案制度

工程竣工验收备案制度,是加强政府监督管理,防止不合格工程流向社会的一项重要制度。《建设工程质量管理条例》第四十九条规定:“建设单位应当自建设工程竣工验收合格之日起 15 日内,将建设工程竣工验收报告和规划、公安消防、环保等部门出具的认可文件或者准许使用文件报建设行政主管部门或者其他有关部门备案。”

根据《房屋建筑工程和市政基础设施工程竣工验收备案管理办法》第五条的规定,建设单位办理工程竣工验收备案应当提交下列文件:

①工程竣工验收备案表。

②工程竣工验收报告。竣工验收报告应当包括工程报建日期,施工许可证号,施工图设计文件审查意见,勘察、设计、施工、工程监理等单位分别签署的质量合格文件及验收人员签署的竣工验收原始文件,市政基础设施的有关质量检测和功能性试验资料以及备案机关认为需要提供的有关资料。

③法律、行政法规规定应当由规划、公安消防、环保等部门出具的认可文件或者准许使用文件。

④施工单位签署的工程质量保修书。

⑤法规、规章规定必须提供的其他文件。

⑥商品住宅还应当提交《住宅质量保证书》和《住宅使用说明书》。

备案机关收到建设单位的竣工验收备案文件后，依据质量监督机构的监督报告，发现建设单位在竣工验收过程中有违反国家有关建设工程质量管理规定行为的，应当在收讫竣工验收备案文件15日内，责令停止使用，重新组织竣工验收。

建设单位有下列违法行为的，应按照有关规定予以行政处罚：

①在工程竣工验收合格之日起15日内未办理工程竣工验收备案的。

②将备案机关决定重新组织竣工验收的工程，在重新组织竣工验收前，擅自使用的。

③采用虚假证明文件办理工程竣工验收备案的。

5.1.4 建设工程质量事故报告制度

为了做到建设工程质量事故发生后，能及时上报并认真组织调查和处理，以有利于维护国家财产和人民生命安全，《建设工程质量管理条例》对质量事故的报告作出了规定。

《建设工程质量管理条例》第五十二条规定："建设工程发生质量事故，有关单位应当在24小时内向当地建设行政主管部门和其他有关部门报告。对重大质量事故，事故发生地的建设行政主管部门和其他有关部门应当按照事故类别和等级向当地人民政府和上级建设行政主管部门和其他有关部门报告。特别重大质量事故的调查程序按照国务院有关规定办理。"

《建设工程质量管理条例》第五十三条规定："任何单位和个人对建设工程的质量事故、质量缺陷都有权检举、控告、投诉。"

《建设工程质量管理条例》第七十条规定："发生重大工程质量事故隐瞒不报、谎报或者拖延报告期限的，对直接负责的主管人员和其他责任人员依法给予行政处分。"这里处分的对象包括事故发生单位直接负责工程质量的主管人员或者其他责任人员；也包括各级建设主管部门失职的主管人员和责任人员。行政处分的形式有通报、批评、警告、降级、记大过直到开除公职等。

5.1.5 建设工程质量检查验收制度

工程质量检查验收是指依据国家标准，在施工单位自行检查合格的基础上，由工程质量验收责任方组织，工程建设相关单位参加，对检验批、分项、分部、单位工程及其隐蔽工程的质量进行抽样检验，对技术文件进行审核，并根据设计文件和相关标准以书面形式对工程质量是否达到合格作出确认。

单位工程完工后，施工单位应组织有关人员进行自检。总监理工程师应组织各专业监理工程师对工程质量进行竣工预验收。存在施工质量问题时，应由施工单位整改。整改完毕后，由施工单位向建设单位提交工程竣工报告，申请工程竣工验收。建设单位收到工程竣工报告后，应由建设单位项目负责人组织监理、施工、设计、勘察等单位项目负责人进行单位工程验收。

我国建筑工程验收的主要依据有《建筑工程施工质量验收统一标准》及建筑工程各专业工程施工质量验收标准。

5.2 建设工程质量保修制度

建设工程质量保修制度,是《建筑法》和《建设工程质量管理条例》确定的一项重要质量管理制度,也是落实建设工程质量责任和维护建设工程使用者合法权益的一项重要措施。

建设工程质量保修制度,是指建设工程在办理竣工验收手续后,在规定的保修期限内,因勘察、设计、施工、材料等原因造成的质量缺陷,应当由施工承包单位负责维修、返工或更换,由责任单位负责赔偿损失的法律制度。质量缺陷是指工程不符合国家或行业现行的有关技术标准、设计文件以及合同中对质量的要求等。

5.2.1 质量保修书和最低保修期限的规定

《建设工程质量管理条例》第三十九条规定:"建设工程实行质量保修制度。建设工程承包单位在向建设单位提交工程竣工验收报告时,应当向建设单位出具质量保修书。质量保修书中应当明确建设工程的保修范围、保修期限和保修责任等。"

1)工程质量保修书

建设工程质量保修书是一项保修合同,是承包合同所约定双方权利义务的延续,也是承包单位对竣工验收的建设工程承担保修责任的法律文本。

承包单位在质量保修书中,应当向建设单位承诺保修范围、保修期限和有关具体实施保修的措施,如保修的方法、人员及联络办法,保修答复和处理时限,不履行保修责任的罚则等。

需要注意的是,承包单位在《建设工程质量保修书》中对建设单位合理使用工程应有提示。因建设单位或用户使用不当或擅自改动结构、设备位置或不当装修和使用等造成的质量问题,承包单位不承担保修责任;因此而造成的房屋质量受损或其他用户损失,由责任人承担相应责任。

2)建设工程质量的最低保修期限

根据《建设工程质量管理条例》第四十条的规定,在正常使用条件下,建设工程的最低保修期限为:

①基础设施工程、房屋建筑的地基基础工程和主体结构工程,为设计文件规定的该工程的合理使用年限;

②屋面防水工程、有防水要求的卫生间、房间和外墙面的防渗漏,为5年;

③供热与供冷系统,为2个采暖期、供冷期;

④电气管线、给排水管道、设备安装和装修工程,为2年。

其他项目的保修期限由发包方与承包方约定。

建设工程的保修期,自竣工验收合格之日起计算。

这里必须指出,基础设施工程、房屋建筑的地基基础工程和主体结构工程的质量,直接关系到基础设施工程和房屋建筑的整体安全可靠，必须在该工程的合理使用年限内予以保修。因此，工程合理使用年限就是该工程勘察、设计、施工等单位的质量责任年限。

对于除上述第①项以外的其他保修规定，如果建设单位与承包单位经平等协商另行签订保修合同的，其保修期限可以高于法定的最低保修期限，但不能低于最低保修期限，否则视作无效。

3）建设工程超过合理使用年限后继续使用的规定

《建设工程质量管理条例》第四十二条规定："建设工程在超过合理使用年限后需要继续使用的，产权所有人应当委托具有相应资质等级的勘察、设计单位鉴定，并根据鉴定结果采取加固、维修等措施，重新界定使用期。"

确定建设工程的合理使用年限，并不意味着超过合理使用年限后，建设工程就一定要报废、拆除。经过具有相应资质等级的勘察、设计单位鉴定，制订技术加固措施，在设计文件中重新界定使用期，并经有相应资质等级的施工单位进行加固、维修和补强，该建设工程能达到继续使用条件的就可以继续使用。但是，如果不经鉴定、加固等而违法继续使用的，所产生的后果由产权所有人自负。

5.2.2 保修义务的责任落实与损失赔偿责任的承担

《建设工程质量管理条例》第四十一条规定："建设工程在保修范围和保修期限内发生质量问题的，施工单位应当履行保修义务，并对造成的损失承担赔偿责任。"这一条款对建设工程保修责任制的实施作出了具体的规定：一是建设工程保修的质量问题是指保修范围和保修期限内发生的质量问题；二是施工单位必须履行保修义务，明确了保修的责任者；三是施工单位对造成的损失承担赔偿责任。

保修义务的承担及维修的经济责任的承担一般按下述原则处理：

①施工单位未按国家有关规范、标准和设计要求施工，造成的质量缺陷，由施工单位负责返修并承担经济责任。

②由于设计方面的原因造成的质量缺陷，先由施工单位负责维修，其经济责任按有关规定通过建设单位向设计单位索赔。

③因建筑材料、构配件和设备质量不合格引起的质量缺陷，先由施工单位负责维修，其经济责任属于施工单位采购的或经其验收同意的，由施工单位承担经济责任；属于建设单位采购的，由建设单位承担经济责任。

④因建设单位（含监理单位）错误管理造成的质量缺陷，先由施工单位负责维修，其经济责任由建设单位承担，如属监理单位责任，则由建设单位向监理单位索赔。

⑤因使用单位使用不当造成的损坏问题，先由施工单位负责维修，其经济责任由使用单位自行负责。

⑥因地震、洪水、台风等不可抗拒原因造成的损坏问题，先由施工单位负责维修，建设参与各方根据国家具体政策分担经济责任。

对在保修期限和保修范围内发生质量问题的，一般应先由建设单位组织勘察、设计、施工等单位分析质量问题的原因，确定保修方案，由施工单位负责保修。但当问题严重和紧急时，不管是什么原因造成的，均先由施工单位履行保修义务，不得推诿和扯皮。对引起质量问题的原因则实事求是，科学分析，分清责任，按责任大小由责任方承担不同比例的经济赔偿。这里的损失，既包括因工程质量问题造成的直接损失，即用于返修的费用，也包括间接损失。如给使用人或第三人造成的财产或非财产损失等。如果是施工单位的责任，一般赔偿金可从保修金中直接扣除。

在保修期后的建筑物合理使用寿命内，因建设工程使用功能的质量缺陷造成的工程使用损害，由建设单位负责维修，并承担责任方的赔偿责任。

5.2.3 质量保修违法行为应承担的法律责任

《建筑法》第七十五条规定："建筑施工企业违反本法规定，不履行保修义务或者拖延履行保修义务的，责令改正，可以处以罚款，并对在保修期内因屋顶、墙面渗漏、开裂等质量缺陷造成的损失，承担赔偿责任。"

《建设工程质量管理条例》第六十六条规定："违反本条例规定，施工单位不履行保修义务或者拖延履行保修义务的，责令改正，处 10 万元以上 20 万元以下的罚款，并对在保修期内因质量缺陷造成的损失承担赔偿责任。"

5.2.4 质量保修金

建设工程质量保证金（保修金）是指发包人与承包人在建设工程承包合同中约定，从应付的工程款中预留，用以保证承包人在缺陷责任期内对建设工程出现的缺陷进行维修的资金。《建设工程质量保证金管理暂行办法》规定，全部或者部分使用政府投资的建设项目，按工程价款结算总额5%左右的比例预留保证金。社会投资项目采用预留保证金方式的，预留保证金的比例可参照执行。

5.3 施工单位的质量责任和义务

施工阶段是建设工程实物质量的形成阶段，勘察工作质量、设计工作质量均要在这一阶段得以实现。由于施工阶段涉及的责任主体多，生产环节多，时间长，影响质量稳定的因素多，协调管理难度较大，因此，施工阶段的质量责任制度显得尤为重要。

5.3.1 施工单位的质量义务

施工单位是建设市场的重要责任主体之一。其能力和行为对建设工程的施工质量起关键性作用。施工单位是否有能力承担某一工程，用该施工单位的资质等级来衡量，但能不能保证所承包工程的施工质量，除了必须具备相应的资质等级，还与该施工单位承包、分包等市场行为、企业质量保证体系的建立和有效运行，是否按图施工、按标准施工，是否按要求对材料进行检验，是否严格隐蔽工程检查等密切相关。

根据《建设工程质量管理条例》的第二十五至第三十三条规定，施工单位的质量义务主要包括：

①施工单位应当依法取得相应等级的资质证书,并在其资质等级许可的范围内承揽工程。禁止施工单位超越本单位资质等级许可的业务范围或者以其他施工单位的名义承揽工程。禁止施工单位允许其他单位或者个人以本单位的名义承揽工程。施工单位不得转包或者违法分包工程。

②施工单位对建设工程的施工质量负责。施工单位应当建立质量责任制,确定工程项目的项目经理、技术负责人和施工管理负责人。

建设工程实行总承包的,总承包单位应当对全部建设工程质量负责;建设工程勘察、设计、施工、设备采购的一项或者多项实行总承包的,总承包单位应当对其承包的建设工程或者采购的设备的质量负责。

③总承包单位依法将建设工程分包给其他单位的,分包单位应当按照分包合同的约定对其分包工程的质量向总承包单位负责,总承包单位与分包单位对分包工程的质量承担连带责任。

④施工单位必须按照工程设计图纸和施工技术标准施工,不得擅自修改工程设计,不得偷工减料。施工单位在施工过程中发现设计文件和图纸有差错的,应当及时提出意见和建议。

⑤施工单位必须按照工程设计要求、施工技术标准和合同约定,对建筑材料、建筑构配件、设备和商品混凝土进行检验,检验应当有书面记录和专人签字;未经检验或者检验不合格的,不得使用。

⑥施工单位必须建立、健全施工质量的检验制度,严格工序管理,作好隐蔽工程的质量检查和记录。隐蔽工程在隐蔽前,施工单位应当通知建设单位和建设工程质量监督机构。

⑦施工人员对涉及结构安全的试块、试件以及有关材料,应当在建设单位或者工程监理单位监督下现场取样,并送具有相应资质等级的质量检测单位进行检测。

⑧施工单位对施工中出现质量问题的建设工程或者竣工验收不合格的建设工程,应当负责返修。

⑨施工单位应当建立、健全教育培训制度,加强对职工的教育培训;未经教育培训或者考核不合格的人员,不得上岗作业。

此外,担任项目经理及项目技术负责人的人员,应当取得建造师证书并与施工企业签订正式劳动合同。

5.3.2 施工单位质量违法行为应承担的法律责任

1)违反资质管理规定和转包、违法分包等违法行为应承担的法律责任

对于建筑施工企业违反资质管理规定和转包、违法分包等违法行为应承担的法律责任,《建筑法》和《建设工程质量管理条例》都作了明确规定,参见本书第3章3.1.4节的内容。

2)偷工减料等违法行为应承担的法律责任

《建设工程质量管理条例》第六十四条规定:“违反本条例规定,施工单位在施工中偷工减料的,使用不合格的建筑材料、建筑构配件和设备的,或者有不按照工程设计图纸或者施

工技术标准施工的其他行为的，责令改正，处工程合同价款百分之二以上百分之四以下的罚款；造成建设工程质量不符合规定的质量标准的，负责返工、修理，并赔偿因此造成的损失；情节严重的，责令停业整顿，降低资质等级或者吊销资质证书。”

3) 检验检测违法行为应承担的法律责任

《建设工程质量管理条例》第六十五条规定：“违反本条例规定，施工单位未对建筑材料、建筑构配件、设备和商品混凝土进行检验，或者未对涉及结构安全的试块、试件以及有关材料取样检测的，责令改正，处 10 万元以上 20 万元以下的罚款；情节严重的，责令停业整顿，降低资质等级或者吊销资质证书；造成损失的，依法承担赔偿责任。

4) 质量违法行为构成犯罪的应追究的刑事责任

《建设工程质量管理条例》第七十四条规定：“建设单位、设计单位、施工单位、工程监理单位违反国家规定，降低工程质量标准，造成重大安全事故，构成犯罪的，对直接责任人员依法追究刑事责任。”

《建设工程质量管理条例》第七十七条规定：“建设、勘察、设计、施工、工程监理单位的工作人员因调动工作、退休等原因离开该单位后，被发现在该单位工作期间违反国家有关建设工程质量管理规定，造成重大工程质量事故的，仍应当依法追究法律责任。”

《刑法》第一百三十七条规定：“建设单位、设计单位、施工单位、工程监理单位违反国家规定，降低工程质量标准，造成重大安全事故的，对直接责任人员，处五年以下有期徒刑或者拘役，并处罚金；后果特别严重的，处五年以上十年以下有期徒刑，并处罚金。”

[知识链接与拓展]

《建设工程质量管理条例》关于行政处罚权限的规定

执行建设法律行政处罚的主体是县级以上人民政府的建设行政主管部门和其他有关部门。但是在权限上有明确的分工。行政处罚必须按各级建设行政主管部门和其他有关部门的分工分级实施。

《建设工程质量管理条例》第七十五条规定：“本条例规定的责令停业整顿，降低资质等级和吊销资质证书的行政处罚，由颁发资质证书的机关决定；其他行政处罚，由建设行政主管部门或者其他有关部门依照法定职权决定。依照本条例规定被吊销资质证书的，由工商行政管理部门吊销其营业执照。”

依照此条规定，工程勘察设计单位、施工企业、监理单位以及工程总承包单位的资质等级的降低和证书吊销，由颁发资质证书的机关决定；责令停业整顿则同样由行政主管部门依职权进行。其他行政处罚如责令改正、警告、罚款等由建设行政主管部门或其他有关主管部门分别实施。当建设主管部门吊销有违法行为勘察、设计、施工、监理单位的资质证书时，其营业执照则由工商行政管理部门吊销。

5.3.3 工程质量不符合约定情况的责任承担

导致工程质量不合格的原因很多，其中有发包人的原因，也有承包人的原因。其责任的承担应该根据具体的情况分别作出处理。

1)因承包人过错导致质量不符合约定的处理

参见第4章4.4.3节相关内容。

2)因发包人过错导致质量不符合约定的处理

根据《最高人民法院关于审理建设工程施工合同纠纷案件适用法律问题的解释(一)》第十三条的规定,发包人具有下列情形之一,造成建设工程质量缺陷,应当承担过错责任:

①提供的设计有缺陷;

②提供或者指定购买的建筑材料、建筑构配件、设备不符合强制性标准;

③直接指定分包人分包专业工程。

承包人有过错的,也应当承担相应的过错责任。

3)发包人擅自使用未经竣工验收的工程出现质量问题的处理

根据《建设工程质量管理条例》第十六条规定,建设单位收到建设工程竣工报告后,应当组织设计、施工、工程监理等有关单位进行竣工验收。建设工程经验收合格的,方可交付使用。但是,有的时候建设单位为了能够提前投入生产,在没有经过竣工验收的前提下就擅自使用了工程。由于工程质量问题都需要经过一段时间才能显现出来,所以,这种未经竣工验收就使用工程的行为往往就导致了其后的工程质量的纠纷。

《最高人民法院关于审理建设工程施工合同纠纷案件适用法律问题的解释(一)》第十四条规定:"建设工程未经竣工验收,发包人擅自使用后,又以使用部分质量不符合约定为由主张权利的,人民法院不予支持;但是承包人应当在建设工程的合理使用寿命内对地基基础工程和主体结构质量承担民事责任。"

上述规定体现了对于建设单位擅自使用工程行为的惩罚,认定了建设单位使用工程即是对工程质量的认可。但是,上述规定并没有全部免除承包商的责任,要求承包商对于地基基础工程和主体结构的质量承担相应的责任。这是基于《建设工程质量管理条例》第四十条对建设工程最低保修期限的规定。因此,并不因建设单位是否提前使用工程而免除承包人的保修责任。

发包人未经验收而提前使用工程不仅在工程质量上要承担更大的责任,同时还将因这样的行为而接受法律的制裁。《建设工程质量管理条例》第五十八条规定:"违反本条例规定,建设单位有下列行为之一的,责令改正,处工程合同价款百分之二以上百分之四以下的罚款;造成损失的,依法承担赔偿责任:(一)未组织竣工验收,擅自交付使用的;(二)验收不合格,擅自交付使用的;(三)对不合格的建设工程按照合格工程验收的。"

【案例分析】

案例背景材料5及问题见第117页。

本案中教学楼工程完工后,施工单位向学校提交了竣工报告,申请工程竣工验收。校方在未组织竣工验收的情况下就直接投入了使用,违反了《建设工程质量管理条例》第十六条"建设单位收到建设工程竣工报告后,应当组织设计、施工、工程监理等有关单位进行竣工验收"的规定,导致了施工单位与学校就教学楼的工程质量保修产生纠纷。根据《最高人民法院关于审理建设工程施工合同纠纷案件适用法律问题的解释(一)》第十四条:“建设工程未经竣工验收,发包人擅自使用后,又以使用部分质量不符合约定为由主张权利的,人民法院不予支持;但是承包人应当在建设工程的合理使用寿命内对地基基础工程和主体结构质量承担民事责任”的规定,一般质量问题,应由校方承担;若涉及地基基础工程和主体结构等方面的质量问题,在保修范围和保修期限内,施工单位应当履行保修义务,并对造成的损失承担赔偿责任。

至于施工单位因建设工程质量保修产生的经济损失,可以按照造成质量缺陷的原因分解责任,由工程建设相关方按责任大小承担不同比例的经济赔偿。

5.4 建设单位及其他相关单位的质量责任和义务

建设工程质量责任制涵盖了多方主体的质量责任制,除施工单位外,还有建设单位,勘察、设计单位、工程监理单位的质量责任制。

5.4.1 建设单位的质量责任和义务

建设单位作为建设工程的投资人,是建设工程的重要责任主体。建设单位有权选择承包单位,有权对建设过程检查、控制,对工程进行验收,支付工程款和费用,在工程建设各个环节负责综合管理工作,在整个建设活动中居于主导地位。因此,要确保建设工程的质量,首先就要对建设单位的行为进行规范,对其质量责任予以明确。

1)建设单位的质量义务

根据《建设工程质量管理条例》规定,建设单位的质量义务主要包括:

①建设单位应当将工程发包给具有相应资质等级的单位。不得将建设工程肢解发包。

②建设单位应当依法对工程建设项目的勘察、设计、施工、监理以及与工程建设有关的重要设备、材料等的采购进行招标。

③建设单位必须向有关的勘察、设计、施工、工程监理等单位提供与建设工程有关的原始资料。原始资料必须真实、准确、齐全。

④建设工程发包单位不得迫使承包方以低于成本的价格竞标,不得任意压缩合理工期。建设单位不得明示或者暗示设计单位或者施工单位违反工程建设强制性标准,降低建设工程质量。

⑤建设单位应当将施工图设计文件报县级以上人民政府建设行政主管部门或者其他有关部门审查。施工图设计文件未经审查批准的,不得使用。

⑥实行监理的建设工程,建设单位应当委托具有相应资质等级的工程监理单位进行监理,也可以委托具有工程监理相应资质等级并与被监理工程的施工承包单位没有隶属关系或者其他利害关系的该工程的设计单位进行监理。

⑦建设单位在领取施工许可证或者开工报告前,应当按照国家有关规定办理工程质量监督手续。

⑧按照合同约定，由建设单位采购建筑材料、建筑构配件和设备的，建设单位应当保证建筑材料、建筑构配件和设备符合设计文件和合同要求。建设单位不得明示或者暗示施工单位使用不合格的建筑材料、建筑构配件和设备。

⑨涉及建筑主体和承重结构变动的装修工程，建设单位应当在施工前委托原设计单位或者具有相应资质等级的设计单位提出设计方案；没有设计方案的，不得施工。

房屋建筑使用者在装修过程中，不得擅自变动房屋建筑主体和承重结构。

⑩建设单位收到建设工程竣工报告后，应当组织设计、施工、工程监理等有关单位进行竣工验收。建设工程竣工验收应当具备下列条件：

a. 完成建设工程设计和合同约定的各项内容；

b. 有完整的技术档案和施工管理资料；

c. 有工程使用的主要建筑材料、建筑构配件和设备的进场试验报告；

d. 有勘察、设计、施工、工程监理等单位分别签署的质量合格文件；

e. 有施工单位签署的工程保修书。

建设工程经验收合格的，方可交付使用。

⑪建设单位应当严格按照国家有关档案管理的规定，及时收集、整理建设项目各环节的文件资料，建立、健全建设项目档案，并在建设工程竣工验收后，及时向建设行政主管部门或者其他有关部门移交建设项目档案。

2）建设单位质量违法行为应承担的法律责任

《建设工程质量管理条例》第五十六条规定，建设单位有下列行为之一的，责令改正，处20万元以上50万元以下的罚款：

①迫使承包方以低于成本的价格竞标的；

②任意压缩合理工期的；

③明示或者暗示设计单位或者施工单位违反工程建设强制性标准，降低工程质量的；

④施工图设计文件未经审查或者审查不合格，擅自施工的；

⑤建设项目必须实行工程监理而未实行工程监理的；

⑥未按照国家规定办理工程质量监督手续的；

⑦明示或者暗示施工单位使用不合格的建筑材料、建筑构配件和设备的；

⑧未按照国家规定将竣工验收报告、有关认可文件或者准许使用文件报送备案的。

5.4.2 勘察设计单位的质量责任和义务

勘察、设计单位是勘察设计质量的责任主体，也是整个工程质量的责任主体之一。

1）勘察设计单位的质量义务

根据《建设工程质量管理条例》规定，勘察、设计单位的质量义务主要包括：

①从事建设工程勘察、设计的单位应当依法取得相应等级的资质证书，并在其资质等级许可的范围内承揽工程。禁止勘察、设计单位超越其资质等级许可的范围或者以其他勘察、

设计单位的名义承揽工程。禁止勘察、设计单位允许其他单位或者个人以本单位的名义承揽工程。

勘察、设计单位不得转包或者违法分包所承揽的工程。

②勘察、设计单位必须按照工程建设强制性标准进行勘察、设计,并对其勘察、设计的质量负责。注册建筑师、注册结构工程师等注册执业人员应当在设计文件上签字,对设计文件负责。

③勘察单位提供的地质、测量、水文等勘察成果必须真实、准确。

④设计单位应当根据勘察成果文件进行建设工程设计。

⑤设计单位在设计文件中选用的建筑材料、建筑构配件和设备,应当注明规格、型号、性能等技术指标,其质量要求必须符合国家规定的标准。除有特殊要求的建筑材料、专用设备、工艺生产线等外,设计单位不得指定生产厂、供应商。

⑥设计单位应当就审查合格的施工图设计文件向施工单位作出详细说明。

⑦设计单位应当参与建设工程质量事故分析,并对因设计造成的质量事故提出相应的技术处理方案。

2)勘察设计单位质量违法行为应承担的法律责任

《建筑法》第七十三条规定:“建筑设计单位不按照建筑工程质量、安全标准进行设计的,责令改正,处以罚款;造成工程质量事故的,责令停业整顿,降低资质等级或者吊销资质证书,没收违法所得,并处罚款;造成损失的,承担赔偿责任;构成犯罪的,依法追究刑事责任。”

《建设工程质量管理条例》第六十三条规定,有下列行为之一的,责令改正,处10万元以上30万元以下的罚款:

①勘察单位未按照工程建设强制性标准进行勘察的;

②设计单位未根据勘察成果文件进行工程设计的;

③设计单位指定建筑材料、建筑构配件的生产厂、供应商的;

④设计单位未按照工程建设强制性标准进行设计的。

有上述所列行为,造成工程质量事故的,责令停业整顿,降低资质等级;情节严重的,吊销资质证书;造成损失的,依法承担赔偿责任。

5.4.3 工程监理单位的质量责任和义务

工程监理是一种有偿技术服务,工程监理单位接受建设单位委托,代表建设单位对建设工程进行管理。因此,工程监理单位也是工程建设的责任主体之一。

1)工程监理单位的质量义务

根据《建设工程质量管理条例》的规定,工程监理单位的质量义务主要包括:

①工程监理单位应当依法取得相应等级的资质证书,并在其资质等级许可的范围内承担工程监理业务。禁止工程监理单位超越本单位资质等级许可的范围或者以其他工程监理单位的名义承担工程监理业务。禁止工程监理单位允许其他单位或者个人以本单位的名义

承担工程监理业务。

工程监理单位不得转让工程监理业务。

②工程监理单位与被监理工程的施工承包单位以及建筑材料、建筑构配件和设备供应单位有隶属关系或者其他利害关系的,不得承担该项建设工程的监理业务。

③工程监理单位应当依照法律、法规以及有关技术标准、设计文件和建设工程承包合同,代表建设单位对施工质量实施监理,并对施工质量承担监理责任。

④工程监理单位应当选派具备相应资格的总监理工程师和监理工程师进驻施工现场。未经监理工程师签字,建筑材料、建筑构配件和设备不得在工程上使用或者安装,施工单位不得进行下一道工序的施工。未经总监理工程师签字,建设单位不拨付工程款,不进行竣工验收。

⑤监理工程师应当按照工程监理规范的要求,采取旁站、巡视和平行检验等形式,对建设工程实施监理。

2)工程监理单位质量违法行为应承担的法律责任

《建设工程质量管理条例》第六十七条规定,工程监理单位有下列行为之一的,责令改正,处50万元以上100万元以下的罚款,降低资质等级或者吊销资质证书;有违法所得的,予以没收;造成损失的,承担连带赔偿责任:

①与建设单位或者施工单位串通,弄虚作假、降低工程质量的;

②将不合格的建设工程、建筑材料、建筑构配件和设备按照合格签字的。

《建设工程质量管理条例》第六十八条规定:"违反本条例规定,工程监理单位与被监理工程的施工承包单位以及建筑材料、建筑构配件和设备供应单位有隶属关系或者其他利害关系承担该项建设工程的监理业务的,责令改正,处5万元以上10万元以下的罚款,降低资质等级或者吊销资质证书;有违法所得的,予以没收。"

5.5 工程建设标准

工程建设标准是从事各类工程建设活动的技术要求和准则,是政府运用技术手段规范建筑市场、确保工程质量、保护生态环境、维护人民生命财产安全和人身健康权益、推动科技进步和提高建设水平的重要措施。

1)工程建设标准的分级

根据《标准化法》的规定,我国工程建设标准分为国家标准、行业标准、地方标准和企业标准四级。这四级标准的编制原则是下一级标准提出的技术要求不得低于上一级的标准,可以提出更高的要求。国家标准为最低标准,也可看作市场准入标准。

工程建设标准的编号由标准代号、发布标准的顺序号和发布标准的年号三部分组成。

(1)国家标准

国家标准是对需要在全国范围内统一的技术要求制定的标准。工程建设国家标准由国务院工程建设行政主管部门审查批准，由国务院标准化行政主管部门（国家市场监督管理总局，下同）统一编号，由国务院工程建设行政主管部门和国务院标准化行政主管部门联合发布。《工程建设国家标准管理办法》规定了应当制定国家标准的种类。

国家标准分为强制性标准和推荐性标准。强制性标准代号采用 GB，推荐性标准代号采用 GB/T；发布顺序号大于 50000 者为工程建设标准，小于 50000 者为工业产品等标准。如《房屋建筑制图统一标准》（GB/T 50001—2017）、《建筑工程施工质量验收统一标准》（GB 50300—2013）等。

（2）行业标准

行业标准是对没有国家标准而又需要在全国某个行业范围内统一的技术要求所制定的标准。工程建设行业标准由国务院有关行政主管部门审批、编号和发布，并报国务院工程建设行政主管部门备案；其中，两个以上部门共同制订的行业标准，由有关的行政主管部门联合审批、发布，并由其主编部门负责编号。《工程建设行业标准管理办法》规定了可以制定行业标准的种类。

行业标准的代号随行业的不同而不同。对于建筑工业行业标准，强制性标准采用 JG，推荐性标准采用 JG/T；属于工程建设标准的，在行业代号后加字母 J。城镇建设行业标准代号为 CJ（CJ/T）；建材行业标准代号为 JC（JC/T）。如：《建筑装饰用无纺墙纸》（JG/T 509—2016）、《建筑地基处理技术规范》（JGJ 79—2012）、《屋面保温隔热用泡沫混凝土》（JC/T 2125—2012）等。

（3）地方标准

地方标准是对没有国家标准和行业标准而又需要在该地区范围内统一的技术要求所制定的标准。工程建设地方标准由省、自治区、直辖市有关行政主管部门审查批准，并报国务院有关行政主管部门备案。

地方标准的代号随发布标准的省、自治区、直辖市而不相同。强制性标准代号采用“DB+省、自治区、直辖市行政区划代码的前两位数+斜线”，推荐性标准代号在斜线后加字母 T；属于工程建设标准的，不少地区在 DB 后另加字母 J。另外，江苏省工程建设地方标准代号为 DGJ32（DGJ32/T）；上海市工程建设地方标准代号为 DGJ 08（DG/TJ 08）。如《北京市公共建筑节能设计标准》（DB11/687—2015）；《四川省装配式混凝土建筑设计标准》（DBJ51/T 024—2017）；《江苏省装配式结构工程施工质量验收规程》（DGJ32/J 184—2016）等。

（4）企业标准

企业标准是对企业范围内需要协调、统一的技术要求、管理事项和工作事项等所制定的标准。已有国家标准或者行业标准的，国家鼓励企业制定严于国家标准或者行业标准的企业标准，在企业内部适用。企业标准的代号为 QB。

2）工程建设标准的分类

按照标准的法律属性，我国的技术标准分为强制性标准和推荐性标准两类。强制性标准是指保障人体健康，人身、财产安全的标准和法律、行政法规规定强制执行的标准；强制性标准以外的其他标准，均属于推荐性标准。

强制性标准具有法律属性，属于技术法规的范畴，在规定的使用范围内必须贯彻执行；推荐性标准不具有法律属性，属于技术标准的范畴，任何单位均有权决定是否采用。但推荐性标准具有技术权威性，经合同或行政性文件确认采用后，在确认的范围内也具有法律属性。

根据《工程建设国家标准管理办法》第三条的规定，下列工程建设标准属于强制性国家标准：

①工程建设勘察、规划、设计、施工（包括安装）及验收等通用的综合标准和重要的通用的质量标准；

②工程建设通用的有关安全、卫生和环境保护的标准；

③工程建设通用的术语、符号、代号、量与单位、建筑模数和制图方法标准；

④工程建设重要的通用的试验、检验和评定方法等标准；

⑤工程建设重要的通用的信息技术标准；

⑥国家需要控制的其他工程建设通用的标准。

根据《工程建设行业标准管理办法》第三条的规定，下列工程建设标准属于强制性行业标准：

①工程建设勘察、规划、设计、施工（包括安装）及验收等行业专用的综合性标准和重要的行业专用的质量标准；

②工程建设行业专用的有关安全、卫生和环境保护的标准；

③工程建设重要的行业专用的术语、符号、代号、量与单位和制图方法等标准；

④工程建设重要的行业专用的试验、检验和评定方法等标准；

⑤工程建设重要的行业专用的信息技术标准；

⑥行业需要控制的其他工程建设标准。

3）工程建设标准的表达形式

我国工程建设标准有以下3种表达形式：

①标准　通常是指工程建设中基础性和方法性的技术要求。

②规范　通常是指工程建设中通用性和综合性的技术要求。

③规程　通常是指工程建设中专用性和操作性的技术要求。

标准、规范、规程都是标准的一种表现形式，习惯上统称为标准，只有针对具体对象时才加以区别。

4）工程建设标准强制性条文

工程建设强制性标准是指直接涉及工程质量、安全、卫生及环境保护等方面的工程建设标准强制性条文。在工程建设标准中，凡有强制性条文的，均在文本中用黑体字明确表示。

《实施工程建设强制性标准监督规定》第二条规定："在中华人民共和国境内从事新建、扩建、改建等工程建设活动，必须执行工程建设强制性标准。"

《实施工程建设强制性标准监督规定》第五条规定："工程建设中拟采用的新技术、新工艺、新材料，不符合现行强制性标准规定的，应当由拟采用单位提请建设单位组织专题技术论证，报批准标准的建设行政主管部门或者国务院有关主管部门审定。"

根据《实施工程建设强制性标准监督规定》第十六至第十九条的规定，违反工程建设强制性标准应承担的法律责任如下：

①建设单位有下列行为之一的，责令改正，并处以20万元以上50万元以下的罚款：

a. 明示或者暗示施工单位使用不合格的建筑材料、建筑构配件和设备的；

b. 明示或者暗示设计单位或者施工单位违反工程建设强制性标准，降低工程质量的。

②勘察、设计单位违反工程建设强制性标准进行勘察、设计的，责令改正，并处以10万元以上30万元以下的罚款。有前款行为，造成工程质量事故的，责令停业整顿，降低资质等级；情节严重的，吊销资质证书；造成损失的，依法承担赔偿责任。

③施工单位违反工程建设强制性标准的，责令改正，处工程合同价款2%以上4%以下的罚款；造成建设工程质量不符合规定的质量标准的，负责返工、修理，并赔偿因此造成的损失；情节严重的，责令停业整顿，降低资质等级或者吊销资质证书。

④工程监理单位违反强制性标准规定，将不合格的建设工程以及建筑材料、建筑构配件和设备按照合格签字的，责令改正，处50万元以上100万元以下的罚款，降低资质等级或者吊销资质证书；有违法所得的，予以没收；造成损失的，承担连带赔偿责任。

习　题

一、单项选择题

1.《建设工程质量管理条例》强调了工程质量必须实行(　　)监督管理。

A. 政府　　B. 行业　　C. 社会　　D. 企业

2. 根据《建设工程质量管理条例》，建设工程质量监督管理的具体工作，可以由县级以上建设行政主管部门或者其他有关部门委托所属的(　　)实施。

A. 建设项目规划审查部门　　B. 建筑安全监督管理机构

C. 工程质量监督机构　　D. 工程建设标准批准部门

3. 建设单位办理工程质量监督手续，无需提供的文件和资料是(　　)。

A. 工程规划许可证　　B. 设计单位资质等级证书

C. 工程勘察设计文件　　D. 施工单位营业执照

4. 建设工程发生质量事故后，有关单位应当在(　　)小时内向当地建设行政主管部门和其他有关部门报告。

A. 12　　B. 24　　C. 36　　D. 48

5. 根据《建设工程质量管理条例》，建设单位应当自建设工程竣工验收合格之日起(　　)日内，将建设工程验收报告和规划、公安消防、环保等部门出具的认可文件或者准许使用文件报建设行政主管部门或者其他有关部门备案。

A. 5　　B. 15　　C. 10　　D. 30

6. 依据《建设工程质量管理条例》，工程承包单位在(　　)时，应当向建设单位出具质量保修书。

A. 工程价款结算完毕　　B. 施工完毕

C. 提交工程竣工验收报告　　D. 竣工验收合格

7. 施工单位承担保修责任的前提条件之一是(　　)。

A. 非施工单位原因生产的质量问题　　B. 工程未按期交工

C. 属于保修书中约定的保修范围　　D. 工程价款结算完毕

8. 某高层住宅工程结构设计合理使用年限 50 年，屋面防水为一级，设计使用年限 15 年，工程于 2011 年 8 月 5 日竣工验收合格并交付使用，施工单位出具的质量保修书中有下列内容，其中不符合法律法规要求的有(　　)。

A. 基础工程的保修期限为 50 年

B. 屋面防水工程的保修期限为 8 年

C. 供热系统的保修期限为自 2011 年采暖期起，到 2013 年采暖期结束日止

D. 电气管线、给水排水管道、装修工程的保修期限为 1 年

9. 某办公大楼在保修期间出现外墙裂缝，经查是由于设计缺陷造成，原施工单位进行了维修，之后应向(　　)主张维修费用。

A. 建设单位　　B. 设计单位　　C. 物业管理单位　　D. 大楼使用者

10. 建设工程在超过合理使用年限后需要继续使用的，产权所有人应当委托(　　)鉴定，并根据鉴定结果采取加固、维修等措施，重新界定使用期。

A. 勘察、设计单位　　B. 监理单位

C. 建筑安全监督管理机构　　D. 工程质量监督机构

11. 为了保证某工程在“五一”前竣工，建设单位要求施工单位不惜一切代价保证工程进度，对此，下面说法正确的是(　　)。

A. 因为工程是属于业主的，业主有权这样要求

B. 如果施工单位同意，他们之间就形成了原合同的变更，是合法有效的

C. 建设单位不可以直接这样要求，应该委托监理工程师来下达这样的指令

D. 施工单位有权拒绝建设单位这样的要求

12. 根据《建设工程质量管理条例》，建设单位最迟应当在(　　)之前办理工程质量监督手续。

A. 竣工验收　　B. 签订施工合同　　C. 进场开工　　D. 领取施工许可证

13. 根据《建设工程质量管理条例》对涉及(　　)的装修工程，建设单位应委托原设计单位或具有相应资质的设计单位提出设计方案。

A. 增加工程内部装饰　　B. 建筑主体和承重结构变动

C. 增加工程造价总额　　D. 改变建筑工程

14. 下列关于建设单位的质量责任和义务的表述中，错误的是(　　)。

A. 建设单位不得暗示施工单位违反工程建设强制性标准，降低建设工程质量

B. 建设单位不得任意压缩合同工期

C. 建设单位进行装修时不得变动建筑主体和承重结构

D. 建设工程发包单位不得迫使承包方以低于成本价格竞标

15. 根据《建设工程质量管理条例》，建设工程竣工验收应当具备的条件不包括(　　)。

A. 完成建设工程设计和合同约定的各项内容

B. 有完整的技术档案和施工管理资料

C. 建设单位和施工企业已签署工程结算文件

D. 勘察、设计、施工、工程监理等单位已分别签署质量合格文件

16. 施工人员对涉及结构安全的试块、试件以及有关材料，应当在(　　)的监督下现场取样并送检。

A. 设计单位　　B. 工程质量监督机构

C. 监理单位　　D. 施工企业质量管理部门

17. 在建设单位要求赶工的情形下，隐蔽工程未通过监理单位验收，施工单位继续施工，由此发生质量问题所产生费用由(　　)承担。

A. 施工单位　　B. 建设单位　　C. 监理单位　　D. 建设主管部门

18. 属于设计单位相关的质量责任和义务的是(　　)。

A. 依法发包工程　　B. 依法报审施工图设计文件

C. 依法向有关单位提供原始资料　　D. 依法对设计文件进行技术交底

19. 根据《建设工程质量管理条例》，关于勘察设计单位质量责任和义务的说法，错误的是(　　)。

A. 从事勘察、设计业务的单位应当依法取得相应等级的资质证书

B. 勘察单位提供的地质、测量、水文等勘察成果必须真实、准确

C. 设计单位应当根据勘察成果文件进行建设工程设计

D. 勘察、设计单位不得分包所承揽的工程

20. 必须经总监理工程师签字的工作是(　　)。

A. 开工前的放线定位　　B. 分项工程验收

C. 下一步工序　　D. 建设工程竣工验收

21. 根据《建设工程质量管理条例》，关于工程监理职责和权限的说法，错误的是(　　)。

A. 未经监理工程师签字，建筑材料不得在工程上使用

B. 未经监理工程师签字，建设单位不得拨付工程款

C. 隐蔽工程验收未经监理工程师签字，不得进入下一道工序

D. 未经总监理工程师签字，建设单位不进行竣工验收

22. 施工单位所承建的某办公楼，没有经过验收建设单位就提前使用。3 年后，办公楼主体结构出现质量问题，下面说法正确的是(　　)。

A. 主体结构的最低保修期限应是 50 年，施工单位需要承担保修责任

B. 主体结构的最低保修期限是设计的合理使用年限，施工单位应当承担保修责任

C. 施工单位是否承担保修责任，取决于建设单位是否已经足额支付工程款

D. 由于建设单位提前使用，施工单位不需要承担保修责任

23. 负责全国实施工程建设强制性标准监督管理工作的国家机关是(　　)。

A. 国务院质量监督行政主管部门　　B. 国务院安全监督行政主管部门

C. 国务院建设行政主管部门　　D. 国务院工商行政主管部门

24. 下列对工程建设标准有关内容的理解，正确的是（　　）。
A. 推荐性标准在任何情况下，都没有法律约束力
B. 概算定额不属于工程建设标准范围
C. 违反工程建设强制性标准，但没有造成严重后果的，不属于违法行为
D. 建设行政主管部门可依据《工程建设强制性条文》对责任者进行处罚

二、多项选择题

1. 下列不属于法律规定的保修范围的是（　　）。
A. 因设计缺陷造成的质量缺陷
B. 因使用不当造成的损坏
C. 因不可抗力造成的损坏
D. 因施工问题造成的质量缺陷
E. 因材料问题造成的质量缺陷
2. 根据《建设工程质量管理条例》，质量保修书应有的内容有（　　）。
A. 保修范围
B. 保修期限
C. 质量保证金的退还方式
D. 质量保证金预留比例
E. 保修责任
3. 建设单位办理大型公共建筑工程竣工验收备案提交的材料有（　　）。
A. 工程竣工验收备案表
B. 住宅使用说明书
C. 工程竣工验收报告
D. 施工单位签署的工程质量保修书
E. 公安机关消防机构出具的消防验收合格证明文件
4. 下面关于施工单位对建设工程质量最低保修期限说法正确的是（　　）。
A. 有防水要求的卫生间为 2 年
B. 给水排水管道为 5 年
C. 电气设备安装工程为 2 年
D. 供热与供冷系统为 2 个采暖期、供冷期
E. 装修工程为 2 年
5. 按照《建设工程质量管理条例》，工程竣工验收应当具备的条件有（　　）。
A. 有完整的技术档案和施工管理资料
B. 分包工程的质量必须优良
C. 有施工单位签署的工程保修书
D. 由勘察、设计、监理单位共同签署的质量合格文件
E. 主要功能项目的抽查结果应符合《产品质量法》的规定

6. 根据《建设工程质量管理条例》，下列选项中（　　）符合施工单位质量责任和义务的规定。

A. 施工单位应当依法取得相应资质等级的证书，并在其资质等级许可的范围内承揽工程

B. 施工单位不得分包工程

C. 总承包单位与分包单位对分包工程的质量承担连带责任

D. 施工单位必须按照工程设计图纸和施工技术标准施工

E. 建设工程实行质量保修制度，承包单位应履行保修义务

7. 在施工过程中，施工人员发现设计图纸不符合技术标准，施工单位技术负责人采取的

正确做法是(　　)。

A. 继续按照工程设计图纸施工

B. 按照技术标准修改工程设计

C. 追究设计单位违法责任

D. 及时提出意见和建议

E. 通过建设单位要求设计单位予以变更

8. 根据《建设工程质量管理条例》,关于勘察、设计单位质量责任和义务的说法,正确的有(　　)。

A. 勘察、设计单位应当在其资质等级许可的范围内承揽工程

B. 勘察设计应注明工程使用年限

C. 勘察、设计单位必须按照工程建设强制性标准进行勘察、设计

D. 注册建筑师、注册结构工程师等注册执业人员应当在设计文件上签字并对设计文件负责

E. 有特殊要求的建筑材料、专用设备、工艺生产线等可由设计单位指定

9. 根据《工程建设国家标准管理办法》,下列标准中,属于强制性标准的有(　　)。

A. 工程建设勘察、规划、设计、施工等行业定额标准

B. 工程建设通用的有关安全、卫生和环境保护的标准

C. 工程建设重要的行业专用的信息技术标准

D. 工程建设重要的行业专用的试验、检验和评定方法等标准

E. 工程建设重要的行业专用的术语、符号和制图方法等标准

10. 下列工程建设标准条文中,经国务院行政主管部门确定后,可作为强制性条文的有(　　)

A. 直接涉及国家主权的条文

B. 直接涉及人民生命财产安全的条文

C. 直接涉及人体健康的条文

D. 直接涉及环境保护的条文

E. 直接涉及公共利益的条文

11. 根据《实施工程建设强制性标准监督规定》,下列监督检查内容中,属于强制性标准监督检查内容的是(　　)。

A. 有关工程技术人员是否熟悉、掌握强制性标准

B. 工程项目技术人员的劳动合同是否符合国家强制规定

C. 工程项目的规划、勘察、设计、施工、验收等是否符合强制性标准的规定

D. 工程项目采用的材料、设备是否符合强制性标准的规定

E. 工程项目的安全、质量是否符合强制性标准的规定

第 6 章
建设工程安全生产法律制度

本章学习要求：

了解安全生产监督管理制度；熟悉建筑施工企业安全生产许可制度；掌握施工单位的安全生产责任；了解其他建设行为主体的安全生产责任；了解生产安全事故应急救援与调查处理制度。

主要法律法规：

《中华人民共和国建筑法》(1997 年 11 月 1 日通过，2019 年 4 月 23 日第 2 次修正)；

《中华人民共和国安全生产法》(2002 年 6 月 29 日通过，2021 年 6 月 10 日第 3 次修正)；

《建设工程安全生产管理条例》(国务院令〔2003〕第 393 号)；

《安全产生产许可证条例》(国务院令〔2004〕第 397 号发布，国务院令〔2014〕第 653 号修订)

《建筑施工企业安全生产许可证管理规定》(建设部令〔2004〕第 128 号，建设部令〔2015〕第 23 号修正)；

《建筑施工企业安全生产管理机构设置及专职安全生产管理人员配备办法》(住建部建质〔2008〕91 号)

《企业安全生产费用提取和使用管理办法》(财政部、应急部财资〔2022〕136 号)

《生产安全事故应急条例》(国务院令〔2019〕第 708 号公布)

《生产安全事故报告和调查处理条例》(国务院令〔2007〕第 493 号公布)；

【驱动案例】

背景材料 6：上海闵行区“莲花河畔景苑”房地产项目开发商为上海梅都房地产开发有限公司(下称“梅都公司”)；施工总承包单位为上海众欣建筑有限公司(下称“众欣公司”)；工程监理单位为上海光启监理公司(下称“光启公司”)。

2006 年 10 月，梅都公司取得上述房地产项目的《建筑工程施工许可证》并开始施工。其间，梅都公司法定代表人 A 指派 B 任“莲花河畔景苑”项目负责人，管理现场施工事宜；众欣公司董事长 C 指派 D 任“莲花河畔景苑”项目施工现场安全、防火工作负责人，指派 E 任二标段项目经理(挂名担任工程项目经理)；光启公司指派 F 任“莲花河畔景苑”项目工程总监理。

2008 年 11 月，B 接受 A 指令，将合同约定属于总承包范围的地下车库工程分包给不具备开挖土方资质的 G。后 B 为便于土方回填及绿化用土，指使 G 将其中的 12 号地下车库开挖出的土方堆放在 7 号楼北侧等处。2009 年 6 月，为赶工程进度，两人在未进行天然地基承载力计算的情况下，仍指使 G 开挖该项目 0 号地下车库的土方，并将土方继续堆放在 7 号楼北侧等处，堆高最高达 10 米。F 作为工程总监理，对梅都公司指定没有资质的人员承包土方施工违规堆土未按照法律规定及时、有效制止报告主管部门。

2009 年 6 月 27 日凌晨 5 时许，“莲花河畔景苑”7 号楼整体倒覆，正在 7 号楼内作业的工人肖某来不及躲避，被轰然倒塌的 13 层大楼压住，窒息而亡。此事故造成的直接经济损失达 1 900 余万元。

经过事故调查组的调查和责任认定，梅都房地产公司法定代表人 A、项目负责人 B、众欣建筑公司法定代表人 C 等 7 名责任人员对事故发生负有直接责任，涉嫌重大责任事故罪，被移送司法机关追究刑事责任。

试依据《建设工程安全生产管理条例》分析下列问题：

(1)本案中涉及哪几方工作人员的安全生产责任？说明理由。

(2)施工单位的安全生产责任制主要包括几方面的内容？

(3)施工单位主要负责人、项目经理和专职安全生产管理人员承担什么安全责任？

本案例分析见第 164 页。

建设工程安全生产法律制度，是《建筑法》确定的建设活动的基本法律制度之一。安全生产事关人民群众的生命财产安全，事关社会稳定的大局，切实解决好安全生产问题是确保我国经济社会持续发展的一项战略性任务。在我国，《安全生产法》确立了安全生产的基本法律制度，《建筑法》对建设工程安全生产作出了原则规定，《建设工程安全生产管理条例》则明确了施工单位、建设单位、勘察设计单位和工程监理单位的安全责任，并对建设工程安全生产监督管理等作出规定。此外，我国还制定了《安全生产许可证条例》《生产安全事故报告和调查处理条例》《生产安全事故应急条例》《建筑施工企业安全生产许可证管理规定》等一系列涉及建设工程安全生产的行政法规和部门规章。

《安全生产法》第三条规定：“安全生产工作应当以人为本，坚持人民至上、生命至上，把保护人民生命安全摆在首位，树牢安全发展理念，坚持安全第一、预防为主、综合治理的方针，从源头上防范化解重大安全风险。安全生产工作实行管行业必须管安全、管业务必须管安全、管生产经营必须管安全，强化和落实生产经营单位主体责任与政府监管责任，建立生产经营单位负责、职工参与、政府监管、行业自律和社会监督的机制。”

6.1 建设工程安全生产监督管理制度

6.1.1 安全生产监督管理体制

1)各级人民政府在安全生产方面的职责

《安全生产法》第九条规定：

①国务院和县级以上地方各级人民政府应当加强对安全生产工作的领导，建立健全安全生产工作协调机制，支持、督促各有关部门依法履行安全生产监督管理职责，及时协调、解决安全生产监督管理中存在的重大问题。

②乡镇人民政府和街道办事处，以及开发区、工业园区、港区、风景区等应当明确负责安全生产监督管理的有关工作机构及其职责，加强安全生产监管力量建设，按照职责对本行政区域或者管理区域内生产经营单位安全生产状况进行监督检查，协助人民政府有关部门或者按照授权依法履行安全生产监督管理职责。

2)安全生产监督管理体制

我国实行安全生产综合监督管理与专项监督管理相结合的安全生产监督管理体制。《安全生产法》第十条规定：

①国务院应急管理部门依照本法，对全国安全生产工作实施综合监督管理；县级以上地方各级人民政府应急管理部门依照本法，对本行政区域内安全生产工作实施综合监督管理。

②国务院交通运输、住房和城乡建设、水利、民航等有关部门依照本法和其他有关法律、行政法规的规定，在各自的职责范围内对有关行业、领域的安全生产工作实施监督管理。

③县级以上地方各级人民政府有关部门依照本法和其他有关法律、法规的规定，在各自的职责范围内对有关行业、领域的安全生产工作实施监督管理。对新兴行业、领域的安全生产监督管理职责不明确的，由县级以上地方各级人民政府按照业务相近的原则确定监督管理部门。

④应急管理部门和对有关行业、领域的安全生产工作实施监督管理的部门，统称负有安全生产监督管理职责的部门。负有安全生产监督管理职责的部门应当相互配合、齐抓共管、信息共享、资源共用，依法加强安全生产监督管理工作。

根据《建设工程安全生产管理条例》第四十条的规定，国务院建设行政主管部门对全国的建设工程安全生产实施监督管理。县级以上地方人民政府建设行政主管部门对本行政区域内的建设工程安全生产实施监督管理。

《建设工程安全生产管理条例》第四十四条规定："建设行政主管部门或者其他有关部门可以将施工现场的监督检查委托给建设工程安全监督机构具体实施。"

所谓安全监督机构是指经县级以上人民政府批准成立，受建设行政主管部门委托，依据有关法律、法规和工程建设强制性标准，对建设工程各有关单位的安全生产行为及施工现场安全生产情况进行监督管理，具有独立法人资格的单位或部门。如江苏省建筑安全监督总站、南京市建筑工程质量安全监督站、江宁区建设工程安全生产监督站。

6.1.2 安全生产监督管理规定

根据《安全生产法》第六十三条的规定：

①负有安全生产监督管理职责的部门依照有关法律、法规的规定，对涉及安全生产的事项需要审查批准（包括批准、核准、许可、注册、认证、颁发证照等，下同）或者验收的，必须严格依照有关法律、法规和国家标准或者行业标准规定的安全生产条件和程序进行审查；不符合有关法律、法规和国家标准或者行业标准规定的安全生产条件的，不得批准或者验收通过。

②对未依法取得批准或者验收合格的单位擅自从事有关活动的，负责行政审批的部门发现或者接到举报后应当立即予以取缔，并依法予以处理。

③对已经依法取得批准的单位，负责行政审批的部门发现其不再具备安全生产条件的，应当撤销原批准。

《建设工程安全生产管理条例》第四十二条规定："建设行政主管部门在审核发放施工许可证时，应当对建设工程是否有安全施工措施进行审查，对没有安全施工措施的，不得颁发施工许可证。"

6.1.3 安全生产监督管理部门的职权

根据《安全生产法》第六十五条的规定，应急管理部门和其他负有安全生产监督管理职责的部门依法开展安全生产行政执法工作，对生产经营单位执行有关安全生产的法律、法规和国家标准或者行业标准的情况进行监督检查，行使以下职权：

①进入生产经营单位进行检查，调阅有关资料，向有关单位和人员了解情况；

②对检查中发现的安全生产违法行为，当场予以纠正或者要求限期改正；对依法应当给予行政处罚的行为，依照本法和其他有关法律、行政法规的规定作出行政处罚决定；

③对检查中发现的事故隐患，应当责令立即排除；重大事故隐患排除前或者排除过程中无法保证安全的，应当责令从危险区域内撤出作业人员，责令暂时停产停业或者停止使用相关设施、设备；重大事故隐患排除后，经审查同意，方可恢复生产经营和使用；

④对有根据认为不符合保障安全生产的国家标准或者行业标准的设施、设备、器材以及违法生产、储存、使用、经营、运输的危险物品予以查封或者扣押，对违法生产、储存、使用、经营危险物品的作业场所予以查封，并依法作出处理决定。

监督检查不得影响被检查单位的正常生产经营活动。

《建设工程安全生产管理条例》第四十三条规定，县级以上人民政府负有建设工程安全生产监督管理职责的部门在各自的职责范围内履行安全监督检查职责时，有权采取下列措施：

①要求被检查单位提供有关建设工程安全生产的文件和资料；

②进入被检查单位施工现场进行检查；

③纠正施工中违反安全生产要求的行为；

④对检查中发现的安全事故隐患，责令立即排除；重大安全事故隐患排除前或者排除过程中无法保证安全的，责令从危险区域内撤出作业人员或者暂时停止施工。

生产经营单位对负有安全生产监督管理职责的部门的监督检查人员依法履行监督检查职责，应当予以配合，不得拒绝、阻挠。

6.2 建筑施工企业安全生产许可制度

《安全生产许可证条例》第二条规定："国家对矿山企业、建筑施工企业和危险化学品、烟花爆竹、民用爆炸物品生产企业实行安全生产许可制度。企业未取得安全生产许可证的，不得从事生产活动。"

依据《安全生产许可证条例》和《建设工程安全生产管理条例》等有关行政法规，《建筑施工企业安全生产许可证管理规定》第二条规定："国家对建筑施工企业实行安全生产许可制度。建筑施工企业未取得安全生产许可证的，不得从事建筑施工活动。"本规定所称建筑施工企业，是指从事土木工程、建筑工程、线路管道和设备安装工程及装修工程的新建、扩建、改建和拆除等有关活动的企业。

6.2.1 申请领取安全生产许可证的条件

根据《建筑施工企业安全生产许可证管理规定》第四条的规定，建筑施工企业取得安全生产许可证，应当具备下列安全生产条件：

①建立、健全安全生产责任制，制定完备的安全生产规章制度和操作规程；

②保证本单位安全生产条件所需资金的投入；

③设置安全生产管理机构，按照国家有关规定配备专职安全生产管理人员；

④主要负责人、项目负责人、专职安全生产管理人员经建设主管部门或者其他有关部门考核合格；

⑤特种作业人员经有关业务主管部门考核合格，取得特种作业操作资格证书；

⑥管理人员和作业人员每年至少进行一次安全生产教育培训并考核合格；

⑦依法参加工伤保险，依法为施工现场从事危险作业的人员办理意外伤害保险，为从业人员交纳保险费；

⑧施工现场的办公、生活区及作业场所和安全防护用具、机械设备、施工机具及配件符合有关安全生产法律、法规、标准和规程的要求；

⑨有职业危害防治措施，并为作业人员配备符合国家标准或者行业标准的安全防护用具和安全防护服装；

⑩有对危险性较大的分部分项工程及施工现场易发生重大事故的部位、环节的预防、监控措施和应急预案；

⑪有生产安全事故应急救援预案、应急救援组织或者应急救援人员，配备必要的应急救

援器材、设备;

⑫法律、法规规定的其他条件。

6.2.2 安全生产许可证的申请与颁发

1)安全生产许可证的申请

建筑施工企业从事建筑施工活动前,应当依照《建筑施工企业安全生产许可证管理规定》向企业注册所在地省、自治区、直辖市人民政府住房和城乡建设主管部门申请领取安全生产许可证。《安全生产许可证条例》第四条规定:“省、自治区、直辖市人民政府建设主管部门负责建筑施工企业安全生产许可证的颁发和管理,并接受国务院建设主管部门的指导和监督。”

建筑施工企业申请安全生产许可证时,应当向建设主管部门提供下列材料:

①建筑施工企业安全生产许可证申请表;

②企业法人营业执照;

③与申请安全生产许可证应当具备的安全生产条件相关的文件、材料。

建筑施工企业申请安全生产许可证,应当对申请材料实质内容的真实性负责,不得隐瞒有关情况或者提供虚假材料。

2)安全生产许可证的有效期

安全生产许可证的有效期为3年。安全生产许可证有效期满需要延期的,企业应当于期满前3个月向原安全生产许可证颁发管理机关申请办理延期手续。

3)安全生产许可证的变更与注销

建筑施工企业变更名称、地址、法定代表人等,应当在变更后10日内,到原安全生产许可证颁发管理机关办理安全生产许可证变更手续。

建筑施工企业破产、倒闭、撤销的,应当将安全生产许可证交回原安全生产许可证颁发管理机关予以注销。

建筑施工企业遗失安全生产许可证,应当立即向原安全生产许可证颁发管理机关报告,并在公众媒体上声明作废后,方可申请补办。

6.2.3 安全生产许可证的监督管理

建设主管部门在审核发放施工许可证时,应当对已经确定的建筑施工企业是否有安全生产许可证进行审查,对没有取得安全生产许可证的,不得颁发施工许可证。建筑施工企业取得安全生产许可证后,不得降低安全生产条件,并应当加强日常安全生产管理,接受建设主管部门的监督检查。安全生产许可证颁发管理机关发现企业不再具备安全生产条件的,应当暂扣或者吊销安全生产许可证。

根据《建筑施工企业安全生产许可证管理规定》第十六条的规定,安全生产许可证颁发

管理机关或者其上级行政机关发现有下列情形之一的,可撤销已经颁发的安全生产许可证:

①安全生产许可证颁发管理机关工作人员滥用职权、玩忽职守颁发安全生产许可证的;

②超越法定职权颁发安全生产许可证的;

③违反法定程序颁发安全生产许可证的;

④对不具备安全生产条件的建筑施工企业颁发安全生产许可证的;

⑤依法可以撤销已经颁发的安全生产许可证的其他情形。

依照上述规定撤销安全生产许可证,建筑施工企业的合法权益受到损害的,建设主管部门应当依法给予赔偿。

6.2.4 建筑施工企业安全生产许可证违法责任

根据《建筑施工企业安全生产许可证管理规定》第二十二至第二十七条的规定,建筑施工企业安全生产许可证违法行为应承担的法律责任如下:

①取得安全生产许可证的建筑施工企业,发生重大安全事故的,暂扣安全生产许可证并限期整改。

②建筑施工企业不再具备安全生产条件的,暂扣安全生产许可证并限期整改;情节严重的,吊销安全生产许可证。

③建筑施工企业未取得安全生产许可证擅自从事建筑施工活动的,责令其在建项目停止施工,没收违法所得,并处10万元以上50万元以下的罚款;造成重大安全事故或者其他严重后果,构成犯罪的,依法追究刑事责任。

④安全生产许可证有效期满未办理延期手续,继续从事建筑施工活动的,责令其在建项目停止施工,限期补办延期手续,没收违法所得,并处5万元以上10万元以下的罚款;逾期仍不办理延期手续,继续从事建筑施工活动的,依照未取得安全生产许可证擅自从事建筑施工活动的规定处罚。

⑤建筑施工企业转让安全生产许可证的,没收违法所得,处10万元以上50万元以下的罚款,并吊销安全生产许可证;构成犯罪的,依法追究刑事责任;接受转让的,依照未取得安全生产许可证擅自从事建筑施工活动的规定处罚。冒用安全生产许可证或者使用伪造的安全生产许可证的,依照未取得安全生产许可证擅自从事建筑施工活动的规定处罚。

⑥建筑施工企业隐瞒有关情况或者提供虚假材料申请安全生产许可证的,不予受理或者不予颁发安全生产许可证,并给予警告,1年内不得申请安全生产许可证。

⑦建筑施工企业以欺骗、贿赂等不正当手段取得安全生产许可证的,撤销安全生产许可证,3年内不得再次申请安全生产许可证;构成犯罪的,依法追究刑事责任。

根据《建筑施工企业安全生产许可证管理规定》第二十八条的规定,对于暂扣、吊销安全生产许可证的行政处罚,由安全生产许可证的颁发管理机关决定;其他行政处罚,由县级以上地方人民政府建设主管部门决定。

6.3 施工单位的安全责任制度

施工单位是工程建设活动中的重要主体之一,在施工安全中居于核心地位,是绝大部分生产安全事故的直接责任方。

6.3.1 施工单位的安全生产责任制

安全生产责任制是生产经营单位最基本的安全生产管理制度,即根据安全生产法律、法规,按照“安全第一,预防为主,综合治理”的方针,将生产经营单位的各级负责人员、职能部门、工程技术人员和各岗位操作人员在安全生产方面应做的工作及应负的责任加以明确规定的一种制度。

《安全生产法》第二十二条规定:“生产经营单位的全员安全生产责任制应当明确各岗位的责任人员、责任范围和考核标准等内容。生产经营单位应当建立相应的机制,加强对全员安全生产责任制落实情况的监督考核,保证全员安全生产责任制的落实。”

安全生产责任制主要包括三方面的内容:一是生产经营单位的各级负责生产和经营的管理人员,在完成生产或经营任务的同时,对保证生产安全负责;二是各职能部门的人员,对自己业务范围内有关的安全生产负责;三是所有的从业人员应在自己本职工作范围内做到安全生产。

1)施工单位主要负责人和项目负责人的安全责任

施工单位主要负责人和项目负责人的安全素质直接关系到施工安全,必须将其应负的施工安全责任法律化。

《安全生产法》第五条规定:“生产经营单位的主要负责人是本单位安全生产第一责任人,对本单位的安全生产工作全面负责。其他负责人对职责范围内的安全生产工作负责。”根据《安全生产法》第二十一条的规定:“生产经营单位的主要负责人对本单位安全生产工作负有下列职责:(一)建立健全并落实本单位全员安全生产责任制,加强安全生产标准化建设;(二)组织制定并实施本单位安全生产规章制度和操作规程;(三)组织制定并实施本单位安全生产教育和培训计划;(四)保证本单位安全生产投入的有效实施;(五)组织建立并落实安全风险分级管控和隐患排查治理双重预防工作机制,督促、检查本单位的安全生产工作,及时消除生产安全事故隐患;(六)组织制定并实施本单位的生产安全事故应急救援预案;(七)及时、如实报告生产安全事故。”

《建设工程安全生产管理条例》第二十一条规定:

①施工单位主要负责人依法对本单位的安全生产工作全面负责。施工单位应当建立健全安全生产责任制度和安全生产教育培训制度,制定安全生产规章制度和操作规程,保证本单位安全生产条件所需资金的投入,对所承担的建设工程进行定期和专项安全检查,并做好安全检查记录。

②施工单位的项目负责人应当由取得相应执业资格的人员担任，对建设工程项目的安全施工负责，落实安全生产责任制度、安全生产规章制度和操作规程，确保安全生产费用的有效使用，并根据工程的特点组织制定安全施工措施，消除安全事故隐患，及时、如实报告生产安全事故。

施工单位的项目负责人在施工活动中占有非常重要的地位，代表施工企业法人对项目组织实施中劳动力的调配、资金的使用、建筑材料的购进等行使决策权。因此，项目负责人是本项目安全生产的第一责任人。

2)施工单位专职安全生产管理人员的职责

《建设工程安全生产管理条例》第二十三条规定："施工单位应当设立安全生产管理机构，配备专职安全生产管理人员。专职安全生产管理人员负责对安全生产进行现场监督检查。发现安全事故隐患，应当及时向项目负责人和安全生产管理机构报告；对违章指挥、违章操作的，应当立即制止。"

所谓安全生产管理机构是指建筑施工企业设置的负责安全生产管理工作的独立职能部门。所谓专职安全管理人员是指经建设主管部门或其他有关部门安全生产考核合格取得安全生产考核合格证书，并在建筑施工企业及其项目从事安全生产管理工作的专职人员。

《建筑施工企业安全生产管理机构设置及专职安全生产管理人员配备办法》第五条规定："建筑施工企业应当依法设置安全生产管理机构，在企业主要负责人的领导下开展本企业的安全生产管理工作。"第十条规定："建筑施工企业应当在建设工程项目组建安全生产领导小组。建设工程实行施工总承包的，安全生产领导小组由总承包企业、专业承包企业和劳务分包企业项目经理、技术负责人和专职安全生产管理人员组成。"

根据《建筑施工企业安全生产管理机构设置及专职安全生产管理人员配备办法》第七条的规定，建筑施工企业安全生产管理机构专职安全生产管理人员在施工现场检查过程中具有以下职责：

①查阅在建项目安全生产有关资料、核实有关情况；

②检查危险性较大工程安全专项施工方案落实情况；

③监督项目专职安全生产管理人员履责情况；

④监督作业人员安全防护用品的配备及使用情况；

⑤对发现的安全生产违章违规行为或安全隐患，有权当场予以纠正或作出处理决定；

⑥对不符合安全生产条件的设施、设备、器材，有权当场作出查封的处理决定；

⑦对施工现场存在的重大安全隐患有权越级报告或直接向建设主管部门报告。

⑧企业明确的其他安全生产管理职责。

根据《建筑施工企业安全生产管理机构设置及专职安全生产管理人员配备办法》第十二条的规定，项目专职安全生产管理人员具有以下主要职责：

①负责施工现场安全生产日常检查并做好检查记录；

②现场监督危险性较大工程安全专项施工方案实施情况；

③对作业人员违规违章行为有权予以纠正或查处；

④对施工现场存在的安全隐患有权责令立即整改；

⑤对于发现的重大安全隐患，有权向企业安全生产管理机构报告；

⑥依法报告生产安全事故情况。

［知识链接与拓展］

建筑施工企业专职安全生产管理人员的配备

1）建筑施工企业安全生产管理机构专职安全生产管理人员的配备

建筑施工企业安全生产管理机构专职安全生产管理人员的配备应满足下列要求，并应根据企业经营规模、设备管理和生产需要予以增加：

①建筑施工总承包资质序列企业：特级资质不少于6人；一级资质不少于4人；二级和二级以下资质企业不少于3人。

②建筑施工专业承包资质序列企业：一级资质不少于3人；二级和二级以下资质企业不少于2人。

③建筑施工劳务分包资质序列企业：不少于2人。

④建筑施工企业的分公司、区域公司等较大的分支机构应依据实际生产情况配备不少于2人的专职安全生产管理人员。

2）项目专职安全生产管理人员配备

总承包单位配备项目专职安全生产管理人员应当满足下列要求：

①建筑工程、装修工程按照建筑面积配备：1万平方米以下的工程不少于1人；1万～5万平方米的工程不少于2人；5万平方米及以上不少于3人，且按专业配备专职安全生产管理人员。

②土木工程、线路管道、设备安装工程按照工程合同价配备：5 000万元以下的工程不少于1人；5 000万～1亿元的工程不少于2人；1亿元以上的工程不少于3人，且按专业配备专职安全生产管理人员。

分包单位配备项目专职安全生产管理人员应当满足下列要求：

①专业承包单位应当配备至少1人，并根据所承担的分部分项工程的工程量和施工危险程度增加。

②劳务分包单位施工人员在50人以下的，应当配备1名专职安全生产管理人员；50人～200人的，应当配备2名专职安全生产管理人员；200人及以上的，应当配备3名及以上专职安全生产管理人员，并根据所承担的分部分项工程施工危险实际情况增加，不得少于工程施工人员总人数的5‰。

采用新技术、新工艺、新材料或致害因素多、施工作业难度大的工程项目，项目专职安全生产管理人员的数量应当根据施工实际情况，在上述规定的配备标准上增加。

3）施工作业人员安全生产的权利和义务

《建筑法》第四十七条规定："建筑施工企业和作业人员在施工过程中，应当遵守有关安全生产的法律、法规和建筑行业安全规章、规程，不得违背指挥或者违章作业。作业人员有权对影响人身健康的作业程序和作业条件提出改进意见，有权获得安全生产所需的防护用品。作业人员对危及生命安全和人身健康的行为有权提出批评、检举和控告。"

根据《建筑法》《安全生产法》《建设工程安全生产管理条例》等法律、法规的规定，施工作业人员主要安全生产的权利和义务如下：

(1)施工作业人员应当享有的安全生产权利

①知情权和建议权。

施工作业人员是施工单位运行和施工生产活动的主体。充分发挥施工作业人员在企业中的主人翁作用，是搞好施工安全生产的重要保障。因此，施工作业人员对施工安全生产拥有知情权，并享有改进安全生产工作的建议权。

《安全生产法》第五十三条规定："生产经营单位的从业人员有权了解其作业场所和工作岗位存在的危险因素、防范措施及事故应急措施，有权对本单位的安全生产工作提出建议。"《建设工程安全生产管理条例》第三十二条第一款则进一步规定："施工单位应当向作业人员提供安全防护用具和安全防护服装，并书面告知危险岗位的操作规程和违章操作的危害。"

②批评、检举、控告权及拒绝违章指挥权。

《安全生产法》第五十四条规定："从业人员有权对本单位安全生产工作中存在的问题提出批评、检举、控告；有权拒绝违章指挥和强令冒险作业。生产经营单位不得因从业人员对本单位安全生产工作提出批评、检举、控告或者拒绝违章指挥、强令冒险作业而降低其工资、福利等待遇或者解除与其订立的劳动合同。"《建设工程安全生产管理条例》第三十二条第二款进一步规定："作业人员有权对施工现场的作业条件、作业程序和作业方式中存在的安全问题提出批评、检举和控告，有权拒绝违章指挥和强令冒险作业。"

违章指挥是强迫施工作业人员违反法律、法规或者规章制度、操作规程进行作业的行为。法律赋予施工从业人员有拒绝违章指挥和强令冒险作业的权利，既是为了保护施工作业人员的人身安全，也是警示施工单位负责人和现场管理人员须按照有关规章制度和操作规程进行指挥，并不得对拒绝违章指挥和强令冒险作业的人员进行打击报复。

③紧急避险权。

为了保证施工作业人员的安全，在施工中遇有直接危及人身安全的紧急情况时，施工作业人员享有停止作业和紧急撤离的权利。

《安全生产法》第五十五条规定："从业人员发现直接危及人身安全的紧急情况时，有权停止作业或者在采取可能的应急措施后撤离作业场所。生产经营单位不得因从业人员在前款紧急情况下停止作业或者采取紧急撤离措施而降低其工资、福利等待遇或者解除与其订立的劳动合同。"《建设工程安全生产管理条例》第三十二条第三款进一步规定："在施工中发生危及人身安全的紧急情况时，作业人员有权立即停止作业或者在采取必要的应急措施后撤离危险区域。"

④获得劳动安全防护用品的权利。

施工安全防护用品，一般包括安全帽、安全带、安全网、安全绳及其他个人防护用品(如防护鞋、防护服装、防尘口罩)等。它是保护施工作业人员安全健康所必需的防御性装备，可有效地预防或减少伤亡事故的发生。

《安全生产法》第四十五条规定："生产经营单位必须为从业人员提供符合国家标准或者行业标准的劳动防护用品，并监督、教育从业人员按照使用规则佩戴、使用。"《建设工程安全生产管理条例》第三十二条进一步规定,施工单位应当向作业人员提供安全防护用具和安全防护服装。

⑤获得工伤保险和意外伤害保险赔偿的权利。

《建筑法》第四十八条规定:"建筑施工企业应当依法为职工参加工伤保险缴纳工伤保险费。"《建设工程安全生产管理条例》第三十八条规定:"施工单位应当为施工现场从事危险作业的人员办理意外伤害保险。意外伤害保险费由施工单位支付。实行施工总承包的,由总承包单位支付意外伤害保险费。意外伤害保险期限自建设工程开工之日起至竣工验收合格止。"

据此,施工作业人员除依法享有工伤保险的各项权利外,从事危险作业的施工人员还可以依法享有意外伤害保险的各项权利。

⑥请求民事赔偿的权利。

《安全生产法》第五十六条规定:"因生产安全事故受到损害的从业人员,除依法享有工伤保险外,依照有关民事法律尚有获得赔偿的权利的,有权提出赔偿要求。"

(2)施工作业人员应当履行的安全生产义务

①守法遵章和正确使用安全防护用具等的义务。

施工单位要依法保障施工作业人员的安全,施工作业人员也必须依法遵守有关的规章制度,做到不违章作业。

《安全生产法》第五十七条规定:"从业人员在作业过程中,应当严格落实岗位安全责任,遵守本单位的安全生产规章制度和操作规程,服从管理,正确佩戴和使用劳动防护用品。"《建设工程安全生产管理条例》第三十三条进一步规定:"作业人员应当遵守安全施工的强制性标准、规章制度和操作规程,正确使用安全防护用具、机械设备等。"

②接受安全生产教育培训的义务。

施工单位加强安全教育培训,使作业人员具备必要的施工安全生产知识,熟悉有的规章制度和安全操作规程,掌握本岗位安全操作技能,是控制和减少施工安全事故的重要措施。

《安全生产法》第五十八条规定:"从业人员应当接受安全生产教育和培训,掌握本职工作所需的安全生产知识,提高安全生产技能,增强事故预防和应急处理能力。"《建设工程安全生产管理条例》第三十七条规定:"作业人员进入新的岗位或者新的施工现场前,应当接受安全生产教育培训。未经教育培训或者教育培训考核不合格的人员,不得上岗作业。"

③施工安全事故隐患报告的义务。

施工安全事故通常都是由事故隐患或者其他不安全因素所酿成。因此,施工作业人员一旦发现事故隐患或者其他不安全因素,应当立即报告,以便及时采取措施,防患未然。

《安全生产法》第五十九条规定:"从业人员发现事故隐患或者其他不安全因素,应当立即向现场安全生产管理人员或者本单位负责人报告;接到报告的人员应当及时予以处理。"

6.3.2 施工单位应采取的安全措施

1)建立安全风险分级管控和隐患排查治理双重预防机制

根据《安全生产法》第四条的规定,生产经营单位必须建立健全全员安全生产责任制和安全生产规章制度，加大对安全生产资金、物资、技术、人员的投入保障力度，改善安全生产条件，加强安全生产标准化、信息化建设，构建安全风险分级管控和隐患排查治理双重预防机制，健全风险防范化解机制，提高安全生产水平，确保安全生产。《安全生产法》第四十一条规定：

①生产经营单位应当建立安全风险分级管控制度，按照安全风险分级采取相应的管控措施。

②生产经营单位应当建立健全并落实生产安全事故隐患排查治理制度，采取技术、管理措施，及时发现并消除事故隐患。

这表明，风险分级管控与隐患排查治理双重预防机制是企业管控风险、消除隐患、保证安全生产的重要手段，必须要认真、规范、科学地执行。

2）编制安全技术措施、施工现场临时用电方案及专项施工方案

《建设工程安全生产管理条例》第二十六条规定，施工单位应当在施工组织设计中编制安全技术措施和施工现场临时用电方案，对下列达到一定规模的危险性较大的分部分项工程编制专项施工方案，并附具安全验算结果，经施工单位技术负责人、总监理工程师签字后实施，由专职安全生产管理人员进行现场监督：①基坑支护与降水工程；②土方开挖工程；③模板工程；④起重吊装工程；⑤脚手架工程；⑥拆除、爆破工程；⑦国务院建设行政主管部门或者其他有关部门规定的其他危险性较大的工程。

对前款所列工程中涉及深基坑、地下暗挖工程、高大模板工程的专项施工方案，施工单位还应当组织专家进行论证、审查。

3）进行安全施工技术交底

安全施工技术交底的目的，就是让所有的安全生产从业人员都对安全生产有所了解，最大限度避免安全事故的发生。因此，《建设工程安全生产管理条例》第二十七条规定：“建设工程施工前，施工单位负责项目管理的技术人员应当对有关安全施工的技术要求向施工作业班组、作业人员作出详细说明，并由双方签字确认。”

4）设置安全警示标志并采取相应的安全防护措施

《建设工程安全生产管理条例》第二十八条规定：“施工单位应当在施工现场入口处、施工起重机械、临时用电设施、脚手架、出入通道口、楼梯口、电梯井口、孔洞口、桥梁口、隧道口、基坑边沿、爆破物及有害危险气体和液体存放处等危险部位，设置明显的安全警示标志。安全警示标志必须符合国家标准。施工单位应当根据不同施工阶段和周围环境及季节、气候的变化，在施工现场采取相应的安全施工措施。施工现场暂时停止施工的，施工单位应当做好现场防护，所需费用由责任方承担，或者按照合同约定执行。”

安全警示标志是指提醒人们注意的各种标牌、文字、符号以及灯光等，一般由安全色、几何图形和图形符号构成。我国目前常用的安全警示标志分为禁止标志、警告标志、指令标志和提示标志四类。

5)施工现场临时设施的安全卫生要求

《建设工程安全生产管理条例》第二十九条规定:“施工单位应当将施工现场的办公、生活区与作业区分开设置,并保持安全距离;办公、生活区的选址应当符合安全性要求。职工的膳食、饮水、休息场所等应当符合卫生标准。施工单位不得在尚未竣工的建筑物内设置员工集体宿舍。”

6)施工现场环境防护专项措施

根据《建设工程安全生产管理条例》第三十条规定:“施工单位对因建设工程施工可能造成损害的毗邻建筑物、构筑物和地下管线等,应当采取专项保护措施。施工单位应当遵守有关环境保护法律、法规的规定,在施工现场采取措施,防止或者减少粉尘、废气、废水、固体废物、噪声、振动和施工照明对人和环境的危害和污染。在城市市区内的建设工程,施工单位应当对施工现场实行封闭围挡。

7)施工现场采取的消防安全措施

近年来,施工现场的火灾时有发生,甚至出现了特大恶性火灾事故。因此,施工单位必须建立健全消防安全责任制,加强消防安全教育培训,严格消防安全管理,确保施工现场消防安全。

《建设工程安全生产管理条例》第三十一条规定:“施工单位应当在施工现场建立消防安全责任制度,确定消防安全责任人,制定用火、用电、使用易燃易爆材料等各项消防安全管理制度和操作规程,设置消防通道、消防水源,配备消防设施和灭火器材,并在施工现场入口处设置明显标志。”

《国务院关于加强和改进消防工作的意见》中明确,机关、团体、企业事业单位法定代表人是本单位消防安全第一责任人。单位的主要负责人是本单位的消防安全责任人。

《消防法》第二十一条规定:“禁止在具有火灾、爆炸危险的场所吸烟、使用明火。因施工等特殊情况需要使用明火作业的,应当按照规定事先办理审批手续,采取相应的消防安全措施;作业人员应当遵守消防安全规定。进行电焊、气焊等具有火灾危险作业的人员和自动消防系统的操作人员,必须持证上岗,并遵守消防安全操作规程。”

8)安全防护用具、机械设备和施工机具使用管理安全措施

根据《建设工程安全生产管理条例》第三十三、第三十四条的规定,安全防护用具、机械设备、施工机具的使用管理应符合下列要求:

①作业人员应当遵守安全施工的强制性标准、规章制度和操作规程,正确使用安全防护用具、机械设备等。

②施工单位采购、租赁的安全防护用具、机械设备、施工机具及配件,应当具有生产(制造)许可证、产品合格证,并在进入施工现场前进行查验。

③施工现场的安全防护用具、机械设备、施工机具及配件必须由专人管理,定期进行检查、维修和保养,建立相应的资料档案,并按照国家有关规定及时报废。

9)起重机械设备和自升式架设设施使用安全措施

根据《建设工程安全生产管理条例》第三十五条的规定:"施工单位在使用施工起重机械和整体提升脚手架、模板等自升式架设设施前,应当组织有关单位进行验收,也可以委托具有相应资质的检验检测机构进行验收;使用承租的机械设备和施工机具及配件的,由施工总承包单位、分包单位、出租单位和安装单位共同进行验收。验收合格的方可使用。

《特种设备安全监察条例》规定的施工起重机械,在验收前应当经有相应资质的检验检测机构监督检验合格。

施工单位应当自施工起重机械和整体提升脚手架、模板等自升式架设设施验收合格之日起30日内,向建设行政主管部门或者其他有关部门登记。登记标志应当置于或者附着于该设备的显著位置。"

10)危险作业安全措施

《安全生产法》第四十三条规定:"生产经营单位进行爆破、吊装、动火、临时用电以及国务院应急管理部门会同国务院有关部门规定的其他危险作业,应当安排专门人员进行现场安全管理,确保操作规程的遵守和安全措施的落实。"

6.3.3 安全生产教育培训

针对一些施工单位安全生产教育培训投入不足,许多新入场农民工未经培训即上岗作业,造成一线作业人员安全意识和操作技能普遍不足,往往违章作业、冒险蛮干的问题,《建筑法》第四十六条明确规定:"建筑施工企业应当建立健全劳动安全生产教育培训制度,加强对职工安全生产的教育培训;未经安全生产教育培训的人员,不得上岗作业。"

1)《建设工程安全生产管理条例》对安全生产教育培训的规定

(1)管理人员的考核

《建设工程安全生产管理条例》第三十六条第一款规定:"施工单位的主要负责人、项目负责人、专职安全生产管理人员应当经建设行政主管部门或者其他有关部门考核合格后方可任职。"

(2)作业人员的安全生产教育培训

①日常培训。《建设工程安全生产管理条例》第三十六条第二款规定:"施工单位应当对管理人员和作业人员每年至少进行一次安全生产教育培训,其教育培训情况记入个人工作档案。安全生产教育培训考核不合格的人员,不得上岗。"

②新岗位培训。根据《建设工程安全生产管理条例》第三十七条的规定:"作业人员进入新的岗位或者新的施工现场前,应当接受安全生产教育培训。未经教育培训或者教育培训考核不合格的人员,不得上岗作业。

施工单位在采用新技术、新工艺、新设备、新材料时,应当对作业人员进行相应的安全生产教育培训。"

③特种作业人员的专门培训。建筑施工特种作业人员是指在房屋建筑和市政工程施工活动中，从事可能对本人、他人及周围设备设施的安全造成重大危害作业的人员。

《建设工程安全生产管理条例》第二十五条规定："垂直运输机械作业人员、安装拆卸工、爆破作业人员、起重信号工、登高架设作业人员等特种作业人员，必须按照国家有关规定经过专门的安全作业培训，并取得特种作业操作资格证书后，方可上岗作业。"

《建筑施工特种作业人员管理规定》进一步明确，建筑施工特种作业包括：建筑电工；建筑架子工；建筑起重信号司索工；建筑起重机械司机；建筑起重机械安装拆卸工；高处作业吊篮安装拆卸工；经省级以上人民政府建设主管部门认定的其他特种作业。建筑施工特种作业人员必须经建设主管部门考核合格，取得建筑施工特种作业人员操作资格证书，方可上岗从事相应作业。

2)《安全生产法》对安全生产教育和培训的要求

针对生产经营单位的安全生产教育和培训，《安全生产法》第二十八条规定：

①生产经营单位应当对从业人员进行安全生产教育和培训，保证从业人员具备必要的安全生产知识，熟悉有关的安全生产规章制度和安全操作规程，掌握本岗位的安全操作技能，了解事故应急处理措施，知悉自身在安全生产方面的权利和义务。未经安全生产教育和培训合格的从业人员，不得上岗作业。

②生产经营单位使用被派遣劳动者的，应当将被派遣劳动者纳入本单位从业人员统一管理，对被派遣劳动者进行岗位安全操作规程和安全操作技能的教育和培训。劳务派遣单位应当对被派遣劳动者进行必要的安全生产教育和培训。

③生产经营单位接收中等职业学校、高等学校学生实习的，应当对实习学生进行相应的安全生产教育和培训，提供必要的劳动防护用品。学校应当协助生产经营单位对实习学生进行安全生产教育和培训。

④生产经营单位应当建立安全生产教育和培训档案，如实记录安全生产教育和培训的时间、内容、参加人员以及考核结果等情况。

《安全生产法》第四十四条第一款规定："生产经营单位应当教育和督促从业人员严格执行本单位的安全生产规章制度和安全操作规程；并向从业人员如实告知作业场所和工作岗位存在的危险因素、防范措施以及事故应急措施。"

此外，安全生产法强调关注从业人员的身心健康，《安全生产法》第四十四条第二款规定："生产经营单位应当关注从业人员的身体、心理状况和行为习惯，加强对从业人员的心理疏导、精神慰藉，严格落实岗位安全生产责任，防范从业人员行为异常导致事故发生。"

6.3.4 安全生产费用的提取和使用管理

企业安全生产费用是指企业按照规定标准提取，在成本(费用)中列支，专门用于完善和改进企业或者项目安全生产条件的资金。安全费用按照"筹措有章、支出有据、管理有序、监督有效"的原则进行管理。《建设工程安全生产管理条例》第二十二条规定："施工单位对列入建设工程概算的安全作业环境及安全施工措施所需费用，应当用于施工安全防护用具及设施的采购和更新、安全施工措施的落实、安全生产条件的改善，不得挪作他用。"

1)施工单位安全费用的提取

《企业安全生产费用提取和使用管理办法》第十七条规定:“建设工程施工企业以建筑安装工程造价为依据,于月末按工程进度计算提取企业安全生产费用。提取标准如下:①矿山工程3.5%;②铁路工程、房屋建筑工程、城市轨道交通工程3%;③水利水电工程、电力工程2.5%;④冶炼工程、机电安装工程、化工石油工程、通信工程2%;⑤市政公用工程、港口与航道工程、公路工程1.5%。”

建设工程施工企业编制投标报价应当包含并单列企业安全生产费用,竞标时不得删减。

《企业安全生产费用提取和使用管理办法》第十八条规定:“建设单位应当在合同中单独约定并于工程开工日一个月内向承包单位支付至少50%企业安全生产费用。总包单位应当在合同中单独约定并于分包工程开工日一个月内将至少50%企业安全生产费用直接支付分包单位并监督使用,分包单位不再重复提取。”

住房和城乡建设部、财政部发布的《建筑安装工程费用项目组成》中规定,安全文明施工费包括:

①环境保护费:是指施工现场为达到环保部门要求所需要的各项费用。

②文明施工费:是指施工现场文明施工所需要的各项费用。

③安全施工费:是指施工现场安全施工所需要的各项费用。

④临时设施费:是指施工企业为进行建设工程施工所必须搭设的生活和生产用的临时建筑物、构筑物和其他临时设施费用,包括临时设施的搭设、维修、拆除、清理费或摊销费等。

2)施工单位安全费用的使用管理

《企业安全生产费用提取和使用管理办法》第十九条规定,建设工程施工企业安全生产费用应当用于以下支出:

①完善、改造和维护安全防护设施设备支出(不含“三同时”要求初期投入的安全设施),包括施工现场临时用电系统、洞口或临边防护、高处作业或交叉作业防护、临时安全防护、支护及防治边坡滑坡、工程有害气体监测和通风、保障安全的机械设备、防火、防爆、防触电、防尘、防毒、防雷、防台风、防地质灾害等设施设备支出;

②应急救援技术装备、设施配置及维护保养支出,事故逃生和紧急避难设施设备的配置和应急救援队伍建设、应急预案制修订与应急演练支出;

③开展施工现场重大危险源检测、评估、监控支出,安全风险分级管控和事故隐患排查整改支出,工程项目安全生产信息化建设、运维和网络安全支出;

④安全生产检查、评估评价(不含新建、改建、扩建项目安全评价)、咨询和标准化建设支出;

⑤配备和更新现场作业人员安全防护用品支出;

⑥安全生产宣传、教育、培训和从业人员发现并报告事故隐患的奖励支出;

⑦安全生产适用的新技术、新标准、新工艺、新装备的推广应用支出;

⑧安全设施及特种设备检测检验、检定校准支出;

⑨安全生产责任保险支出;

⑩与安全生产直接相关的其他支出。

企业应当加强安全生产费用管理,编制年度企业安全生产费用提取和使用计划,纳入企业财务预算,确保资金投入。企业提取的安全生产费用从成本(费用)中列支并专项核算。企业安全生产费用年度结余资金结转下年度使用;企业安全生产费用出现赤字(即当年计提企业安全生产费用加上年初结余小于年度实际支出)的,应当于年末补提企业安全生产费用。

6.3.5 总承包单位和分包单位的安全责任

《建筑法》第四十五条规定:"施工现场安全由建筑施工企业负责。实行施工总承包的,由总承包单位负责。分包单位向总承包单位负责,服从总承包单位对施工现场的安全生产管理。"

《建设工程安全生产管理条例》第二十四条进一步规定:

①建设工程实行施工总承包的,由总承包单位对施工现场的安全生产负总责;

②总承包单位应当自行完成建设工程主体结构的施工;

③总承包单位依法将建设工程分包给其他单位的,分包合同中应当明确各自的安全生产方面的权利、义务。总承包单位和分包单位对分包工程的安全生产承担连带责任;

④分包单位应当服从总承包单位的安全生产管理,分包单位不服从管理导致生产安全事故的,由分包单位承担主要责任。

6.3.6 施工单位安全违法行为应承担的法律责任

1)《建设工程安全生产管理条例》规定的法律责任

根据《建设工程安全生产管理条例》第六十一至第六十六条的规定,施工单位安全违法行为应承担的主要法律责任如下:

①施工起重机械和整体提升脚手架、模板等自升式架设设施安装、拆卸单位有下列行为之一的,责令限期改正,处5万元以上10万元以下的罚款;情节严重的,责令停业整顿,降低资质等级,直至吊销资质证书;造成损失的,依法承担赔偿责任:a. 未编制拆装方案、制定安全施工措施的;b. 未由专业技术人员现场监督的;c. 未出具自检合格证明或者出具虚假证明的;d. 未向施工单位进行安全使用说明,办理移交手续的。

施工起重机械和整体提升脚手架、模板等自升式架设设施安装、拆卸单位有上述规定的第a.、c.项行为,经有关部门或者单位职工提出后,对事故隐患仍不采取措施,因而发生重大伤亡事故或者造成其他严重后果,构成犯罪的,对直接责任人员,依照刑法有关规定追究刑事责任。

②施工单位有下列行为之一的,责令限期改正;逾期未改正的,责令停业整顿,依照《安全生产法》的有关规定处以罚款;造成重大安全事故,构成犯罪的,对直接责任人员,依照刑法有关规定追究刑事责任:a. 未设立安全生产管理机构、配备专职安全生产管理人员或者分部分项工程施工时无专职安全生产管理人员现场监督的;b. 施工单位的主要负责人、项目负

责人、专职安全生产管理人员、作业人员或者特种作业人员，未经安全教育培训或者经考核不合格即从事相关工作的；c. 未在施工现场的危险部位设置明显的安全警示标志，或者未按照国家有关规定在施工现场设置消防通道、消防水源、配备消防设施和灭火器材的；d. 未向作业人员提供安全防护用具和安全防护服装的；e. 未按照规定在施工起重机械和整体提升脚手架、模板等自升式架设设施验收合格后登记的；f. 使用国家明令淘汰、禁止使用的危及施工安全的工艺、设备、材料的。

③施工单位挪用列入建设工程概算的安全生产作业环境及安全施工措施所需费用的，责令限期改正，处挪用费用20%以上50%以下的罚款；造成损失的，依法承担赔偿责任。

④施工单位有下列行为之一的，责令限期改正；逾期未改正的，责令停业整顿，并处5万元以上10万元以下的罚款；造成重大安全事故，构成犯罪的，对直接责任人员，依照刑法有关规定追究刑事责任：a. 施工前未对有关安全施工的技术要求作出详细说明的；b. 未根据不同施工阶段和周围环境及季节、气候的变化，在施工现场采取相应的安全施工措施，或者在城市市区内的建设工程的施工现场未实行封闭围挡的；c. 在尚未竣工的建筑物内设置员工集体宿舍的；d. 施工现场临时搭建的建筑物不符合安全使用要求的；e. 未对因建设工程施工可能造成损害的毗邻建筑物、构筑物和地下管线等采取专项防护措施的。

施工单位有上述规定第d、e项行为，造成损失的，依法承担赔偿责任。

⑤施工单位有下列行为之一的，责令限期改正；逾期未改正的，责令停业整顿，并处10万元以上30万元以下的罚款；情节严重的，降低资质等级，直至吊销资质证书；造成重大安全事故，构成犯罪的，对直接责任人员，依照刑法有关规定追究刑事责任；造成损失的，依法承担赔偿责任：a. 安全防护用具、机械设备、施工机具及配件在进入施工现场前未经查验或者查验不合格即投入使用的；b. 使用未经验收或者验收不合格的施工起重机械和整体提升脚手架、模板等自升式架设设施的；c. 委托不具有相应资质的单位承担施工现场安装、拆卸施工起重机械和整体提升脚手架、模板等自升式架设设施的；d. 在施工组织设计中未编制安全技术措施、施工现场临时用电方案或者专项施工方案的。

⑥单位的主要负责人、项目负责人未履行安全生产管理职责的，责令限期改正；逾期未改正的，责令施工单位停业整顿；造成重大安全事故、重大伤亡事故或者其他严重后果，构成犯罪的，依照刑法有关规定追究刑事责任。

作业人员不服管理、违反规章制度和操作规程冒险作业造成重大伤亡事故或者其他严重后果，构成犯罪的，依照刑法有关规定追究刑事责任。

2)《安全生产法》规定的法律责任

2021年新修订的《安全生产法》，进一步加大了对安全生产违法行为的责任追究力度，主要体现在以下三个方面：

(1)违法将更多追究刑事责任

《中华人民共和国刑法修正案(十一)》规定的危害生产安全刑事犯罪主要包括：重大责任事故罪；强令、组织他人违章冒险作业罪：危险作业罪；重大劳动安全事故罪；工程重大安全事故罪；消防责任事故罪；不报、谎报安全事故罪等(具体参见项目1 1.4.3节内容)。其中，危险作业罪，对妨害安全装置类、拒不改正类、擅自从事类的三类违法行为，即使未发生安全事故造成人员财产损失，只要“具有发生重大伤亡事故或者其他严重后果的现实危险的”，将依法追究危险作业罪的刑事责任。与此相配套，新安全生产法也多处作出规定。

《安全生产法》第一百零一条规定：“生产经营单位有下列行为之一的，责令限期改正，处十万元以下的罚款；逾期未改正的，责令停产停业整顿，并处十万元以上二十万元以下的罚款，对其直接负责的主管人员和其他直接责任人员处二万元以上五万元以下的罚款；构成犯罪的，依照刑法有关规定追究刑事责任：（一）生产、经营、运输、储存、使用危险物品或者处置废弃危险物品，未建立专门安全管理制度、未采取可靠的安全措施的；（二）对重大危险源未登记建档，未进行定期检测、评估、监控，未制定应急预案，或者未告知应急措施的；（三）进行爆破、吊装、动火、临时用电以及国务院应急管理部门会同国务院有关部门规定的其他危险作业，未安排专门人员进行现场安全管理的；（四）未建立安全风险分级管控制度或者未按照安全风险分级采取相应管控措施的；（五）未建立事故隐患排查治理制度，或者重大事故隐患排查治理情况未按照规定报告的。”

《安全生产法》第一百零二条规定：“生产经营单位未采取措施消除事故隐患的，责令立即消除或者限期消除，处五万元以下的罚款；生产经营单位拒不执行的，责令停产停业整顿，对其直接负责的主管人员和其他直接责任人员处五万元以上十万元以下的罚款；构成犯罪的，依照刑法有关规定追究刑事责任。”

《安全生产法》第一百零七条规定：“生产经营单位的从业人员不落实岗位安全责任，不服从管理，违反安全生产规章制度或者操作规程的，由生产经营单位给予批评教育，依照有关规章制度给予处分；构成犯罪的，依照刑法有关规定追究刑事责任。”

(2)全面加大违法的处罚力度

全面重罚不履职的负责人、从业人员和事故单位，按日连续处罚，甚至关闭不安全的生产经营单位。加大处罚力度是新修正安全生产法的一大特点。

①对主要负责人的罚款。《安全生产法》第九十四条规定：“生产经营单位的主要负责人未履行本法规定的安全生产管理职责的，责令限期改正，处二万元以上五万元以下的罚款；逾期未改正的，处五万元以上十万元以下的罚款，责令生产经营单位停产停业整顿。生产经营单位的主要负责人有前款违法行为，导致发生生产安全事故的，给予撤职处分；构成犯罪的，依照刑法有关规定追究刑事责任。生产经营单位的主要负责人依照前款规定受刑事处罚或者撤职处分的，自刑罚执行完毕或者受处分之日起，五年内不得担任任何生产经营单位的主要负责人；对重大、特别重大生产安全事故负有责任的，终身不得担任本行业生产经营单位的主要负责人。”

《安全生产法》第九十五条规定：“生产经营单位的主要负责人未履行本法规定的安全生产管理职责，导致发生生产安全事故的，由应急管理部门依照下列规定处以罚款：（一）发生一般事故的，处上一年年收入百分之四十的罚款；（二）发生较大事故的，处上一年年收入百分之六十的罚款；（三）发生重大事故的，处上一年年收入百分之八十的罚款；（四）发生特别重大事故的，处上一年年收入百分之一百的罚款。”

②对其他负责人和安全生产管理人员的罚款。《安全生产法》第九十六条规定：“生产经营单位的其他负责人和安全生产管理人员未履行本法规定的安全生产管理职责的，责令限期改正，处一万元以上三万元以下的罚款；导致发生生产安全事故的，暂停或者吊销其与

安全生产有关的资格，并处上一年年收入百分之二十以上百分之五十以下的罚款；构成犯罪的，依照刑法有关规定追究刑事责任。”

③对生产经营单位的按日连续处罚。《安全生产法》第一百一十二条规定：“生产经营单位违反本法规定，被责令改正且受到罚款处罚，拒不改正的，负有安全生产监督管理职责的部门可以自作出责令改正之日的次日起，按照原处罚数额按日连续处罚。”

④对生产经营单位的关闭。《安全生产法》第一百一十三条规定：“生产经营单位存在下列情形之一的，负有安全生产监督管理职责的部门应当提请地方人民政府予以关闭，有关部门应当依法吊销其有关证照。生产经营单位主要负责人五年内不得担任任何生产经营单位的主要负责人；情节严重的，终身不得担任本行业生产经营单位的主要负责人：(一)存在重大事故隐患，一百八十日内三次或者二年内四次受到本法规定的行政处罚的；(二)经停产停业整顿，仍不具备法律、行政法规和国家标准或者行业标准规定的安全生产条件的；(三)不具备法律、行政法规和国家标准或者行业标准规定的安全生产条件，导致发生重大、特别重大生产安全事故的；(四)拒不执行负有安全生产监督管理职责的部门作出的停产停业整顿决定的。”

⑤对事故单位的罚款。《安全生产法》第一百一十四条规定：“发生生产安全事故，对负有责任的生产经营单位除要求其依法承担相应的赔偿等责任外，由应急管理部门依照下列规定处以罚款：(一)发生一般事故的，处三十万元以上一百万元以下的罚款；(二)发生较大事故的，处一百万元以上二百万元以下的罚款；(三)发生重大事故的，处二百万元以上一千万元以下的罚款；(四)发生特别重大事故的，处一千万元以上二千万元以下的罚款。发生生产安全事故，情节特别严重、影响特别恶劣的，应急管理部门可以按照前款罚款数额的二倍以上五倍以下对负有责任的生产经营单位处以罚款。”

(3)建立了对严重违法行为的公告和通报制度。

《安全生产法》第七十八条要求，负有安全生产监督管理职责的部门应当建立安全生产违法行为信息库，如实记录生产经营单位及其有关从业人员的安全生产违法行为信息；对违法行为情节严重的生产经营单位及其有关从业人员，应当及时向社会公告，并通报行业主管部门、投资主管部门、自然资源主管部门、生态环境主管部门、证券监督管理机构以及有关金融机构。有关部门和机构应当对存在失信行为的生产经营单位及其有关从业人员采取加大执法检查频次、暂停项目审批、上调有关保险费率、行业或者职业禁入等联合惩戒措施，并向社会公示。

负有安全生产监督管理职责的部门应当加强对生产经营单位行政处罚信息的及时归集、共享、应用和公开，对生产经营单位作出处罚决定后七个工作日内在监督管理部门公示系统予以公开曝光，强化对违法失信生产经营单位及其有关从业人员的社会监督，提高全社会安全生产诚信水平。

6.4 建设单位及其他相关单位的安全责任制度

工程建设活动的特殊性决定了参与建设活动主体众多，虽然建设工程安全生产的重点是施工现场，主要责任单位是施工单位，但与施工活动密切相关的单位却不少，它们的活动都影响着施工安全。

《建设工程安全生产管理条例》第四条规定："建设单位、勘察单位、设计单位、施工单位、工程监理单位及其他与建设工程安全生产有关的单位，必须遵守安全生产法律、法规的规定，保证建设工程安全生产，依法承担建设工程安全生产责任。"

6.4.1 建设单位的安全责任

建设单位是建设工程的投资主体，在整个建设活动中居于主导地位。作为业主和甲方，建设单位有权选择勘察、设计、施工、工程监理的单位，可以自行选购施工所需的主要建筑材料，检查工程质量、控制进度、监督工程款使用，对施工的各个环节实行综合管理，因此建设单位的市场行为对施工现场的安全起着决定性作用。

[知识链接与拓展]

建设单位市场行为不规范的具体表现

建设单位的市场行为不规范所造成的事故居多，主要表现在：

①人为压低工程造价。在招投标过程中，将工程发包价低于成本价发包，不择手段地追求利润最大化；

②提出非法要求。为降低成本，向勘察、设计和监理单位提出违法要求，强令改变勘察设计；

③压缩合同工期。强令施工单位压缩工期，偷工减料，搞豆腐渣工程；

④降低安全投入。对安全措施费不认可，拒付安全生产合理费用，安全投入低；

⑤将工程交给不具备资质和安全条件的单位或者个人施工或者拆除。

1）建设单位的安全责任

针对建设单位的不规范行为，《建设工程安全生产管理条例》从以下几方面做出了严格的规定。

（1）建设单位应当如实向施工单位提供有关施工资料

作为负责建设工程整体工作的一方，提供真实、准确、完整的建设工程各个环节所需的基础资料是建设单位的基本义务。《建设工程安全生产管理条例》第六条规定："建设单位应当向施工单位提供施工现场及毗邻区域内供水、排水、供电、供气、供热、通信、广播电视等地下管线资料，气象和水文观测资料，相邻建筑物和构筑物、地下工程的有关资料，并保证资料的真实、准确、完整。建设单位因建设工程需要，向有关部门或者单位查询前款规定的资料时，有关部门或者单位应当及时提供。"

这里强调了四个方面的内容：一是施工资料的真实性，不得伪造、篡改。二是施工资料的科学性，必须经过科学论证，数据准确。三是施工资料的完整性，必须齐全，能够满足施工需要。四是有关部门和单位应当协助提供施工资料，不得推诿。

（2）建设单位不得向有关单位提出非法要求，不得压缩合同工期

《建设工程安全生产管理条例》第七条规定："建设单位不得对勘察、设计、施工、工程监理等单位提出不符合建设工程安全生产法律、法规和强制性标准规定的要求，不得压缩合同约定的工期。"

遵守建设工程安全生产法律、法规和安全标准，是建设单位的法定义务。要求勘察、设计、施工、工程监理等单位违法从事有关活动，必然会给建设工程带来重大结构性的安全隐患和施工中的安全隐患，容易造成事故。压缩合同工期，迫使施工单位增加人力、物力，其结果是盲目赶工期、简化工序和违规操作，必然带来事故隐患，必须禁止。

(3)必须保证必要的安全投入

《建设工程安全生产管理条例》第八条规定："建设单位在编制工程概算时，应当确定建设工程安全作业环境及安全施工所需要费用。"

安全作业环境和施工措施所需费用应当符合《建筑施工安全检查标准》(JGJ 59—2011)的要求，建设单位应当据此承担相应的安全施工措施费用，不得随意降低费用标准。

(4)不得明示或暗示施工单位购买不符合安全要求的设备、设施、器材和用具。

《建设工程安全生产管理条例》第九条规定："建设单位不得明示或者暗示施工单位购买、租赁、使用不符合安全施工要求的安全防护用具、机械设备、施工机具及配件、消防设施和器材。"

(5)开工前报送有关安全施工措施的资料

《建设工程安全生产管理条例》第十条规定："建设单位在申请领取施工许可证时，应当提供建设工程有关安全施工措施的资料。依法批准开工报告的建设工程，建设单位应当自开工报告批准之日起15日内，将保证安全施工的措施报送建设工程所在地的县级以上地方人民政府建设行政主管部门或其他有关部门备案。"

[知识链接与拓展]

建设工程安全施工措施资料

建设工程有关安全施工措施资料包括：

①施工现场总平面布置图；

②临时设施规划方案和已搭建情况；

③施工现场安全防护设施(防护网、棚)搭设(设置)计划；

④施工进度计划，安全措施费用计划；

⑤施工组织设计(方案、措施)；

⑥拟进入现场使用的起重机械设备(塔式起重机、物料提升机、外用电梯)的型号、数量；

⑦工程项目负责人、安全管理人员和特种作业人员持证上岗情况；

⑧建设单位安全监督人员和工程监理人员的花名册。

(6)关于拆除工程的特殊规定

根据《建设工程安全生产管理条例》第十一条的规定，建设单位应当将拆除工程发包给具有相应资质等级的施工单位；建设单位应当在拆除工程施工15日前，将下列资料报送建设工程所在地县级以上人民政府建设行政主管部门或其他有关部门备案：

①施工单位资质等级证明；

②拟拆除建筑物、构筑物及可能危及毗邻建筑的说明；

③拆除施工组织方案；

④堆放、清除废弃物的措施。

实施爆破作业的，应当遵守国家有关民用爆炸物品管理的规定。根据《中华人民共和国民用爆炸物品管理条例》第三十条的规定，进行大型爆破作业，或在城镇与其他居民聚居的地方、风景名胜区和重要工程设施附近进行控制爆破作业，施工单位必须事先将爆破作业方案报县、市以上主管部门批准，并征得所在地县、市公安局同意，方准爆破作业。

2）建设单位的安全违法行为应承担的法律责任

根据《建设工程安全生产管理条例》第五十五条的规定，建设单位有下列行为之一的，责令限期改正，处20万元以上50万元以下的罚款；造成重大安全事故，构成犯罪的，对直接责任人员，依照刑法有关规定追究刑事责任；造成损失的，依法承担赔偿责任：

①对勘察、设计、施工、工程监理等单位提出不符合安全生产法律、法规和强制性标准规定的要求的；

②要求施工单位压缩合同约定的工期的；

③将拆除工程发包给不具有相应资质等级的施工单位的。

6.4.2 勘察、设计、工程监理及其他有关单位的安全责任

勘察、设计、工程监理以及为施工提供机械设备、安装拆卸等单位的活动，都是围绕工程建设进行的，都会对施工安全产生影响。因此，有必要对它们的安全责任作出明确规定。

1）勘察单位的安全责任

《建设工程安全生产管理条例》第十二条规定：

①勘察单位应当按照法律、法规和工程建设强制性标准进行勘察，提供的勘察文件应当真实、准确，满足建设工程安全生产的需要；

②勘察单位在勘察作业时，应当严格执行操作规程，采取措施保证各类管线、设施和周边建筑物、构筑物的安全。

2）设计单位的安全责任

《建设工程安全生产管理条例》第十三条规定：

①设计单位应当按照法律、法规和工程建设强制性标准进行设计，防止因设计不合理导致生产安全事故的发生；

②设计单位应当考虑施工安全操作和防护的需要，对涉及施工安全的重点部位和环节在设计文件中注明，并对防范生产安全事故提出指导意见；

③采用新结构、新材料、新工艺的建设工程和特殊结构的建设工程，设计单位应当在设计中提出保障施工作业人员安全和预防生产安全事故的措施建议；

④设计单位和注册建筑师等注册执业人员应当对其设计负责。

3）工程监理单位的安全责任

《建设工程安全生产管理条例》第十四条规定：

①工程监理单位应当审查施工组织设计中的安全技术措施或者专项施工方案是否符合

工程建设强制性标准。

②工程监理单位在实施监理过程中,发现存在安全事故隐患的,应当要求施工单位整改;情况严重的,应当要求施工单位暂时停止施工,并及时报告建设单位。施工单位拒不整改或者不停止施工的,工程监理单位应当及时向有关主管部门报告。

③工程监理单位和监理工程师应当按照法律、法规和工程建设强制性标准实施监理,并对建设工程安全生产承担监理责任。

4)其他有关单位的安全责任

(1)提供机械设备和配件的单位的安全责任

施工机械设备是施工现场的重要设备,随着工程规模的扩大和施工工艺的提高,其在建筑施工中的地位将越来越突出。但是,目前施工现场使用的施工机械设备的产品质量不容乐观,有的安全保险和限位装置不齐全、有的保险和限位装置失灵,有的在设计和制造上存在重大质量缺陷和安全隐患,导致安全事故时有发生。因此,《建设工程安全生产管理条例》第十五条规定:"为建设工程提供机械设备和配件的单位,应当按照安全施工的要求配备齐全有效的保险、限位等安全设施和装置。"

(2)出租机械设备、施工机具和配件单位的安全责任

目前,在建设工程施工过程中,越来越多的施工单位是通过租赁方式得到机械设备和施工机具及配件,这对施工单位减少成本、发挥机械设备和施工机具及配件的使用效率等是有着积极作用的。但同时也存在出租的机械设备和施工机具及配件的安全责任不明确,造成生产安全事故无法追究有关单位的责任。因此,《建设工程安全生产管理条例》第十六条规定:

①出租的机械设备和施工工具及配件,应当具有生产(制造)许可证、产品合格证;

②出租单位应当对出租的机械设备和施工工具及配件的安全性能进行检测,在签订租赁协议时,应当出具检测合格证明;

③禁止出租检测不合格的机械设备和施工工具及配件。

(3)现场安装、拆卸施工起重机械设施单位的安全责任

《建设工程安全生产管理条例》第十七条规定:

①在施工现场安装、拆卸施工起重机械和整体提升脚手架、模板等自升式架设设施,必须由具有相应资质的单位承担;

②安装、拆卸施工起重机械和整体提升脚手架、模板等自升式架设设施,应当编制拆装方案、制定安全施工措施,并由专业技术人员现场监督;

③施工起重机械和整体提升脚手架、模板等自升式架设设施安装完毕后,安装单位应当自检,出具自检合格证明,并向施工单位进行安全使用说明,办理验收手续并签字。

同时,施工起重机械和自升式架设设施在使用过程中,应当按照规定进行定期检测,并及时进行全面检修保养。《建设工程安全生产管理条例》第十七、十八条规定:

①施工起重机械和整体提升脚手架、模板等自升式架设设施的使用达到国家规定的检验检测期限的,必须经具有专业资质的检验检测机构检测。经检测不合格的,不得继续使用。

②检验检测机构对检测合格的施工起重机械和整体提升脚手架、模板等自升式架设设施，应当出具安全合格证明文件，并对检测结果负责。

【案例分析】

案例背景材料6及问题见第140页。

(1)本案中各方工作人员的安全生产责任

在“莲花河畔景苑”工程项目中，涉及的各方工作人员分别为工程建设方梅都房地产公司法定代表人A、项目负责人B；施工单位众欣公司董事长C、施工现场安全、防火工作负责人D、二标段项目经理E；工程监理单位光启公司工程总监理F；土方施工的具体分包人G。

法院审理认为：被告人A在负责梅都公司“莲花河畔景苑”项目开发过程中，指定不具备开挖土方资质的张×雄分包小区部分地下车库土方开挖，对本案倒楼事故的发生负有领导责任；B作为“莲花河畔景苑”项目现场负责人，秉承A的指令将属于众欣公司总包范围的地下车库开挖工程，直接交予没有公司机构且不具备资质的被告人G组织施工、并违规指令施工人员开挖堆土，对本案倒楼事故的发生负有现场管理责任；被告人C身为工程施工单位主要负责人，违规使用他人专业资质证书投标承接工程，致使工程项目的专业管理缺位，且放任建设单位违规分包土方工程给没有专业资质的G，对本案倒楼事故的发生负有领导和管理责任；被告人D作为工程施工单位的现场负责人，施工现场的安全管理是其应负的职责，但其任由工程施工在没有项目经理实施专业管理的状态下进行，且放任建设方违规分包土方工程、违规堆土，致使工程管理脱节，对倒楼事故的发生也负有现场管理责任；被告人F作为工程项目的总监理，对工程项目经理名实不符的违规情况审查不严，对建设单位违规发包土方工程疏于审查，在对违规开挖、堆土提出异议未果后，未能有效制止，对本案倒楼事故发生负有未尽监理职责的责任。

法院认为，被告人E虽然挂名担任工程项目经理，实际未从事相应管理工作，但其任由施工单位在工程招投标及施工管理中以其名义充任项目经理，默许甚至配合施工单位以此应付监管部门的监督管理和检查，致使工程施工脱离专业管理，由此造成施工隐患难以通过监管被发现、制止，因而对本案倒楼事故的发生仍负有不可推卸的责任。

(2)生产经营单位的安全生产责任制

安全生产责任制是生产经营单位最基本的安全生产管理制度。安全生产责任制主要包括三方面的内容：一是生产经营单位的各级负责生产和经营的管理人员，在完成生产或经营任务的同时，对保证生产安全负责；二是各职能部门的人员，对自己业务范围内有关的安全生产负责；三是所有的从业人员应在自己本职工作范围内做到安全生产。

(3)施工单位主要负责人、项目经理和专职安全生产管理人员的主要安全责任

根据《建设工程安全生产管理条例》的相关规定，施工单位主要负责人、项目经理和专职安全生产管理人员的主要安全责任如下：

①施工单位主要负责人依法对本单位的安全生产工作全面负责。

②施工单位的项目负责人对建设工程项目的安全施工负责，并根据工程的特点组织制定安全施工措施，消除安全事故隐患，及时、如实报告生产安全事故。

③专职安全生产管理人员负责对安全生产进行现场监督检查。发现安全事故隐患，应当及时向项目负责人和安全生产管理机构报告；对违章指挥、违章操作的，应当立即制止。

6.5 生产安全事故应急救援与调查处理制度

生产安全事故的应急救援与调查处理制度，是《安全生产法》确立的安全生产基本制度。《安全生产法》对事故发生前应急救援的准备和事故发生后调查处理的组织分别进行了规范，体现了重在预防的指导思想。同时，为规范生产安全事故应急救援与调查处理，国家还发布了《生产安全事故应急条例》和《生产安全事故报告和调查处理条例》等。

6.5.1 生产安全事故应急救援预案

应急救援预案是指事先制定的关于特大生产安全事故发生时进行紧急救援的组织、程序、措施、责任以及协调等方面的方案和计划。

《建设工程安全生产管理条例》第四十八条规定："施工单位应当制定本单位生产安全事故应急救援预案，建立应急救援组织或者配备应急救援人员，配备必要的应急救援器材、设备，并定期组织演练。"

1）应急救援预案的编制

《生产安全事故应急条例》第五条第二款规定："生产经营单位应当针对本单位可能发生的生产安全事故的特点和危害，进行风险辨识和评估，制定相应的生产安全事故应急救援预案，并向本单位从业人员公布。"

生产经营单位应当根据有关法律、法规和《生产经营单位生产安全事故应急预案编制导则》（GB/T 29639—2020），结合本单位的危险源状况、危险性分析情况和可能发生的事故特点，制定相应的应急预案。

生产经营单位的应急预案按照针对情况的不同，分为综合应急预案、专项应急预案和现场处置方案。

①综合应急预案。综合应急预案是生产经营单位为应对各种生产安全事故而制定的综合性工作方案，是本单位应对生产安全事故的总体工作程序、措施和应急预案体系的总纲。综合应急预案内容包括：总则（适用范围、响应分级）、应急组织机构及职责、应急响应（信息报告、预警、响应启动、应急处置、应急支援、响应终止）、后期处置、应急保障等。

②专项应急预案。专项应急预案是生产经营单位为应对某一种或者多种类型生产安全事故，或者针对重要生产设施、重大危险面、重大活动防止生产安全事故而制定的专项工作方案。专项应急预案内容包括适用范围、应急组织机构及职责、响应启动、处置措速、应急保障。

专项应急预案与综合应急预案中的应急组织机构、应急响应程序相近时，可不编写专项应急预案，相应的应急处置措施并入综合应急预案。

③现场处置方案。现场处置方案是生产经营单位根据不同生产安全事故类型，针对具体场所装置或者设施所制定的应急处置措施。现场处置方案重点规范事故风险描述，应急工作职责、应急处置措施和注意事项，应体现自救互救、信息报告和先期处置的特点。

事故风险单一、危险性小的生产经营单位,可只编制现场处置方案。

《建设工程安全生产管理条例》第四十九条规定:"施工单位应当根据建设工程施工的特点、范围,对施工现场易发生重大事故的部位、环节进行监控,制定施工现场生产安全事故应急救援预案。实行施工总承包的,由总承包单位统一组织编制建设工程生产安全事故应急救援预案,工程总承包单位和分包单位按照应急救援预案,各自建立应急救援组织或者配备应急救援人员,配备救援器材、设备,并定期组织演练。"

2)应急救援预案的评审

应急预案编制完成后,生产经营单位应按法律法规有关规定组织评审或论证。参加应急预案评审的人员可包括有关安全生产及应急管理方面的有现场处置经验的专家。应急预案论证可通过推演的方式开展。

通过评审的应急预案由生产经营单位主要负责人签发实施。

6.5.2 生产安全事故应急救援

根据《生产安全事故应急条例》第十七条的规定,发生生产安全事故后,生产经营单位应当立即启动生产安全事故应急救援预案,采取下列一项或者多项应急救援措施,并按照国家有关规定报告事故情况:

①迅速控制危险源,组织抢救遇险人员;

②根据事故危害程度,组织现场人员撤离或者采取可能的应急措施后撤离;

③及时通知可能受到事故影响的单位和人员;

④采取必要措施,防止事故危害扩大和次生、衍生灾害发生;

⑤根据需要请求邻近的应急救援队伍参加救援,并向参加救援的应急救援队伍提供相关技术资料、信息和处置方法;

⑥维护事故现场秩序,保护事故现场和相关证据;

⑦法律、法规规定的其他应急救援措施。

有关地方人民政府及其部门接到生产安全事故报告后,应当按照国家有关规定上报事故情况,启动相应的生产安全事故应急救援预案。

应急救援队伍接到有关人民政府及其部门的救援命令或者签有应急救援协议的生产经营单位的救援请求后,应当立即参加生产安全事故应急救援。应急救援队伍根据救援命令参加生产安全事故应急救援所耗费用,由事故责任单位承担;事故责任单位无力承担的,由有关人民政府协调解决。

《生产安全事故应急条例》第二十条规定:"发生生产安全事故后,有关人民政府认为有必要的,可以设立由本级人民政府及其有关部门负责人、应急救援专家、应急救援队伍负责人、事故发生单位负责人等人员组成的应急救援现场指挥部,并指定现场指挥部总指挥。"

《安全生产法》第一百一十条规定:"生产经营单位的主要负责人在本单位发生生产安全事故时,不立即组织抢救或者在事故调查处理期间擅离职守或者逃匿的,给予降级、撤职的处分,并由应急管理部门处上一年年收入百分之六十至百分之一百的罚款;对逃匿的处十五日以下拘留;构成犯罪的,依照刑法有关规定追究刑事责任。生产经营单位的主要负责人对生产安全事故隐瞒不报、谎报或者迟报的,依照前款规定处罚。”

《安全生产法》第一百一十一条规定:“有关地方人民政府、负有安全生产监督管理职责的部门,对生产安全事故隐瞒不报、谎报或者迟报的,对直接负责的主管人员和其他直接责任人员依法给予处分;构成犯罪的,依照刑法有关规定追究刑事责任。”

6.5.3 生产安全事故报告

1)事故报告要求

《建设工程安全生产管理条例》第五十条规定:“施工单位发生生产安全事故,应当按照国家有关伤亡事故报告和调查处理的规定,及时、如实地向负责安全生产监督管理的部门、建设行政主管部门或者其他有关部门报告;特种设备发生事故的,还应当同时向特种设备安全监督管理部门报告。接到报告的部门应当按照国家有关规定,如实上报。实行施工总承包的建设工程,由总承包单位负责上报事故。”

根据《生产安全事故报告和调查处理条例》第九至十一条的规定,事故报告的要求如下:

①事故发生后,事故现场有关人员应当立即向本单位负责人报告;单位负责人接到报告后,应当于1小时内向事故发生地县级以上人民政府安全生产监督管理部门和负有安全生产监督管理职责的有关部门报告。

②情况紧急时,事故现场有关人员可以直接向事故发生地县级以上人民政府安全生产监督管理部门和负有安全生产监督管理职责的有关部门报告。

③安全生产监督管理部门和负有安全生产监督管理职责的有关部门接到事故报告后,应当依照下列规定上报事故情况,并通知公安机关、劳动保障行政部门、工会和人民检察院:

a.特别重大事故、重大事故逐级上报至国务院安全生产监督管理部门和负有安全生产监督管理职责的有关部门;

b.较大事故逐级上报至省、自治区、直辖市人民政府安全生产监督管理部门和负有安全生产监督管理职责的有关部门;

c.一般事故上报至设区的市级人民政府安全生产监督管理部门和负有安全生产监督管理职责的有关部门。

安全生产监督管理部门和负有安全生产监督管理职责的有关部门依照上述规定上报事故情况,应当同时报告本级人民政府。国务院安全生产监督管理部门和负有安全生产监督管理职责的有关部门以及省级人民政府接到发生特别重大事故、重大事故的报告后,应当立即报告国务院。

必要时,安全生产监督管理部门和负有安全生产监督管理职责的有关部门可以越级上报事故情况。

④安全生产监督管理部门和负有安全生产监督管理职责的有关部门逐级上报事故情况,每级上报的时间不得超过2小时。

对于实行施工总承包的建设工程,根据《建设工程安全生产管理条例》第五十条的规定:“实行施工总承包的建设工程,由总承包单位负责上报事故。”

2)事故补报要求

《生产安全事故报告和调查处理条例》第十三条规定:“事故报告后出现新情况的,应当及时补报。自事故发生之日起30日内,事故造成的伤亡人数发生变化的,应当及时补报。道路交通事故、火灾事故自发生之日起7日内,事故造成的伤亡人数发生变化的,应当及时补报。”

3)事故报告的内容

根据《生产安全事故报告和调查处理条例》第十二条的规定,报告事故应当包括下列内容:

①事故发生单位概况;

②事故发生的时间、地点以及事故现场情况;

③事故的简要经过;

④事故已经造成或者可能造成的伤亡人数(包括下落不明的人数)和初步估计的直接经济损失;

⑤已经采取的措施;

⑥其他应当报告的情况。

4)事故现场保护

事故现场保护就是要根据事故现场的具体情况和周围环境,划定保护区范围,布置警戒,必要时将事故现场封锁起来,维持现场的原始状态,既不要减少任何痕迹、物品,也不能增加任何痕迹、物品。即使是保护现场的人员,也不要无故进入,更不能擅自进行勘查,或者随意触摸、移动事故现场的任何物品。

《建设工程安全生产管理条例》第五十一条规定:“发生生产安全事故后,施工单位应当采取措施防止事故扩大,保护事故现场。需要移动现场物品时,应当做出标记和书面记录,妥善保管有关证物。”

《生产安全事故报告和调查处理条例》第十六条规定:“事故发生后,有关单位和人员应当妥善保护事故现场以及相关证据,任何单位和个人不得破坏事故现场、毁灭相关证据。因抢救人员、防止事故扩大以及疏通交通等原因,需要移动事故现场物件的,应当做出标志,绘制现场简图并做出书面记录,妥善保存现场重要痕迹、物证。”

[知识链接与拓展]

生产安全事故等级划分

根据生产安全事故(以下简称“事故”)造成的人员伤亡或者直接经济损失,《生产安全事故报告和调查处理条例》将事故分为四个等级:

①特别重大事故,是指造成30人以上死亡,或者100人以上重伤(包括急性工业中毒,下同),或者1亿元以上直接经济损失的事故;

②重大事故,是指造成10人以上30人以下死亡,或者50人以上100人以下重伤,或者5 000万元以上1亿元以下直接经济损失的事故;

③较大事故,是指造成3人以上10人以下死亡,或者10人以上50人以下重伤,或者1 000万元以上5 000万元以下直接经济损失的事故;

④一般事故,是指造成3人以下死亡,或者10人以下重伤,或者1 000万元以下直接经济损失的事故。

上述所称的“以上”包括本数,所称的“以下”不包括本数。

同时,《生产安全事故报告和调查处理条例》第四十四条还规定:“没有造成人员伤亡,但是社会影响恶劣的事故,国务院或者有关地方人民政府认为需要调查处理的,依照本条例的有关规定执行。”

据此,生产安全事故等级的划分包括了人身、经济和社会3个要素:人身要素就是人员伤亡的数量;经济要素就是直接经济损失的数额;社会要素则是社会影响。这三个要素依法可以单独适用。

6.5.4 生产安全事故调查

1)事故调查组的组成与职责

事故调查组的组成应当遵循精简、效能的原则。根据事故的具体情况,事故调查组由有关人民政府、安全生产监督管理部门、负有安全生产监督管理职责的有关部门、监察机关、公安机关以及工会派人组成,并应当邀请人民检察院派人参加。事故调查组可以聘请有关专家参与调查。

事故调查组成员应当具有事故调查所需要的知识和专长,并与所调查的事故没有直接利害关系。事故调查组组长由负责事故调查的人民政府指定。事故调查组组长主持事故调查组的工作。

根据《生产安全事故报告和调查处理条例》第二十五条的规定,事故调查组履行下列职责:

①查明事故发生的经过、原因、人员伤亡情况及直接经济损失;

②认定事故的性质和事故责任;

③提出对事故责任者的处理建议;

④总结事故教训,提出防范和整改措施;

⑤提交事故调查报告。

2)事故调查报告

事故调查组应当自事故发生之日起60日内提交事故调查报告;特殊情况下,经负责事故调查的人民政府批准,提交事故调查报告的期限可以适当延长,但延长的期限最长不超过60日。

根据《生产安全事故报告和调查处理条例》第三十条的规定,事故调查报告应当包括下列内容:

①事故发生单位概况;

②事故发生经过和事故救援情况;

③事故造成的人员伤亡和直接经济损失；

④事故发生的原因和事故性质；

⑤事故责任的认定以及对事故责任者的处理建议；

⑥事故防范和整改措施。

事故调查报告应当附具有关证据材料。事故调查组成员应当在事故调查报告上签名。

习　题

一、单项选择题

1."坚持安全第一、预防为主、综合治理的方针"是我国(　　)工作的指导方针。

A.劳动保护　　B.安全监督　　C.安全生产　　D.职业安全教育

2.负有安全生产监督管理职责的部门依法对生产经营单位执行监督检查时,对发现的重大安全事故隐患在排除前或者排除过程中无法保证安全的,采取的必要措施是(　　)。

A.责令立即排除

B.更换施工队伍

C.责令从危险区域撤出作业人员或暂时停止施工

D.责令施工单位主要负责人作出检查

3.关于安全生产许可证的说法,错误的是(　　)。

A.没有取得施工许可证的不得颁发安全生产许可证

B.未取得安全生产许可证的企业,不得从事建筑施工活动

C.建设主管部门在颁发施工许可证时,应当审查安全生产许可证

D.在取得安全生产许可证后,不得降低安全生产条件

4.安全生产许可证的有效期为(　　)年。

A.1　　B.2　　C.3　　D.5

5.安全生产许可证有效期满需要延期的,企业应当于期满前(　　)个月向原安全生产许可证颁发管理机关办理延期手续。

A.1　　B.2　　C.3　　D.6

6.建筑施工企业隐瞒或者提供虚假材料申请安全生产许可证的,应给予警告,并在(　　)内不得申请安全生产许可证。

A.3个月　　B.6个月　　C.1年　　D.2年

7.根据《建设工程安全生产管理条例》的规定,依法对建设工程项目安全施工负责的是(　　)。

A.建设单位的主要负责人　　B.施工单位的主要负责人

C.项目经理　　D.专职安全生产管理人员

8.根据《建设工程安全生产管理条例》的规定,专职安全生产管理人员负责对安全生产进行现场监督检查,对违章指挥、违章操作的,应当(　　)。

A. 立即上报 B. 立即制止 C. 处以罚款 D. 给予处分

9. 某工人在脚手架上施工时,发现部分扣件松动可能倒塌,所以停止作业。这属于从业人员行使的( )。

A. 知情权 B. 拒绝权 C. 避险权 D. 紧急避险权

10. 下列情形中,属于施工作业人员的安全生产义务是( )。

A. 对本单位的安全生产工作提出建议

B. 接受安全生产教育培训

C. 发现直接危及人身安全的紧急情况时停止作业

D. 拒绝违章指挥和强令冒险作业

11. 建筑施工企业的管理人员和作业人员每( )应至少进行一次安全生产教育培训并考核合格。

A. 半年 B. 1 年 C. 2 年 D. 3 年

12. 根据《建设工程安全生产管理条例》的规定,作业人员进入新的岗位或者新的施工现场前,应当接受( )。

A. 工艺操作培训 B. 机械操作培训

C. 质量教育培训 D. 安全生产教育培训

13. 下列人员中,不属于建筑施工企业特种作业人员的是( )

A. 电工 B. 架子工 C. 钢筋工 D. 起重信号工

14.《企业安全生产费用提取和使用管理办法》中规定,建设工程施工企业以建筑安装工程造价为计提依据。其中,房屋建筑工程安全费用提取标准为( )。

A. 1% B. 2% C. 3% D. 4%

15. 对于土方开挖工程,施工单位编制专项施工方案后,经( )签字后实施。

A. 施工企业项目经理、现场监理工程师

B. 施工企业技术负责人、建设单位负责人

C. 施工企业技术负责人、总监理工程师

D. 建设单位负责人、总监理工程师

16. 对涉及深基坑、地下暗挖工程、高大模板工程的专项施工方案,应由( )组织专家进行论证、审查。

A. 安全监督管理机构 B. 建设单位

C. 施工单位 D. 监理单位

17. 根据《建设工程安全生产管理条例》,建设工程施工前,应当对有关安全施工的技术要求向施工作业班组、作业人员作出详细说明的是施工企业的( )。

A. 负责项目管理的技术人员 B. 项目负责人

C. 技术负责人 D. 安全员

18. 根据《建设工程安全生产管理条例》,建设单位不得压缩( )工期

A. 定额 B. 标准 C. 法定 D. 合同

19.《建设工程安全生产管理条例》规定,建设单位在编制( )时,应当确定建设工程安全作业环境及安全施工措施所需费用。

A. 安全预算　　B. 工程概算　　C. 工程预算　　D. 工程决算

20. 工程监理单位应当审查施工组织设计中的安全技术措施或专项施工方案是否符合工程建设的(　　)标准。

A. 推荐性　　B. 国家　　C. 强制性　　D. 行业

21. 工程监理单位在实施监理过程中,发现存在安全事故隐患的,应当要求施工单位(　　)。

A. 整改　　B. 停工整改　　C. 停工　　D. 立即报告

22. 某建设工程项目分包工程发生生产安全事故,负责向安全生产监督管理部门、建设行政主管部门或其他有关部门上报的是(　　)。

A. 现场施工人员　　B. 分包单位　　C. 建设单位　　D. 总承包单位

23. 根据《生产安全事故报告和调查处理条例》的规定,单位负责人接到事故报告后,应当于(　　)小时内向事故发生地县级以上人民政府安全生产监督管理部门报告。

A. 1　　B. 2　　C. 3　　D. 4

24. 某工程事故造成 3 人死亡,10 人重伤,直接经济损失达 2 000 万元,根据《生产安全事故报告和调查处理条例》,该事故等级为(　　)。

A. 特别重大事故　　B. 重大事故　　C. 较大事故　　D. 一般事故

二、多项选择题

1. 县级以上人民政府负有建设工程安全生产监督管理职责的部门在各自的职责范围内履行安全监督检查职责时,有权采取的措施是(　　)。

A. 要求被检查单位提供有关建设工程安全生产的文件和资料

B. 进入被检查单位施工现场进行检查

C. 纠正施工中违反安全生产要求的行为

D. 对检查中发现的安全事故隐患,责令立即排除

E. 重大安全事故隐患排除前,暂扣或吊销安全生产许可证

2. 根据《安全生产许可证条例》,企业取得安全生产许可证,应当具备的安全生产条件有(　　)。

A. 管理人员和作业人员每年至少进行 1 次安全生产教育培训并考核合格

B. 依法为施工现场从事危险作业人员办理意外伤害保险,为从业人员缴纳保险费

C. 保证本单位安全生产条件所需资金的投入

D. 有职业危害防治措施,并为作业人员配备符合国家标准或行业标准的安全防护用具和安全防护服装

E. 依法办理了建筑工程一切险及第三者责任险

3. 建筑施工企业必须在 10 日以内到原安全生产许可证颁发管理机关办理生产安全许可证变更的情形有(　　)。

A. 企业股东变更　　B. 企业名称变更

C. 企业法人变更　　D. 企业设立分公司

E. 企业注册地址变更

4. 施工单位项目经理的安全生产责任主要包括(　　)。

A. 组织制定安全施工措施　　B. 消除安全事故隐患

C. 及时、如实上报安全事故　　D. 编制安全生产规章制度和操作规程

E. 确保安全生产费用的有效使用

5. 施工专职安全生产管理人员的主要职责是(　　)。

A. 组织制定本单位安全生产规章制度和操作规程

B. 负责施工现场安全生产日常检查并做好检查记录

C. 现场监督危险性较大工程安全专项施工方案实施情况

D. 对作业人员违规违章行为有权予以纠正或查处

E. 对施工现场存在的安全隐患有权责令立即整改

6. 施工作业人员应当享有的安全生产权利有(　　)。

A. 知情权　　B. 控告权

C. 紧急避险权　　D. 危险报告权

E. 请求赔偿权

7. 根据《安全生产法》,下列说法正确的是(　　)。

A. 政府机关、企事业单位必须构建安全风险分级管控和隐患排查治理双重预防机制

B. 施工单位应当建立安全风险分级管控制度

C. 施工单位应当按照安全风险分级采取相应的管控措施

D. 施工单位应当建立健全并落实生产安全事故隐患排查治理制度

E. 施工单位应当采取技术、管理措施,及时发现并消除事故隐患

8. 根据《建设工程安全生产管理规定》,施工企业对作业人员进行安全生产教育培训,应在(　　)之前。

A. 作业人员进入新的岗位　　B. 作业人员进入新的施工现场

C. 企业采用新技术　　D. 企业采用新工艺

E. 企业申请办理资质延续手续

9. 根据《企业安全生产费用提取和使用管理办法》规定,建设工程施工企业安全费用的使用范围包括(　　)。

A. 配备、维护、保养应急救援器材、设备支出和应急演练支出

B. 开展重大危险源和事故隐患评估、监控和整改支出

C. 安全生产检查、评价、咨询和标准化建设支出

D. 配备和更新现场作业人员安全防护用品支出

E. 安全生产宣传、教育、培训支出

10. 施工现场的安全防护用具、机械设备、施工机具及配件必须(　　)。

A. 具有生产(制造)许可证、产品合格证　　B. 由专人管理

C. 定期进行检查、维修和保养　　D. 建立相应的资料档案

E. 按照国家有关规定及时报废

11. 根据《建设工程安全生产管理条例》,在施工合同中,属于建设单位安全责任的有(　　)。

A. 编制施工安全生成规章制度和操作资料

B. 向施工单位提供准确的地下管线资料

C. 必须保证必要的安全投入

D. 开工前报送有关安全施工措施的资料

E. 为从事特种作业的施工人员办理意外伤害保险

12. 下列属于建设工程监理企业安全生产管理主要义务是(　　)。

A. 安全技术措施审查　　B. 安全设备合格审查

C. 专项施工方案审查　　D. 施工招标审查

E. 安全生产事故隐患报告

13. 发生生产安全事故后,生产经营单位应当立即启动生产安全事故应急救援预案,采取下列(　　)中一项或者多项应急救援措施。

A. 迅速控制危险源,组织抢救遇险人员

B. 组织现场人员撤离或者采取可能的应急措施后撤离

C. 及时通知可能受到事故影响的单位和人员

D. 采取必要措施,防止事故危害扩大和次生、衍生灾害发生

E. 维护事故现场秩序,保护事故现场和相关证据

14. 根据《生产安全事故报告和调查处理条例》,事故发生后,因抢救人员、防止事故扩大以及疏通交通等原因,需要移动事故现场物件时,采取的措施有(　　)。

A. 布置警戒　　B. 做出标志

C. 绘制现场简图　　D. 做出书面记录

E. 妥善保存现场重要痕迹、物证

15. 根据《生产安全事故报告和调查处理条例》,下列生产安全事故中,属于重大生产安全事故的有(　　)。

A. 5 人死亡事故　　B. 10 人死亡事故

C. 30 人重伤事故　　D. 50 人重伤事故

E. 直接经济损失 5 000 万元的事故

第7章

绿色施工与文物保护法律制度

本章学习要求：

了解绿色施工的概念与框架组成；熟悉绿色施工环境保护法律制度；熟悉绿色施工节能、节地、节水、节材法律制度；了解建设工程文物保护法律制度。

主要法律法规：

《中华人民共和国环境保护法》(1989年12月26日通过,2014年4月24日修订)

《中华人民共和国大气污染防治法》(1987年9月5日通过,2018年10月26日第2次修正)

《中华人民共和国噪声污染防治法》(2021年12月24日通过)

《中华人民共和国水污染防治法》(1984年5月11日通过,2017年6月27日第2次修正)

《中华人民共和国固体废物污染环境防治法》(1995年10月30日通过,2020年4月29日第2次修订)

《中华人民共和国节约能源法》(1997年11月1日通过,2018年10月26日第2次修正)

《中华人民共和国循环经济促进法》(2008年8月29日通过,2018年10月26日修正)

《中华人民共和国文物保护法》(1982年11月19日通过,2017年11月4日第5次修正)

《中华人民共和国民用建筑节能条例》(国务院令〔2008〕第530号公布)

《中华人民共和国文物保护法实施条例》(国务院令〔2003〕第377号公布,国务院令〔2017〕第687号第4次修订)

《历史文化名城名镇名村保护条例》(国务院令〔2008〕第524号公布,2017年10月7日(国务院令〔2017〕687号)《国务院关于修改部分行政法规的决定》修订)

《中华人民共和国水下文物保护管理条例》(国务院令〔1989〕第42号公布,2022年1月23日国务院令〔2022〕第751号第2次修订)

《绿色施工导则》(建设部建质〔2007〕第223号)

【驱动案例】

背景材料7:2022年4月20日22:30—23:30,某区环保执法人员对某建筑施工企业承建的某小区建设项目进行现场检查,发现该工地没有夜间施工证明而正在进行混凝土浇筑施工作业,经监测人员对该项目北侧场界进行噪声测量,显示夜间北侧场界噪声排放未超出《建筑施工场界环境噪声排放标准》(GB 12523—2011)。环保执法人员认为该企业涉嫌以下环境违法行为:未按照规定取得施工证明,在噪声敏感建筑物集中区域夜间进行产生噪声的建筑施工作业;未按照规定公告附近居民。随后依据《中华人民共和国噪声污染防治法》第四十三条、第七十七条、第七十八条规定,责令该建设施工企业改正,并对其处罚2万元。

试依据《中华人民共和国噪声污染防治法》对下列问题进行分析:

(1)在周围有噪声敏感建筑物的区域,排放建筑施工噪声应当符合什么要求?

(2)本案中环保部门对该建筑施工企业作出处罚是否符合法律规定?说明理由。

本案例分析见181页。

绿色施工作为建筑全寿命周期中的一个重要阶段,是实现建筑领域资源节约、节能减排和环境保护的关键环节。涉及有关环境保护方面的法律规范主要有《环境保护法》《大气污染防治法》《噪声污染防治法》《水污染防治法》《固体废物污染环境防治法》《环境影响评价法》等;涉及有关资源节约、节能减排的法律规范主要有《节约能源法》《循环经济促进法》《民用建筑节能条例》等。

文物资源具有稀缺性、脆弱性和不可再生性,一旦破坏就无法复原。在工程建设中保护、管理和利用好文物,对于继承中华民族优秀历史文化遗产,推动人类社会文明进步具有重要意义。文物保护方面的法律规范主要有《文物保护法》《文物保护法实施条例》《历史文化名城名镇名村保护条例》等。

7.1 绿色施工概述

绿色施工是指工程建设中,在保证质量、安全等基本要求的前提下,通过科学管理和技术进步,最大限度地节约资源与减少对环境负面影响的施工活动,实现节能、节地、节水、节材和环境保护(即“四节一环保”)。绿色施工是可持续发展理念在工程施工中全面应用的体现,是绿色施工技术的综合应用。绿色施工技术不是独立于传统施工技术的全新技术,而是用“可持续”的眼光对传统施工技术的重新审视,是符合可持续发展战略的施工技术。

真正的绿色施工应当是将“绿色方式”作为一个整体运用到施工中去,将整个施工过程作为一个微观系统进行科学的绿色施工组织设计。绿色施工技术除了文明施工、封闭施工、减少噪声扰民、减少环境污染、清洁运输等外,还包括减少场地干扰、尊重基地环境,结合气候施工,节约水、电、材料等资源或能源,采用环保健康的施工工艺,减少填埋废弃物的数量,以及实施科学管理、保证施工质量等。

目前,我国经济还处于快速发展阶段,作为大量消耗资源、影响环境的建筑业,应全面实施绿色施工,承担起可持续发展的社会责任。因此,2007年建设部发布的《绿色施工导则》

(建质〔2007〕223 号),明确在工程建设中实施绿色施工。

根据《绿色施工导则》的规定,绿色施工总体框架由施工管理、环境保护、节材与材料资源利用、节水与水资源利用、节能与能源利用、节地与施工用地保护 6 个方面组成,如图 7.1 所示。同时,《绿色施工导则》第 1.4 条和第 1.5 条规定:绿色施工应符合国家的法律、法规及相关的标准规范,实现经济效益、社会效益和环境效益的统一;实施绿色施工,应依据因地制宜的原则,贯彻执行国家、行业和地方相关的技术经济政策。

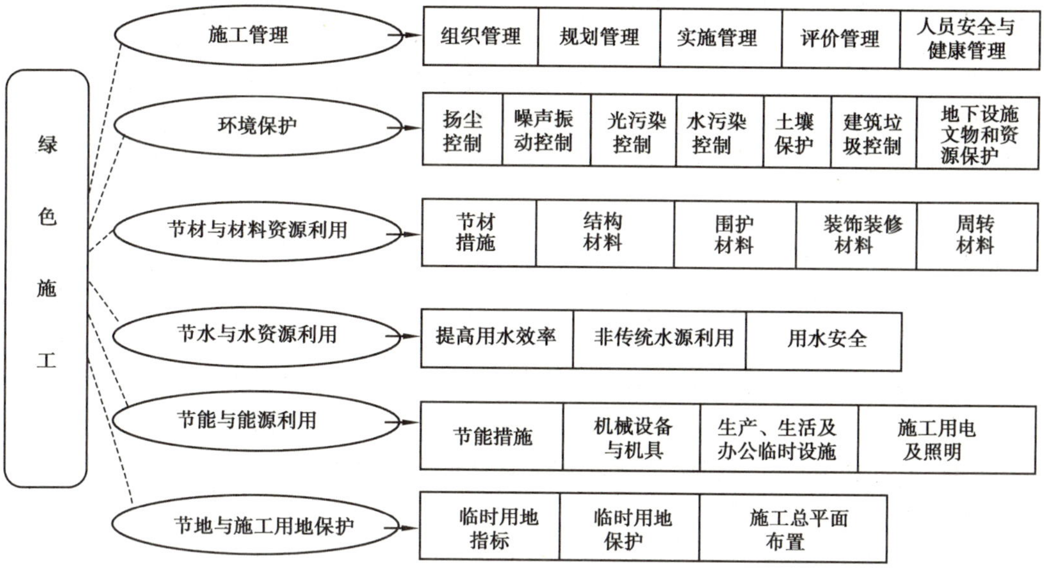

图 7.1 绿色施工总体框架

7.2 绿色施工环境保护制度

绿色施工应当符合国家有关环境保护的法律规定。《建筑法》第四十一条规定:“建筑施工企业应当遵守有关环境保护和安全生产的法律、法规的规定,采取控制和处理施工现场的各种粉尘、废气、废水、固体废物以及噪声、振动对环境的污染和危害的措施。”

《建设工程安全生产管理条例》第三十条进一步规定:“施工单位应当遵守有关环境保护法律、法规的规定,在施工现场采取措施,防止或者减少粉尘、废气、废水、固体废物、噪声、振动和施工照明对人和环境的危害和污染。”

7.2.1 大气污染的防治

大气污染通常是指由于人类活动或自然过程引起某些物质进入大气中,呈现出足够的浓度,达到足够的时间,并因此危害人体的舒适、健康和福利或环境污染的现象。随着我国经济社会的快速发展,城市建筑施工扬尘对大气环境的影响显著增大,以煤炭为主的能源消耗大幅攀升,机动车保有量急剧增加,经济发达地区氮氧化物(NO_x)和挥发性有机物

(VOCs)排放量显著增长，臭氧(O_3)和细颗粒物(PM2.5)污染加剧，在可吸入颗粒物(PM10)和总悬浮颗粒物(TSP)污染还未全面解决的情况下，京津冀、长江三角洲、珠江三角洲等区域PM2.5和O_3污染加重，灰霾现象频繁发生。因此，当前大气污染已成为我国大多数城市面临的共同问题。

施工现场大气污染的防治，重点是防治扬尘污染。《大气污染防治法》第六十八条规定："地方各级人民政府应当加强对建设施工和运输的管理，保持道路清洁，控制料堆和渣土堆放，扩大绿地、水面、湿地和地面铺装面积，防治扬尘污染。《大气污染防治法》第六十九条规定：

①建设单位应当将防治扬尘污染的费用列入工程造价，并在施工承包合同中明确施工单位扬尘污染防治责任。施工单位应当制定具体的施工扬尘污染防治实施方案。

②从事房屋建筑、市政基础设施建设、河道整治以及建筑物拆除等施工单位，应当向负责监督管理扬尘污染防治的主管部门备案。

③施工单位应当在施工工地设置硬质围挡，并采取覆盖、分段作业、择时施工、洒水抑尘、冲洗地面和车辆等有效防尘降尘措施。建筑土方、工程渣土、建筑垃圾应当及时清运；在场地内堆存的，应当采用密闭式防尘网遮盖。工程渣土、建筑垃圾应当进行资源化处理。

④施工单位应当在施工工地公示扬尘污染防治措施、负责人、扬尘监督管理主管部门等信息。

⑤暂时不能开工的建设用地，建设单位应当对裸露地面进行覆盖；超过三个月的，应当进行绿化、铺装或者遮盖。

《大气污染防治法》第七十条规定："运输煤炭、垃圾、渣土、砂石、土方、灰浆等散装、流体物料的车辆应当采取密闭或者其他措施防止物料遗撒造成扬尘污染，并按照规定路线行驶。装卸物料应当采取密闭或者喷淋等方式防治扬尘污染。"《大气污染防治法》第七十二条规定："贮存煤炭、煤矸石、煤渣、煤灰、水泥、石灰、石膏、砂土等易产生扬尘的物料应当密闭；不能密闭的，应当设置不低于堆放物高度的严密围挡，并采取有效覆盖措施防治扬尘污染。"

对于施工现场扬尘控制，《绿色施工导则》规定：

①运送土方、垃圾、设备及建筑材料等，不污损场外道路。运输容易散落、飞扬、流漏的物料的车辆，必须采取措施封闭严密，保证车辆清洁。施工现场出口应设置洗车槽。

②土方作业阶段，采取洒水、覆盖等措施，达到作业区目测扬尘高度小于1.5 m，不扩散到场区外。

③结构施工、安装装饰装修阶段，作业区目测扬尘高度小于0.5 m。对易产生扬尘的堆放材料应采取覆盖措施；对粉末状材料应封闭存放；场区内可能引起扬尘的材料及建筑垃圾搬运应有降尘措施，如覆盖、洒水等；浇筑混凝土前清理灰尘和垃圾时尽量使用吸尘器，避免使用吹风器等易产生扬尘的设备；机械剔凿作业时可用局部遮挡、掩盖、水淋等防护措施；高层或多层建筑清理垃圾应搭设封闭性临时专用道或采用容器吊运。

④施工现场非作业区达到目测无扬尘的要求。对现场易飞扬物质采取有效措施，如洒水、地面硬化、围挡、密网覆盖、封闭等，防止扬尘产生。

⑤构筑物机械拆除前，做好扬尘控制计划。可采取清理积尘、拆除体洒水、设置隔挡等

措施。

⑥构筑物爆破拆除前，做好扬尘控制计划。可采用清理积尘、淋湿地面、预湿墙体、屋面敷水袋、楼面蓄水、建筑外设高压喷雾状水系统、搭设防尘排栅和直升机投水弹等综合降尘。选择风力小的天气进行爆破作业。

⑦在场界四周隔挡高度位置测得的大气总悬浮颗粒物（TSP）月平均浓度与城市背景值的差值不大于0.08 mg/m^3。

［知识链接与拓展］

PM10与PM2.5的危害与防治

PM10是指环境空气中空气动力学当量直径小于等于10 μm的颗粒物，也称可吸入颗粒物或飘尘。PM2.5是指环境空气中空气动力学当量直径小于等于2.5 μm的颗粒物，也称细颗粒物。

气象专家和医学专家认为，由细颗粒物造成的灰霾天气对人体健康的危害甚至要比沙尘暴更大。粒径10 μm以上的颗粒物，会被挡在人的鼻子外面；粒径为2.5～10 μm的颗粒物，能够进入上呼吸道，但部分可通过痰液等排出体外，另外也会被鼻腔内部的绒毛阻挡，对人体健康危害相对较小；而粒径在2.5 μm以下的细颗粒物，直径不足人类头发丝的1/20大小，不易被阻挡。被吸入人体后会直接进入支气管，干扰肺部的气体交换，引发包括哮喘、支气管炎和心血管病等方面的疾病。

根据《环境空气质量标准》（GB 3095—2012）的规定，PM10与PM2.5的浓度限值应符合表7.1要求。

表7.1　PM10与PM2.5浓度限值

污染物项目	平均时间	浓度限值/（μg·m^{-3}）	
		一级	二级
PM10（小于等于10 μm的颗粒物）	年平均	40	70
	24小时平均	50	150
PM2.5（小于等于2.5 μm的颗粒物）	年平均	15	35
	24小时平均	35	75

注：1. 环境空气功能区分为二类：一类区为自然保护区、风景名胜区和其他需要特殊保护的区域；二类区为居住区、商业交通居民混合区、文化区、工业区和农村地区。

2. 环境空气功能区质量要求：一类区适用一级浓度限值，二类区适用二级浓度限值。

目前，扬尘（包括土壤风沙尘、建筑施工扬尘、道路扬尘等）、煤烟尘、机动车尾气尘和硫酸盐是我国大部分城市大气PM10和PM2.5的主要排放源类，机动车尾气尘、二次硫酸盐、硝酸盐粒子和二次有机碳对PM2.5的分担率明显高于对PM10的影响。相对于PM10而言，对PM2.5有明显贡献的源类呈多源类并重的态势，单一防控某一源类将无法有效控制PM2.5污染。因此，对PM2.5污染的控制将转向多源类、多层次、精细化控制。

鉴于上述原因，控制PM10和PM2.5主要从6个方面着手：一是要控制源头，不能在城市上风向建大气污染重的企业，要淘汰落后的工艺和设备；二是要对大气污染严重的企业进行治理,做到少排废气;三是提倡使用天然气、水电、风能、核能和太阳能等清洁能源,尽量少使用煤炭、重油和废料等污染重的燃料;四是要发展公共交通,减少车流量,提高机动车辆污染排放标准;五是要控制生活污染,餐饮油烟机要定时清洗,干洗机要封闭操作,通过洒水作业等方式防止建筑和道路扬尘;六是要注意农业农村污染,不能露天烧秸秆和垃圾,少用农药和化肥,多种树。

7.2.2 噪声污染的防治

环境噪声是指在工业生产、建筑施工、交通运输和社会生活中所产生的干扰周围生活环境的声音。环境噪声污染,则是指所产生的环境噪声超过国家规定的环境噪声排放标准,并干扰他人正常生活、工作和学习的现象。《噪声污染防治法》中与工程建设有关的噪声是建筑施工噪声和交通运输噪声。

1)施工现场环境噪声污染的防治

施工噪声是指在建设工程施工过程中产生的干扰周围生活环境的声音。随着城市化进程的不断加快及工程建设的大规模开展,施工噪声污染问题日益突出,尤其是在城市人口稠密地区的建设工程施工中产生的噪声污染,不仅影响周围居民的正常生活,而且损害城市的环境形象。施工单位与周围居民因噪声而引发的纠纷也时有发生,群众投诉日渐增多。因此,应当依法加强施工现场噪声管理,采取有效措施防治施工噪声污染。

根据《噪声污染防治法》和《绿色施工导则》的规定,施工现场环境噪声污染的防治应符合下列要求:

①在周围有噪声敏感建筑物的区域,排放建筑施工噪声应当符合建筑施工场界环境噪声排放标准。根据《建筑施工场界环境噪声排放标准》(GB 12523—2011)规定,建筑施工过程中场界环境噪声排放限值为:昼间 70 dB(A),夜间 55 dB(A)。夜间噪声最大声级超过限值的幅度不得高于 15 dB(A)。所谓"昼间"是指 6:00 至 22:00 之间的时段;"夜间"是指 22:00 至次日 6:00 之间的时段。

dB 是英文 Decibel 的缩写,是噪声分贝单位。(A)是指频率加权特性为 A,A 计权声级是目前世界上噪声测量中应用最广泛的一种。

②建设单位应当按照规定将噪声污染防治费用列入工程造价,在施工合同中明确施工单位的噪声污染防治责任。施工单位应当按照规定制订噪声污染防治实施方案,采取有效措施,减少振动、降低噪声。建设单位应当监督施工单位落实噪声污染防治实施方案。

③在噪声敏感建筑物集中区域施工作业,应当优先使用低噪声施工工艺和设备。国务院工业和信息化主管部门会同国务院生态环境、住房和城乡建设、市场监督管理等部门,公布低噪声施工设备指导名录并适时更新。

④在噪声敏感建筑物集中区域施工作业,建设单位应当按照国家规定,设置噪声自动监测系统,与监督管理部门联网,保存原始监测记录,对监测数据的真实性和准确性负责。

⑤在噪声敏感建筑物集中区域,禁止夜间进行产生噪声的建筑施工作业,但抢修、抢险施工作业,因生产工艺要求或者其他特殊需要必须连续施工作业的除外。因特殊需要必须连续施工作业的,应当取得地方人民政府住房和城乡建设、生态环境主管部门或者地方人民

政府指定的部门的证明，并在施工现场显著位置公示或者以其他方式公告附近居民。

所谓噪声敏感建筑物集中区域，是指医疗区、文教科研区和以机关、住宅等为主的区域。所谓噪声敏感建筑物，是指医院、学校、机关、科研单位、住宅等需要保持安静的建筑物。

2）交通运输噪声污染的防治

建设工程施工有着大量的运输任务，还会产生交通运输噪声。交通运输噪声，是指机动车、铁路机车车辆、城市轨道交通车辆、机动船舶、航空器等交通运输工具在运行时产生的干扰周围生活环境的声音。

《噪声污染防治法》第四十七条规定："机动车的消声器和喇叭应当符合国家规定。禁止驾驶拆除或者损坏消声器、加装排气管等擅自改装的机动车以轰鸣、疾驶等方式造成噪声污染。机动车应当加强维修和保养，保持性能良好，防止噪声污染。"

【案例分析】

案例背景材料7及问题见第176页。

(1)在周围有噪声敏感建筑物的区域，排放建筑施工噪声应当符合建筑施工场界环境噪声排放标准。所谓噪声敏感建筑物，是指医院、学校、机关、科研单位、住宅等需要保持安静的建筑物。根据《建筑施工场界环境噪声排放标准》(GB 12523—2011)的规定，建筑施工过程中场界环境噪声排放限值为：昼间(6:00—22:00)70 dB(A)，夜间(22:00—次日6:00)55 dB(A)。夜间噪声最大声级超过限值的幅度不得高于15 dB(A)。

(2)本案中环保部门对该建筑施工企业作出处罚符合法律规定。根据《噪声污染防治法》第四十三条规定："在噪声敏感建筑物集中区域，禁止夜间进行产生噪声的建筑施工作业，但抢修、抢险施工作业，因生产工艺要求或者其他特殊需要必须连续施工作业的除外。因特殊需要必须连续施工作业的，应当取得地方人民政府住房和城乡建设、生态环境主管部门或者地方人民政府指定的部门的证明，并在施工现场显著位置公示或者以其他方式公告附近居民。"本案中建筑施工企业在噪声敏感建筑物集中区域进行夜间混凝土浇筑施工，虽因工艺要求必须连续施工作业，但未按照规定取得施工证明，也未向附近居民进行公告，因此，环保部门对其作出处罚符合法律规定。

7.2.3 水污染的防治

水污染是指水体因某种物质的介入，而导致其化学、物理、生物或者放射性等方面特性的改变，从而影响水的有效利用，危害人体健康或者破坏生态环境，造成水质恶化的现象。水污染防治包括江河、湖泊、渠道、水库等地表水体以及地下水体的污染防治。多年来，我国水资源质量不断下降，水环境持续恶化，日趋加剧的水污染，已对人们的生存安全构成重大威胁，成为人类健康、经济和社会可持续发展的重大障碍。

《水污染防治法》第三条规定："水污染防治应当坚持预防为主、防治结合、综合治理的原则，优先保护饮用水水源，严格控制工业污染、城镇生活污染，防治农业面源污染，积极推进生态治理工程建设，预防、控制和减少水环境污染和生态破坏。"

1）施工现场水污染的防治

《水污染防治法》第十条规定："排放水污染物，不得超过国家或者地方规定的水污染物排放标准和重点水污染物排放总量控制指标。"《水污染防治法》第十九条规定："新建、改建、扩建直接或者间接向水体排放污染物的建设项目和其他水上设施，应当依法进行环境影响评价。……建设项目的水污染防治设施，应当与主体工程同时设计、同时施工、同时投入使用。水污染防治设施应当符合经批准或者备案的环境影响评价文件的要求。"

《城镇排水与污水处理条例》规定，城镇排水主管部门应当会同有关部门，按照国家有关规定划定城镇排水与污水处理设施保护范围，并向社会公布。在保护范围内，有关单位从事爆破、钻探、打桩、顶进、挖掘、取土等可能影响城镇排水与污水处理设施安全的活动的，应当与设施维护运营单位等共同制定设施保护方案，并采取相应的安全防护措施。

建设工程开工前，建设单位应当查明工程建设范围内地下城镇排水与污水处理设施的相关情况。城镇排水主管部门及其他相关部门和单位应当及时提供相关资料。建设工程施工范围内有排水管网等城镇排水与污水处理设施的，建设单位应当与施工单位、设施维护运营单位共同制定设施保护方案，并采取相应的安全保护措施。因工程建设需要拆除、改动城镇排水与污水处理设施的，建设单位应当制定拆除、改动方案，报城镇排水主管部门审核，并承担重建、改建和采取临时措施的费用。

对于施工现场水污染控制，《绿色施工导则》进一步规定：

①施工现场污水排放应达到国家标准《污水综合排放标准》(GB 8978—1996)的要求。

②在施工现场应针对不同的污水，设置相应的处理设施，如沉淀池、隔油池、化粪池等。

③污水排放应委托有资质的单位进行废水水质检测，提供相应的污水检测报告。

④保护地下水环境。采用隔水性能好的边坡支护技术。在缺水地区或地下水位持续下降的地区，基坑降水尽可能少地抽取地下水；当基坑开挖抽水量大于 50 万 m^3 时，应进行地下水回灌，并避免地下水被污染。

⑤对于化学品等有毒材料、油料的储存地，应有严格的隔水层设计，做好渗漏液收集和处理。

2）发生事故或者其他突发性事件的规定

《水污染防治法》第七十八条规定："企业事业单位发生事故或者其他突发性事件，造成或者可能造成水污染事故的，应当立即启动本单位的应急方案，采取隔离等应急措施，防止水污染物进入水体，并向事故发生地的县级以上地方人民政府或者环境保护主管部门报告。环境保护主管部门接到报告后，应当及时向本级人民政府报告，并抄送有关部门。"

7.2.4 固体废物污染环境的防治

固体废物，是指在生产、生活和其他活动中产生的丧失原有利用价值或者虽未丧失利用价值但被抛弃或者放弃的固态、半固态和置于容器中的气态的物品、物质以及法律、行政法规规定纳入固体废物管理的物品、物质。固体废物污染环境是指固体废物在产生、收集、贮存、运输、利用、处置的过程中产生的危害环境的现象。

固体废物又分为一般固体废物和危险废物。所谓危险废物，是指列入国家危险废物名录或者根据国家规定的危险废物鉴别标准和鉴别方法认定的具有危险特性的固体废物。施工现场的固体废物主要是建筑垃圾和生活垃圾。

《固体废物污染环境防治法》第四条规定："固体废物污染环境防治坚持减量化、资源化和无害化的原则。任何单位和个人都应当采取措施，减少固体废物的产生量，促进固体废物的综合利用，降低固体废物的危害性。"

《固体废物污染环境防治法》第二十条规定："产生、收集、贮存、运输、利用、处置固体废物的单位和其他生产经营者，应当采取防扬散、防流失、防渗漏或者其他防止污染环境的措施，不得擅自倾倒、堆放、丢弃、遗撒固体废物。禁止任何单位或者个人向江河、湖泊、运河、渠道、水库及其最高水位线以下的滩地和岸坡以及法律法规规定的其他地点倾倒、堆放、贮存固体废物。"

《固体废物污染环境防治法》第六十三条规定：

①工程施工单位应当编制建筑垃圾处理方案，采取污染防治措施，并报县级以上地方人民政府环境卫生主管部门备案。

②工程施工单位应当及时清运工程施工过程中产生的建筑垃圾等固体废物，并按照环境卫生主管部门的规定进行利用或者处置。

③工程施工单位不得擅自倾倒、抛撒或者堆放工程施工过程中产生的建筑垃圾。

《固体废物污染环境防治法》第二十二条规定："转移固体废物出省、自治区、直辖市行政区域贮存、处置的，应当向固体废物移出地的省、自治区、直辖市人民政府生态环境主管部门提出申请。移出地的省、自治区、直辖市人民政府生态环境主管部门应当及时商经接受地的省、自治区、直辖市人民政府生态环境主管部门同意后，在规定期限内批准转移该固体废物出省、自治区、直辖市行政区域。未经批准的，不得转移。"

《固体废物污染环境防治法》第七十七条规定："对危险废物的容器和包装物以及收集、贮存、运输、利用、处置危险废物的设施、场所，应当按照规定设置危险废物识别标志。"如施工现场堆放电石渣的场地必须设置危险废物识别标志。

对于施工现场建筑垃圾控制，《绿色施工导则》规定：

①制定建筑垃圾减量化计划，如住宅建筑，每万平方米的建筑垃圾不宜超过 400 t。

②加强建筑垃圾的回收再利用，力争建筑垃圾的再利用和回收率达到30%，建筑物拆除产生的废弃物的再利用和回收率大于40%。对于碎石类、土石方类建筑垃圾，可采用地基填埋、铺路等方式提高再利用率，力争再利用率大于50%。

③施工现场生活区设置封闭式垃圾容器，施工场地生活垃圾实行袋装化，及时清运。对建筑垃圾进行分类，并收集到现场封闭式垃圾站，集中运出。

[知识链接与拓展]

环境保护的基本法律制度

目前，我国《环境保护法》确立的环境保护的基本法律制度主要有：环境影响评价制度、环境保护"三同时"制度、排污收费制度、污染物排放总量控制制度、排污许可证制度等。

1）环境影响评价制度

环境影响评价，是指对规划和建设项目实施后可能造成的环境影响进行分析、预测和评估,提出预防或者减轻不良环境影响的对策和措施,进行跟踪监测的方法与制度。《环境保护法》第十九条规定:“编制有关开发利用规划,建设对环境有影响的项目,应当依法进行环境影响评价。未依法进行环境影响评价的开发利用规划,不得组织实施;未依法进行环境影响评价的建设项目,不得开工建设。”

根据《环境影响评价法》第十六条的规定,国家根据建设项目对环境的影响程度,对建设项目的环境影响评价实行分类管理。建设单位应当按照下列规定组织编制环境影响报告书、环境影响报告表或者填报环境影响登记表(以下统称环境影响评价文件):

①可能造成重大环境影响的,应当编制环境影响报告书,对产生的环境影响进行全面评价;

②可能造成轻度环境影响的,应当编制环境影响报告表,对产生的环境影响进行分析或者专项评价;

③对环境影响很小、不需要进行环境影响评价的,应当填报环境影响登记表。

2)环境保护“三同时”制度

环境保护“三同时”制度,是指建设项目需要配套建设的环境保护设施,必须与主体工程同时设计、同时施工、同时投产使用的制度。

《环境保护法》第四十一条规定:“建设项目中防治污染的设施,应当与主体工程同时设计、同时施工、同时投产使用。防治污染的设施应当符合经批准的环境影响评价文件的要求,不得擅自拆除或者闲置。”

3)排污收费制度

排污收费制度,是指向环境排放污染物的排污者,依照国家法律和有关规定缴纳排污费的制度。

《环境保护法》第四十三条规定:“排放污染物的企业事业单位和其他生产经营者,应当按照国家有关规定缴纳排污费。排污费应当全部专项用于环境污染防治,任何单位和个人不得截留、挤占或者挪作他用。”

4)污染物排放总量控制制度

污染物排放总量控制制度简称总量控制制度,是将某一控制区域作为一个完整的系统,采取措施将排入这一区域内的污染物总量控制在一定数量之内,以满足该区域环境质量要求的制度。

《环境保护法》第四十四条规定:“国家实行重点污染物排放总量控制制度。重点污染物排放总量控制指标由国务院下达,省、自治区、直辖市人民政府分解落实。企业事业单位在执行国家和地方污染物排放标准的同时,应当遵守分解落实到本单位的重点污染物排放总量控制指标。对超过国家重点污染物排放总量控制指标或者未完成国家确定的环境质量目标的地区,省级以上人民政府环境保护主管部门应当暂停审批其新增重点污染物排放总量的建设项目环境影响评价文件。”

5)排污许可证制度

排污许可证制度,是指国家对在生产经营过程中排放废气、废水、产生环境噪声污染和固体废物的行为实行许可证管理的制度。排污许可证的持有者,必须按照许可证核定的污染物种类、控制指标和规定的方式排放污染物。未取得排污许可证的排污者，不得排放污染物。

《环境保护法》第四十五条规定："国家依照法律规定实行排污许可管理制度。实行排污许可管理的企业事业单位和其他生产经营者应当按照排污许可证的要求排放污染物；未取得排污许可证的，不得排放污染物。"

7.3 绿色施工节能、节地、节水、节材制度

绿色施工应当符合国家有关节能、节地、节水、节材法律规定。《循环经济促进法》第二十三条规定："建筑设计、建设、施工等单位应当按照国家有关规定和标准，对其设计、建设、施工的建筑物及构筑物采用节能、节水、节地、节材的技术工艺和小型、轻型、再生产品。"

《循环经济促进法》第四条规定："发展循环经济应当在技术可行、经济合理和有利于节约资源、保护环境的前提下，按照减量化优先的原则实施。在废物再利用和资源化过程中，应当保障生产安全，保证产品质量符合国家规定的标准，并防止产生再次污染。"

所谓减量化是指在生产、流通和消费等过程中减少资源消耗和废物产生；所谓再利用是指将废物直接作为产品或者经修复、翻新、再制造后继续作为产品使用，或者将废物的全部或者部分作为其他产品的部件予以使用；所谓资源化是指将废物直接作为原料进行利用或者对废物进行再生利用。

7.3.1 节能与能源利用

节能，是指加强用能管理，采取技术上可行、经济上合理以及环境和社会可以承受的措施，从能源生产到消费的各个环节，降低消耗、减少损失和污染物排放、制止浪费，有效、合理地利用能源。能源利用，是指有效利用太阳能、风能、地热能等绿色环保并可再生的新型能源，以达到减少污染物排放、保护生态环境的目的。

《节约能源法》第二十四条规定："用能单位应当按照合理用能的原则，加强节能管理，制定并实施节能计划和节能技术措施，降低能源消耗。"用能单位应当建立节能目标责任制，对节能工作取得成绩的集体、个人给予奖励。用能单位应当定期开展节能教育和岗位节能培训。用能单位应当加强能源计量管理，按照规定配备和使用经依法检定合格的能源计量器具。

《民用建筑节能条例》规定，建设单位、设计单位、施工单位不得在建筑活动中使用列入禁止使用目录的技术、工艺、材料和设备。

《绿色施工导则》对施工现场节能措施，机械设备与机具节能，生产、生活及办公临时设施节能，施工用电及照明规定如下：

(1) 节能措施

①制订合理施工能耗指标，提高施工能源利用率。

②优先使用国家、行业推荐的节能、高效、环保的施工设备和机具，如选用变频技术的节

能施工设备等。

③施工现场分别设定生产、生活、办公和施工设备的用电控制指标，定期进行计量、核算、对比分析，并有预防与纠正措施。

④在施工组织设计中，合理安排施工顺序、工作面，以减少作业区域的机具数量，相邻作业区充分利用共有的机具资源。安排施工工艺时，应优先考虑耗用电能的或其他能耗较少的施工工艺。避免设备额定功率远大于使用功率或超负荷使用设备的现象。

⑤根据当地气候和自然资源条件，充分利用太阳能、地热等可再生能源。

(2)机械设备与机具节能

①建立施工机械设备管理制度，开展用电、用油计量，完善设备档案，及时做好维修保养工作，使机械设备保持低耗、高效的状态。

②选择功率与负载相匹配的施工机械设备，避免大功率施工机械设备低负载长时间运行。机电安装可采用节电型机械设备，如逆变式电焊机和能耗低、效率高的手持电动工具等，以利节电。机械设备宜使用节能型油料添加剂，在可能的情况下，考虑回收利用，节约油量。

③合理安排工序，提高各种机械的使用率和满载率，降低各种设备的单位耗能。

(3)生产、生活及办公临时设施节能

①利用场地自然条件，合理设计生产、生活及办公临时设施的体形、朝向、间距和窗墙面积比，使其获得良好的日照、通风和采光。南方地区可根据需要在其外墙窗设遮阳设施。

②临时设施宜采用节能材料，墙体、屋面使用隔热性能好的材料，减少夏天空调、冬天取暖设备的使用时间及耗能量。

③合理配置采暖、空调、风扇数量，规定使用时间，实行分段分时使用，节约用电。

(4)施工用电及照明

①临时用电优先选用节能电线和节能灯具，临电线路合理设计、布置，临电设备宜采用自动控制装置。采用声控、光控等节能照明灯具。

②照明设计以满足最低照度为原则，照度不应超过最低照度的20%。

[知识链接与拓展]

建筑节能的规定

据统计，人类从自然界所获得的物质原材料有50%以上用来建造各类建筑及其附属设施，这些建筑在建造与使用过程中又消耗了全球能源的50%左右。因此，大力推动建筑节能，开发利用新能源，对于解决我国能源短缺问题，改善环境具有重要意义。

1)建筑节能一般规定

《节约能源法》第十五条规定："国家实行固定资产投资项目节能评估和审查制度。不符合强制性节能标准的项目，建设单位不得开工建设；已经建成的，不得投入生产、使用。政府投资项目不符合强制性节能标准的，依法负责项目审批的机关不得批准建设。"

《节约能源法》第三十五条规定："建筑工程的建设、设计、施工和监理单位应当遵守建筑节能标准。不符合建筑节能标准的建筑工程，建设主管部门不得批准开工建设；已经开工建设的，应当责令停止施工、限期改正；已经建成的，不得销售或者使用。"

2)施工图审查机构的节能义务

《民用建筑节能条例》第十三条规定:"施工图设计文件审查机构应当按照民用建筑节能强制性标准对施工图设计文件进行审查;经审查不符合民用建筑节能强制性标准的,县级以上地方人民政府建设主管部门不得颁发施工许可证。"

2)建设单位的节能义务

《民用建筑节能条例》第十四条规定:"建设单位不得明示或者暗示设计单位、施工单位违反民用建筑节能强制性标准进行设计、施工,不得明示或者暗示施工单位使用不符合施工图设计文件要求的墙体材料、保温材料、门窗、采暖制冷系统和照明设备。按照合同约定由建设单位采购墙体材料、保温材料、门窗、采暖制冷系统和照明设备的,建设单位应当保证其符合施工图设计文件要求。"

3)设计、施工、工程监理单位的节能义务

《民用建筑节能条例》第十五条规定:"设计单位、施工单位、工程监理单位及其注册执业人员,应当按照民用建筑节能强制性标准进行设计、施工、监理。"

根据《民用建筑节能条例》第十六条的规定,施工单位应当对进入施工现场的墙体材料、保温材料、门窗、采暖制冷系统和照明设备进行查验;不符合施工图设计文件要求的,不得使用。

工程监理单位发现施工单位不按照民用建筑节能强制性标准施工的,应当要求施工单位改正;施工单位拒不改正的,工程监理单位应当及时报告建设单位,并向有关主管部门报告。

墙体、屋面的保温工程施工时,监理工程师应当按照工程监理规范的要求,采取旁站、巡视和平行检验等形式实施监理。

未经监理工程师签字,墙体材料、保温材料、门窗、采暖制冷系统和照明设备不得在建筑上使用或者安装,施工单位不得进行下一道工序的施工。

4)民用建筑工程节能竣工验收

《民用建筑节能条例》第十七条规定:"建设单位组织竣工验收,应当对民用建筑是否符合民用建筑节能强制性标准进行查验;对不符合民用建筑节能强制性标准的,不得出具竣工验收合格报告。"

7.3.2 节地与施工用地保护

节地,是指合理规划建设用地,减少耕地占用,提高土地利用效率,实现工程建设的节约集约用地。我国人多地少,耕地资源稀缺,当前又处于工业化、城镇化快速发展时期,建设用地矛盾十分突出。如何大力推进节约集约用地,加强施工用地保护,是目前工程建设中亟待解决的问题。

《绿色施工导则》对施工现场临时用地指标、临时用地保护、施工总平面布置,作出了具体规定:

1)临时用地指标

①根据施工规模及现场条件等因素合理确定临时设施,如临时加工厂、现场作业棚及材料堆场、办公生活设施等的占地指标。临时设施的占地面积应按用地指标所需的最低面积设计。

②要求平面布置合理、紧凑,在满足环境、职业健康与安全及文明施工要求的前提下尽可能减少废弃地和死角,临时设施占地面积有效利用率大于90%。

2)临时用地保护

①应对深基坑施工方案进行优化,减少土方开挖和回填量,最大限度地减少对土地的扰动,保护周边自然生态环境。

②红线外临时占地应尽量使用荒地、废地,少占用农田和耕地。工程完工后,及时对红线外占地恢复原地形、地貌,使施工活动对周边环境的影响降至最低。

③利用和保护施工用地范围内原有绿色植被。对于施工周期较长的现场,可按建筑永久绿化的要求,安排场地新建绿化。

3)施工总平面布置

①施工总平面布置应做到科学、合理,充分利用原有建筑物、构筑物、道路、管线为施工服务。

②施工现场搅拌站、仓库、加工厂、作业棚、材料堆场等布置应尽量靠近已有交通线路或即将修建的正式或临时交通线路,缩短运输距离。

③临时办公和生活用房应采用经济、美观、占地面积小、对周边地貌环境影响较小,且适合于施工平面布置动态调整的多层轻钢活动板房、钢骨架水泥活动板房等标准化装配式结构。生活区与生产区应分开布置,并设置标准的分隔设施。

④施工现场围墙可采用连续封闭的轻钢结构预制装配式活动围挡,减少建筑垃圾,保护土地。

⑤施工现场道路按照永久道路和临时道路相结合的原则布置。施工现场内形成环形通路,减少道路占用土地。

⑥临时设施布置应注意远近结合(本期工程与下期工程),努力减少和避免大量临时建筑拆迁和场地搬迁。

7.3.3　节水与水资源利用

节水,是指通过行政、技术、经济等手段加强用水管理,调整用水结构,改进用水方式,提高用水效率,避免水资源的浪费。当前,随着我国城市化进程的加快,城镇规模不断扩大,水资源短缺问题日益尖锐。为了缓解水资源危机,作为用水大户的建筑业,应该采取积极措施,节约用水,加强对雨水、废水等非传统水源的回收利用。

《中华人民共和国水法》规定,国家厉行节约用水,大力推行节约用水措施,推广节约用水新技术、新工艺,发展节水型工业、农业和服务业,建立节水型社会。《循环经济促进法》规定，国家鼓励和支持使用再生水。企业应当发展串联用水系统和循环用水系统，提高水的重复利用率。企业应当采用先进技术、工艺和设备，对生产过程中产生的废水进行再生利用。

《绿色施工导则》对施工现场提高用水效率、非传统水源利用及安全用水，作了具体规定：

1）提高用水效率

①施工中采用先进的节水施工工艺。

②施工现场喷洒路面、绿化浇灌不宜使用市政自来水。现场搅拌用水、养护用水应采取有效的节水措施，严禁无措施浇水养护混凝土。

③施工现场供水管网应根据用水量设计布置，管径合理、管路简捷，采取有效措施减少管网和用水器具的漏损。

④现场机具、设备、车辆冲洗用水必须设立循环用水装置。施工现场办公区、生活区的生活用水采用节水系统和节水器具，提高节水器具配置比率。项目临时用水应使用节水型产品，安装计量装置，采取针对性的节水措施。

⑤施工现场建立可再利用水的收集处理系统，使水资源得到梯级循环利用。

⑥施工现场分别对生活用水与工程用水确定用水定额指标，并分别计量管理。

⑦大型工程的不同单项工程、不同标段、不同分包生活区，凡具备条件的应分别计量用水量。在签订不同标段分包或劳务合同时，将节水定额指标纳入合同条款，进行计量考核。

⑧对混凝土搅拌站点等用水集中的区域和工艺点进行专项计量考核。施工现场建立雨水、中水或可再利用水的搜集利用系统。

2）非传统水源利用

①优先采用中水搅拌、中水养护，有条件的地区和工程应收集雨水养护。

②处于基坑降水阶段的工地，宜优先采用地下水作为混凝土搅拌用水、养护用水、冲洗用水和部分生活用水。

③现场机具、设备、车辆冲洗、喷洒路面、绿化浇灌等用水，优先采用非传统水源，尽量不使用市政自来水。

④大型施工现场，尤其是雨量充沛地区的大型施工现场建立雨水收集利用系统，充分收集自然降水用于施工和生活中适宜的部位。

⑤力争施工中非传统水源和循环水的再利用量大于30%。

3）用水安全

在非传统水源和现场循环再利用水的使用过程中，应制定有效的水质检测与卫生保障措施，确保避免对人体健康、工程质量以及周围环境产生不良影响。

7.3.4 节材与材料资源利用

节材，是指推广应用高性能、低材（能）耗、可再生循环利用的建筑材料，提高材料利用率，降低施工消耗，减少环境污染。建筑材料是所有材料中产量最大、使用最多，与人们的生活、工作最为密切,资源环境负荷最重的材料。如何提高材料的利用率,降低材料消耗,减少建材生产和使用过程中对环境造成的危害,已成为当今建设领域关注的重大课题。

《循环经济促进法》规定,国家鼓励利用无毒无害的固体废物生产建筑材料,鼓励使用散装水泥,推广使用预拌混凝土和预拌砂浆。禁止损毁耕地烧砖。在国务院或者省、自治区、直辖市人民政府规定的期限和区域内,禁止生产、销售和使用黏土砖。

《绿色施工导则》对施工现场的节材措施及结构材料、围护材料、装饰装修材料、周转材料的利用,作了具体规定:

1)节材措施

①图纸会审时,应审核节材与材料资源利用的相关内容,达到材料损耗率比定额损耗率降低30%。

②根据施工进度、库存情况等合理安排材料的采购、进场时间和批次,减少库存。

③现场材料堆放有序。储存环境适宜,措施得当。保管制度健全,责任落实。

④材料运输工具适宜,装卸方法得当,防止损坏和遗洒。根据现场平面布置情况就近卸载,避免和减少二次搬运。

⑤采取技术和管理措施提高模板、脚手架等的周转次数。

⑥优化安装工程的预留、预埋、管线路径等方案。

⑦应就地取材,施工现场500千米以内生产的建筑材料用量占建筑材料总重量的70%以上。

2)结构材料

①推广使用预拌混凝土和商品砂浆。准确计算采购数量、供应频率、施工速度等,在施工过程中动态控制。结构工程使用散装水泥。

②推广使用高强钢筋和高性能混凝土,减少资源消耗。

③推广钢筋专业化加工和配送。

④优化钢筋配料和钢构件下料方案。钢筋及钢结构制作前应对下料单及样品进行复核,无误后方可批量下料。

⑤优化钢结构制作和安装方法。大型钢结构宜采用工厂制作,现场拼装;宜采用分段吊装、整体提升、滑移、顶升等安装方法,减少方案的措施用材量。

⑥采取数字化技术,对大体积混凝土、大跨度结构等专项施工方案进行优化。

3)围护材料

①门窗、屋面、外墙等围护结构选用耐候性及耐久性良好的材料,施工确保密封性、防水性和保温隔热性。

②门窗采用密封性、保温隔热性能、隔音性能良好的型材和玻璃等材料。

③屋面材料、外墙材料具有良好的防水性能和保温隔热性能。

④当屋面或墙体等部位采用基层加设保温隔热系统的方式施工时,应选择高效节能、耐

久性好的保温隔热材料,以减小保温隔热层的厚度及材料用量。

⑤屋面或墙体等部位的保温隔热系统采用专用的配套材料,以加强各层次之间的粘结或连接强度,确保系统的安全性和耐久性。

⑥根据建筑物的实际特点,优选屋面或外墙的保温隔热材料系统和施工方式,例如保温板粘贴、保温板干挂、聚氨酯硬泡喷涂、保温浆料涂抹等,以保证保温隔热效果,并减少材料浪费。

⑦加强保温隔热系统与围护结构的节点处理,尽量降低热桥效应。针对建筑物的不同部位保温隔热特点,选用不同的保温隔热材料及系统,以做到经济适用。

4)装饰装修材料

①贴面类材料在施工前,应进行总体排版策划,减少非整块材的数量。

②采用非木质的新材料或人造板材代替木质板材。

③防水卷材、壁纸、油漆及各类涂料基层必须符合要求,避免起皮、脱落。各类油漆及黏结剂应随用随开启,不用时及时封闭。

④幕墙及各类预留预埋应与结构施工同步。

⑤木制品及木装饰用料、玻璃等各类板材等宜在工厂采购或定制。

⑥采用自粘类片材,减少现场液态粘结剂的使用量。

5)周转材料

①应选用耐用、维护与拆卸方便的周转材料和机具。

②优先选用制作、安装、拆除一体化的专业队伍进行模板工程施工。

③模板应以节约自然资源为原则,推广使用定型钢模、钢框竹模、竹胶板。

④施工前应对模板工程的方案进行优化。多层、高层建筑使用可重复利用的模板体系,模板支撑宜采用工具式支撑。

⑤优化高层建筑的外脚手架方案,采用整体提升、分段悬挑等方案。

⑥推广采用外墙保温板替代混凝土施工模板的技术。

⑦现场办公和生活用房采用周转式活动房。现场围挡应最大限度地利用已有围墙,或采用装配式可重复使用围挡封闭。力争工地临房、临时围挡材料的可重复使用率达到70%。

7.4 建设工程文物保护制度

文物是指人类社会活动中遗留下来的具有历史、艺术、科学价值的遗物或遗迹。文物是国家的宝贵财富,是不可再生的文化资源。近十几年来,我国城市化进程的加快使工程建设与文物保护之间的矛盾日渐突出,如何将工程建设与文物保护有机地结合起来,做好工程建设中的文物保护工作具有重要的现实意义。

7.4.1 文物保护的范围

1) 国家保护文物的范围

根据《文物保护法》第二条的规定，在中华人民共和国境内，下列文物受国家保护：

①具有历史、艺术、科学价值的古文化遗址、古墓葬、古建筑、石窟寺和石刻、壁画；

②与重大历史事件、革命运动或者著名人物有关的以及具有重要纪念意义、教育意义或者史料价值的近代现代重要史迹、实物、代表性建筑；

③历史上各时代珍贵的艺术品、工艺美术品；

④历史上各时代重要的文献资料以及具有历史、艺术、科学价值的手稿和图书资料等；

⑤反映历史上各时代、各民族社会制度、社会生产、社会生活的代表性实物。

具有科学价值的古脊椎动物化石和古人类化石同文物一样受国家保护。

2) 文物保护单位和文物的分级

根据《文物保护法》第三条的规定："古文化遗址、古墓葬、古建筑、石窟寺、石刻、壁画、近代现代重要史迹和代表性建筑等不可移动文物，根据它们的历史、艺术、科学价值，可以分别确定为全国重点文物保护单位，省级文物保护单位，市、县级文物保护单位。

历史上各时代重要实物、艺术品、文献、手稿、图书资料、代表性实物等可移动文物，分为珍贵文物和一般文物；珍贵文物分为一级文物、二级文物、三级文物。"

3) 国有文物的范围

《文物保护法》第五条规定："中华人民共和国境内地下、内水和领海中遗存的一切文物，属于国家所有。"

(1) 国有不可移动文物范围

古文化遗址、古墓葬、石窟寺属于国家所有；国家指定保护的纪念建筑物、古建筑、石刻、壁画、近代现代代表性建筑等不可移动文物，除国家另有规定的以外，属于国家所有。

国有不可移动文物的所有权不因其所依附的土地所有权或者使用权的改变而改变。

(2) 国有可移动文物范围

①中国境内出土的文物，国家另有规定的除外；

②国有文物收藏单位以及其他国家机关、部队和国有企业、事业组织等收藏、保管的文物；

③国家征集、购买的文物；

④公民、法人和其他组织捐赠给国家的文物；

⑤法律规定属于国家所有的其他文物。

属于国家所有的可移动文物的所有权不因其保管、收藏单位的终止或者变更而改变。

(3) 国有水下文物范围

根据《水下文物保护管理条例》第二条规定，水下文物是指遗存于下列水域的具有历史、艺术和科学价值的人类文化遗产：

①遗存于中国内水、领海内的一切起源于中国的、起源国不明的和起源于外国的文物；

②遗存于中国领海以外依照中国法律由中国管辖的其他海域内的起源于中国的和起源国不明的文物；

（三）遗存于外国领海以外的其他管辖海域以及公海区域内的起源于中国的文物。

《水下文物保护管理条例》第三条规定，上述第①、②项所规定的水下文物属于国家所有，国家对其行使管辖权；第③项所规定的水下文物，国家享有辨认器物物主的权利。

4）属于集体所有和私人所有的文物范围

《文物保护法》第六条规定："属于集体所有和私人所有的纪念建筑物、古建筑和祖传文物以及依法取得的其他文物，其所有权受法律保护。文物的所有者必须遵守国家有关文物保护的法律、法规的规定。"

5）历史文化名城名镇名村界定

《文物保护法》第十四条规定："保存文物特别丰富并且具有重大历史价值或者革命纪念意义的城市，由国务院核定公布为历史文化名城。保存文物特别丰富并且具有重大历史价值或者革命纪念意义的城镇、街道、村庄，由省、自治区、直辖市人民政府核定公布为历史文化街区、村镇，并报国务院备案。"

《历史文化名城名镇名村保护条例》第七条进一步规定，具备下列条件的城市、镇、村庄，可以申报历史文化名城、名镇、名村：

①保存文物特别丰富；

②历史建筑集中成片；

③保留着传统格局和历史风貌；

④历史上曾经作为政治、经济、文化、交通中心或者军事要地，或者发生过重要历史事件，或者其传统产业、历史上建设的重大工程对本地区的发展产生过重要影响，或者能够集中反映本地区建筑的文化特色、民族特色。

7.4.2 在文物保护单位保护范围和建设控制地带从事建设活动的规定

1）在文物保护单位保护范围从事建设活动的相关规定

文物保护单位的保护范围，是指对文物保护单位本体及周围一定范围实施重点保护的区域。该区域应当根据文物保护单位的类别、规模、内容以及周围环境的历史和现实情况合理划定，并在文物保护单位本体之外保持一定的安全距离，确保文物保护单位的真实性和完整性。

《文物保护法实施条例》第八条规定："全国重点文物保护单位和省级文物保护单位自核定公布之日起1年内，由省、自治区、直辖市人民政府划定必要的保护范围，作出标志说明，建立记录档案，设置专门机构或者指定专人负责管理。设区的市、自治州级和县级文物保护单位自核定公布之日起 1 年内，由核定公布该文物保护单位的人民政府划定保护范围，作出标志说明，建立记录档案，设置专门机构或者指定专人负责管理。”

《文物保护法》第十七条规定：“文物保护单位的保护范围内不得进行其他建设工程或者爆破、钻探、挖掘等作业。但是，因特殊情况需要在文物保护单位的保护范围内进行其他建设工程或者爆破、钻探、挖掘等作业的，必须保证文物保护单位的安全，并经核定公布该文物保护单位的人民政府批准，在批准前应当征得上一级人民政府文物行政部门同意；在全国重点文物保护单位的保护范围内进行其他建设工程或者爆破、钻探、挖掘等作业的，必须经省、自治区、直辖市人民政府批准，在批准前应当征得国务院文物行政部门同意。”

2）在文物保护单位建设控制地带从事建设活动的相关规定

文物保护单位的建设控制地带，是指在文物保护单位的保护范围外，为保护文物保护单位的安全、环境、历史风貌对建设项目加以限制的区域。该区域应当根据文物保护单位的类别、规模、内容以及周围环境的历史和现实情况合理划定。

《文物保护法实施条例》第十四条规定：“全国重点文物保护单位的建设控制地带，经省、自治区、直辖市人民政府批准，由省、自治区、直辖市人民政府的文物行政主管部门会同城乡规划行政主管部门划定并公布。省级、设区的市、自治州级和县级文物保护单位的建设控制地带，经省、自治区、直辖市人民政府批准，由核定公布该文物保护单位的人民政府的文物行政主管部门会同城乡规划行政主管部门划定并公布。”

《文物保护法》第十八条规定：“在文物保护单位的建设控制地带内进行建设工程，不得破坏文物保护单位的历史风貌；工程设计方案应当根据文物保护单位的级别，经相应的文物行政部门同意后，报城乡建设规划部门批准。”

《文物保护法》第十九条规定：“在文物保护单位的保护范围和建设控制地带内，不得建设污染文物保护单位及其环境的设施，不得进行可能影响文物保护单位安全及其环境的活动。对已有的污染文物保护单位及其环境的设施，应当限期治理。”

3）在历史文化名城名镇名村保护范围内从事建设活动的相关规定

根据《历史文化名城名镇名村保护条例》第二十四条的规定，在历史文化名城、名镇、名村保护范围内禁止进行下列活动：

①开山、采石、开矿等破坏传统格局和历史风貌的活动；

②占用保护规划确定保留的园林绿地、河湖水系、道路等；

③修建生产、储存爆炸性、易燃性、放射性、毒害性、腐蚀性物品的工厂、仓库等；

④在历史建筑上刻划、涂污。

《历史文化名城名镇名村保护条例》第二十八条规定：“在历史文化街区、名镇、名村核心保护范围内，不得进行新建、扩建活动。但是，新建、扩建必要的基础设施和公共服务设施除外。”

在历史文化街区、名镇、名村核心保护范围内，新建、扩建必要的基础设施和公共服务设施的，城市、县人民政府城乡规划主管部门核发建设工程规划许可证、乡村建设规划许可证前，应当征求同级文物主管部门的意见。

在历史文化街区、名镇、名村核心保护范围内，拆除历史建筑以外的建筑物、构筑物或者其他设施的，应当经城市、县人民政府城乡规划主管部门会同同级文物主管部门批准。

4）文物修缮保护工程的管理

根据《文物保护法》第二十一条的规定，国有不可移动文物由使用人负责修缮、保养；非国有不可移动文物由所有人负责修缮、保养。

对文物保护单位进行修缮，应当根据文物保护单位的级别报相应的文物行政部门批准；对未核定为文物保护单位的不可移动文物进行修缮，应当报登记的县级人民政府文物行政部门批准。

文物保护单位的修缮、迁移、重建，由取得文物保护工程资质证书的单位承担。对不可移动文物进行修缮、保养、迁移，必须遵守不改变文物原状的原则。

《文物保护法实施条例》第十五条规定："承担文物保护单位的修缮、迁移、重建工程的单位，应当同时取得文物行政主管部门发给的相应等级的文物保护工程资质证书和建设行政主管部门发给的相应等级的资质证书。其中，不涉及建筑活动的文物保护单位的修缮、迁移、重建，应当由取得文物行政主管部门发给的相应等级的文物保护工程资质证书的单位承担。"

7.4.3 工程建设中有关文物保护规定

1）建设工程有关考古发掘的规定

根据《文物保护法》第二十九条的规定，进行大型基本建设工程，建设单位应当事先报请省、自治区、直辖市人民政府文物行政部门组织从事考古发掘的单位在工程范围内有可能埋藏文物的地方进行考古调查、勘探。

考古调查、勘探中发现文物的，由省、自治区、直辖市人民政府文物行政部门根据文物保护的要求会同建设单位共同商定保护措施；遇有重要发现的，由省、自治区、直辖市人民政府文物行政部门及时报国务院文物行政部门处理。

《文物保护法》第三十一条规定："凡因进行基本建设和生产建设需要的考古调查、勘探、发掘，所需费用由建设单位列入建设工程预算。"

2）工程建设现场发现文物的报告和保护

《文物保护法》第三十二条规定："在进行建设工程或者在农业生产中，任何单位或者个人发现文物，应当保护现场，立即报告当地文物行政部门，文物行政部门接到报告后，如无特殊情况，应当在二十四小时内赶赴现场，并在七日内提出处理意见。文物行政部门可以报请当地人民政府通知公安机关协助保护现场；发现重要文物的，应当立即上报国务院文物行政部门，国务院文物行政部门应当在接到报告后十五日内提出处理意见。依照前款规定发现的文物属于国家所有，任何单位或者个人不得哄抢、私分、藏匿。"

3)水下发现文物的报告和保护

根据《水下文物保护管理条例》第九条的规定,任何单位或者个人以任何方式发现疑似遗存于中国内水、领海内的一切起源于中国的、起源国不明的和起源于外国的文物,以及遗存于中国领海以外依照中国法律由中国管辖的其他海域内的起源于中国的和起源国不明的文物,应当及时报告所在地或者就近的地方人民政府文物主管部门,并上交已经打捞出水的文物。

文物主管部门接到报告后,如无特殊情况,应当在24小时内赶赴现场,立即采取措施予以保护,并在7日内提出处理意见;发现水下文物已经移动位置或者遭受实际破坏的,应当进行抢救性保护,并作详细记录;对已经打捞出水的文物,应当及时登记造册、妥善保管。

根据《水下文物保护管理条例》第十条的规定,任何单位或者个人以任何方式发现疑似遗存于外国领海以外的其他管辖海域以及公海区域内的起源于中国的文物,应当及时报告就近的地方人民政府文物主管部门或者直接报告国务院文物主管部门。接到报告的地方人民政府文物主管部门应当逐级报至国务院文物主管部门。国务院文物主管部门应当及时提出处理意见并报国务院。

习　题

一、单项选择题

1. 关于绿色施工,下列说法不正确的是(　　)。

A. 绿色施工技术是独立于传统施工技术的全新技术

B. “四节一环保”是指节能、节地、节水、节材和环境保护

C. 绿色施工是将整个施工过程作为一个微观系统进行绿色施工组织设计

D. 实施绿色施工,应依据因地制宜的原则,贯彻执行国家、行业和地方相关的技术经济政策

2. 关于施工现场大气污染防治,下列说法不正确的是(　　)。

A. 施工现场大气污染防治的重点是防治扬尘污染

B. 在城市市区进行建设施工的单位必须采取防治扬尘污染的措施

C. 根据《绿色施工导则》规定,土方作业阶段作业区目测扬尘高度应小于1.5 m

D. 根据《绿色施工导则》规定,结构施工阶段作业区目测扬尘高度应小于1.0 m

3. 根据《噪声污染防治法》,在城市市区噪声敏感建筑物集中区域内,不能在夜间进行产生环境噪声污染的建筑施工作业的是(　　)作业。

A. 抢修　　B. 抢险　　C. 抢工期　　D. 生产工艺要求必须连续

4. 关于施工现场环境噪声污染防治,下列说法不正确的是(　　)。

A. 国家对环境噪声污染严重的落后设备实行淘汰制度

B. 建筑施工过程中场界环境噪声排放限值夜间为55 dB(A)

C. 夜间噪声最大声级超过限值的幅度不得高于 15 dB(A)

D. “夜间”是指 22:00 至次日 7:00 之间的时段

5. 关于施工现场水污染防治,下列说法不正确的是(　　)。

A. 施工现场应针对不同的污水,设置相应的处理设施

B. 污水排放应委托有资质的单位进行废水水质检测

C. 在缺水地区或地下水位持续下降的地区,基坑降水尽可能少地抽取地下水

D. 当基坑开挖抽水量大于 30 万 m^3 时,应进行地下水回灌

6. 对于施工过程中产生的固体废物,下列做法符合《固体废物污染环境防治法》是(　　)。

A. 将施工中产生的建筑垃圾堆放到河边滩地

B. 将施工中产生的建筑垃圾堆放到住宅小区临近垃圾场

C. 施工现场堆放电石渣的场地必须设置危险废物识别标志

D. 经当地环保部门许可,将施工废弃材料运至省外处置

7.《循环经济促进法》规定,发展循环经济应当在技术可行、经济合理和有利于节约资源、保护环境的前提下,按照(　　)优先的原则实施。

A. 减量化　　B. 无害化　　C. 产业化　　D. 资源化

8. 关于施工现场节能措施,下列说法不符合《绿色施工导则》规定的是(　　)。

A. 优先选用变频技术的节能设备

B. 优先选用设备额定功率大于使用功率的设备

C. 优先考虑耗用电能的或其他能耗较少的施工工艺

D. 设定生产、生活、办公和施工设备的用电控制指标

9. 关于施工现场临时用地保护,下列说法不符合《绿色施工导则》规定的是(　　)。

A. 红线外临时占地应尽量使用荒地

B. 工程完工后及时对红线外占地种植树木

C. 应尽量利用和保护施工用地范围内原有绿色植被

D. 对于施工周期较长的现场,可按建筑永久绿化的要求,安排场地新建绿化

10. 关于国家保护文物,下列说法不正确的是(　　)。

A. 历史上珍贵的工艺美术品属于古玩,不属于文物

B. 可移动文物分为珍贵文物和一般文物

C. 不可移动文物分为全国重点文物保护单位、省级文物保护单位、市县级文物保护单位

D. 遗存于中国内水、领海内的起源国不明的和起源于外国的文物均属于我国所有

11. 关于文物保护单位保护范围和建设控制地带,下列说法不正确的是(　　)。

A. 在文物保护单位的保护范围内不得进行爆破、钻探、挖掘等作业

B. 因特殊情况需要在保护范围内进行爆破、钻探、挖掘等作业的,应经相应文物行政部门批准

C. 在建设控制地带内进行建设工程,不得破坏文物保护单位的历史风貌

D. 在建设控制地带内进行建设工程,工程设计方案应经相应文物行政部门同意

12. 在全国重点文物保护单位的保护范围内进行爆破、钻探、挖掘作业的,必须经(　　)批准。

A. 国务院　　B. 国务院文物行政部门

C. 省级人民政府　　D. 省级文物行政部门

13. 建设项目施工过程中发现地下古墓，立即报告当地文物行政部门，文件行政部门接到报告后，一般应在不超过(　　)小时赶赴施工现场。

A. 12　　B. 24　　C. 36　　D. 48

二、多项选择题

1. 某交通施工穿越噪声敏感区域，关于夜间建筑施工作业，下列说法正确的是(　　)。

A. 禁止一切夜间施工作业活动

B. 可以进行抢修、抢险施工作业

C. 因特殊需要必须连续进行噪声污染的施工作业，须获批准

D. 建设工程开工前，必须公告附近居民

E. 应当设置声屏障或采取其他有效的控制噪声污染的措施

2. 根据《环境保护法》，建设项目中防治污染的设施与主体工程应当(　　)。

A. 同时招标　　B. 同时设计　　C. 同时施工

D. 同时竣工　　E. 同时投产使用

3. 根据《民用建筑节能条例》，关于执行建筑节能强制性标准说法正确的是(　　)。

A. 经审查不符合民用建筑节能强制性标准的，不得颁发施工许可证

B. 对不符合民用建筑节能强制性标准的，不得出具竣工验收合格报告

C. 建设单位不得以任何理由要求施工单位修改经审查合格的节能设计文件

D. 施工单位进行施工时，不得违反审查合格的设计文件和建筑节能施工标准

E. 未经监理工程师签字，保温材料、门窗和照明设备等不得在建筑上使用或者安装

4. 关于施工现场节水与水资源利用，下列说法符合《绿色施工导则》规定的是(　　)。

A. 现场机具、设备、车辆冲洗用水必须设立循环用水装置

B. 施工现场办公区、生活区的生活用水采用节水系统和节水器具

C. 施工现场建立可再利用水的收集处理系统

D. 施工现场喷洒路面、绿化浇灌不宜使用市政自来水

E. 为保证工程质量，不宜采用中水搅拌、养护混凝土

5. 关于施工现场节材与材料资源利用，下列说法正确的是(　　)。

A. 使用预拌混凝土和预拌砂浆

B. 使用散装水泥

C. 提高模板、脚手架的周转次数

D. 避免和减少二次搬运

E. 采取数字化技术对大体积混凝土施工方案进行优化

6. 根据《文物保护法》，在文物保护单位保护范围从事建设活动，下列说法正确的是(　　)。

A. 文物保护单位的保护范围内不得进行其他建设工程

B. 因特殊情况需要在文物保护单位的保护范围内进行其他建设工程作业的，应经核定

公布该文物保护单位的人民政府批准

C. 因特殊情况需要在文物保护单位的保护范围内进行其他建设工程作业的，在批准前应当征得上一级人民政府文物行政部门同意

D. 在全国重点文物保护单位的保护范围内进行其他建设工程作业的，必须经省、自治区、直辖市人民政府批准

E. 在全国重点文物保护单位的保护范围内进行其他建设工程作业的，必须经国务院文物行政部门批准

7. 关于工程建设现场发现文物的报告和保护，下列说法正确的是(　　)。

A. 在进行建设工程中，任何单位或者个人发现文物，应当立即报告当地文物行政部门

B. 文物行政部门接到报告后，应当在24小时内赶赴现场，并在7日内提出处理意见

C. 文物行政部门可以报请当地人民政府通知公安机关协助保护现场

D. 任何单位或者个人不得哄抢、私分、藏匿工程建设中发现文物

第8章

信用体系建设与劳动法律制度

学习要求：

了解建筑市场信用体系建设的内容；熟悉劳动合同法律制度；了解劳动保护与劳动争议处理法律制度

主要法律法规：

《建筑市场诚信行为信息管理办法》（建设部建市〔2007〕9号）

《全国建筑市场各方主体不良行为记录认定标准》（建设部建市〔2007〕9号）

《全国建筑市场注册执业人员不良行为记录认定标准（试行）》（住建部建办市〔2011〕38号）

《建筑市场信用管理暂行办法》（住建部建市〔2017〕241号）

《中华人民共和国劳动法》（1994年7月5日通过，2018年12月29日第2次修正）

《中华人民共和国劳动合同法》（2007年6月29日通过，2012年12月28日修正）；

《中华人民共和国社会保险法》（2010年10月28日通过，2018年12月29日修正）

《中华人民共和国劳动争议调解仲裁法》（2007年12月29日通过）

《工伤保险条例》（国务院令〔2003〕第375号颁布，国务院令〔2010〕第586号修订）

《中华人民共和国劳动合同法实施条例》（国务院令〔2008〕第535号公布）

【驱动案例】

背景材料8：2020年1月住房和城乡建设部办公厅通报，在一级建造师注册审查时发现，海南某建筑工程有限公司员工A申请注册时隐瞒其未与聘用单位签订聘用劳动合同的事实，存在隐瞒有关情况申请注册的违规行为。根据《注册建造师管理规定》（建设部令第153号）和《关于开展工程建设领域专业技术人员职业资格“挂证”等违法违规行为专项整治的通知》（建办市〔2018〕57号）等有关规定，现对A给予通报批评，1年内不受理其注册申请，将其不良行为在全国建筑市场监管公共服务平台上予以公布，并将为A提供虚假注册便利的海南某建筑工程有限公司列入建筑市场主体“黑名单”。

试依据《建筑市场信用管理暂行办法》分析下列问题：

(1)A的行为是否符合注册不良行为规定？

(2)不良信用信息公开期限为多长时间？

(3)建筑市场主体“黑名单”管理期限为多长时间？

(4)被列入建筑市场主体“黑名单”的在哪些方面将被重点监管？

本案例分析见第207页。

社会信用体系是社会主义市场经济体制和社会治理体制的重要组成部分。它以法律、法规、标准和契约为依据，以健全覆盖社会成员的信用记录和信用基础设施网络为基础，以信用信息合规应用和信用服务体系为支撑，以树立诚信文化理念、弘扬诚信传统美德为内在要求，以守信激励和失信约束为奖惩机制，目的是提高全社会的诚信意识和信用水平。

劳动关系是社会关系中最重要、最基本的关系。构建和谐劳动关系，完善劳动合同和劳动保护法律制度，有助于巩固和健全适应社会主义市场经济体制要求的劳动用工机制，保障劳动者的合法权益，实现劳动力资源的有序流动和合理配置。我国有关调整劳动关系的法律法规，主要有《劳动法》《劳动合同法》《社会保险法》《劳动争议调解仲裁法》《劳动合同法实施条例》等。

8.1 建筑市场信用体系建设

建设社会信用体系，是完善我国社会主义市场经济体制的客观需要，是整顿和规范市场经济秩序的治本之策。我国社会信用体系建设经历了起步阶段、初步发展阶段、加速发展阶段等三个发展阶段，现在已经进入全面推进社会信用体系建设的加速发展阶段。

我国非常重视建筑市场诚信体系建设工作，建设行政主管部门先后印发了《关于加快推进建筑市场信用体系建设工作的意见》(建市〔2005〕138号)以及《建筑市场诚信行为信息管理办法》《全国建筑市场各方主体不良行为记录认定标准》《全国建筑市场注册执业人员不良行为记录认定标准(试行)》《建筑市场信用管理暂行办法》等部门规章。

8.1.1 建筑市场信用管理

1) 建筑市场信用管理体制

建筑市场信用管理是指在房屋建筑和市政基础设施工程建设活动中，对建筑市场各方主体信用信息的认定、采集、交换、公开、评价、使用及监督管理。

建筑市场各方主体是指工程项目的建设单位和从事工程建设活动的勘察、设计、施工、监理、招标代理、造价咨询等企业，以及注册建筑师、勘察设计注册工程师、注册建造师、注册监理工程师、等注册执业人员。

根据《建筑市场信用管理暂行办法》规定，建筑市场信用管理体制如下：

①住房和城乡建设部负责指导和监督全国建筑市场信用体系建设工作，制定建筑市场信用管理规章制度，建立和完善全国建筑市场监管公共服务平台，公开建筑市场各方主体信用信息，指导省级住房城乡建设主管部门开展建筑市场信用体系建设工作。

②省级住房城乡建设主管部门负责本行政区域内建筑市场各方主体的信用管理工作，制定建筑市场信用管理制度并组织实施，建立和完善本地区建筑市场监管一体化工作平台，对建筑市场各方主体信用信息认定、采集、公开、评价和使用进行监督管理，并向全国建筑市场监管公共服务平台推送建筑市场各方主体信用信息。

2)信用信息采集和交换

信用信息由基本信息、优良信用信息、不良信用信息构成。

基本信息是指注册登记信息、资质信息、工程项目信息、注册执业人员信息等。

优良信用信息是指建筑市场各方主体在工程建设活动中获得的县级以上行政机关或群团组织表彰奖励等信息。

不良信用信息是指建筑市场各方主体在工程建设活动中违反有关法律、法规、规章或工程建设强制性标准等，受到县级以上住房城乡建设主管部门行政处罚的信息，以及经有关部门认定的其他不良信用信息。

《建筑市场信用管理暂行办法》第五条规定："地方各级住房城乡建设主管部门应当通过省级建筑市场监管一体化工作平台，认定、采集、审核、更新和公开本行政区域内建筑市场各方主体的信用信息，并对其真实性、完整性和及时性负责。"《建筑市场信用管理暂行办法》第六条规定："按照"谁监管、谁负责，谁产生、谁负责"的原则，工程项目所在地住房城乡建设主管部门依据职责，采集工程项目信息并审核其真实性。"

根据《建筑市场信用管理暂行办法》第七条的规定，自优良信用信息和不良信用信息产生之日起7个工作日内，通过省级建筑市场监管一体化工作平台依法对社会公开，并推送至全国建筑市场监管公共服务平台。

3)信用信息公开和应用

根据《建筑市场信用管理暂行办法》第十条的规定，建筑市场各方主体的信用信息公开期限为：

①基本信息长期公开；

②优良信用信息公开期限一般为3年；

③不良信用信息公开期限一般为6个月至3年，并不得低于相关行政处罚期限。具体公开期限由不良信用信息的认定部门确定。

《建筑市场信用管理暂行办法》第十二条规定："各级住房城乡建设主管部门应当充分利用全国建筑市场监管公共服务平台，建立完善建筑市场各方主体守信激励和失信惩戒机制。对信用好的，可根据实际情况在行政许可等方面实行优先办理、简化程序等激励措施；对存在严重失信行为的，作为"双随机、一公开"监管重点对象，加强事中事后监管，依法采取约束和惩戒措施。"第十三条规定："有关单位或个人应当依法使用信用信息，不得使用超过公开期限的不良信用信息对建筑市场各方主体进行失信惩戒，法律、法规或部门规章另有规定的，从其规定。"

4）建筑市场主体“黑名单”

根据《建筑市场信用管理暂行办法》第十四条的规定，县级以上住房城乡建设主管部门按照“谁处罚、谁列入”的原则，将存在下列情形的建筑市场各方主体，列入建筑市场主体“黑名单”：

①利用虚假材料、以欺骗手段取得企业资质的；

②发生转包、出借资质，受到行政处罚的；

③发生重大及以上工程质量安全事故，或1年内累计发生2次及以上较大工程质量安全事故，或发生性质恶劣、危害性严重、社会影响大的较大工程质量安全事故，受到行政处罚的；

④经法院判决或仲裁机构裁决，认定为拖欠工程款，且拒不履行生效法律文书确定的义务的。

各级住房城乡建设主管部门应当参照建筑市场主体“黑名单”，对被人力资源社会保障主管部门列入拖欠农民工工资“黑名单”的建筑市场各方主体加强监管。

为遏制工程建设领域专业技术人员职业资格“挂证”现象，维护建筑市场秩序，促进建筑业持续健康发展，根据住建部办公厅等7部门《关于开展工程建设领域专业技术人员职业资格“挂证”等违法违规行为专项整治的通知》（建办市〔2018〕57号）要求，相关部门对工程建设领域勘察设计注册工程师、注册建筑师、建造师、监理工程师、造价工程师等专业技术人员及相关单位、人力资源服务机构进行了全面排查，严肃查处持证人注册单位与实际工作单位不符、买卖租借（专业）资格（注册）证书等“挂证”违法违规行为，以及提供虚假就业信息、以职业介绍为名提供“挂证”信息服务等违法违规行为。对违规的专业技术人员撤销其注册许可，自撤销注册之日起3年内不得再次申请注册，记入不良行为记录并列入建筑市场主体“黑名单”，向社会公布；对违规使用“挂证”人员的单位予以通报，记入不良行为记录，并列入建筑市场主体“黑名单”，向社会公布；对违规的人力资源服务机构，要依法从严查处，限期责令整改，情节严重的，依法从严给予行政处罚，直至吊销人力资源服务许可证。对发现存在“挂证”等违规行为的国家机关和事业单位工作人员，通报其实际工作单位和有关国家监察机关。

《建筑市场信用管理暂行办法》第十五条规定：“对被列入建筑市场主体‘黑名单’的建筑市场各方主体，地方各级住房城乡建设主管部门应当通过省级建筑市场监管一体化工作平台向社会公布相关信息，包括单位名称、机构代码、个人姓名、证件号码、行政处罚决定、列入部门、管理期限等。省级住房城乡建设主管部门应当通过省级建筑市场监管一体化工作平台，将建筑市场主体‘黑名单’推送至全国建筑市场监管公共服务平台。”

《建筑市场信用管理暂行办法》第十七条规定：“各级住房城乡建设主管部门应当将列入建筑市场主体‘黑名单’和拖欠农民工工资‘黑名单’的建筑市场各方主体作为重点监管对象，在市场准入、资质资格管理、招标投标等方面依法给予限制。各级住房城乡建设主管部门不得将列入建筑市场主体‘黑名单’的建筑市场各方主体作为评优表彰、政策试点和项目扶持对象。”

第十八条规定:“各级住房城乡建设主管部门可以将建筑市场主体‘黑名单’通报有关部门,实施联合惩戒。”

《建筑市场信用管理暂行办法》第十六条规定:“建筑市场主体‘黑名单’管理期限为自被列入名单之日起1年。建筑市场各方主体修复失信行为并且在管理期限内未再次发生符合列入建筑市场主体‘黑名单’情形行为的,由原列入部门将其从‘黑名单’移出。”

5)信用评价

《建筑市场信用管理暂行办法》第十九条规定:“省级住房城乡建设主管部门可以结合本地实际情况,开展建筑市场信用评价工作。鼓励第三方机构开展建筑市场信用评价。”

建筑市场信用评价主要包括企业综合实力、工程业绩、招标投标、合同履约、工程质量控制、安全生产、文明施工、建筑市场各方主体优良信用信息及不良信用信息等内容。

6)监督管理

《建筑市场信用管理暂行办法》第二十五条规定:“住房城乡建设部建立建筑市场信用信息推送情况抽查和通报制度。定期核查省级住房城乡建设主管部门信用信息推送情况。对于应推送而未推送或未及时推送信用信息的,以及在建筑市场信用评价工作中设置信用壁垒的,住房城乡建设部将予以通报,并责令限期整改。”

建筑市场各方主体对信用信息及其变更、建筑市场主体“黑名单”等存在异议的,可以向认定该信用信息的住房城乡建设主管部门提出申诉,并提交相关证明材料。住房城乡建设主管部门应对异议信用信息进行核实,并及时作出处理。

8.1.2 施工单位不良行为记录认定标准

《全国建筑市场各方主体不良行为记录认定标准》对建设单位和参与工程建设活动的勘察、设计、施工、监理、招标代理、造价咨询、检测试验、施工图审查等单位的不良行为,制定了具体的认定标准。行为代码依次为:建设单位(A1)、勘察单位(B1)、设计单位(C1)、施工单位(D1)、监理单位(E1)、招标代理单位(F1)、造价咨询单位(G1)、检测机构(H1)。

施工单位不良行为分为如下5大类、41条,其认定法律法规依据、处罚依据参见《施工单位不良行为记录认定标准(D1)》的规定。

(1)资质不良行为(D1-1)

①未取得资质证书承揽工程的,或超越本单位资质等级承揽工程的。

②以欺骗手段取得资质证书承揽工程的。

③允许其他单位或个人以本单位名义承揽工程的。

④未在规定期限内办理资质变更手续的。

⑤涂改、伪造、出借、转让《建筑业企业资质证书》的。

⑥按照国家规定需要持证上岗的技术工种的作业人员未经培训、考核,未取得证书上岗,情节严重的。

(2)承揽业务不良行为(D1-2)

①利用向发包单位及其工作人员行贿、提供回扣或者给予其他好处等不正当手段承揽业务的。

②相互串通投标或与招标人串通投标的，以向招标人或评标委员会成员行贿的手段谋取中标的。

③以他人名义投标或以其他方式弄虚作假，骗取中标的。

④不按照与招标人订立的合同履行义务，情节严重的。

⑤将承包的工程转包或违法分包的。

(3)工程质量不良行为(D1-3)

①在施工中偷工减料的，使用不合格建筑材料、建筑构配件和设备的，或者有不按照工程设计图纸或施工技术标准施工的其他行为的。

②未按照节能设计进行施工的。

③未对建筑材料、建筑构配件、设备和商品混凝土进行检测，或未对涉及结构安全的试块、试件以及有关材料取样检测的。

④工程竣工验收后，不向建设单位出具质量保修书的，或质量保修的内容、期限违反规定的。

⑤不履行保修义务或者拖延履行保修义务的。

(4)工程安全不良行为(D1-4)

①在本单位发生重大生产安全事故时，主要负责人不立即组织抢救或在事故调查处理期间擅离职守或逃匿的，主要负责人对生产安全事故隐瞒不报、谎报或拖延不报的。

②对建筑安全事故隐患不采取措施予以消除的。

③不设立安全生产管理机构、配备专职安全生产管理人员或分部分项工程施工时无专职安全生产管理人员现场监督的。

④主要负责人、项目负责人、专职安全生产管理人员、作业人员或特种作业人员，未经安全教育培训或经考核不合格即从事相关工作的。

⑤未在施工现场的危险部位设置明显的安全警示标志，或未按照国家有关规定在施工现场设置消防通道、消防水源、配备消防设施和灭火器材的。

⑥未向作业人员提供安全防护用具和安全防护服装的。

⑦未按照规定在施工起重机械和整体提升脚手架、模板等自升式架设设施验收合格后登记的。

⑧使用国家明令淘汰、禁止使用的危及施工安全的工艺、设备、材料的。

⑨违法挪用列入建设工程概算的安全生产作业环境及安全施工措施所需费用的。

⑩施工前未对有关安全施工的技术要求作出详细说明的。

⑪未根据不同施工阶段和周围环境及季节、气候的变化，在施工现场采取相应的安全施工措施，在城市市区内的建设工程的施工现场未实行封闭围挡的。

⑫在尚未竣工的建筑物内设置员工集体宿舍的。

⑬施工现场临时搭建的建筑物不符合安全使用要求的。

⑭未对因建设工程施工可能造成损害的毗邻建筑物、构筑物和地下管线等采取专项防护措施的。

⑮安全防护用具、机械设备、施工机具及配件在进入施工现场前未经查验或查验不合格即投入使用的。

⑯使用未经验收或验收不合格的施工起重机械和整体提升脚手架、模板等自升式架设

设施的。

⑰委托不具有相应资质的单位承担施工现场安装、拆卸施工起重机械和整体提升脚手架、模板等自升式架设设施的。

⑱在施工组织设计中未编制安全技术措施、施工现场临时用电方案或专项施工方案的。

⑲主要负责人、项目负责人未履行安全生产管理职责的,或不服管理、违反规章制度和操作规程冒险作业的。

⑳施工单位取得资质证书后,降低安全生产条件的,或经整改仍未达到与其资质等级相适应的安全生产条件的。

㉑取得安全生产许可证发生重大安全事故的。

㉒未取得安全生产许可证擅自进行生产的。

㉓安全生产许可证有效期满未办理延期手续,继续进行生产的,或逾期不办理延期手续,继续进行生产的。

㉔转让安全生产许可证的,接受转让的,冒用或使用伪造的安全生产许可证的。

(5)拖欠工程款或工人工资不良行为(D1-5)

恶意拖欠或克扣劳动者工资的。

8.1.3 注册建造师不良行为记录认定标准

《全国建筑市场注册执业人员不良行为记录认定标准》(试行)对全国建筑市场注册执业人员不良行为,制定了具体的认定标准。所涉及的执业人员包括注册建筑师、勘察设计注册工程师、注册建造师、注册监理工程师。行为代码依次为:注册建筑师(M1)、勘察设计注册工程师(N1)、注册建造师(P1)、注册监理工程师(Q1)。

注册建造师不良行为分为如下 3 大类、18 条,其认定法律法规依据、处罚依据参见《注册建造师不良记录认定行为标准(P1)》的规定。

(1)注册不良行为(P1-1)

①隐瞒有关情况或者提供虚假材料申请注册。

②以欺骗、贿赂等不正当手段取得注册证书。

③涂改、倒卖、出租、出借或以其他形式非法转让资格证书、注册证书和执业印章。

④未办理变更注册而继续执业。

(2)执业不良行为(P1-2)

①泄漏在执业中知悉的国家秘密和他人的商业、技术等秘密。

②未取得注册证书和执业印章,担任大中型建设工程项目施工单位项目负责人,或者以建造师的名义从事相关活动。

③同时担任两个及两个以上工程项目负责人。

④超出执业范围和聘用单位业务范围内从事执业活动。

⑤索贿、受贿或者谋取合同约定费用外的其他利益。

⑥实施商业贿赂。

⑦签署有虚假记载等不合格的文件。

⑧允许他人以自己的名义从事执业活动。

⑨同时在两个或者两个以上单位受聘或者执业。

⑩未按照要求向注册机关提供准确、完整的注册建造师信用档案信息。

(3)其他不良行为(P1-3)

①因过错造成质量事故。

②未履行安全生产管理职责。

③违章指挥、强令职工冒险作业,因而发生重大伤亡事故或者造成其他严重后果。

④在注册、执业和继续教育活动中,发生其他违反法律、法规和工程建设强制性标准的行为。

【案例分析】

案例背景材料8及问题见第201页。

(1)A的行为符合注册不良行为规定。根据《全国建筑市场注册执业人员不良行为记录认定标准》(试行),注册不良行为(P1-1)包括4种情况:①隐瞒有关情况或者提供虚假材料申请注册;②以欺骗、贿赂等不正当手段取得注册证书;③涂改、倒卖、出租、出借或以其他形式非法转让资格证书、注册证书和执业印章;④未办理变更注册而继续执业。A某申请注册时隐瞒其未与聘用单位签订聘用劳动合同的事实,存在隐瞒有关情况申请注册的违规行为。

(2)不良信用信息公开期限一般为6个月至3年。根据《建筑市场信用管理暂行办法》第十条的规定,不良信用信息公开期限一般为6个月至3年,并不得低于相关行政处罚期限。具体公开期限由不良信用信息的认定部门确定。

(3)建筑市场主体"黑名单"管理期限为1年。根据《建筑市场信用管理暂行办法》第十七条的规定,建筑市场主体"黑名单"管理期限为自被列入名单之日起1年。建筑市场各方主体修复失信行为并且在管理期限内未再次发生符合列入建筑市场主体"黑名单"情形行为的,由原列入部门将其从"黑名单"移出。

(4)被列入建筑市场主体"黑名单"和拖欠农民工工资"黑名单"的建筑市场各方主体将被各级住房城乡建设主管部门作为重点监管对象,在市场准入、资质资格管理、招标投标等方面依法给予限制。

8.2　劳动合同制度

劳动合同是指劳动者与用人单位确立劳动关系,明确双方权利和义务的书面协议。劳动关系是指劳动者与用人单位在实现劳动过程中建立的社会经济关系。由于存在着劳动关系,劳动者和用人单位都要受劳动法律的约束与规范。

《劳动法》对劳动合同做了专章规定,标志着我国劳动合同制度的正式建立。《劳动合同法》规范了劳动合同的订立、履行、变更、解除或者终止行为,明确了劳动合同中双方当事人的权利和义务,对促进和谐稳定的劳动关系的建立,预防和减少劳动争议的发生具有重要意义。

8.2.1 劳动合同的订立

1)劳动合同的种类

根据《劳动合同法》的规定,劳动合同分为固定期限劳动合同、无固定期限劳动合同和以完成一定工作任务为期限的劳动合同。

(1)固定期限劳动合同

固定期限劳动合同,是指用人单位与劳动者约定合同终止时间的劳动合同。用人单位与劳动者协商一致,可以订立固定期限劳动合同。

(2)无固定期限劳动合同

无固定期限劳动合同,是指用人单位与劳动者约定无确定终止时间的劳动合同。用人单位与劳动者协商一致,可以订立无固定期限劳动合同。

根据《劳动合同法》第十四条的规定,有下列情形之一,劳动者提出或者同意续订、订立劳动合同的,除劳动者提出订立固定期限劳动合同外,应当订立无固定期限劳动合同:

①劳动者在该用人单位连续工作满十年的;

②用人单位初次实行劳动合同制度或者国有企业改制重新订立劳动合同时,劳动者在该用人单位连续工作满十年且距法定退休年龄不足十年的;

③连续订立二次固定期限劳动合同,且劳动者没有本法第三十九条和第四十条第一项、第二项规定的情形,续订劳动合同的(参见8.2.3内容)。

用人单位自用工之日起满一年不与劳动者订立书面劳动合同的,视为用人单位与劳动者已订立无固定期限劳动合同。

(3)以完成一定工作任务为期限的劳动合同

以完成一定工作任务为期限的劳动合同,是指用人单位与劳动者约定以某项工作的完成为合同期限的劳动合同。用人单位与劳动者协商一致,可以订立以完成一定工作任务为期限的劳动合同。

2)劳动关系确定与劳动合同的订立

《劳动合同法》第七条规定:"用人单位自用工之日起即与劳动者建立劳动关系。用人单位应当建立职工名册备查。"用人单位招用劳动者,不得扣押劳动者的居民身份证和其他证件,不得要求劳动者提供担保或者以其他名义向劳动者收取财物。

《劳动合同法》第十条规定:"建立劳动关系,应当订立书面劳动合同。已建立劳动关系,未同时订立书面劳动合同的,应当自用工之日起一个月内订立书面劳动合同。用人单位与劳动者在用工前订立劳动合同的,劳动关系自用工之日起建立。"

劳动合同由用人单位与劳动者协商一致,并经用人单位与劳动者在劳动合同文本上签字或者盖章生效。劳动合同文本由用人单位和劳动者各执一份。

3)劳动合同的内容

根据《劳动合同法》第十七条的规定,劳动合同应当具备以下条款:①用人单位的名称、住所和法定代表人或者主要负责人;②劳动者的姓名、住址和居民身份证或者其他有效身份证件号码;③劳动合同期限;④工作内容和工作地点;⑤工作时间和休息休假;⑥劳动报酬;⑦社会保险;⑧劳动保护、劳动条件和职业危害防护;⑨法律、法规规定应当纳入劳动合同的其他事项。

劳动合同除上述规定的必备条款外,用人单位与劳动者可以约定试用期、培训、保守秘密、补充保险和福利待遇等其他事项。

4)劳动报酬争议与劳动合同试用期规定

《劳动合同法》第十八条规定:"劳动合同对劳动报酬和劳动条件等标准约定不明确,引发争议的,用人单位与劳动者可以重新协商;协商不成的,适用集体合同规定;没有集体合同或者集体合同未规定劳动报酬的,实行同工同酬;没有集体合同或者集体合同未规定劳动条件等标准的,适用国家有关规定。"

根据《劳动合同法》第十九条的规定,劳动合同的试用期应符合以下规定:

①劳动合同期限三个月以上不满一年的,试用期不得超过一个月;劳动合同期限一年以上不满三年的,试用期不得超过二个月;三年以上固定期限和无固定期限的劳动合同,试用期不得超过六个月。

②同一用人单位与同一劳动者只能约定一次试用期。

③以完成一定工作任务为期限的劳动合同或者劳动合同期限不满三个月的,不得约定试用期。

④试用期包含在劳动合同期限内。劳动合同仅约定试用期的,试用期不成立,该期限为劳动合同期限。

《劳动合同法》第二十条规定:"劳动者在试用期的工资不得低于本单位相同岗位最低档工资或者劳动合同约定工资的百分之八十,并不得低于用人单位所在地的最低工资标准。"

5)劳动合同的服务期

《劳动合同法》第二十二条的规定:"用人单位为劳动者提供专项培训费用,对其进行专业技术培训的,可以与该劳动者订立协议,约定服务期。劳动者违反服务期约定的,应当按照约定向用人单位支付违约金。违约金的数额不得超过用人单位提供的培训费用。用人单位要求劳动者支付的违约金不得超过服务期尚未履行部分所应分摊的培训费用。用人单位与劳动者约定服务期的,不影响按照正常的工资调整机制提高劳动者在服务期期间的劳动报酬。"

6)劳动合同无效的规定

根据《劳动合同法》第二十六条的规定,下列劳动合同无效或者部分无效:①以欺诈、胁迫的手段或者乘人之危,使对方在违背真实意思的情况下订立或者变更劳动合同的;②用人单位免除自己的法定责任、排除劳动者权利的;③违反法律、行政法规强制性规定的。

对劳动合同的无效或者部分无效有争议的,由劳动争议仲裁机构或者人民法院确认。

《劳动合同法》第二十七条规定："劳动合同部分无效，不影响其他部分效力的，其他部分仍然有效。"

《劳动合同法》第二十八条规定："劳动合同被确认无效，劳动者已付出劳动的，用人单位应当向劳动者支付劳动报酬。劳动报酬的数额，参照本单位相同或者相近岗位劳动者的劳动报酬确定。"

[知识链接与拓展]

劳动合同中有关竞业限制的规定

竞业限制是用人单位对负有保守用人单位商业秘密的劳动者，在劳动合同、知识产权权利归属协议或技术保密协议中约定的竞业限制条款。

《劳动合同法》第二十三条规定："用人单位与劳动者可以在劳动合同中约定保守用人单位的商业秘密和与知识产权相关的保密事项。对负有保密义务的劳动者，用人单位可以在劳动合同或者保密协议中与劳动者约定竞业限制条款，并约定在解除或者终止劳动合同后，在竞业限制期限内按月给予劳动者经济补偿。劳动者违反竞业限制约定的，应当按照约定向用人单位支付违约金。"

《劳动合同法》第二十四条规定："竞业限制的人员限于用人单位的高级管理人员、高级技术人员和其他负有保密义务的人员。竞业限制的范围、地域、期限由用人单位与劳动者约定，竞业限制的约定不得违反法律、法规的规定。在解除或者终止劳动合同后，前款规定的人员到与本单位生产或者经营同类产品、从事同类业务的有竞争关系的其他用人单位，或者自己开业生产或者经营同类产品、从事同类业务的竞业限制期限，不得超过二年。"

8.2.2 劳动合同的履行和变更

1)劳动合同的履行

劳动合同依法订立即具有法律约束力，用人单位与劳动者应当履行劳动合同规定的义务。根据《劳动合同法》第十九至二十三条的规定，劳动合同的履行应符合以下规定：

①用人单位与劳动者应当按照劳动合同的约定，全面履行各自的义务。

②用人单位应当按照劳动合同约定和国家规定，向劳动者及时足额支付劳动报酬。用人单位拖欠或者未足额支付劳动报酬的，劳动者可以依法向当地人民法院申请支付令，人民法院应当依法发出支付令。

③用人单位应当严格执行劳动定额标准，不得强迫或者变相强迫劳动者加班。用人单位安排加班的，应当按照国家有关规定向劳动者支付加班费。

④劳动者拒绝用人单位管理人员违章指挥、强令冒险作业的，不视为违反劳动合同。劳动者对危害生命安全和身体健康的劳动条件，有权对用人单位提出批评、检举和控告。

2)劳动合同的变更

劳动合同的变更是指劳动合同依法订立后，在合同尚未履行或者尚未履行完毕之前，经用人单位和劳动者双方当事人协商同意，对劳动合同内容做部分修改、补充或者删减的法律行为。根据《劳动合同法》第二十九至三十二条的规定，劳动合同的变更应符合以下规定：

①用人单位变更名称、法定代表人、主要负责人或者投资人等事项,不影响劳动合同的履行。

②用人单位发生合并或者分立等情况,原劳动合同继续有效,劳动合同由承继其权利和义务的用人单位继续履行。

③用人单位与劳动者协商一致,可以变更劳动合同约定的内容。变更劳动合同,应当采用书面形式。变更后的劳动合同文本由用人单位和劳动者各执1份。

8.2.3 劳动合同的解除和终止

劳动合同的解除,是指劳动合同在订立以后,尚未履行完毕或者未全部履行以前,由于合同双方或者单方的法律行为导致双方当事人提前消灭劳动关系的法律行为。劳动合同终止是指劳动合同的法律效力依法被消灭的法律行为,即劳动关系由于一定法律事实的出现而终结,劳动者与用人单位之间原有的权利义务不再存在。

劳动合同的解除是劳动合同制度中最为关系双方利益的行为。目前,劳动合同方面发生的大量争议,大多是由解除合同所引起的。劳动合同的解除可分为协商解除、法定解除和约定解除三种情况。

1)协商解除劳动合同的规定

《劳动合同法》第三十六条规定:"用人单位与劳动者协商一致,可以解除劳动合同。"用人单位向劳动者提出解除劳动合同并与劳动者协商一致的,用人单位应当向依法劳动者给予经济补偿。

2)劳动者单方解除劳动合同的规定

《劳动合同法》第三十七条规定:"劳动者提前三十日以书面形式通知用人单位,可以解除劳动合同。劳动者在试用期内提前三日通知用人单位,可以解除劳动合同。"该条规定是法律赋予劳动者单方解除劳动合同的权利。但劳动者在行使解除劳动合同权利的同时必须遵守法定的程序,即:一是遵守解除预告期的规定;二是以书面形式通知用人单位。

3)劳动者行使特别解除权的规定

特别解除权是法律赋予劳动者无条件单方解除劳动合同的权利。它是指如果出现了法定的事由,劳动者无需向用人单位预告就可通知用人单位解除劳动合同。

根据《劳动合同法》第三十八条的规定,用人单位有下列情形之一的,劳动者可以解除劳动合同,用人单位应当向劳动者支付经济补偿:①未按照劳动合同约定提供劳动保护或者劳动条件的;②未及时足额支付劳动报酬的;③未依法为劳动者缴纳社会保险费的;④用人单位的规章制度违反法律、法规的规定,损害劳动者权益的;⑤因本法第二十六条第一款规定的情形致使劳动合同无效的;⑥法律、行政法规规定劳动者可以解除劳动合同的其他情形。

用人单位以暴力、威胁或者非法限制人身自由的手段强迫劳动者劳动的,或者用人单位违章指挥、强令冒险作业危及劳动者人身安全的,劳动者可以立即解除劳动合同,不需事先告知用人单位。

4）用人单位单方解除劳动合同的规定

该条规定是法律赋予用人单位单方解除劳动合同的权利，以保障用人单位的用工自主权。但为了防止用人单位滥用解除权，随意与劳动者解除劳动合同，法律严格限定企业与劳动者解除劳动合同的条件，以保护劳动者的劳动权。

根据《劳动合同法》第三十九条的规定，劳动者有下列情形之一的，用人单位可以解除劳动合同：①在试用期间被证明不符合录用条件的；②严重违反用人单位的规章制度的；③严重失职，营私舞弊，给用人单位造成重大损害的；④劳动者同时与其他用人单位建立劳动关系，对完成本单位的工作任务造成严重影响，或者经用人单位提出，拒不改正的；⑤因本法第二十六条第一款第一项规定的情形致使劳动合同无效的；⑥被依法追究刑事责任的。

5）用人单位无过失性解除劳动合同的规定

无过失性解除劳动合同，是指用人单位根据劳动合同履行中客观情况的变化而解除劳动合同的行为。这里的客观情况既包括用人单位的，也有劳动者自身的原因。前者可能是由于经营发生困难，亏损或业务紧缩；也可能因为市场条件、国际竞争、技术革新等造成工作条件的改变而导致使用劳动者数量下降；后者则是由于原本胜任的工作在用人单位采取自动化或新生产技术后不能胜任，或者是因为身体原因不能胜任。

根据《劳动合同法》第四十条的规定，有下列情形之一的，用人单位提前三十日以书面形式通知劳动者本人或者额外支付劳动者一个月工资后，可以解除劳动合同，用人单位应当向劳动者支付经济补偿：①劳动者患病或者非因工负伤，在规定的医疗期满后不能从事原工作，也不能从事由用人单位另行安排的工作的；②劳动者不能胜任工作，经过培训或者调整工作岗位，仍不能胜任工作的；③劳动合同订立时所依据的客观情况发生重大变化，致使劳动合同无法履行，经用人单位与劳动者协商，未能就变更劳动合同内容达成协议的。

6）用人单位经济性裁员的规定

经济性裁员就是指企业由于经营不善等经济性情况，解雇多个劳动者的情形。经济性裁员是用人单位行使解除劳动合同权的主要方式之一。

根据《劳动合同法》第四十一条的规定，有下列情形之一，需要裁减人员二十人以上或者裁减不足二十人但占企业职工总数百分之十以上的，用人单位提前三十日向工会或者全体职工说明情况，听取工会或者职工的意见后，裁减人员方案经向劳动行政部门报告，可以裁减人员：①依照企业破产法规定进行重整的；②生产经营发生严重困难的；③企业转产、重大技术革新或者经营方式调整，经变更劳动合同后，仍需裁减人员的；④其他因劳动合同订立时所依据的客观经济情况发生重大变化，致使劳动合同无法履行的。

裁减人员时，应当优先留用下列人员：①与本单位订立较长期限的固定期限劳动合同的；②与本单位订立无固定期限劳动合同的；③家庭无其他就业人员，有需要扶养的老人或者未成年人的。

用人单位依照上述规定裁减人员，在六个月内重新招用人员的，应当通知被裁减的人员，并在同等条件下优先招用被裁减的人员。

7)用人单位不得解除劳动合同的规定

根据《劳动合同法》第四十二条的规定,劳动者有下列情形之一的,用人单位不得依照第四十条、第四十一条的规定解除劳动合同:①从事接触职业病危害作业的劳动者未进行离岗前职业健康检查,或者疑似职业病病人在诊断或者医学观察期间的;②在本单位患职业病或者因工负伤并被确认丧失或者部分丧失劳动能力的;③患病或者非因工负伤,在规定的医疗期内的;④女职工在孕期、产期、哺乳期的;⑤在本单位连续工作满十五年,且距法定退休年龄不足五年的;⑥法律、行政法规规定的其他情形。

8)劳动合同终止的规定

根据《劳动合同法》第四十四条的规定,有下列情形之一的,劳动合同终止:①劳动合同期满的;②劳动者开始依法享受基本养老保险待遇的;③劳动者死亡,或者被人民法院宣告死亡或者宣告失踪的;④用人单位被依法宣告破产的;⑤用人单位被吊销营业执照、责令关闭、撤销或者用人单位决定提前解散的;⑥法律、行政法规规定的其他情形。

上述劳动合同期满的规定,主要适用于固定期限劳动合同和以完成一定工作任务为期限的劳动合同两种情形。劳动合同期满除依法续订劳动合同的和依法应延期的以外,劳动合同自然终止,双方权利义务结束。

9)终止劳动合同的经济补偿

经济补偿是劳动合同制度中的一项重要内容,是国家要求用人单位承担的一种社会责任,是国家调节劳动关系的一种经济手段,是一类与劳动者密切相关的重大经济利益。有关用人单位向劳动者支付经济补偿的规定,参见《劳动合同法》第四十六条。

根据《劳动合同法》第四十七条,经济补偿按以下规定支付:

①经济补偿按劳动者在本单位工作的年限,每满一年支付一个月工资的标准向劳动者支付。六个月以上不满一年的,按一年计算;不满六个月的,向劳动者支付半个月工资的经济补偿。

②劳动者月工资高于用人单位所在直辖市、设区的市级人民政府公布的本地区上年度职工月平均工资三倍的,向其支付经济补偿的标准按职工月平均工资三倍的数额支付,向其支付经济补偿的年限最高不超过十二年。

上述劳动者月工资是指劳动者在劳动合同解除或者终止前十二个月的平均工资。

对于用人单位违反法律规定解除或者终止劳动合同的,《劳动合同法》第八十七条规定,应当依照第四十七条规定的经济补偿标准的二倍向劳动者支付赔偿金。

[知识链接与拓展]

集体合同、劳务派遣、非全日制用工的特别规定

《劳动合同法》第五章,对集体合同、劳务派遣和非全日制用工进行了特别规定。

1)集体合同

集体合同制度,是当今国际上普遍采用的调整劳动关系的一项重要法律制度。集体合同在保护劳动者利益和协调劳动关系方面,具有劳动法规和劳动合同所无法取代的功能。

所谓集体合同是指由工会代表企业职工一方（尚未建立工会的用人单位，由上级工会指导劳动者推举的代表）与用人单位，就劳动报酬、工作时间、休息休假、劳动安全卫生、保险福利等事项，在平等协商一致的基础上签订的书面协议。集体合同可分为专项集体合同、行业性集体合同和区域性集体合同。

（1）专项集体合同

专项集体合同是指用人单位与劳动者根据法律、法规、规章的规定，就集体协商的某项内容签订的专项书面协议。《劳动合同法》第五十二条规定："企业职工一方与用人单位可以订立劳动安全卫生、女职工权益保护、工资调整机制等专项集体合同。"

（2）行业性集体合同与区域性集体合同

行业性集体合同是指在一定行业内，由地方工会或者行业性工会联合会与相应行业内企业方面代表，就劳动报酬、工作时间、休息休假、劳动安全卫生、保险福利等事项进行平等协商，所签订的集体合同。区域性集体合同是指在一定区域内（指县、区、乡、镇、街道、村），由区域性工会联合会与相应经济组织或区域内企业，就劳动报酬、工作时间、休息休假、劳动安全卫生、保险福利等事项进行平等协商，所签订的集体合同。

《劳动合同法》第五十三条规定："在县级以下区域内，建筑业、采矿业、餐饮服务业等行业可以由工会与企业方面代表订立行业性集体合同，或者订立区域性集体合同。"

2）劳务派遣

劳务派遣又称人才派遣、人才租赁或劳动派遣，是指劳务派遣单位与被派遣劳动者订立劳动合同后，将该劳动者派遣到用工单位从事劳动，由用工单位向其给付劳动报酬的一种特殊用工形式。劳务派遣的最大特点是，劳动合同关系存在于劳务派遣单位与被派遣劳动者之间，但劳动力给付的事实则发生于被派遣劳动者与用工单位之间。

《劳动合同法》第五十八条规定："劳务派遣单位应当与被派遣劳动者订立二年以上的固定期限劳动合同，按月支付劳动报酬；被派遣劳动者在无工作期间，劳务派遣单位应当按照所在地人民政府规定的最低工资标准，向其按月支付报酬。"《劳动合同法》第五十九条规定："劳务派遣单位派遣劳动者应当与接受以劳务派遣形式用工的单位（以下称用工单位）订立劳务派遣协议。劳务派遣协议应当约定派遣岗位和人员数量、派遣期限、劳动报酬和社会保险费的数额与支付方式以及违反协议的责任。"劳务派遣单位应当将劳务派遣协议的内容告知被派遣劳动者。劳务派遣单位不得克扣用工单位按照劳务派遣协议支付给被派遣劳动者的劳动报酬。

劳务派遣近年来在我国迅速发展，已成为非常普遍的用工形式。使用劳务派遣，可以降低用人成本支出、解决短期用工需求、方便人事管理等，但也带来很多问题，特别是劳动者权益被损害、劳务派遣的用工形式被滥用。为此，《劳动合同法》限定了经营劳务派遣业务门槛，规范了劳务派遣用工行为，主要内容为：

①经营劳务派遣业务应当具备的条件包括注册资本不得少于人民币 200 万元、有与开展业务相适应的固定的经营场所和设施等。同时还规定，经营劳务派遣业务，应当向劳动行政部门依法申请行政许可；经许可的，依法办理相应的公司登记。未经许可，任何单位和个人不得经营劳务派遣业务。

②被派遣劳动者享有与用工单位的劳动者同工同酬的权利。用工单位应当按照同工同

酬原则,对被派遣劳动者与本单位同类岗位的劳动者实行相同的劳动报酬分配办法。用工单位无同类岗位劳动者的,参照用工单位所在地相同或者相近岗位劳动者的劳动报酬确定。

③劳动合同用工是我国的企业基本用工形式。劳务派遣用工是补充形式,只能在临时性、辅助性或者替代性的工作岗位上实施。同时规定,用工单位应当严格控制劳务派遣用工数量,不得超过其用工总量的一定比例,具体比例由国务院劳动行政部门规定。

上述规定的临时性工作岗位是指存续时间不超过六个月的岗位;辅助性工作岗位是指为主营业务岗位提供服务的非主营业务岗位;替代性工作岗位是指用工单位的劳动者因脱产学习、休假等原因无法工作的一定期间内,可以由其他劳动者替代工作的岗位。

3)非全日制用工

非全日制用工,是指以小时计酬为主,劳动者在同一用人单位一般平均每日工作时间不超过四小时,每周工作时间累计不超过二十四小时的用工形式。非全日制劳动是灵活就业的一种重要形式。近年来,我国非全日制劳动用工形式呈现迅速发展的趋势,特别是在餐饮、超市、社区服务等领域,用人单位使用的非全日制用工形式越来越多。

《劳动合同法》对非全日制用工有以下规定:

①非全日制用工双方当事人可以订立口头协议。

②从事非全日制用工的劳动者可以与一个或者一个以上用人单位订立劳动合同;但是,后订立的劳动合同不得影响先订立的劳动合同的履行。

③非全日制用工双方当事人不得约定试用期。

④非全日制用工双方当事人任何一方都可以随时通知对方终止用工。终止用工,用人单位不向劳动者支付经济补偿。

⑤非全日制用工小时计酬标准不得低于用人单位所在地人民政府规定的最低小时工资标准。

⑥非全日制用工劳动报酬结算支付周期最长不得超过十五日。

8.3 劳动保护与劳动争议的处理

8.3.1 劳动保护的规定

为了保护劳动者的合法权益,调整劳动关系,建立和维护适应社会主义市场经济的劳动制度,促进经济发展和社会进步,根据宪法我国制定了《劳动法》。该法对劳动者的工作时间、休息休假、工资、劳动安全卫生、女职工和未成年工特殊保护、社会保险和福利等作出了明确规定。

1)劳动者的工作时间和休息休假

工作时间(又称劳动时间),是指法律规定的劳动者在1昼夜和1周内从事生产、劳动或工作的时间。休息休假(又称休息时间),是指劳动者在国家规定的法定工作时间外,不从事生产、劳动或工作而由自己自行支配的时间,包括劳动者每天休息的时数、每周休息的天数、节假日、年休假、探亲假等。

(1)工作时间

《劳动法》第三十六条规定:"国家实行劳动者每日工作时间不超过八小时、平均每周工作时间不超过四十四小时的工时制度。"《劳动法》第三十八条规定:"用人单位应当保证劳动者每周至少休息一日。"第十九条规定:"企业因生产特点不能实行本法第三十六条、第三十八条规定的,经劳动行政部门批准,可以实行其他工作和休息办法。"如缩短工作日、不定时工作日、综合计算工作日、计件工资时间等。

综合计算工作日即分别以周、月、季、年等为周期综合计算工作时间,但其平均日工作时间和平均周工作时间应与法定标准工作时间基本相同。地质及资源勘探、建筑等受季节和自然条件限制的行业的部分职工,一般实行综合计算工作日。

(2)休息休假

《劳动法》第四十条规定:"用人单位在下列节日期间应当依法安排劳动者休假:①元旦;②春节;③国际劳动节;④国庆节;⑤法律、法规规定的其他休假节日。"《劳动法》第四十五条规定:"国家实行带薪年休假制度。劳动者连续工作一年以上的,享受带薪年休假。"此外,劳动者按有关规定还可以享受探亲假、婚丧假、生育(产)假、节育手术假等。

根据《劳动法》第四十四条的规定,有下列情形之一的,用人单位应当按照下列标准支付高于劳动者正常工作时间工资的工资报酬:

①安排劳动者延长工作时间的,支付不低于工资的百分之一百五十的工资报酬。

②休息日安排劳动者工作又不能安排补休的,支付不低于工资的百分之二百的工资报酬。

③法定休假日安排劳动者工作的,支付不低于工资的百分之三百的工资报酬。

2)劳动者的工资

工资是指用人单位依据国家有关规定和劳动关系双方的约定,以货币形式支付给劳动者的劳动报酬,如计时工资、计件工资、奖金、津贴和补贴等。

(1)基本规定

《劳动法》第四十六条规定:"工资分配应当遵循按劳分配原则,实行同工同酬。"《劳动法》第四十七条规定:"用人单位根据本单位的生产经营特点和经济效益,依法自主确定本单位的工资分配方式和工资水平。"

工资应当以货币形式按月支付给劳动者本人。不得克扣或者无故拖欠劳动者的工资。劳动者在法定休假日和婚丧假期间以及依法参加社会活动期间,用人单位应当依法支付工资。

在我国,企业、机关(包括社会团体)、事业单位实行不同的基本工资制度。企业基本工资制度主要有等级工资制、岗位技能工资制、岗位工资制、结构工资制、经营者年薪制等。

(2)最低工资保障制度

最低工资保障制度是我国实行的一项劳动和社会保障制度。它确保了劳动者在劳动过程中至少领取最低的劳动报酬,以维持劳动者个人及其家庭成员的基本生活。《劳动法》第四十八条的规定:"国家实行最低工资保障制度。最低工资的具体标准由省、自治区、直辖市人民政府规定，报国务院备案。用人单位支付劳动者的工资不得低于当地最低工资标准。”

最低工资标准，是指劳动者在法定工作时间或依法签订的劳动合同约定的工作时间内提供了正常劳动的前提下，用人单位依法应支付的最低劳动报酬。最低工资标准一般采取月最低工资标准和小时最低工资标准的形式。月最低工资标准适用于全日制就业劳动者，小时最低工资标准适用于非全日制就业劳动者。

根据《最低工资规定》第十二条的规定，在劳动者提供正常劳动的情况下，用人单位应支付给劳动者的工资在剔除下列各项以后，不得低于当地最低工资标准：①延长工作时间工资；②中班、夜班、高温、低温、井下、有毒有害等特殊工作环境、条件下的津贴；③法律、法规和国家规定的劳动者福利待遇等。

实行计件工资或提成工资等工资形式的用人单位，在科学合理的劳动定额基础上，其支付劳动者的工资不得低于相应的最低工资标准。

3)劳动安全卫生

劳动安全卫生又称劳动保护，是指直接保护劳动者在劳动中的安全和健康的法律保障。根据《劳动法》第六章规定，用人单位和劳动者应当遵守以下有关劳动安全卫生的法律规定：

①用人单位必须建立、健全劳动安全卫生制度，严格执行国家劳动安全卫生规程和标准，对劳动者进行劳动安全卫生教育，防止劳动过程中的事故，减少职业危害。

②劳动安全卫生设施必须符合国家规定的标准。新建、改建、扩建工程的劳动安全卫生设施必须与主体工程同时设计、同时施工、同时投入生产和使用。

③用人单位必须为劳动者提供符合国家规定的劳动安全卫生条件和必要的劳动防护用品，对从事有职业危害作业的劳动者应当定期进行健康检查。

④从事特种作业的劳动者必须经过专门培训并取得特种作业资格。

⑤劳动者在劳动过程中必须严格遵守安全操作规程。劳动者对用人单位管理人员违章指挥、强令冒险作业，有权拒绝执行；对危害生命安全和身体健康的行为，有权提出批评、检举和控告。

4)女职工和未成年工特殊保护

(1)女职工的特殊保护

根据《劳动法》第七章的有关规定，对女职工的特殊保护主要包括：

①禁止安排女职工从事矿山井下、国家规定的第四级体力劳动强度的劳动和其他禁忌从事的劳动。

②不得安排女职工在经期从事高处、低温、冷水作业和国家规定的第三级体力劳动强度的劳动。

③不得安排女职工在怀孕期间从事国家规定的第三级体力劳动强度的劳动和孕期禁忌从事的劳动。对怀孕7个月以上的女职工，不得安排其延长工作时间和夜班劳动。

④女职工生育享受不少于九十天的产假。

⑤不得安排女职工在哺乳未满一周岁的婴儿期间从事国家规定的第三级体力劳动强度的劳动和哺乳期禁忌从事的其他劳动，不得安排其延长工作时间和夜班劳动。

(2)未成年工特殊保护

未成年工的特殊保护是针对未成年工处于生长发育期的特点,以及接受义务教育的需要,采取的特殊劳动保护措施。

所谓未成年工是指年满16周岁未满18周岁的劳动者。《劳动法》第十五条规定:"禁止用人单位招用未满十六周岁的未成年人。"根据《劳动法》第七章的有关规定,对未成年工的特殊保护主要包括:

①不得安排未成年工从事矿山井下、有毒有害、国家规定的第四级体力劳动强度的劳动和其他禁忌从事的劳动。

②用人单位应当对未成年工定期进行健康检查。

5)五险一金

五险一金指用人单位给予劳动者的几种保障性待遇的合称,包括基本养老保险、基本医疗保险、失业保险、工伤保险和生育保险,以及住房公积金。

《劳动法》第七十条规定:"国家发展社会保险事业,建立社会保险制度,设立社会保险基金,使劳动者在年老、患病、工伤、失业、生育等情况下获得帮助和补偿。"《社会保险法》第二条规定:"国家建立基本养老保险、基本医疗保险、工伤保险、失业保险、生育保险等社会保险制度,保障公民在年老、疾病、工伤、失业、生育等情况下依法从国家和社会获得物质帮助的权利。"因此,用人单位和劳动者必须依法参加社会保险,缴纳社会保险费。

(1)基本养老保险

基本养老保险是指按照国家统一政策规定强制实施的为保障广大离退休人员基本生活需要的一种养老保险制度。在这一制度下,用人单位和劳动者必须依法缴纳养老保险费。用人单位应当按照国家规定的本单位职工工资总额的比例缴纳基本养老保险费,记入基本养老保险统筹基金。职工应当按照国家规定的本人工资的比例缴纳基本养老保险费,记入个人账户。

参加基本养老保险的个人,达到法定退休年龄时累计缴费满15年的,按月领取基本养老金。参加基本养老保险的个人,达到法定退休年龄时累计缴费不足15年的,可以缴费至满15年,按月领取基本养老金;也可以转入新型农村社会养老保险或者城镇居民社会养老保险,按照国务院规定享受相应的养老保险待遇。

个人跨统筹地区就业的,其基本养老保险关系随本人转移,缴费年限累计计算。个人达到法定退休年龄时,基本养老金分段计算、统一支付。

(2)基本医疗保险

基本医疗保险是指为了补偿劳动者因疾病风险造成的经济损失而建立的一种社会保险制度。通过用人单位与个人缴费,建立医疗保险基金,参保人员患病就诊发生医疗费用后,由医疗保险机构对其给予一定的经济补偿。

符合基本医疗保险药品目录、诊疗项目、医疗服务设施标准以及急诊、抢救的医疗费用,按照国家规定从基本医疗保险基金中支付。

根据《社会保险法》第三十条的规定,下列医疗费用不纳入基本医疗保险基金支付范围:①应当从工伤保险基金中支付的;②应当由第三人负担的;③应当由公共卫生负担的;④在境外就医的。医疗费用依法应当由第三人负担,第三人不支付或者无法确定第三人的,由基本医疗保险基金先行支付。基本医疗保险基金先行支付后,有权向第三人追偿。

个人跨统筹地区就业的,其基本医疗保险关系随本人转移,缴费年限累计计算。

(3)工伤保险

工伤保险是指劳动者在工作中或在某些规定情况下遭受意外伤害或职业病,并由此造成死亡、暂时或永久丧失劳动能力时,给予劳动者医疗救治和康复服务以及必要的经济补偿的一种社会保险制度。工伤保险费由用人单位缴纳,职工个人不需要缴纳。《工伤保险条例》第二条规定:“中华人民共和国境内的企业、事业单位、社会团体、民办非企业单位、基金会、律师事务所、会计师事务所等组织和有雇工的个体工商户(以下称用人单位)应当依照本条例规定参加工伤保险,为本单位全部职工或者雇工(以下称职工)缴纳工伤保险费。”

根据《工伤保险条例》第十四条的规定,职工有下列情形之一的,应当认定为工伤:①在工作时间和工作场所内,因工作原因受到事故伤害的;②工作时间前后在工作场所内,从事与工作有关的预备性或者收尾性工作受到事故伤害的;③在工作时间和工作场所内,因履行工作职责受到暴力等意外伤害的;④患职业病的;⑤因工外出期间,由于工作原因受到伤害或者发生事故下落不明的;⑥在上下班途中,受到非本人主要责任的交通事故或者城市轨道交通、客运轮渡、火车事故伤害的;⑦法律、行政法规规定应当认定为工伤的其他情形。

根据《工伤保险条例》第十五条的规定,职工有下列情形之一的,视同工伤:①在工作时间和工作岗位,突发疾病死亡或者在48小时之内经抢救无效死亡的;②在抢险救灾等维护国家利益、公共利益活动中受到伤害的;③职工原在军队服役,因战、因公负伤致残,已取得革命伤残军人证,到用人单位后旧伤复发的。职工有上述第①、②项情形的,按照《工伤保险条例》的有关规定享受工伤保险待遇;职工有上述第③项情形的,按照《工伤保险条例》的有关规定享受除一次性伤残补助金以外的工伤保险待遇。

根据《工伤保险条例》第十六条的规定,职工符合《工伤保险条例》第十四条、第十五条的规定,但是有下列情形之一的,不得认定为工伤或者视同工伤:①故意犯罪的;②醉酒或者吸毒的;③自残或者自杀的。

根据《工伤保险条例》第十六条的规定,职工发生事故伤害或者按照职业病防治法规定被诊断、鉴定为职业病,所在单位应当自事故伤害发生之日或者被诊断、鉴定为职业病之日起30日内,向统筹地区社会保险行政部门提出工伤认定申请。遇有特殊情况,经报社会保险行政部门同意,申请时限可以适当延长。

用人单位未按规定提出工伤认定申请的,工伤职工或者其近亲属、工会组织在事故伤害发生之日或者被诊断、鉴定为职业病之日起1年内,可以直接向用人单位所在地统筹地区社会保险行政部门提出工伤认定申请。

用人单位未在规定的时限内提交工伤认定申请,在此期间发生符合规定的工伤待遇等有关费用由该用人单位负担。

(4)失业保险

失业保险是指国家通过立法强制实行的,由社会集中建立基金,对因失业而暂时中断生活来源的劳动者提供物质帮助进而保障失业人员失业期间的基本生活,促进其再就业的制度。《社会保险法》第四十四条规定:“职工应当参加失业保险,由用人单位和职工按照国家规定共同缴纳失业保险费。”

《社会保障法》第四十五条规定，失业人员符合下列条件的，从失业保险基金中领取失业保险金：

①失业前用人单位和本人已经缴纳失业保险费满一年的；

②非因本人意愿中断就业的；

③已经进行失业登记，并有求职要求的。

(5)生育保险

生育保险是指国家通过立法，在怀孕和分娩的妇女劳动者暂时中断劳动时，由国家和社会提供医疗服务、生育津贴和产假的一种社会保险制度。

《社会保险法》第五十三条规定：“职工应当参加生育保险，由用人单位按照国家规定缴纳生育保险费，职工不缴纳生育保险费。”《社会保险法》第五十四条规定：“用人单位已经缴纳生育保险的，其职工享受生育保险待遇；职工未就业配偶按照国家规定享受生育医疗费用待遇。所需资金从生育保险基金中支付。”

(6)住房公积金

住房公积金是指国家机关、国有企业、城镇集体企业、外商投资企业、城镇私营企业及其他城镇企业、事业单位、民办非企业单位、社会团体(以下统称单位)及其在职职工缴存的长期住房储蓄。国家建立职工住房公积金制度，是为了较快、较好地解决职工住房问题。

住房公积金由两部分组成，一部分由职工个人缴存，另一部分由职工所在单位缴存。职工个人缴存的住房公积金和职工所在单位为职工缴存的住房公积金，均属于职工个人所有。

住房公积金具有两个特征：

一是积累性，即住房公积金不是职工工资的组成部分，不以现金形式发放，并且必须存入住房公积金管理中心在受委托银行开设的专户内，实行专户管理。

二是专用性，住房公积金实行专款专用，存储期间只能按规定用于职工购买、建造、翻建、大修自住住房，或交纳房租。职工只有在离职、退休或完全丧失劳动能力并与单位终止劳动关系或出境定居或偿还购房贷款本息时，才可提取本人账户内的存储余额。

缴存住房公积金的职工，在购买、建造、翻建、大修自住住房时，可以向住房公积金管理中心申请住房公积金贷款。住房公积金贷款的利率低于商业性贷款。

8.3.2 劳动争议的处理

劳动争议又称劳动纠纷，是指劳动关系当事人之间关于劳动权利和义务的争议。用人单位与劳动者发生劳动争议，当事人可以依法申请调解、仲裁、提起诉讼，也可以协商解决。

《劳动争议调解仲裁法》第五条规定：“发生劳动争议，当事人不愿协商、协商不成或者达成和解协议后不履行的，可以向调解组织申请调解；不愿调解、调解不成或者达成调解协议后不履行的，可以向劳动争议仲裁委员会申请仲裁；对仲裁裁决不服的，除本法另有规定的外，可以向人民法院提起诉讼。”发生劳动争议的劳动者一方在10人以上，并有共同请求的，可以推举代表参加调解、仲裁或者诉讼活动。

1）劳动争议的范围

根据《劳动争议调解仲裁法》第二条的规定，用人单位与劳动者发生劳动争议的范围包括：①因确认劳动关系发生的争议；②因订立、履行、变更、解除和终止劳动合同发生的争议；③因除名、辞退和辞职、离职发生的争议；④因工作时间、休息休假、社会保险、福利、培训以及劳动保护发生的争议；⑤因劳动报酬、工伤医疗费、经济补偿或者赔偿金等发生的争议；⑥法律、法规规定的其他劳动争议。

2）劳动协商

劳动争议发生后，当事人首先应当协商解决。协商是一种简便易行、最有效、最经济的方法，能及时解决争议，消除分歧，提高办事效率，节省费用。协商一致的，当事人可以形成和解协议，但和解协议不具有强制执行力，需要当事人自觉履行。

《劳动争议调解仲裁法》第四条规定："发生劳动争议，劳动者可以与用人单位协商，也可以请工会或者第三方共同与用人单位协商，达成和解协议。"

3）劳动调解

根据《劳动争议调解仲裁法》第十条的规定，发生劳动争议，当事人可以到下列调解组织申请调解：①企业劳动争议调解委员会；②依法设立的基层人民调解组织；③在乡镇、街道设立的具有劳动争议调解职能的组织。

企业劳动争议调解委员会由职工代表和企业代表组成。职工代表由工会成员担任或者由全体职工推举产生，企业代表由企业负责人指定。企业劳动争议调解委员会主任由工会成员或者双方推举的人员担任。

《劳动争议调解仲裁法》第十四条规定："经调解达成协议的，应当制作调解协议书。调解协议书由双方当事人签名或者盖章，经调解员签名并加盖调解组织印章后生效，对双方当事人具有约束力，当事人应当履行。自劳动争议调解组织收到调解申请之日起十五日内未达成调解协议的，当事人可以依法申请仲裁。"

第十五条规定："达成调解协议后，一方当事人在协议约定期限内不履行调解协议的，另一方当事人可以依法申请仲裁。"

《劳动争议调解仲裁法》第十六条规定："因支付拖欠劳动报酬、工伤医疗费、经济补偿或者赔偿金事项达成调解协议，用人单位在协议约定期限内不履行的，劳动者可以持调解协议书依法向人民法院申请支付令。人民法院应当依法发出支付令。"

4）劳动仲裁

劳动争议发生后，当事人任何一方都可以直接向劳动争议仲裁委员会申请仲裁。当事人申请劳动争议仲裁，应当在法律规定的仲裁时效内提出。

（1）劳动争议仲裁委员会与劳动争议管辖

劳动争议仲裁委员会是指县、市、市辖区设立的裁处企业与职工之间发生的劳动争议的组织机构。劳动争议仲裁委员会不按行政区划层层设立。

劳动争议仲裁委员会由劳动行政部门代表、工会代表和企业方面代表组成。劳动争议仲裁委员会组成人员应当是单数。

《劳动争议调解仲裁法》第二十一条规定："劳动争议仲裁委员会负责管辖本区域内发生的劳动争议。劳动争议由劳动合同履行地或者用人单位所在地的劳动争议仲裁委员会管辖。双方当事人分别向劳动合同履行地和用人单位所在地的劳动争议仲裁委员会申请仲裁的，由劳动合同履行地的劳动争议仲裁委员会管辖。"

(2)劳动仲裁时效

根据《劳动争议调解仲裁法》第二十七条的规定，仲裁时效应符合以下规定：

①劳动争议申请仲裁的时效期间为一年。仲裁时效期间从当事人知道或者应当知道其权利被侵害之日起计算。

②前款规定的仲裁时效，因当事人一方向对方当事人主张权利，或者向有关部门请求权利救济，或者对方当事人同意履行义务而中断。从中断时起，仲裁时效期间重新计算。

③因不可抗力或者有其他正当理由，当事人不能在本条第一款规定的仲裁时效期间申请仲裁的，仲裁时效中止。从中止时效的原因消除之日起，仲裁时效期间继续计算。

④劳动关系存续期间因拖欠劳动报酬发生争议的，劳动者申请仲裁不受本条第一款规定的仲裁时效期间的限制；但是，劳动关系终止的，应当自劳动关系终止之日起一年内提出。

(3)仲裁申请和受理

申请人申请仲裁应当提交书面仲裁申请，并按照被申请人人数提交副本。仲裁申请书应当载明下列事项：①劳动者的姓名、性别、年龄、职业、工作单位和住所，用人单位的名称、住所和法定代表人或者主要负责人的姓名、职务；②仲裁请求和所根据的事实、理由；③证据和证据来源、证人姓名和住所。

书写仲裁申请确有困难的，可以口头申请，由劳动争议仲裁委员会记入笔录，并告知对方当事人。

劳动争议仲裁委员会收到仲裁申请之日起五日内，认为符合受理条件的，应当受理，并通知申请人；认为不符合受理条件的，应当书面通知申请人不予受理，并说明理由。对劳动争议仲裁委员会不予受理或者逾期未作出决定的，申请人可以就该劳动争议事项向人民法院提起诉讼。

(4)开庭和裁决

劳动争议仲裁委员会裁决劳动争议案件实行仲裁庭制。仲裁庭由3名仲裁员组成，设首席仲裁员。简单劳动争议案件可以由1名仲裁员独任仲裁。

仲裁庭应当在开庭五日前，将开庭日期、地点书面通知双方当事人。当事人有正当理由的，可以在开庭三日前请求延期开庭。是否延期，由劳动争议仲裁委员会决定。

《劳动争议调解仲裁法》第三十六条规定："申请人收到书面通知，无正当理由拒不到庭或者未经仲裁庭同意中途退庭的，可以视为撤回仲裁申请。被申请人收到书面通知，无正当理由拒不到庭或者未经仲裁庭同意中途退庭的，可以缺席裁决。"

仲裁庭裁决劳动争议案件，应当自劳动争议仲裁委员会受理仲裁申请之日起45日内结束。案情复杂需要延期的，经劳动争议仲裁委员会主任批准，可以延期并书面通知当事人，但是延长期限不得超过15日。仲裁庭裁决劳动争议案件时，其中一部分事实已经清楚，可以就该部分先行裁决。

根据《劳动争议调解仲裁法》第四十七条的规定,下列劳动争议,除另有规定的外,仲裁裁决为终局裁决,裁决书自作出之日起发生法律效力:

①追索劳动报酬、工伤医疗费、经济补偿或者赔偿金,不超过当地月最低工资标准十二个月金额的争议;

②因执行国家的劳动标准在工作时间、休息休假、社会保险等方面发生的争议。

劳动者对第四十七条规定的仲裁裁决不服的,可以自收到仲裁裁决书之日起15日内向人民法院提起诉讼。用人单位有证据证明第四十七条规定的仲裁裁决有下列情形之一,可以自收到仲裁裁决书之日起30日内向劳动争议仲裁委员会所在地的中级人民法院申请撤销裁决:①适用法律、法规确有错误的;②劳动争议仲裁委员会无管辖权的;③违反法定程序的;③裁决所根据的证据是伪造的;④对方当事人隐瞒了足以影响公正裁决的证据的;⑤仲裁员在仲裁该案时有索贿受贿、徇私舞弊、枉法裁决行为的。

人民法院经组成合议庭审查核实裁决有上述规定情形之一的,应当裁定撤销。仲裁裁决被人民法院裁定撤销的,当事人可以自收到裁定书之日起15日内就该劳动争议事项向人民法院提起诉讼。

习 题

一、单选题

1. 自优良信用信息和不良信用信息产生之日起(　　)个工作日内,应通过省级建筑市场监管一体化工作平台依法对社会公开,并推送至全国建筑市场监管公共服务平台。

A. 3　　B. 5　　C. 7　　D. 10

2. 关于建筑市场诚信行为信息,下列说法不正确的是(　　)。

A. 建筑市场诚信行为信息分为良好行为记录和不良行为记录两大类

B. 良好行为记录是指建筑市场主体受到各级建设行政主管部门和相关专业部门的奖励和表彰所形成的良好行为记录

C. 不良行为记录是指建筑市场主体经县级以上建设行政主管部门或者委托的执法监督机构查实和行政处罚所形成的不良行为记录

D. 上述建筑市场各方主体是指建设项目的建设单位和参与工程建设活动的企业或单位,不包括相关从业人员

3. 建筑市场不良信用信息公开期限一般为(　　)。

A. 3个月至2年　　B. 6个月至2年

C. 3个月至3年　　D. 6个月至3年

4. 下列人员向所在单位提出订立无固定期限劳动合同,所在单位不同意,其中不满足订立无固定期限劳动合同法定条件的是(　　)。

A. 张女士到甲企业工作刚满10年

B. 王先生进入乙国有企业工作满 12 年，此时该企业改制，王先生距法定退休年龄还有 8 年

C. 李女士已经连续与丙企业签订两次固定期限劳动合同，再次续订劳动合同时，该企业将李女士提升为市场部部长

D. 赵先生于 1 月入职丁企业后，该企业在当年 12 月与之签订书面劳动合同

5.《劳动合同法》规定，用人单位自用工之日起满(　　)不与劳动者订立书面劳动合同的，则视为用人单位与劳动者已订立无固定期限劳动合同。

A. 3 个月　　B. 6 个月　　C. 9 个月　　D. 1 年

6. 劳动合同期限 1 年以上不满 3 年的，试用期最长不得超过(　　)个月。

A. 1　　B. 2　　C. 3　　D. 4

7. 关于劳动合同试用期的叙述中，不正确的是(　　)。

A. 劳动合同期限 3 个月以上不满 1 年的，试用期不得超过 1 个月

B. 劳动合同期限 1 年以上不满 3 年的，试用期不得超过 2 个月

C. 3 年以上固定期限和无固定期限的劳动合同，试用期不得超过 6 个月

D. 以完成一定工作任务为期限的劳动合同或者劳动合同期限不满 3 个月的，试用期不得超过 10 天。

8. 下列劳动合同条款，属于必备条款的是(　　)。

A. 福利待遇　　B. 劳动条件　　C. 试用期　　D. 补充保险

9. 劳动者在试用期的工资不得低于本单位相同岗位最低档工资或者劳动合同约定工资的(　　)，并不得低于用人单位所在地的最低工资标准。

A. 70%　　B. 75%　　C. 80%　　D. 90%

10. 关于劳动合同的履行和变更的叙述中，不正确的是(　　)。

A. 用人单位应当履行向劳动者支付劳动报酬的义务

B. 用人单位不得强迫或者变相强迫劳动者加班

C. 劳动者有权拒绝违章指挥、冒险作业

D. 用人单位发生合并或者分立等情况，劳动合同终止履行

11. 王某应聘到某施工单位，双方于 4 月 15 日签订了为期 3 年的劳动合同，其中约定试用期为 3 个月，次日合同开始履行。7 月 18 日，王某拟解除劳动合同，则(　　)。

A. 必须取得用人单位同意

B. 口头通知用人单位即可

C. 应提前 30 日以书面形式通知用人单位

D. 应报请劳动行政主管部门同意后以书面形式通知用人单位

12. 劳动者可以立即解除劳动合同且无需事先告知用人单位的情形是(　　)。

A. 用人单位未按照劳动合同约定提供劳动保护或者劳动条件

B. 用人单位以暴力、威胁或者非法限制人身自由的手段强迫劳动者劳动

C. 用人单位未及时足额支付劳动报酬

D. 用人单位制定的规章制度违法法律、法规的规定，损害劳动者的权益

13. 张某因不能胜任工作，公司经理办公会研究决定，从 8 月 1 日起解除与张某的劳动

合同。根据《劳动合同法》的规定，该公司最迟应于(　　)前以书面形式通知张某。

A. 6 月 1 日　　B. 6 月 16 日　　C. 7 月 2 日　　D. 7 月 16 日

14. 根据《劳动合同法》规定，劳动者在下列情形中，用人单位不得解除劳动合同的是(　　)。

A. 在试用期间被证明不符合录用条件的

B. 严重违反用人单位规章制度的

C. 患病或者非因工负伤，在规定的医疗期内的

D. 被依法追究刑事责任的

15. 劳动合同补偿标准中的月工资，是指劳动者在劳动合同解除或终止前(　　)个月的平均工资。

A. 3　　B. 6　　C. 10　　D. 12

16. 劳务派遣单位与被派遣者的劳动合同最低应为(　　)，并按月支付劳动报酬。

A. 6 个月　　B. 1 年　　C. 2 年　　D. 5 年

17. 关于劳动者工作时间的叙述中，不正确的是(　　)。

A. 用人单位应当保证劳动者每周至少休息 1 日

B. 职工每日工作 8 小时，每周工作 48 小时

C. 在特殊条件下从事劳动和有特殊情况，需要适当缩短工作时间的，按照国家有关规定执行

D. 国家实行劳动者每日工作时间不超过 8 小时、平均每周工作时间不超过 44 小时的工时制度

18. 符合《劳动法》关于休息休假规定的是(　　)。

A. 休息日安排劳动者工作又不能安排补休的，应支付不低于工资的 150% 的工资报酬

B. 法定休假日安排劳动者工作的，支付不低于 200% 的工资报酬

C. 用人单位由于生产经营需要，经与工会和劳动者协商可以延长工作时间，一般每日不得超过 1 小时

D. 因特殊原因需要延长工作时间的，在保障劳动者身体健康的条件下延长工作时间每日不得超过 4 小时，但是每月不得超过 40 小时

19. 王某的日工资为 80 元。政府规定国庆节放假 7 天，其中 3 天属于法定休假日，4 天属于前后两周的周末休息日。公司安排王某在这 7 天加班不能安排补休。公司应当向王某支付加班费合计(　　)元。

A. 560　　B. 1 360　　C. 800　　D. 1 120

20. 施工单位招聘临时工的最低年龄为(　　)岁。

A. 16　　B. 14　　C. 20　　D. 18

21. 根据《工伤保险条例》，下列情形不得认定为工伤的是(　　)。

A. 工作时间前后在工作场所内，从事与工作有关的预备性工作受到事故伤害的

B. 在工作时间和工作场所内，因履行工作职责受到暴力等意外伤害的

C. 在工作时间和工作场所内，因醉酒受到事故伤害的

D. 在上下班途中，受到非本人主要责任的交通事故伤害的

22. 职工发生事故伤害，所在单位应当自事故伤害发生之日起（　　）日内，向统筹地区社会保险行政部门提出工伤认定申请。

A. 15　　B. 30　　C. 45　　D. 60

23. 下列争议中属于劳动争议的是（　　）。

A. 企业职工沈某与某地方劳动保障行政部门工伤认定的争议

B. 公司股东李某因股息分配产生的争议

C. 王某与社会保险机构因退休费用产生的争议

D. 进城务工的黄某与劳务分包公司因工资报酬产生的争议

24. 劳动争议仲裁委员会的组成人员不包括（　　）。

A. 同级人民法院代表　　B. 工会代表

C. 企业方面代表　　D. 劳动行政部门代表

25. 根据《劳动争议调解仲裁法》，下列劳动争议，仲裁裁决不是终局裁决的是（　　）。

A. 追索劳动报酬

B. 不超过当地月最低工资标准 12 个月金额的争议

C. 因执行国家的劳动标准在休息休假等方面发生的争议

D. 因除名、辞退和辞职、离职发生的争议

二、多项选择题

1. 根据《建筑市场信用管理暂行办法》的规定，存在（　　）情形的建筑市场各方主体，将被列入建筑市场主体“黑名单”。

A. 利用虚假材料、以欺骗手段取得企业资质的

B. 发生转包、出借资质，受到行政处罚的

C. 发生重大及以上工程质量安全事故，受到行政处罚的

D. 年内累计发生 3 次及以上较大工程质量安全事故，受到行政处罚的

E. 经法院判决或仲裁机构裁决，认定为拖欠工程款，且拒不履行生效法律文书确定的义务的。

2. 根据《全国建筑市场各主体不良行为记录认定标准》，属于工程质量不良行为的有（　　）。

A. 允许其他单位或个人以本单位名义承揽工程

B. 将承揽的工程转包或违法分包

C. 施工前未对有关安全施工的技术要求做出详细说明的

D. 未按照节能设计进行施工

E. 不履行保修义务或者拖延履行保修义务的

3. 施工单位的下列行为符合工程安全不良行为认定标准的有（　　）。

A. 未按照规定在施工起重机械和整体提升脚手架、模板等自升式架设设施验收合格后登记的

B. 在尚未竣工的建筑物内设置员工集体宿舍的

C. 未对因建设工程施工可能造成损害的毗邻建筑物、构筑物和地下管线等采取专项预

防措施的

D. 使用未经验收或验收不合格的施工起重机械和整体提升脚手架、模板等自升式架设设施的

E. 未按照节能设计进行施工的

4. 根据《劳动合同法》，用人单位在与劳动者签订合同时可以采取的行为有（　　）。

A. 对同一劳动者针对不同岗位约定不同的试用期

B. 要求所有劳动者都签订竞业限制条款

C. 仅与劳动者约定试用期

D. 签订专业技术培训服务违约金

E. 签订竞业限制条款

5. 在员工出现下列情形时，施工企业可以解除劳动合同的有（　　）。

A. 在试用期间被证明不符合录用条件　　B. 严重失职给本单位造成重大损失

C. 严重违反施工企业规章制度　　D. 被依法追究民事责任

E. 被依法追究刑事责任

6. 根据《劳动合同法》，用人单位有权实施经济性裁员的情形有（　　）。

A. 依照企业破产法规定进行重整的

B. 生产经营发生严重困难的

C. 股东会意见严重分歧导致董事会主要成员更换的

D. 企业转产、重大技术革新或者经营方式调整，经变更劳动合同后，仍需裁减人员的

E. 因劳动合同订立时所依据的客观经济情况发生重大变化，致使劳动合同无法履行的

7. 根据劳动和社会保障部《最低工资规定》，在劳动者提供正常劳动的情况下，用人单位应支付给劳动者的工资在剔除（　　）后，不得低于当地最低工资标准。

A. 平均每月工资5%

B. 夜班、高温条件下的津贴

C. 法律、法规和国家规定的劳动者福利待遇等

D. 低温、井下、有毒有害等特殊工作环境下的津贴

E. 延长工作时间的工资

8. 某单位生产过程中，有如下具体安排，其中符合劳动保护规定的有（　　）。

A. 安排女工赵某在经期从事高温焊接作业

B. 安排怀孕6个月的女工钱某从事夜班工作

C. 批准女工孙某只能休产假120天

D. 安排17岁的李某担任矿井安检员

E. 安排15岁的周某担任仓库管理员

9. 下列医疗费用不纳入基本医疗保险基金支付范围的有（　　）。

A. 应当由第三人负担的　　B. 在境外就医的

C. 应当由公共卫生负担的　　D. 基本医疗保险诊疗项目的急诊费

E. 符合基本医疗抢救的医疗费用

10. 国家建立的社会保险制度，包括（　　）

A. 基本养老保险　　　　B. 基本医疗保险

C. 工伤保险　　　　D. 失业保险

E. 生育保险

11. 根据《劳动争议调解仲裁法》,因(　　)事项达成调解协议,用人单位在劳动调解协议约定期限内不履行的,劳动者可以持调解协议书依法向人民法院申请支付令。

A. 福利待遇　　　　B. 支付拖欠劳动报酬

C. 工伤医疗费　　　　D. 经济补偿或者赔偿金

E. 养老保险

第 9 章

建设工程纠纷处理法律制度

本章学习要求：

了解建设工程纠纷的分类及处理方式；熟悉和解与调解的有关法律规定；熟悉仲裁的有关法律规定；了解民事诉讼的有关法律规定，熟悉财产保全、证据和民事判决执行等有关规定；了解行政复议和行政诉讼的有关法律规定。

主要法律法规：

《中华人民共和国人民调解法》(2010 年 8 月 28 日通过)

《中华人民共和国仲裁法》(1994 年 8 月 31 日通过，2017 年 9 月 1 日第 2 次修正)

《中华人民共和国民事诉讼法》(1991 年 4 月 9 日通过，2023 年 9 月 1 日第 5 次修正)

《中华人民共和国行政复议法》(1999 年 4 月 29 日通过，2023 年 9 月 1 日修订)

《中华人民共和国行政诉讼法》(1989 年 4 月 4 日通过，2017 年 6 月 27 日第 2 次修正)

《最高人民法院关于民事诉讼证据的若干规定》(法释〔2001〕33 号，法释〔2019〕19 号修正)

《最高人民法院关于适用〈中华人民共和国民事诉讼法〉的解释》(法释〔2015〕5 号，法释〔2022〕11 号第二次修正)

《最高人民法院关于公布失信被执行人名单信息的若干规定》(法释〔2013〕17 号，法释〔2017〕7 号修正)

《最高人民法院关于限制被执行人高消费及有关消费的若干规定》(法释〔2010〕8 号，法释〔2015〕17 号修改)

【驱动案例】

背景材料 9：2019 年 4 月，某房地产开发有限公司(以下简称“甲方”)与自称是某建筑集团第六分公司的乙方签订了《建设工程施工合同》，约定：经甲方同意，技术措施费及赶工费用按实际发生进入结算价款。2020 年 1 月双方又签订了《终止协议》，协议约定：“技术措施费及赶工费另行协商,如不能达成协议,此纠纷交由某仲裁委员会仲裁。”2022 年 5 月乙方根据《终止协议》中的仲裁条款就技术措施费、赶工费问题向协议约定的仲裁委员会申请仲裁。甲方则在仲裁庭首次开庭前向法院申请确认该仲裁条款无效。甲方认为:乙方在签订《建设工程施工合同》及《终止协议》时并未依法注册成立,因此根本不具有签订仲裁条款的主体资格。乙方辩称:2020 年 9 月该建筑集团申请成立了第六分公司;而且早在 2015 年,该建筑集团就为乙方出具了授权其在该地区承揽工程的委托书,因此上述《建设工程施工合同》及《终止协议》有效,仲裁条款当然有效。

试依据《仲裁法》分析本案中的仲裁条款是否有效。

本案例分析见第 238 页。

所谓法律纠纷,是指公民、法人、其他组织之间因人身、财产或其他法律关系所发生的争议或者对抗、冲突。法律纠纷主要包括民事纠纷、行政纠纷和刑事纠纷。建设工程项目因其具有投资大、建造周期长、技术要求高、协作关系复杂和政府监管严格等特点,因而在建设工程领域里常见的纠纷为民事纠纷和行政纠纷。

纠纷处理的法律、法规主要有《人民调解法》《仲裁法》《民事诉讼法》《行政复议法》《行政复议法实施条例》《行政诉讼法》等。

9.1 建设工程纠纷的种类与处理方式

9.1.1 建设工程纠纷的主要种类

1) 建设工程民事纠纷

建设工程民事纠纷,是在建设工程活动中平等主体之间发生的以民事权利义务法律关系为内容的纠纷。民事纠纷可分为两大类:一类是财产关系方面的民事纠纷,如合同纠纷、损害赔偿纠纷等;另一类是人身关系的民事纠纷,如名誉权纠纷、继承权纠纷等。在建设工程领域,较为普遍和重要的民事纠纷主要是合同纠纷、侵权纠纷。

(1) 合同纠纷

合同纠纷是指因合同的成立、生效、履行、变更、终止等行为而引起的合同当事人之间的所有争议。合同纠纷的范围涵盖了一项合同从成立到终止的整个过程。在建设工程领域,合同纠纷主要有工程总承包合同纠纷、工程勘察合同纠纷、工程设计合同纠纷、工程施工合同纠纷、工程监理合同纠纷、工程分包合同纠纷、材料设备采购合同纠纷以及劳动合同纠纷等。

发包人和承包人就有关工期、质量、造价等产生的建设工程合同争议,是建设工程领域最常见的民事纠纷。

(2) 侵权纠纷

侵权纠纷是指一方当事人对另一方侵权而产生的纠纷。在建设工程领域也易发生侵权纠纷，如施工单位在施工中未采取相应防范措施造成对他方损害而产生的侵权纠纷，未经许可使用他方的专利、工法等而造成的知识产权侵权纠纷等。

2）建设工程行政纠纷

建设工程行政纠纷，是在建设工程活动中行政机关之间或行政机关同公民、法人和其他组织之间因行政行为而引起的纠纷。在各种行政纠纷中，既有因行政机关超越职权、滥用职权、行政不作为、违反法定程序、事实认定错误、适用法律错误等所引起的纠纷，也有公民、法人或其他组织逃避监督管理、非法抗拒监督管理或误解法律规定等而产生的纠纷。在建设工程领域，易于引发行政纠纷的具体行政行为主要有行政许可、行政处罚、行政奖励和行政裁决。

（1）行政许可

行政许可是指行政机关根据公民、法人或者其他组织的申请，经依法审查，准予其从事特定活动的行政管理行为。如施工许可、专业人员执业资格注册、企业资质等级核准、安全生产许可等。行政许可易引发的行政纠纷通常是行政机关的行政不作为、违反法定程序等。

（2）行政处罚

行政处罚是指行政机关或其他行政主体依照法定职权、程序对违法但尚未构成犯罪的相对人给予行政制裁的具体行政行为。常见的行政处罚为警告、罚款、没收违法所得、取消投标资格、责令停止施工、责令停业整顿、降低资质等级、吊销资质证书等。行政处罚易导致的行政纠纷，通常是行政处罚超越职权、滥用职权、违反法定程序、事实认定错误、适用法律错误等。

（3）行政奖励

行政奖励是指行政机关依照条件和程序，对为国家、社会和建设事业作出重大贡献的单位和个人，给予物质或精神鼓励的具体行政行为。如表彰建设系统先进集体、劳动模范和先进工作者等。行政奖励易引发的行政纠纷，通常是违反程序、滥用职权、行政不作为等。

（4）行政裁决

行政裁决是指行政机关或法定授权的组织，依照法律授权，对平等主体之间发生的与行政管理活动密切相关的、特定的民事纠纷（争议）进行审查，并作出裁决的具体行政行为。如对特定的侵权纠纷、损害赔偿纠纷、权属纠纷、国有资产产权纠纷以及劳动工资、经济补偿纠纷等的裁决。行政裁决易引发的行政纠纷，通常是行政裁决违反法定程序、事实认定错误、适用法律错误等。

9.1.2 民事纠纷的处理方式

我国民事纠纷的处理方式主要有和解、调解、仲裁、民事诉讼。

1）和解

和解是指民事纠纷的当事人在自愿互谅的基础上，就已经发生的争议进行协商、妥协与让步并达成协议，自行解决纠纷的一种方式。通常它不仅从形式上消除了当事人之间的对抗，还从心理上消除了对抗。建设工程发生纠纷时，当事人应首先考虑通过和解解决纠纷。

和解具有以下特征：

①简便易行，能经济、及时地解决纠纷。

②纠纷的解决依靠当事人的妥协与让步，没有第三方的介入，有利于维护合同双方的友好合作关系，使合同能更好地得到履行。

③和解协议不具有强制执行的效力，和解协议的执行依靠当事人的自觉履行。

需要注意的是，和解达成的协议不具有强制执行力，在性质上仍属于当事人之间的约定。如果一方当事人不按照和解协议执行，另一方当事人不可请求法院强制执行，但可要求对方就不执行该和解协议承担违约责任。

2）调解

调解是指双方当事人以外的第三方应纠纷当事人的请求，以法律、法规、政策或合同约定以及社会公德为依据，对纠纷双方进行疏导、劝说，促使他们相互谅解，进行协商，自愿达成协议的一种纠纷解决方式。

在我国，调解的方式主要分为诉讼外调解和人民法院调解。诉讼外调解包括人民调解、行政调解、仲裁调解、专业机构调解等。

（1）诉讼外调解的特征

①诉讼外调解发生在诉讼之外，当事人的行为无诉讼上的意义。

②主持者可以是人民调解委员会、行政机关、仲裁机关以及双方当事人所信赖的个人。

③有利于消除当事人的对立情绪，维护双方的长期合作关系。

④除仲裁机构制作的调解书具有法律效力外，其他机构或个人主持下达成的调解协议均无法律效力，调解协议的执行依靠当事人的自觉履行。当事人反悔的，可向人民法院起诉。

（2）人民法院调解的特征

①人民法院调解是诉讼内调解。法院调解发生在诉讼过程中，当事人在此过程中所进行的行为，属诉讼行为，对当事人产生诉讼上的约束力。

②人民法院调解是法院行使审判权与当事人行使处分权的结合。一方面，法院调解是法院审理民事案件的一种方式；另一方面，法院调解还必须以当事人行使处分权为前提和基础。

③人民法院调解是人民法院审结民事案件的一种方式。通过法院调解，当事人双方自愿达成协议后，经法院审查认可，调解书送达双方当事人签收后，即发生法律效力，从而终结诉讼程序；具有给付内容的调解书具有执行力。

3）仲裁

仲裁是指当事人根据在纠纷发生前或纠纷发生后达成的协议，自愿将纠纷提交仲裁机构作出裁决的一种解决纠纷的方式。

在我国，《仲裁法》是调整和规范民商事仲裁的基本法律，即平等主体的公民、法人和其他组织之间发生的合同纠纷和其他财产权纠纷的仲裁。婚姻、收养、监护、扶养、继承纠纷不能仲裁；依法应当由行政机关处理的行政争议不能仲裁。此外，劳动争议仲裁适用《劳动争议调解仲裁法》。

仲裁的基本特征是：

①自愿性。仲裁以双方当事人的自愿为前提，即当事人之间的纠纷是否提交仲裁，交给谁仲裁，仲裁庭如何组成，以及仲裁的审理方式、开庭形式等都是在当事人自愿的基础上，由双方协商确定。因此，仲裁是最能充分体现当事人意思自治原则的争议解决方式。

②专业性。由于各仲裁机构的仲裁员都是由各方面的专业人士组成，当事人完全可以选择熟悉纠纷领域的专业人士担任仲裁员。专家仲裁是民商事仲裁的重要特点之一。

③保密性。保密和不公开审理是仲裁制度的重要特点，除当事人、代理人，以及需要的证人和鉴定人外，其他人员不得出席和旁听仲裁开庭审理，仲裁庭和当事人不得向外界透露案件的任何实体及程序问题。

④裁决的终局性。仲裁实行一裁终局制，仲裁裁决一经仲裁庭作出即发生法律效力，这可使当事人之间的纠纷能够迅速得以解决。

⑤执行的强制性。仲裁裁决具有强制执行的法律效力，当事人可以向人民法院申请强制执行。

由于我国是《承认及执行外国仲裁裁决公约》的缔约国，我国的涉外仲裁裁决可以在世界上100多个公约成员国得到承认和执行。

4)民事诉讼

民事诉讼是指人民法院在当事人和其他诉讼参与人的参加下，依法审理和解决民事纠纷案件和其他案件的各种诉讼活动。在我国，《民事诉讼法》是调整和规范民事诉讼活动的基本法律。

民事诉讼的基本特征是：

①公权性。民事诉讼是以司法方式解决平等主体之间的纠纷，是由人民法院代表国家行使审判权解决民事争议。它既不同于群众自治组织性质的人民调解委员会以调解方式解决纠纷，也不同于由民间性质的仲裁委员会以仲裁方式解决纠纷。

②强制性。民事诉讼的强制性既表现在案件的受理上，又反映在裁判的执行上。只要原告起诉符合民事诉讼法规定的条件，无论被告是否愿意，诉讼均会发生。同时，若当事人不自动履行生效裁判所确定的义务，法院可以依法强制执行。

③程序性。民事诉讼是依照法定程序进行的诉讼活动，无论是法院还是当事人或者其他诉讼参与人，都应按照《民事诉讼法》设定的程序实施诉讼行为，违反诉讼程序常常会引起一定的法律后果。

9.1.3 行政纠纷的处理方式

行政纠纷的处理方式主要有行政复议和行政诉讼。除法律、法规规定必须先申请行政复议的外，行政纠纷当事人可以自主选择申请行政复议还是提起行政诉讼。行政纠纷当事人对行政复议决定不服的，除法律规定行政复议决定为最终裁决的外，可以依照《行政诉讼法》的规定向人民法院提起行政诉讼。

1）行政复议

行政复议是指公民、法人或者其他组织认为具体行政行为侵犯其合法权益，依法向法定的行政机关提出行政复议申请，行政复议机关依法对该具体行政行为进行合法性、适当性审查，并作出行政复议决定的行政行为。它是公民、法人或其他组织通过行政救济途径解决行政争议的一种方式。有关行政复议的法律、法规主要有《行政复议法》和《行政复议法实施条例》。

行政复议具有以下特征：

①行政复议是以具体行政行为为审查对象的行政审查制度。从行政复议机关与原作出具体行政行为的行政机关的关系上考察，行政复议实际上是一种行政审查制度。

②行政复议是一种基于申请的行政行为。行政复议是一种行政机关的行政行为，这种行为的特点是以解决行政争议的形式进行的。它基于行政相对人的申请而开始，以作出具体行政行为的行政机关为被申请人。一般说来，无行政相对人的申请，便无行政复议活动的进行。

③行政复议的主体一般是作出有争议行政决定的上级机关。如果没有法律规定，作为行政争议一方当事人的行政机关无权审理复议案件，因此，行政复议主要由上级行政机关进行。

④行政复议以书面审查为主要方式。这是从提高行政效率、简化行政程序的角度考虑的，但是对重大、复杂的案件，申请人提出要求或者行政复议机构认为必要时，可以采取听证的方式审理。

⑤行政复议决定必须是针对原行政决定而作出的新的决定。复议机关受理复议申请后，应结合行政相对人的请求内容，对原行政决定作全面的复查核实，并针对原行政决定作出维持、撤销或者变更的复议决定，并答复复议申请人。

2）行政诉讼

行政诉讼是指公民、法人或其他组织认为具体行政行为侵犯其合法权益时，依法向人民法院提起诉讼，并由人民法院对该具体行政行为是否合法进行审查并作出裁判的一种司法活动。它是解决行政争议的一项重要法律制度。在我国，行政诉讼与民事诉讼、刑事诉讼并称为三大诉讼，是国家诉讼制度的基本形式之一。《行政诉讼法》是调整和规范行政诉讼活动的基本法律。

行政诉讼具有以下特征：

①行政诉讼解决的是特定范围内的行政争议案件。即行政机关或法律、法规授权的组织与公民、法人或者其他组织在行政管理过程中发生的争议。

②行政诉讼是人民法院通过审判方式进行的一种司法活动。行政诉讼由人民法院运用诉讼程序解决行政争议，这是行政诉讼与其他解决行政争议的方式和途径的区别。

③行政诉讼的核心是审查行政机关的具体行政行为的合法性。这就决定了行政诉讼与刑事诉讼和民事诉讼在审理形式和裁判形式上有所不同。如行政诉讼案件不得以调解方式结案；证明具体行政行为合法性的举证责任由被告承担；行政诉讼的裁判以撤销、维持判决

为主要形式等。

④行政诉讼的被告与原告是恒定的。行政诉讼的被告只能是作为行政主体的行政机关和法律、法规授权的组织;原告则是作为行政行为相对人的公民、法人或其他组织。行政诉讼当事人双方的诉讼地位是恒定的,不允许行政主体作为原告起诉行政行为相对人。

9.2 和解与调解制度

9.2.1 和解制度

和解可以在民事纠纷的任何阶段进行,无论是否已经进入仲裁或诉讼程序,当事人均可自行和解。在我国,和解有下述几种类型。

(1)未经仲裁和诉讼的和解

民事纠纷发生后,当事人即可以自行和解。如果达成一致意见,就不需要进行仲裁或诉讼。

(2)申请仲裁后的和解

该类和解是指仲裁当事人通过协商,自行解决已提交仲裁的争议事项的行为。

《仲裁法》第四十九条规定:"当事人申请仲裁后,可以自行和解。达成和解协议的,可以请求仲裁庭根据和解协议作出裁决书,也可以撤回仲裁申请。"《仲裁法》第五十条规定:"当事人达成和解协议,撤回仲裁申请后反悔的,可以根据仲裁协议申请仲裁。"

(3)诉讼后的和解

当事人向人民法院起诉后,根据《民事诉讼法》第五十三条的规定,"双方当事人可以自行和解。"《最高人民法院关于人民法院民事调解工作若干问题的规定》第二条规定,"当事人在诉讼过程中自行达成和解协议的,人民法院可以根据当事人的申请依法确认和解协议制作调解书。"当事人在诉讼中自行和解的,应由原告申请撤诉,经法院裁定撤诉后结束诉讼。

(4)执行中的和解

参见9.4.6相关内容。

9.2.2 调解制度

调解包括人民调解、行政调解、仲裁调解和人民法院调解等。

1)人民调解

人民调解是指人民调解委员会通过说服、疏导等方法,促使当事人在平等协商基础上自愿达成调解协议,解决民事纠纷的一种方式。人民调解制度作为一种司法辅助制度,是人民群众自己解决纠纷的法律制度,也是一种具有中国特色的司法制度。

(1)人民调解的原则和人员机构

人民调解委员会调解民间纠纷,应当遵循下列原则:①在当事人自愿、平等的基础上进行调解;②不违背法律、法规和国家政策;③尊重当事人的权利,不得因调解而阻止当事人依法通过仲裁、行政、司法等途径维护自己的权利。

人民调解的组织形式是人民调解委员会。人民调解委员会是依法设立的调解民间纠纷的群众性组织。《人民调解法》第八条规定:"村民委员会、居民委员会设立人民调解委员会。企业事业单位根据需要设立人民调解委员会。人民调解委员会由委员三至九人组成,设主任一人,必要时,可以设副主任若干人。人民调解委员会应当有妇女成员,多民族居住的地区应当有人数较少民族的成员。"

(2)人民调解程序

人民调解应当遵循的调解程序是:

①当事人向人民调解委员会申请调解或人民调解委员会主动调解。当事人一方明确拒绝调解的,不得调解。

②人民调解委员会根据调解纠纷的需要,指定一名或者数名人民调解员进行调解,也可以由当事人选择一名或者数名人民调解员进行调解。

③人民调解员调解纠纷,调解不成的,应当终止调解,并依据有关法律、法规的规定,告知当事人可以依法通过仲裁、行政、司法等途径维护自己的权利。

(3)人民调解协议

经人民调解委员会调解达成调解协议的,可以制作调解协议书。当事人认为无需制作调解协议书的,可以采取口头协议方式,人民调解员应当记录协议内容。调解协议书自各方当事人签名、盖章或者按指印,人民调解员签名并加盖人民调解委员会印章之日起生效。调解协议书由当事人各执一份,人民调解委员会留存一份。口头调解协议自各方当事人达成协议之日起生效。

经人民调解委员会调解达成的调解协议,具有法律约束力,当事人应当按照约定履行。人民调解委员会应当对调解协议的履行情况进行监督,督促当事人履行约定的义务。当事人之间就调解协议的履行或者调解协议的内容发生争议的,一方当事人可以向人民法院提起诉讼。

《人民调解法》第三十三条规定:"经人民调解委员会调解达成调解协议后,双方当事人认为有必要的,可以自调解协议生效之日起三十日内共同向人民法院申请司法确认,人民法院应当及时对调解协议进行审查,依法确认调解协议的效力。人民法院依法确认调解协议有效,一方当事人拒绝履行或者未全部履行的,对方当事人可以向人民法院申请强制执行。人民法院依法确认调解协议无效的,当事人可以通过人民调解方式变更原调解协议或者达成新的调解协议,也可以向人民法院提起诉讼。"

2)行政调解

行政调解是指国家行政机关依照法律规定,在其行使行政管理的职权范围内,对特定的民事纠纷及轻微刑事案件进行的调解。行政调解同人民调解一样,属于诉讼外调解,所达成的协议均不具有法律上的强制执行的效力,但对当事人均应具有约束力。

目前,我国行政机关依法可以调解的种类很多。可以说,行政机关在行使行政管理职能过程中所遇到的纠纷,基本上都可以进行调解。但主要的行政调解有下述几种。

①基层人民政府的调解。调解民事纠纷和轻微刑事案件一直是我国基层人民政府的一项职责,这项工作主要是由乡镇人民政府和街道办事处的司法助理员负责进行。司法助理员是基层人民政府的组成人员,也是司法行政工作人员。

②合同管理机关的调解。主要指市场监督管理机关,依照法律、行政法规规定的职责,对经营者与他人订立的合同组织实施行政监管,调解合同纠纷。

③公安机关的调解。我国《治安管理处罚法》第九条规定:"对于因民间纠纷引起的打架斗殴或者损毁他人财物等违反治安管理行为,情节轻微的,公安机关可以调解处理。经公安机关调解、当事人达成协议的,不予处罚。"我国《道路交通安全法》第七十四条规定,对交通事故损害赔偿的争议,当事人可以请求公安机关交通管理部门调解,也可以直接向人民法院提起民事诉讼。经公安机关交通管理部门调解,当事人未达成协议或者调解书生效后不履行的,当事人可以向人民法院提起民事诉讼。"公安机关的调解是法律法规授予公安机关的权利,有利于妥善解决纠纷,增进当事人之间的团结。

3)仲裁调解

仲裁调解是指在仲裁庭的主持下,仲裁当事人在自愿协商、互谅互让基础上达成调解协议,从而解决民事纠纷的一种方式。仲裁调解书具有法律效力。

《仲裁法》第五十一条规定:"仲裁庭在作出裁决前,可以先行调解。当事人自愿调解的,仲裁庭应当调解。调解不成的,应当及时作出裁决。调解达成协议的,仲裁庭应当制作调解书或者根据协议的结果制作裁决书。调解书与裁决书具有同等法律效力。"

调解书应当写明仲裁请求和当事人协议的结果。调解书由仲裁员签名,加盖仲裁委员会印章,送达双方当事人。调解书经双方当事人签收后,即发生法律效力。在调解书签收前当事人反悔的,仲裁庭应当及时作出裁决。

4)人民法院调解

人民法院调解是指在法院的主持下,根据当事人自愿的原则,在事实清楚的基础上,分清是非、达成协议,从而解决民事纠纷的一种方式。人民法院调解书具有法律效力。

(1)调解方法

人民法院进行调解,可以由审判员一人主持,也可以由合议庭主持,并尽可能就地进行。人民法院进行调解,可以用简便方式通知当事人、证人到庭,可以邀请有关单位和个人协助。被邀请的单位和个人,应当协助人民法院进行调解。

(2)调解协议

调解达成协议,必须双方自愿,不得强迫。调解协议的内容不得违反法律规定。《民事诉讼法》第一百条规定:"调解达成协议,人民法院应当制作调解书。调解书应当写明诉讼请求、案件的事实和调解结果。调解书由审判人员、书记员署名,加盖人民法院印章,送达双方当事人。调解书经双方当事人签收后,即具有法律效力。"

对不需要制作调解书的协议,应当记入笔录,由双方当事人、审判人员、书记员签名或者盖章后,即具有法律效力。根据《民事诉讼法》第一百零一条的规定,下列案件调解达成协议,人民法院可以不制作调解书:①调解和好的离婚案件;②调解维持收养关系的案件;③能够即时履行的案件;④其他不需要制作调解书的案件。

《民事诉讼法》第一百零二条规定:“调解未达成协议或者调解书送达前一方反悔的,人民法院应当及时判决。”

9.3 仲裁制度

9.3.1 仲裁协议

1)仲裁协议的形式和内容

仲裁协议是指当事人自愿将已经发生或者可能发生的争议通过仲裁解决的书面协议。《仲裁法》第十六条规定:“仲裁协议包括合同中订立的仲裁条款和以其他书面方式在纠纷发生前或者纠纷发生后达成的请求仲裁的协议。在实践中,合同中的仲裁条款是最常见的仲裁协议形式。”

仲裁协议应当具有下列内容:①请求仲裁的意思表示;②仲裁事项;③选定的仲裁委员会。这三项内容必须同时具备,仲裁协议才能有效。

《仲裁法》第十七条规定:“有下列情形之一的,仲裁协议无效:(一)约定的仲裁事项超出法律规定的仲裁范围的;(二)无民事行为能力人或者限制民事行为能力人订立的仲裁协议;(三)一方采取胁迫手段,迫使对方订立仲裁协议的。”

【案例分析】

案例背景材料9及问题见第230页。

本案中的仲裁条款无效。根据《仲裁法》第十七条的规定,无民事行为能力人或限制民事行为能力人订立的仲裁协议无效。乙方在签订《建设工程施工合同》及《终止协议》时尚未依法注册登记,不具有合法的民事主体资格,即不具有民事权利能力和民事行为能力,其签订的仲裁条款当然无效。尽管某建筑集团曾为乙方出具授权委托书,但由于当时乙方并未注册登记,不具有民事主体资格,因此这种代理行为也不具有法律效力。

2)仲裁协议的效力

(1)当事人的法律效力

仲裁协议一经有效成立,即对当事人产生法律效力。发生纠纷后,当事人只能向仲裁协议中所约定的仲裁机构申请仲裁,而不能就该纠纷向人民法院提起诉讼。

(2)对法院的约束力

有效的仲裁协议排除法院的司法管辖权。《仲裁法》第五条规定:“当事人达成仲裁协议,一方向人民法院起诉的,人民法院不予受理,但仲裁协议无效的除外。”《仲裁法》第二十六条规定:“当事人达成仲裁协议,一方向人民法院起诉未声明有仲裁协议,人民法院受理后,另一方在首次开庭前提交仲裁协议的,人民法院应当驳回起诉,但仲裁协议无效的除外。”

(3)对仲裁机构的法律效力

仲裁协议是仲裁委员会受理仲裁案件的基础,是仲裁庭审理和裁决案件的依据。《仲裁法》第四条规定:"当事人采用仲裁方式解决纠纷,应当双方自愿,达成仲裁协议。没有仲裁协议,一方申请仲裁的,仲裁委员会不予受理。"同时,仲裁委员会只能对当事人在仲裁协议中约定的争议事项进行仲裁,对超出仲裁协议约定范围的其他争议无权仲裁。

(4)仲裁协议的独立性

《仲裁法》第十九条规定:"仲裁协议独立存在,合同的变更、解除、终止或者无效,不影响仲裁协议的效力。仲裁庭有权确认合同的效力。"

(5)仲裁协议效力的确认

当事人对仲裁协议的效力有异议的,可以请求仲裁委员会作出决定或者请求人民法院作出裁定。一方请求仲裁委员会作出决定,另一方请求人民法院作出裁定的,由人民法院裁定。当事人对仲裁协议的效力有异议,应当在仲裁庭首次开庭前提出。

《最高人民法院关于适用〈中华人民共和国仲裁法〉若干问题的解释》(法释〔2006〕7号)规定,当事人向人民法院申请确认仲裁协议效力的案件,由仲裁协议约定的仲裁机构所在地的中级人民法院管辖;仲裁协议约定的仲裁机构不明确的,由仲裁协议签订地或者被申请人住所地的中级人民法院管辖。

9.3.2 仲裁的申请和受理

1)申请仲裁的条件

当事人申请仲裁,应当符合下列条件:①有仲裁协议;②有具体的仲裁请求和事实、理由;③属于仲裁委员会的受理范围。

2)申请仲裁的方式

当事人申请仲裁,应当向仲裁委员会递交仲裁协议、仲裁申请书及副本。仲裁申请书应当载明下列事项:①当事人的姓名、性别、年龄、职业、工作单位和住所,法人或者其他组织的名称、住所和法定代表人或者主要负责人的姓名、职务;②仲裁请求和所依据的事实、理由;③证据和证据来源、证人姓名和住所。

3)审查与受理

仲裁委员会收到仲裁申请书之日起5日内,认为符合受理条件的应当受理,并通知当事人;认为不符合受理条件的,应当书面通知当事人不予受理,并说明理由。

仲裁委员会受理仲裁申请后,应当在仲裁规则规定的期限内将仲裁规则和仲裁员名册送达申请人,并将仲裁申请书副本和仲裁规则、仲裁员名册送达被申请人。被申请人收到仲裁申请书副本后,应当在仲裁规则规定的期限内向仲裁委员会提交答辩书。仲裁委员会收到答辩书后,应当在仲裁规则规定的期限内将答辩书副本送达申请人。被申请人未提交答辩书的,不影响仲裁程序的进行。被申请人可以承认或者反驳仲裁请求,有权提出反请求。

4) 财产保全和证据保全

为保证仲裁程序顺利进行、仲裁案件公正审理以及仲裁裁决有效执行，当事人有权申请财产保全和证据保全。有关财产保全和证据保全的规定，参见本章9.4.3、9.4.4的相关内容。

9.3.3 仲裁的开庭和裁决

1) 仲裁庭的组成

仲裁庭可以由3名仲裁员或者1名仲裁员组成。由3名仲裁员组成的，设首席仲裁员。

①合议仲裁庭。当事人约定由3名仲裁员组成仲裁庭的，应当各自选定或者各自委托仲裁委员会主任指定1名仲裁员，第3名仲裁员由当事人共同选定或者共同委托仲裁委员会主任指定。第3名仲裁员是首席仲裁员。

②独任仲裁庭。当事人约定1名仲裁员成立仲裁庭的，应当由当事人共同选定或者共同委托仲裁委员会主任指定仲裁员。

当事人没有在仲裁规定的期限内约定仲裁庭的组成方式或者选定仲裁员的，由仲裁委员会主任指定。

仲裁员有下列情形之一的，必须回避，当事人也有权提出回避申请：①是本案当事人或者当事人、代理人的近亲属；②与本案有利害关系；③与本案当事人、代理人有其他关系，可能影响公正仲裁的；④私自会见当事人、代理人，或者接受当事人、代理人的请客送礼的。

2) 开庭和审理

仲裁应当开庭进行。当事人协议不开庭的，仲裁庭可以根据仲裁申请书、答辩书以及其他材料作出裁决。当事人应当对自己的主张提供证据。仲裁庭认为有必要收集的证据，可以自行收集。证据应当在开庭时出示，当事人可以质证。当事人在仲裁过程中有权进行辩论。

申请人经书面通知，无正当理由不到庭或者未经仲裁庭许可中途退庭的，可以视为撤回仲裁申请。被申请人经书面通知，无正当理由不到庭或者未经仲裁庭许可中途退庭的，可以缺席裁决。

3) 仲裁裁决

仲裁裁决应当按照多数仲裁员的意见作出，少数仲裁员的不同意见可以记入笔录。仲裁庭不能形成多数意见时，裁决应当按照首席仲裁员的意见作出。裁决书应当写明仲裁请求、争议事实、裁决理由、裁决结果、仲裁费用的负担和裁决日期。当事人协议不愿写明争议事实和裁决理由的，可以不写。裁决书由仲裁员签名，并加盖仲裁委员会印章。

裁决书自作出之日起发生法律效力。裁决书的效力是：

①裁决书一裁终局，当事人不得就已经裁决的事项再申请仲裁，也不得就此提起诉讼。

②仲裁裁决具有强制执行力，一方当事人不履行的，对方当事人可以向人民法院申请强

制执行。

③仲裁裁决在所有《承认及执行外国仲裁裁决公约》缔约国(或地区)可以得到承认和执行。

《仲裁法》第五十六条规定:“对裁决书中的文字、计算错误或者仲裁庭已经裁决但在裁决书中遗漏的事项,仲裁庭应当补正;当事人自收到裁决书之日起三十日内,可以请求仲裁庭补正。”

9.3.4 申请撤销裁决

根据《仲裁法》第五十九条的规定,当事人提出证据证明裁决有下列情形之一的,可以向仲裁委员会所在地的中级人民法院申请撤销裁决:

①没有仲裁协议的;

②裁决的事项不属于仲裁协议的范围或者仲裁委员会无权仲裁的;

③仲裁庭的组成或者仲裁的程序违反法定程序的;

④裁决所依据的证据是伪造的;

⑤对方当事人隐瞒了足以影响公正裁决的证据的;

⑥仲裁员在仲裁该案时有索贿受贿,徇私舞弊,枉法裁决行为的。

人民法院经组成合议庭审查核实裁决有上述规定情形之一的,应当裁定撤销。

《仲裁法》第五十九条规定:“当事人申请撤销裁决的,应当自收到裁决书之日起六个月内提出。”

《仲裁法》第九条规定:“裁决被人民法院依法裁定撤销或者不予执行的,当事人就该纠纷可以根据双方重新达成的仲裁协议申请仲裁,也可以向人民法院起诉。”

9.3.5 仲裁裁决的执行

1)仲裁裁决的强制执行

《仲裁法》第六十二条规定:“当事人应当履行裁决。一方当事人不履行的,另一方当事人可以依照民事诉讼法的有关规定向人民法院申请执行。受申请的人民法院应当执行。”

《民事诉讼法》第二百四十八条第一款规定:“对依法设立的仲裁机构的裁决,一方当事人不履行的,对方当事人可以向有管辖权的人民法院申请执行。受申请的人民法院应当执行。”申请仲裁裁决强制执行必须在法律规定的期限内提出。申请执行的期间为2年。

2)仲裁裁决的不予执行

根据《民事诉讼法》第二百四十八条第二款的规定,被申请人提出证据证明仲裁裁决有下列情形之一的,经人民法院组成合议庭审查核实,裁定不予执行:

①当事人在合同中没有订有仲裁条款或者事后没有达成书面仲裁协议的;

②裁决的事项不属于仲裁协议的范围或者仲裁机构无权仲裁的;

③仲裁庭的组成或者仲裁的程序违反法定程序的;

④裁决所根据的证据是伪造的；

⑤对方当事人向仲裁机构隐瞒了足以影响公正裁决的证据的；

⑥仲裁员在仲裁该案时有贪污受贿，徇私舞弊，枉法裁决行为的。

人民法院认定执行该裁决违背社会公共利益的，裁定不予执行。

仲裁裁决被人民法院裁定不予执行的，当事人可以根据双方达成的书面仲裁协议重新申请仲裁，也可以向人民法院起诉。

9.4 民事诉讼制度

9.4.1 民事诉讼的管辖

民事诉讼中的管辖，是指各级法院之间和同级法院之间受理第一审民事案件的分工和权限。

1）级别管辖

级别管辖，是指按照一定的标准，划分上下级法院之间受理第一审民事案件的分工和权限。我国法院有四级，分别是：基层人民法院、中级人民法院、高级人民法院和最高人民法院，每一级均受理第一审民事案件。

根据《民事诉讼法》第十八至二十一条的规定，各级人民法院管辖第一审民事案件的分工和权限如下：

①基层人民法院管辖第一审民事案件，但《民事诉讼法》另有规定的除外。

②中级人民法院管辖下列第一审民事案件：a. 重大涉外案件；b. 在本辖区有重大影响的案件；c. 最高人民法院确定由中级人民法院管辖的案件。

③高级人民法院管辖在本辖区有重大影响的第一审民事案件。

④最高人民法院管辖下列第一审民事案件：a. 在全国有重大影响的案件；b. 认为应当由本院审理的案件。

2）地域管辖

地域管辖，是指按照各法院的辖区和民事案件的隶属关系，划分同级法院受理第一审民事案件的分工和权限。地域管辖主要包括以下几种情况：

（1）一般地域管辖

一般地域管辖又称普通管辖，是以当事人与法院的隶属关系来确定诉讼管辖，通常实行“原告就被告”原则，即以被告住所地作为确定管辖的标准。《民事诉讼法》第二十二条规定：

①对公民提起的民事诉讼，由被告住所地人民法院管辖；被告住所地与经常居住地不一致的，由经常居住地人民法院管辖。

②对法人或者其他组织提起的民事诉讼，由被告住所地人民法院管辖。

③同一诉讼的几个被告住所地、经常居住地在两个以上人民法院辖区的,各该人民法院都有管辖权。

其中,公民住所地是指该公民的户籍所在地;经常居住地是指公民离开住所至起诉时已连续居住满 1 年的地方,但公民住院就医的地方除外;被告住所地是指法人或者其他组织的主要办事机构所在地或者主要营业地。

(2)特殊地域管辖

特殊地域管辖,是指以被告住所地、诉讼标的所在地或法律事实所在地为标准确定的管辖。我国《民事诉讼法》规定了 9 种特殊地域管辖的诉讼,其中与建设工程关系最为密切的是因合同纠纷提起的诉讼。

《民事诉讼法》第二十四条规定:"因合同纠纷提起的诉讼,由被告住所地或者合同履行地人民法院管辖。"第三十五条规定:"合同或者其他财产权益纠纷的当事人可以书面协议选择被告住所地、合同履行地、合同签订地、原告住所地、标的物所在地等与争议有实际联系的地点的人民法院管辖,但不得违反本法对级别管辖和专属管辖的规定。"

建设工程施工合同纠纷适用合同纠纷的地域管辖原则,即由被告住所地或合同履行地人民法院管辖。发包人和承包人也可根据《民事诉讼法》第三十五条的规定,在发包人住所地、承包人住所地、合同签订地、施工行为地(工程所在地)的范围内,通过协议确定管辖法院。

(3)专属管辖

专属管辖,是指法律规定某些特殊类型的案件专门由特定的法院管辖。专属管辖是排他性管辖,排除了诉讼当事人协议选择管辖法院的权利。专属管辖与一般地域管辖和特殊地域的关系是:凡法律规定为专属管辖的诉讼,均适用专属管辖。

《民事诉讼法》第三十四条规定了 3 种适用专属管辖的案件,其中因不动产纠纷提起的诉讼,由不动产所在地人民法院管辖,如房屋买卖纠纷、土地使用权转让纠纷等。

3)移送管辖和指定管辖

(1)移送管辖

人民法院发现受理的案件不属于本院管辖的,应当移送有管辖权的人民法院,受移送的人民法院应当受理。受移送的人民法院认为受移送的案件依照规定不属于本院管辖的,应当报请上级人民法院指定管辖,不得再自行移送。

(2)指定管辖

有管辖权的人民法院由于特殊原因,不能行使管辖权的,由上级人民法院指定管辖。

人民法院之间因管辖权发生争议,由争议双方协商解决;协商解决不了的,报请其共同上级人民法院指定管辖。

4)管辖权异议

管辖权异议是指当事人向受诉法院提出的该法院对案件无管辖权的主张。

《民事诉讼法》第一百三十条规定:"人民法院受理案件后,当事人对管辖权有异议的,应当在提交答辩状期间提出。人民法院对当事人提出的异议,应当审查。异议成立的,裁定将案件移送有管辖权的人民法院；异议不成立的，裁定驳回。当事人未提出管辖异议，并应诉答辩或者提出反诉的，视为受诉人民法院有管辖权，但违反级别管辖和专属管辖规定的除外。

根据《最高人民法院关于审理民事级别管辖异议案件若干问题的规定》，被告在提交答辩状期间提出管辖权异议的，受诉人民法院应当审查，并在受理异议之日起十五日内作出裁定；对人民法院就级别管辖异议作出的裁定，当事人不服提起上诉的，第二审人民法院应当依法审理并作出裁定。

9.4.2 民事诉讼当事人和代理人的规定

1）诉讼当事人

民事诉讼中的当事人，是指因民事权利和义务发生争议，以自己的名义进行诉讼，请求人民法院进行裁判的公民、法人或其他组织。狭义的民事诉讼当事人包括原告和被告。广义的民事诉讼当事人包括原告、被告、共同诉讼人和第三人。

2）诉讼代理人

诉讼代理人，是指根据法律规定或当事人的委托，代理当事人进行民事诉讼活动的人。诉讼代理人通常可分为法定诉讼代理人、委托诉讼代理人和指定诉讼代理人。在建设工程领域，最常见的是委托诉讼代理人。

当事人、法定代理人可以委托1～2人作为诉讼代理人。可以被委托为诉讼代理人的人员有：律师、基层法律服务工作者；当事人的近亲属或者工作人员；当事人所在社区、单位以及有关社会团体推荐的公民。

《民事诉讼法》第六十二条规定："委托他人代为诉讼，必须向人民法院提交由委托人签名或者盖章的授权委托书。授权委托书必须记明委托事项和权限。诉讼代理人代为承认、放弃、变更诉讼请求，进行和解，提起反诉或者上诉，必须有委托人的特别授权。"

9.4.3 财产保全和先予执行

1）财产保全

财产保全，是指人民法院在利害关系人起诉前或者当事人起诉后，为保障将来的生效判决能够得到执行或者避免财产遭受损失，对当事人的财产或者争议的标的物，采取限制当事人处分的强制措施。财产保全分为诉讼中财产保全和诉前财产保全。

（1）诉讼中财产保全

诉讼中财产保全，是指人民法院在受理案件之后、作出判决之前，对当事人的财产或者争执标的物采取限制当事人处分的强制措施。

对于诉讼中财产保全，《民事诉讼法》第一百零三条规定：

①人民法院对于可能因当事人一方的行为或者其他原因，使判决难以执行或者造成当事人其他损害的案件，根据对方当事人的申请，可以裁定对其财产进行保全、责令其作出一

定行为或者禁止其作出一定行为;当事人没有提出申请的,人民法院在必要时也可以裁定采取保全措施。

②人民法院采取保全措施,可以责令申请人提供担保,申请人不提供担保的,裁定驳回申请。

③人民法院接受申请后,对情况紧急的,必须在四十八小时内作出裁定;裁定采取保全措施的,应当立即开始执行。

(2)诉前财产保全

诉前财产保全,是指利害关系人因情况紧急,不立即申请财产保全将会使其合法权益受到难以弥补的损害的,可以在起诉前向人民法院申请,由人民法院所采取的一种财产保全措施。

对于诉前财产保全,《民事诉讼法》第一百零四条规定:

①利害关系人因情况紧急,不立即申请保全将会使其合法权益受到难以弥补的损害的,可以在提起诉讼或者申请仲裁前向被保全财产所在地、被申请人住所地或者对案件有管辖权的人民法院申请采取保全措施。申请人应当提供担保,不提供担保的,裁定驳回申请。

②人民法院接受申请后,必须在四十八小时内作出裁定;裁定采取保全措施的,应当立即开始执行。

③申请人在人民法院采取保全措施后三十日内不依法提起诉讼或者申请仲裁的,人民法院应当解除保全。

(3)保全范围与保全措施

《民事诉讼法》第一百零五条规定:"保全限于请求的范围,或者与本案有关的财物。"

《民事诉讼法》第一百零六条规定:"财产保全采取查封、扣押、冻结或者法律规定的其他方法。人民法院保全财产后,应当立即通知被保全财产的人。财产已被查封、冻结的,不得重复查封、冻结。"

2)先予执行

先予执行,是指人民法院在终局判决之前,为解决权利人生活或生产经营的急需,裁定义务人预先履行将来生效判决中所确定之义务的一种措施。

(1)先予执行的适用范围

《民事诉讼法》第一百零九条规定:"人民法院对下列案件,根据当事人的申请,可以裁定先予执行:①追索赡养费、扶养费、抚育费、抚恤金、医疗费用的;②追索劳动报酬的;③因情况紧急需要先予执行的。"

(2)先予执行的适用条件

人民法院裁定先予执行的,应当符合下列条件:

①当事人之间权利义务关系明确,不先予执行将严重影响申请人的生活或者生产经营的;

②被申请人有履行能力。

人民法院可以责令申请人提供担保,申请人不提供担保的,驳回申请。申请人败诉的,应当赔偿被申请人因先予执行遭受的财产损失。

9.4.4 民事诉讼证据

证据是指在诉讼中能够证明案件真实情况的各种资料。当事人只有通过证据才能证明自己主张的观点是正确的。因此，证据在民事纠纷的处理过程中具有非常重要的地位。

1)证据的种类

根据《民事诉讼法》第六十六条的规定，证据包括当事人的陈述、书证、物证、视听资料、电子数据、证人证言、鉴定意见、勘验笔录等8种。证据必须查证属实，才能作为认定事实的根据。

(1)当事人陈述

当事人陈述是指当事人在诉讼中就本案的事实向法院所作的说明。作为证据的当事人陈述是指那些能够证明案件事实的陈述。

《民事诉讼法》第七十八条规定："人民法院对当事人的陈述，应当结合本案的其他证据，审查确定能否作为认定事实的根据。"

(2)书证

书证是指以文字、符号、图形等形式所记载的内容或表达的思想来证明案件事实的证据。如合同文本、信函、电报，传真、图纸、图表等各种书面文件或纸面文字材料，但书证的物质载体并不限于纸质材料，非纸类的物质也可成为载体，如木、竹、金属等。书证应当提交原件。提交原件确有困难的，可以提交复制品、照片、副本、节录本。提交外文书证，必须附有中文译本。

(3)物证

物证是指能够证明案件事实的物品及其痕迹。凡是以其存在的外形、重量、规格、损坏程度等物体的内部、外部特征和属性来证明待证事实的一部或者全部的物品及痕迹，均属于物证范畴。物证应当提交原物。提交原物确有困难的，可以提交复制品、照片、副本、节录本。

(4)视听资料

视听资料是指利用录音、摄像、拍照等技术手段反映的声音、图像证明案件事实的证据。视听资料包括录音资料和影像资料，如录音带、录像带、胶卷等。

《最高人民法院关于民事诉讼证据的若干规定》第十五条规定："当事人以视听资料作为证据的，应当提供存储该视听资料的原始载体。"

《民事诉讼法》第七十四条规定："人民法院对视听资料，应当辨别真伪，并结合本案的其他证据，审查确定能否作为认定事实的根据。"

(5)电子数据

电子数据是指通过电子邮件、电子数据交换、网上聊天记录、博客、微博客、手机短信、电子签名、域名等形成或者存储在电子介质中的信息。《最高人民法院关于适用〈中华人民共和国民事诉讼法〉的解释》第一百一十六条规定："存储在电子介质中的录音资料和影像资料，适用电子数据的规定。"

《最高人民法院关于民事诉讼证据的若干规定》第十四条规定："电子数据包括下列信

息、电子文件：(一)网页、博客、微博客等网络平台发布的信息；(二)手机短信、电子邮件、即时通信、通讯群组等网络应用服务的通信信息；(三)用户注册信息、身份认证信息、电子交易记录、通信记录、登录日志等信息；(四)文档、图片、音频、视频、数字证书、计算机程序等电子文件；(五)其他以数字化形式存储、处理、传输的能够证明案件事实的信息。”

《最高人民法院关于民事诉讼证据的若干规定》第十五条第二款规定：“当事人以电子数据作为证据的，应当提供原件。电子数据的制作者制作的与原件一致的副本，或者直接来源于电子数据的打印件或其他可以显示、识别的输出介质，视为电子数据的原件。”

(6)证人证言

证人是指了解案件事实情况并向法院或当事人提供证词的人。证言是指证人将其了解的案件事实向法院所作的陈述或证词。在我国，证人包括单位证人和自然人证人两大类。单位作为证人要出庭作证时，应当由单位的法定代表人、负责人或经其授权的人代表单位作证。

《民事诉讼法》第七十六条规定：“经人民法院通知，证人应当出庭作证。有下列情形之一的，经人民法院许可，可以通过书面证言、视听传输技术或者视听资料等方式作证：(一)因健康原因不能出庭的；(二)因路途遥远，交通不便不能出庭的；(三)因自然灾害等不可抗力不能出庭的；(四)其他有正当理由不能出庭的。”

(7)鉴定意见

鉴定意见是指鉴定人运用自己的专门知识，对案件中的专门性问题进行鉴定后所作出的书面结论。当事人申请鉴定，应当注意在举证期限内提出。

《民事诉讼法》第七十九条规定：“当事人可以就查明事实的专门性问题向人民法院申请鉴定。当事人申请鉴定的，由双方当事人协商确定具备资格的鉴定人；协商不成的，由人民法院指定。当事人未申请鉴定，人民法院对专门性问题认为需要鉴定的，应当委托具备资格的鉴定人进行鉴定。”

(8)勘验笔录

勘验笔录，是指人民法院审判人员或者行政机关工作人员对能够证明案件事实的现场或者对不能、不便拿到人民法院的物证，就地进行分析、检验、测量、勘察后所作的记录，包括文字记录、绘图、照相、录像、模型等材料。

2)证据保全

证据保全是指在证据可能灭失或以后难以取得的情况下，人民法院根据申请人的申请或依职权，对证据加以固定和保护的制度。

(1)证据保全的申请

关于证据保全的申请，《民事诉讼法》第八十四条规定：

①在证据可能灭失或者以后难以取得的情况下，当事人可以在诉讼过程中向人民法院申请保全证据，人民法院也可以主动采取保全措施。

②因情况紧急，在证据可能灭失或者以后难以取得的情况下，利害关系人可以在提起诉讼或者申请仲裁前向证据所在地、被申请人住所地或者对案件有管辖权的人民法院申请保全证据。

(2)证据保全的实施

关于证据保全的实施,《最高人民法院关于民事诉讼证据的若干规定》第二十七条规定:

①人民法院进行证据保全,可以要求当事人或者诉讼代理人到场。

②根据当事人的申请和具体情况,人民法院可以采取查封、扣押、录音、录像、复制、鉴定、勘验等方法进行证据保全,并制作笔录。

③在符合证据保全目的的情况下,人民法院应当选择对证据持有人利益影响最小的保全措施。

3)民事诉讼中的举证、质证和认证

举证、质证和认证就是在诉讼过程中围绕证据展开的各个环节。举证是客观事实再现的过程;质证是对客观事实审验、质疑、辩驳的过程;认证是对客观事实固定的过程。

(1)举证

举证是指当事人对自己提出的诉讼请求所依据的事实或者反驳对方诉讼请求所依据的事实提供证据加以证明。没有证据或者证据不足以证明当事人的事实主张的,由负有举证责任的当事人承担不利后果。

①举证责任分配的一般原则。所谓举证责任,是指当事人对自己提出的主张有收集或提供证据的义务,并有运用该证据证明主张的事实成立或有利于自己的主张的责任,否则将承担其主张不能成立的后果。

《民事诉讼法》第六十七条规定:"当事人对自己提出的主张,有责任提供证据。"这一规定确立了"谁主张,谁举证"的原则。

《最高人民法院关于适用〈中华人民共和国民事诉讼法〉的解释》第九十一条对此做了以下规定:人民法院应当依照下列原则确定举证证明责任的承担,但法律另有规定的除外:a. 主张法律关系存在的当事人,应当对产生该法律关系的基本事实承担举证证明责任;b. 主张法律关系变更、消灭或者权利受到妨害的当事人,应当对该法律关系变更、消灭或者权利受到妨害的基本事实承担举证证明责任。例如在合同纠纷案件中,主张合同关系成立并生效的一方当事人对合同订立和生效的事实承担举证责任;主张合同关系变更、解除、终止、撤销的一方当事人对引起合同关系变动的事实承担举证责任;对合同是否履行发生争议的,由负有履行义务的当事人承担举证责任。

②举证责任倒置。举证责任倒置,是指为了弥补一般原则的不足,针对一些特殊案件,将按照一般原则本来应当配置给一方当事人的客观举证责任,通过法律规定转移给另一方当事人承担。举证责任倒置必须有法律上的规定,法官不可以在诉讼中任意将证明责任分配加以倒置。

在我国民事诉讼中实行举证责任倒置的主要有两大类:

一是特殊侵权纠纷中的举证责任倒置。a. 在环境污染和生态破坏责任中,因污染环境、破坏生态发生纠纷的,行为人就不存在因果关系承担举证责任。《民法典》第一千二百三十条规定:"因污染环境、破坏生态发生纠纷,行为人应当就法律规定的不承担责任或者减轻责任的情形及其行为与损害之间不存在因果关系承担举证责任。"b. 在建筑物和物件损害责任中,因建筑悬挂物坠落、建筑物中抛掷物品、堆放物倒塌、林木折断、道路上挖掘、窨井等地下

设施等情形致他人损害的，行为人就不存在加害行为承担举证责任。具体参见《民法典》第一千二百五十三条至第一千二百五十八条的规定。

二是劳动争议纠纷中的举证责任倒置。a. 因用人单位作出开除、辞退、减少劳动报酬等决定发生的劳动争议，以及用人单位的工资支付记录等证据，由用人单位负举证责任。《最高人民法院关于审理劳动争议案件适用法律问题的解释(一)》第四十四条规定："因用人单位作出的开除、除名、辞退、解除劳动合同、减少劳动报酬、计算劳动者工作年限等决定而发生的劳动争议，用人单位负举证责任。"例如就开除这一问题，劳动者主张解雇补偿金请求权时，仅需要就解除劳动关系本身承担证明责任，而基于何种原因解除劳动关系则在所不论。用人单位如果提出抗辩，则需要证明劳动合同解除的合法性，此处即适用了举证责任倒置规则。b. 工伤纠纷案件中，用人单位就不是工伤承担举证责任。《工伤保险条例》第十九条第二款规定："职工或者其近亲属认为是工伤，用人单位不认为是工伤的，由用人单位承担举证责任。"

［知识链接与拓展］

无需举证证明的事实

根据《最高人民法院关于适用〈中华人民共和国民事诉讼法〉的解释》第九十三条的规定，下列事实，当事人无须举证证明：

①自然规律以及定理、定律；

②众所周知的事实；

③根据法律规定推定的事实；

④根据已知的事实和日常生活经验法则推定出的另一事实；

⑤已为人民法院发生法律效力的裁判所确认的事实；

⑥已为仲裁机构生效裁决所确认的事实；

⑦已为有效公证文书所证明的事实。

前款第②项至第④项规定的事实，当事人有相反证据足以反驳的除外；第⑤项至第⑦项规定的事实，当事人有相反证据足以推翻的除外。

(2)质证

质证是指当事人在法庭的主持下，围绕证据的真实性、合法性、关联性，针对证据证明力有无以及证明力大小，进行质疑、说明与辩驳的过程。质证既是法庭审查核实证据的一种手段，也是当事人的一种诉讼权利。

《最高人民法院关于适用〈中华人民共和国民事诉讼法〉的解释》第一百零三条规定："证据应当在法庭上出示，由当事人互相质证。未经当事人质证的证据，不得作为认定案件事实的根据。当事人在审理前的准备阶段认可的证据，经审判人员在庭审中说明后，视为质证过的证据。涉及国家秘密、商业秘密、个人隐私或者法律规定应当保密的证据，不得公开质证。"

(3)认证

认证，即证据的审核认定，是指法院对经过质证或当事人在证据交换中认可的各种证据材料作出审查判断，确认其能否作为认定案件事实的根据。认证是正确认定案件事实的前提和基础，只有经过法庭的认证，才能使举证和质证具有最终的法律意义。

《最高人民法院关于适用〈中华人民共和国民事诉讼法〉的解释》第一百零五条规定："人民法院应当按照法定程序，全面、客观地审核证据，依照法律规定，运用逻辑推理和日常生活经验法则，对证据有无证明力和证明力大小进行判断，并公开判断的理由和结果。"

《最高人民法院关于适用〈中华人民共和国民事诉讼法〉的解释》第一百零六条规定："对以严重侵害他人合法权益、违反法律禁止性规定或者严重违背公序良俗的方法形成或者获取的证据，不得作为认定案件事实的根据。"据此，对于未经对方当事人同意私自录制其谈话取得的资料，只要不是以侵害他人合法权益（如侵害隐私）或者违反法律禁止性规定的方法（如窃听）或者严重违背公序良俗的方法取得的，仍可以作为认定案件事实的依据。

9.4.5 民事诉讼的审判程序

审判程序是人民法院审理案件适用的程序，可以分为一审程序、二审程序和审判监督程序。

1)第一审程序

第一审程序包括普通程序和简易程序。

(1)普通程序

普通程序是指《民事诉讼法》规定的民事诉讼当事人进行第一审民事诉讼和人民法院审理第一审民事案件所通常适用的诉讼程序。它具有独立性和广泛性，是整个民事审判程序的基础。《民事诉讼法》第一百五十二条规定："人民法院适用普通程序审理的案件，应当在立案之日起六个月内审结。有特殊情况需要延长的，由本院院长批准，可以延长六个月；还需要延长的，报请上级人民法院批准。"

普通程序包括起诉、受理、审理前的准备、开庭审理、判决和裁定等程序。

①起诉。起诉，是指公民、法人和其他组织在其民事权益受到侵害或者发生争议时，请求人民法院通过审判给予司法保护的诉讼行为。起诉是当事人获得司法保护的手段，也是人民法院对民事案件行使审判权的前提。

根据《民事诉讼法》第一百二十二条规定："起诉必须符合下列条件：(一)原告是与本案有直接利害关系的公民、法人和其他组织；(二)有明确的被告；(三)有具体的诉讼请求和事实、理由；(四)属于人民法院受理民事诉讼的范围和受诉人民法院管辖。

②受理。根据《民事诉讼法》第一百二十六条的规定，对符合本法第一百二十二条的起诉，必须受理。符合起诉条件的，应当在七日内立案，并通知当事人；不符合起诉条件的，应当在七日内作出裁定书，不予受理；原告对裁定不服的，可以提起上诉。

③审理前的准备。审理前的准备，是指人民法院接受原告起诉并决定立案受理后，在开庭审理之前，由承办案件的审判人员依法所做的各种准备工作。主要工作包括：a. 送达起诉状副本和提出答辩状；b. 告知当事人诉讼权利义务；c. 组成合议庭。

普通程序的审判组织应当采用合议制。合议庭组成人员确定后，应当在 3 日内告知当事人。

④开庭审理。开庭审理是指人民法院在当事人和其他诉讼参与人参加下，对案件进行实体审理的诉讼活动。人民法院审理民事案件，应当在开庭 3 日前通知当事人和其他诉讼

参与人。公开审理的,应当公告当事人姓名、案由和开庭的时间、地点。

《民事诉讼法》第一百四十六条的规定:“原告经传票传唤,无正当理由拒不到庭的,或者未经法庭许可中途退庭的,可以按撤诉处理;被告反诉的,可以缺席判决。”

《民事诉讼法》第一百四十七条的规定:“被告经传票传唤,无正当理由拒不到庭的,或者未经法庭许可中途退庭的,可以缺席判决。”

开庭审理主要步骤有:宣布开庭、法庭调查、法庭辩论、宣判等。

⑤民事判决和裁定。

A. 民事判决。民事判决是指人民法院对审理结束的民事诉讼案件所作出的判决。判决书应当写明判决结果和作出该判决的理由,主要包括:a. 案由、诉讼请求、争议的事实和理由;b. 判决认定的事实和理由、适用的法律和理由;c. 判决结果和诉讼费用的负担;d. 上诉期间和上诉的法院。

判决书由审判人员、书记员署名,加盖人民法院印章。

B. 民事裁定。民事裁定是指人民法院在审理民事案件时,为解决诉讼程序上的问题所作的裁定。根据《民事诉讼法》第一百五十七条的规定,裁定适用于下列范围:a. 不予受理;b. 对管辖权有异议的;c. 驳回起诉;d. 保全和先予执行;e. 准许或者不准许撤诉;f. 中止或者终结诉讼;g. 补正判决书中的笔误;h. 中止或者终结执行;i. 撤销或者不予执行仲裁裁决;j. 不予执行公证机关赋予强制执行效力的债权文书;k. 其他需要裁定解决的事项。对上述第 a ~c 项裁定,可以上诉。

裁定书应当写明裁定结果和作出该裁定的理由。裁定书由审判人员、书记员署名,加盖人民法院印章。口头裁定的,记入笔录。

(2)简易程序

简易程序是指基层人民法院和它派出的法庭审理事实清楚、权利义务关系明确、争议不大的简单的民事案件的程序。

《民事诉讼法》第一百六十四条规定:“人民法院适用简易程序审理案件,应当在立案之日起三个月内审结。有特殊情况需要延长的,经本院院长批准,可以延长一个月。”

2)第二审程序

第二审程序又称上诉程序或终审程序,是指由于民事诉讼当事人不服地方各级人民法院尚未生效的第一审判决或裁定,在法定上诉期间内,向上一级人民法院提起上诉而引起的诉讼程序。由于我国实行两审终审制,上诉案件经二审法院审理后作出的判决、裁定为终审的判决、裁定,诉讼程序即告终结。

《民事诉讼法》第一百七十一条规定:“当事人不服地方人民法院第一审判决的,有权在判决书送达之日起十五日内向上一级人民法院提起上诉。当事人不服地方人民法院第一审裁定的,有权在裁定书送达之日起十日内向上一级人民法院提起上诉。”

《民事诉讼法》第一百八十三条规定:“人民法院审理对判决的上诉案件,应当在第二审立案之日起三个月内审结。有特殊情况需要延长的,由本院院长批准。人民法院审理对裁定的上诉案件,应当在第二审立案之日起三十日内作出终审裁定。”

第二审人民法院审理上诉案件,除依照第二审程序规定外,适用第一审普通程序。

3）审判监督程序

审判监督程序即再审程序，是指由有审判监督权的法定机关和人员提起，或由当事人申请，由人民法院对发生法律效力的判决、裁定、调解书再次审理的程序。审判监督程序作为司法补救程序，是一种特别的审判程序。

9.4.6 民事诉讼的执行程序

民事诉讼的执行程序，是指人民法院的执行机构依照法定的程序，对发生法律效力并具有给付内容的法律文书，以国家强制力为后盾，依法采取强制措施，迫使具有给付义务的当事人履行其给付义务的行为。

1）执行根据

执行根据也称执行文书，是申请人据以申请执行和执行人员据以执行的凭证，即法律规定由人民法院执行的法律文书。

根据法律文书制作者的不同，执行根据可以分为两种类型：一是人民法院制作的法律文书，包括民事判决书、裁定书、调解书、支付令以及刑事判决、裁定中的财产部分等；二是法律规定由人民法院执行的其他法律文书，包括仲裁裁决书和公证债权文书等。

2）执行案件的管辖

《民事诉讼法》第二百三十五条规定："发生法律效力的民事判决、裁定，以及刑事判决、裁定中的财产部分，由第一审人民法院或者与第一审人民法院同级的被执行的财产所在地人民法院执行。法律规定由人民法院执行的其他法律文书，由被执行人住所地或者被执行的财产所在地人民法院执行。"

《最高人民法院关于适用〈中华人民共和国民事诉讼法〉执行程序若干问题的解释》中规定，申请执行人向被执行的财产所在地人民法院申请执行的，应当提供该人民法院辖区有可供执行财产的证明材料。人民法院受理执行申请后，当事人对管辖权有异议的，应当自收到执行通知书之日起10日内提出。

3）申请执行

申请执行是指根据生效法律文书，享有权利的一方当事人在对方拒绝履行义务的情况下，向人民法院提出申请，请求人民法院强制执行。

（1）申请执行的条件

①申请执行的法律文书已经生效；

②申请执行人是生效法律文书确定的权利人或其继承人、权利承受人；

③申请执行人在法定期限内提出申请；

④申请执行的法律文书有给付内容，且执行标的和被执行人明确；

⑤义务人在生效法律文书确定的期限内未履行义务；

⑥属于受申请执行的人民法院管辖。

(2)申请执行的期间

《民事诉讼法》第二百五十条规定:“申请执行的期间为二年。申请执行时效的中止、中断,适用法律有关诉讼时效中止、中断的规定。前述规定的期间,从法律文书规定履行期间的最后一日起计算;法律文书规定分期履行的,从最后一期履行期限届满之日起计算;法律文书未规定履行期间的,从法律文书生效之日起计算。”

4)向上一级人民法院申请执行

《民事诉讼法》第二百三十七条规定:“人民法院自收到申请执行书之日起超过六个月未执行的,申请执行人可以向上一级人民法院申请执行。上一级人民法院经审查,可以责令原人民法院在一定期限内执行,也可以决定由本院执行或者指令其他人民法院执行。”

《最高人民法院关于适用〈中华人民共和国民事诉讼法〉执行程序若干问题的解释》规定,有下列情形之一的,上一级人民法院可以根据申请执行人的申请,责令执行法院限期执行或者变更执行法院:①债权人申请执行时被执行人有可供执行的财产,执行法院自收到申请执行书之日起超过6个月对该财产未执行完结的;②执行过程中发现被执行人可供执行的财产,执行法院自发现财产之日起超过6个月对该财产未执行完结的;③对法律文书确定的行为义务的执行,执行法院自收到申请执行书之日起超过6个月未依法采取相应执行措施的;④其他有条件执行超过6个月未执行的。

5)执行中的和解

《民事诉讼法》第二百四十一条规定:“在执行中,双方当事人自行和解达成协议的,执行员应当将协议内容记入笔录,由双方当事人签名或者盖章。申请执行人因受欺诈、胁迫与被执行人达成和解协议,或者当事人不履行和解协议的,人民法院可以根据当事人的申请,恢复对原生效法律文书的执行。”

6)执行措施

执行措施是指人民法院依照法定程序强制执行生效法律文书的方法和手段。

人民法院执行措施主要包括:①查询被执行人的存款情况,冻结、划拨被执行人的存款;②扣留、提取被执行人应当履行义务部分的收入;③查封、扣押、冻结、拍卖、变卖被执行人应当履行义务部分的财产;④发出搜查令,对被执行人及其住所或财产隐匿地进行搜查;⑤强制被执行人和有关单位、公民交付法律文书指定的财物或票证;⑥强制被执行人迁出房屋或退出土地;⑦强制被执行人履行法律文书指定的行为;⑧办理财产权证照转移手续;⑨强制被执行人支付迟延履行期间的债务利息或迟延履行金;⑩依申请执行人申请,通知对被执行人负有到期债务的第三人向申请执行人履行债务。

《最高人民法院关于适用〈中华人民共和国民事诉讼法〉的解释》第五百一十六条规定:“被执行人不履行法律文书确定的义务的,人民法院除对被执行人予以处罚外,还可以根据情节将其纳入失信被执行人名单,将被执行人不履行或者不完全履行义务的信息向其所在单位、征信机构以及其他相关机构通报。”

根据《最高人民法院关于公布失信被执行人名单信息的若干规定》第一条的规定,被执行人未履行生效法律文书确定的义务，并具有下列情形之一的，人民法院应当将其纳入失信被执行人名单，依法对其进行信用惩戒：①有履行能力而拒不履行生效法律文书确定义务的；②以伪造证据、暴力、威胁等方法妨碍、抗拒执行的；③以虚假诉讼、虚假仲裁或者以隐匿、转移财产等方法规避执行的；④违反财产报告制度的；⑤违反限制消费令的；⑥无正当理由拒不履行执行和解协议的。

被执行人具有上述规定第②项至第⑥项规定情形的，纳入失信被执行人名单的期限为2年。被执行人以暴力、威胁方法妨碍、抗拒执行情节严重或具有多项失信行为的，可以延长1~3年。

失信被执行人积极履行生效法律文书确定义务或主动纠正失信行为的，人民法院可以决定提前删除失信信息。

[知识链接与拓展]

有关限制被执行人高消费及有关消费的若干规定

为进一步加大执行力度，推动社会信用机制建设，最大限度保护申请执行人和被执行人的合法权益，根据《民事诉讼法》的有关规定，结合人民法院民事执行工作的实践经验，最高人民法院发布了《最高人民法院关于限制被执行人高消费及有关消费的若干规定》司法解释。

《最高人民法院关于限制被执行人高消费及有关消费的若干规定》第一条规定："被执行人未按执行通知书指定的期间履行生效法律文书确定的给付义务的，人民法院可以采取限制消费措施，限制其高消费及非生活或者经营必需的有关消费。纳入失信被执行人名单的被执行人，人民法院应当对其采取限制消费措施。"

根据《最高人民法院关于限制被执行人高消费及有关消费的若干规定》第三条规定，被执行人为自然人的，被采取限制消费措施后，不得有以下高消费及非生活和工作必需的消费行为：①乘坐交通工具时，选择飞机、列车软卧、轮船二等以上舱位；②在星级以上宾馆、酒店、夜总会、高尔夫球场等场所进行高消费；③购买不动产或者新建、扩建、高档装修房屋；④租赁高档写字楼、宾馆、公寓等场所办公；⑤购买非经营必需车辆；⑥旅游、度假；⑦子女就读高收费私立学校；⑧支付高额保费购买保险理财产品；⑨乘坐G字头动车组列车全部座位、其他动车组列车一等以上座位等其他非生活和工作必需的消费行为。被执行人为单位的，被采取限制消费措施后，被执行人及其法定代表人、主要负责人、影响债务履行的直接责任人员、实际控制人不得实施前款规定的行为。因私消费以个人财产实施前款规定行为的，可以向执行法院提出申请。执行法院审查属实的，应予准许。

7）执行中止和终结

(1)执行中止

执行中止是指在执行过程中，因发生特殊情况，需要暂时停止执行程序。

有下列情况之一的，人民法院应当裁定中止执行：①申请人表示可以延期执行的；②案外人对执行标的提出确有理由异议的；③作为一方当事人的公民死亡，需要等待继承人继承权利或承担义务的；④作为一方当事人的法人或其他组织终止，尚未确定权利义务承受人的；⑤人民法院认为应当中止执行的其他情形，如被执行人确无财产可供执行等。中止的情形消失后，恢复执行。

(2)执行终结

在执行过程中，由于出现某些特殊情况，执行工作无法继续进行或没有必要继续进行的，结束执行程序。

有下列情况之一的，人民法院应当裁定终结执行：①申请人撤销申请的；②据以执行的法律文书被撤销的；③作为被执行人的公民死亡，无遗产可供执行，又无义务承担人的；④追索赡养费、扶养费、抚育费案件的权利人死亡的；③作为被执行人的公民因生活困难无力偿还借款，无收入来源，又丧失劳动能力的；⑥人民法院认为应当终结执行的其他情形。

9.5 行政复议和行政诉讼制度

9.5.1 行政复议制度

1)行政复议范围

《行政复议法》第十一条规定，有下列情形之一的，公民、法人或者其他组织可以依照本法申请行政复议：

①对行政机关作出的行政处罚决定不服；

②对行政机关作出的行政强制措施、行政强制执行决定不服；

③申请行政许可，行政机关拒绝或者在法定期限内不予答复，或者对行政机关作出的有关行政许可的其他决定不服；

④对行政机关作出的确认自然资源的所有权或者使用权的决定不服；

⑤对行政机关作出的征收征用决定及其补偿决定不服；

⑥对行政机关作出的赔偿决定或者不予赔偿决定不服；

⑦对行政机关作出的不予受理工伤认定申请的决定或者工伤认定结论不服；

⑧认为行政机关侵犯其经营自主权或者农村土地承包经营权、农村土地经营权；

⑨认为行政机关滥用行政权力排除或者限制竞争；

⑩认为行政机关违法集资、摊派费用或者违法要求履行其他义务；

⑪申请行政机关履行保护人身权利、财产权利、受教育权利等合法权益的法定职责，行政机关拒绝履行、未依法履行或者不予答复；

⑫申请行政机关依法给付抚恤金、社会保险待遇或者最低生活保障等社会保障，行政机关没有依法给付；

⑬认为行政机关不依法订立、不依法履行、未按照约定履行或者违法变更、解除政府特许经营协议、土地房屋征收补偿协议等行政协议；

⑭认为行政机关在政府信息公开工作中侵犯其合法权益；

⑮认为行政机关的其他行政行为侵犯其合法权益。

此外，公民、法人或者其他组织认为行政机关的行政行为所依据的下列规范性文件不合法，在对行政行为申请行政复议时，可以一并向行政复议机关提出对该规范性文件的附带审查申请：a. 国务院部门的规范性文件；b. 县级以上地方各级人民政府及其工作部门的规范性文件；c. 乡、镇人民政府的规范性文件；d. 法律、法规、规章授权的组织的规范性文件。前款所列规范性文件不含规章。规章的审查依照法律、行政法规办理。

下列事项不属于行政复议范围：a. 国防、外交等国家行为；b. 行政法规、规章或者行政机关制定、发布的具有普遍约束力的决定、命令等规范性文件；c. 行政机关对行政机关工作人员的奖惩、任免等决定；d. 行政机关对民事纠纷作出的调解。

2）行政复议参加人

依照《行政复议法》申请行政复议的公民、法人或者其他组织是申请人。

有权申请行政复议的公民死亡的，其近亲属可以申请行政复议。有权申请行政复议的法人或者其他组织终止的，其权利义务承受人可以申请行政复议。

有权申请行政复议的公民为无民事行为能力人或者限制民事行为能力人的，其法定代理人可以代为申请行政复议。

同一行政复议案件申请人人数众多的，可以由申请人推选代表人参加行政复议。代表人参加行政复议的行为对其所代表的申请人发生效力，但是代表人变更行政复议请求、撤回行政复议申请、承认第三人请求的，应当经被代表的申请人同意。

申请人以外的同被申请行政复议的行政行为或者行政复议案件处理结果有利害关系的公民、法人或者其他组织，可以作为第三人申请参加行政复议，或者由行政复议机构通知其作为第三人参加行政复议。第三人不参加行政复议，不影响行政复议案件的审理。

申请人、第三人可以委托一至二名律师、基层法律服务工作者或者其他代理人代为参加行政复议。申请人、第三人委托代理人的，应当向行政复议机构提交授权委托书、委托人及被委托人的身份证明文件。授权委托书应当载明委托事项、权限和期限。申请人、第三人变更或者解除代理人权限的，应当书面告知行政复议机构。

符合法律援助条件的行政复议申请人申请法律援助的，法律援助机构应当依法为其提供法律援助。

3）申请的提出

（1）申请期限

公民、法人或者其他组织认为行政行为侵犯其合法权益的，可以自知道或者应当知道该行政行为之日起 60 日内提出行政复议申请；但是法律规定的申请期限超过 60 日的除外。

因不可抗力或者其他正当理由耽误法定申请期限的，申请期限自障碍消除之日起继续计算。

行政机关作出行政行为时，未告知公民、法人或者其他组织申请行政复议的权利、行政复议机关和申请期限的，申请期限自公民、法人或者其他组织知道或者应当知道申请行政复议的权利、行政复议机关和申请期限之日起计算，但是自知道或者应当知道行政行为内容之日起最长不得超过一年。

因不动产提出的行政复议申请自行政行为作出之日起超过二十年，其他行政复议申请自行政行为作出之日起超过五年的，行政复议机关不予受理。

(2)申请

申请人申请行政复议，可以书面申请；书面申请有困难的，也可以口头申请。

书面申请的，可以通过邮寄或者行政复议机关指定的互联网渠道等方式提交行政复议申请书，也可以当面提交行政复议申请书。行政机关通过互联网渠道送达行政行为决定书的，应当同时提供提交行政复议申请书的互联网渠道。

口头申请的，行政复议机关应当场记录申请人的基本情况、行政复议请求、申请行政复议的主要事实、理由和时间。

有下列情形之一的，申请人应当先向行政复议机关申请行政复议，对行政复议决定不服的，可以再依法向人民法院提起行政诉讼：①对当场作出的行政处罚决定不服；②对行政机关作出的侵犯其已经依法取得的自然资源的所有权或者使用权的决定不服；③认为行政机关存在本法第十一条规定的未履行法定职责情形；④申请政府信息公开，行政机关不予公开；⑤法律、行政法规规定应当先向行政复议机关申请行政复议的其他情形。对前款规定的情形，行政机关在作出行政行为时应当告知公民、法人或者其他组织先向行政复议机关申请行政复议。

申请人对两个以上行政行为不服的，应当分别申请行政复议。

4)行政复议受理

《行政复议法》第三十条规定："行政复议机关收到行政复议申请后，应当在五日内进行审查。对符合下列规定的，行政复议机关应当予以受理：(一)有明确的申请人和符合本法规定的被申请人；(二)申请人与被申请行政复议的行政行为有利害关系；(三)有具体的行政复议请求和理由；(四)在法定申请期限内提出；(五)属于本法规定的行政复议范围；(六)属于本机关的管辖范围；(七)行政复议机关未受理过该申请人就同一行政行为提出的行政复议申请，并且人民法院未受理过该申请人就同一行政行为提起的行政诉讼。

对不符合前款规定的行政复议申请，行政复议机关应当在审查期限内决定不予受理并说明理由；不属于本机关管辖的，还应当在不予受理决定中告知申请人有管辖权的行政复议机关。

行政复议申请的审查期限届满，行政复议机关未作出不予受理决定的，审查期限届满之日起视为受理。"

《行政复议法》第三十一条规定："行政复议申请材料不齐全或者表述不清楚，无法判断行政复议申请是否符合本法第三十条第一款规定的，行政复议机关应当自收到申请之日起五日内书面通知申请人补正。补正通知应当一次性载明需要补正的事项。申请人应当自收到补正通知之日起十日内提交补正材料。有正当理由不能按期补正的，行政复议机关可以延长合理的补正期限。无正当理由逾期不补正的，视为申请人放弃行政复议申请，并记录在案。行政复议机关收到补正材料后，依照本法第三十条的规定处理。"

《行政复议法》第三十二条规定："对当场作出或者依据电子技术监控设备记录的违法事实作出的行政处罚决定不服申请行政复议的，可以通过作出行政处罚决定的行政机关提交行政复议申请。行政机关收到行政复议申请后，应当及时处理；认为需要维持行政处罚决定的，应当自收到行政复议申请之日起五日内转送行政复议机关。

行政复议机关受理行政复议申请后，发现该行政复议申请不符合本法第三十条第一款规定的，应当决定驳回申请并说明理由。"

《行政复议法》第三十四条规定："法律、行政法规规定应当先向行政复议机关申请行政复议、对行政复议决定不服再向人民法院提起行政诉讼的，行政复议机关决定不予受理、驳回申请或者受理后超过行政复议期限不作答复的，公民、法人或者其他组织可以自收到决定书之日起或者行政复议期限届满之日起十五日内，依法向人民法院提起行政诉讼。"

《行政复议法》第三十五条规定："公民、法人或者其他组织依法提出行政复议申请，行政复议机关无正当理由不予受理、驳回申请或者受理后超过行政复议期限不作答复的，申请人有权向上级行政机关反映，上级行政机关应当责令其纠正；必要时，上级行政复议机关可以直接受理。"

5）行政复议决定

根据《行政复议法》的规定，行政复议机构审理的行政复议案件可以采用普通程序或简易程序。适用普通程序审理的行政复议案件，行政复议机关应当自受理申请之日起60日内作出行政复议决定；但是法律规定的行政复议期限少于60日的除外。情况复杂，不能在规定期限内作出行政复议决定的，经行政复议机构的负责人批准，可以适当延长，并书面告知当事人；但是延长期限最多不得超过30日。适用简易程序审理的行政复议案件，行政复议机关应当自受理申请之日起30日内作出行政复议决定。

《行政复议法》第六十三条规定："行政行为有下列情形之一的，行政复议机关决定变更该行政行为：（一）事实清楚，证据确凿，适用依据正确，程序合法，但是内容不适当；（二）事实清楚，证据确凿，程序合法，但是未正确适用依据；（三）事实不清、证据不足，经行政复议机关查清事实和证据。行政复议机关不得作出对申请人更为不利的变更决定，但是第三人提出相反请求的除外。"

《行政复议法》第六十四条规定："行政行为有下列情形之一的，行政复议机关决定撤销或者部分撤销该行政行为，并可以责令被申请人在一定期限内重新作出行政行为：（一）主要事实不清、证据不足；（二）违反法定程序；（三）适用的依据不合法；（四）超越职权或者滥用职权。行政复议机关责令被申请人重新作出行政行为的，被申请人不得以同一事实和理由作出与被申请行政复议的行政行为相同或者基本相同的行政行为，但是行政复议机关以违反法定程序为由决定撤销或者部分撤销的除外。"

《行政复议法》第六十五条规定："行政行为有下列情形之一的，行政复议机关不撤销该行政行为，但是确认该行政行为违法：（一）依法应予撤销，但是撤销会给国家利益、社会公共利益造成重大损害；（二）程序轻微违法，但是对申请人权利不产生实际影响。行政行为有下列情形之一，不需要撤销或者责令履行的，行政复议机关确认该行政行为违法：（一）行政行为违法，但是不具有可撤销内容；（二）被申请人改变原违法行政行为，申请人仍要求撤销或者确认该行政行为违法；（三）被申请人不履行或者拖延履行法定职责，责令履行没有意义。"

《行政复议法》第七十二条规定："申请人在申请行政复议时一并提出行政赔偿请求，行政复议机关对依照《中华人民共和国国家赔偿法》的有关规定应当不予赔偿的，在作出行政复议决定时，应当同时决定驳回行政赔偿请求；对符合《中华人民共和国国家赔偿法》的有关规定应当给予赔偿的，在决定撤销或者部分撤销、变更行政行为或者确认行政行为违法、无效时，应当同时决定被申请人依法给予赔偿；确认行政行为违法的，还可以同时责令被申请人采取补救措施。

申请人在申请行政复议时没有提出行政赔偿请求的，行政复议机关在依法决定撤销或者部分撤销、变更罚款，撤销或者部分撤销违法集资、没收财物、征收征用、摊派费用以及对财产的查封、扣押、冻结等行政行为时，应当同时责令被申请人返还财产，解除对财产的查封、扣押、冻结措施，或者赔偿相应的价款。”

《行政复议法》第七十三条规定：“当事人经调解达成协议的，行政复议机关应当制作行政复议调解书，经各方当事人签字或者签章，并加盖行政复议机关印章，即具有法律效力。”当事人达成和解后，由申请人向行政复议机构撤回行政复议申请。行政复议机构准予撤回行政复议申请、行政复议机关决定终止行政复议的，申请人不得再以同一事实和理由提出行政复议申请。但是，申请人能够证明撤回行政复议申请违背其真实意愿的除外。

调解未达成协议或者调解书生效前一方反悔的，行政复议机关应当依法审查或者及时作出行政复议决定。

行政复议机关作出行政复议决定，应当制作行政复议决定书，并加盖行政复议机关印章。行政复议决定书一经送达，即发生法律效力。

《行政复议法》第七十七条规定：“被申请人应当履行行政复议决定书、调解书、意见书。被申请人不履行或者无正当理由拖延履行行政复议决定书、调解书、意见书的，行政复议机关或者有关上级行政机关应当责令其限期履行，并可以约谈被申请人的有关负责人或者予以通报批评。”

《行政复议法》第七十八条规定：“申请人、第三人逾期不起诉又不履行行政复议决定书、调解书的，或者不履行最终裁决的行政复议决定的，按照下列规定分别处理：(一)维持行政行为的行政复议决定书，由作出行政行为的行政机关依法强制执行，或者申请人民法院强制执行；(二)变更行政行为的行政复议决定书，由行政复议机关依法强制执行，或者申请人民法院强制执行；(三)行政复议调解书，由行政复议机关依法强制执行，或者申请人民法院强制执行。”

9.5.2 行政诉讼

1)行政诉讼的范围

根据《行政诉讼法》第十二条的规定，人民法院受理公民、法人或者其他组织提起的下列诉讼：

①对行政拘留、暂扣或者吊销许可证和执照、责令停产停业、没收违法所得、没收非法财物、罚款、警告等行政处罚不服的；

②对限制人身自由或者对财产的查封、扣押、冻结等行政强制措施和行政强制执行不服的；

③申请行政许可，行政机关拒绝或者在法定期限内不予答复，或者对行政机关作出的有关行政许可的其他决定不服的；

④对行政机关作出的关于确认土地、矿藏、水流、森林、山岭、草原、荒地、滩涂、海域等自然资源的所有权或者使用权的决定不服的；

⑤对征收、征用决定及其补偿决定不服的；

⑥申请行政机关履行保护人身权、财产权等合法权益的法定职责，行政机关拒绝履行或者不予答复的；

⑦认为行政机关侵犯其经营自主权或者农村土地承包经营权、农村土地经营权的；

⑧认为行政机关滥用行政权力排除或者限制竞争的；

⑨认为行政机关违法集资、摊派费用或者违法要求履行其他义务的；

⑩认为行政机关没有依法支付抚恤金、最低生活保障待遇或者社会保险待遇的；

⑪认为行政机关不依法履行、未按照约定履行或者违法变更、解除政府特许经营协议、土地房屋征收补偿协议等协议的；

⑫认为行政机关侵犯其他人身权、财产权等合法权益的。

除上述规定外，人民法院受理法律、法规规定可以提起诉讼的其他行政案件。

同时，《行政诉讼法》第十三条规定，人民法院不受理公民、法人或者其他组织对下列事项提起的诉讼：

①国防、外交等国家行为；

②行政法规、规章或者行政机关制定、发布的具有普遍约束力的决定、命令；

③行政机关对行政机关工作人员的奖惩、任免等决定；

④法律规定由行政机关最终裁决的具体行政行为。

2)行政诉讼的管辖

(1)级别管辖

基层人民法院管辖第一审行政案件；中级人民法院管辖下列第一审行政案件：

①对国务院部门或者县级以上地方人民政府所作的行政行为提起诉讼的案件；

②海关处理的案件；

③本辖区内重大、复杂的案件；

④其他法律规定由中级人民法院管辖的案件。

高级人民法院管辖本辖区内重大、复杂的第一审行政案件；最高人民法院管辖全国范围内重大、复杂的第一审行政案件。

(2)一般地域管辖

行政案件由最初作出具体行政行为的行政机关所在地人民法院管辖。经复议的案件，也可以由复议机关所在地人民法院管辖。对限制人身自由的行政强制措施不服提起的诉讼，由被告所在地或者原告所在地人民法院管辖。因不动产提起的行政诉讼，由不动产所在地人民法院管辖。

两个以上人民法院都有管辖权的案件，原告可以选择其中一个人民法院提起诉讼。原告向两个以上有管辖权的人民法院提起诉讼的，由最先收到起诉状的人民法院管辖。

3)行政诉讼参加人

行政诉讼参加人是指依法参加行政诉讼活动，享有诉讼权利、承担诉讼义务的当事人和与当事人诉讼地位相似的诉讼代理人。行政诉讼的参与人包括原告、被告、第三人和诉讼代理人。

(1)行政诉讼的原告

根据《行政诉讼法》第二十五条的规定,提起行政诉讼的原告如下:

①行政行为的相对人以及其他与行政行为有利害关系的公民、法人或者其他组织,有权提起诉讼。

②有权提起诉讼的公民死亡,其近亲属可以提起诉讼。

③有权提起诉讼的法人或者其他组织终止,承受其权利的法人或者其他组织可以提起诉讼。

④人民检察院在履行职责中发现生态环境和资源保护、食品药品安全、国有财产保护、国有土地使用权出让等领域负有监督管理职责的行政机关违法行使职权或者不作为,致使国家利益或者社会公共利益受到侵害的,应当向行政机关提出检察建议,督促其依法履行职责。行政机关不依法履行职责的,人民检察院依法向人民法院提起诉讼。

(2)行政诉讼的被告

根据《行政诉讼法》第二十六条的规定,行政诉讼的被告如下:

①公民、法人或者其他组织直接向人民法院提起诉讼的,作出行政行为的行政机关是被告。

②经复议的案件,复议机关决定维持原行政行为的,作出原行政行为的行政机关和复议机关是共同被告;复议机关改变原行政行为的,复议机关是被告。

③复议机关在法定期限内未作出复议决定,公民、法人或者其他组织起诉原行政行为的,作出原行政行为的行政机关是被告;起诉复议机关不作为的,复议机关是被告。

④两个以上行政机关作出同一行政行为的,共同作出行政行为的行政机关是共同被告。

⑤行政机关委托的组织所作的行政行为,委托的行政机关是被告。

⑥行政机关被撤销或者职权变更的,继续行使其职权的行政机关是被告。

(3)第三人

公民、法人或者其他组织同被诉行政行为有利害关系但没有提起诉讼,或者同案件处理结果有利害关系的,可以作为第三人申请参加诉讼,或者由人民法院通知参加诉讼。

人民法院判决第三人承担义务或者减损第三人权益的,第三人有权依法提起上诉。

(4)诉讼代理人

当事人、法定代理人,可以委托1~2人作为诉讼代理人。下列人员可以被委托为诉讼代理人:

①律师、基层法律服务工作者;

②当事人的近亲属或者工作人员;

③当事人所在社区、单位以及有关社会团体推荐的公民。

3)行政诉讼的起诉和受理

对属于人民法院受案范围的行政案件,公民、法人或者其他组织可以先向行政机关申请复议,对复议决定不服的,再向人民法院提起诉讼;也可以直接向人民法院提起诉讼。法律、法规规定应当先向行政机关申请复议,对复议决定不服再向人民法院提起诉讼的,依照法律、法规的规定。

(1)起诉

①提起行政诉讼期限。

a. 公民、法人或者其他组织不服复议决定的,可以在收到复议决定书之日起 15 日内向人民法院提起诉讼。复议机关逾期不作决定的,申请人可以在复议期满之日起 15 日内向人民法院提起诉讼。法律另有规定的除外。

b. 公民、法人或者其他组织直接向人民法院提起诉讼的,应当自知道或者应当知道作出行政行为之日起 6 个月内提出。法律另有规定的除外。因不动产提起诉讼的案件自行政行为作出之日起超过 20 年,其他案件自行政行为作出之日起超过 5 年提起诉讼的,人民法院不予受理。

②提起诉讼应当符合的条件。根据《行政诉讼法》第四十九条的规定,提起诉讼应当符合下列条件:

a. 原告是符合《行政诉讼法》第二十五条规定的公民、法人或者其他组织;

b. 有明确的被告;

c. 有具体的诉讼请求和事实根据;

d. 属于人民法院受案范围和受诉人民法院管辖。

(2)受理

人民法院在接到起诉状时对符合《行政诉讼法》规定的起诉条件的,应当登记立案。

对当场不能判定是否符合《行政诉讼法》规定的起诉条件的,应当接收起诉状,出具注明收到日期的书面凭证,并在 7 日内决定是否立案。不符合起诉条件的,作出不予立案的裁定。裁定书应当载明不予立案的理由。原告对裁定不服的,可以提起上诉。

起诉状内容欠缺或者有其他错误的,应当给予指导和释明,并一次性告知当事人需要补正的内容。不得未经指导和释明即以起诉不符合条件为由不接收起诉状。

对于不接收起诉状、接收起诉状后不出具书面凭证,以及不一次性告知当事人需要补正的起诉状内容的,当事人可以向上级人民法院投诉,上级人民法院应当责令改正,并对直接负责的主管人员和其他直接责任人员依法给予处分。

4)行政诉讼的审理和判决

(1)审理

人民法院公开审理行政案件,但涉及国家秘密、个人隐私和法律另有规定的除外。涉及商业秘密的案件,当事人申请不公开审理的,可以不公开审理。行政诉讼期间,除《行政诉讼法》规定的情形外,不停止行政行为的执行。人民法院审理行政案件,不适用调解;但是,行政赔偿、补偿以及行政机关行使法律、法规规定的自由裁量权的案件可以调解。

根据《行政诉讼法》第六十三条的规定,人民法院审理行政案件,以法律和行政法规、地方性法规为依据。地方性法规适用于本行政区域内发生的行政案件。人民法院审理民族自治地方的行政案件,并以该民族自治地方的自治条例和单行条例为依据。

人民法院审理行政案件,参照规章。包括国务院部、委根据法律和国务院的行政法规、决定、命令制定、发布的规章以及省、自治区、直辖市和省、自治区的人民政府所在地的市和经国务院批准的较大的市的人民政府根据法律和国务院的行政法规制定、发布的规章。

(2)判决

根据《行政诉讼法》第六十九至七十七条的规定,人民法院经过审理,根据不同情况,分别作出以下判决:

①行政行为证据确凿,适用法律、法规正确,符合法定程序的,或者原告申请被告履行法定职责或者给付义务理由不成立的,人民法院判决驳回原告的诉讼请求。

②行政行为有下列情形之一的,人民法院判决撤销或者部分撤销,并可以判决被告重新作出行政行为:a. 主要证据不足的;b. 适用法律、法规错误的;c. 违反法定程序的;d. 超越职权的;e. 滥用职权的;f. 明显不当的。

③人民法院经过审理,查明被告不履行法定职责的,判决被告在一定期限内履行。

④人民法院经过审理,查明被告依法负有给付义务的,判决被告履行给付义务。

⑤行政行为有实施主体不具有行政主体资格或者没有依据等重大且明显违法情形,原告申请确认行政行为无效的,人民法院判决确认无效。人民法院判决确认违法或者无效的,可以同时判决责令被告采取补救措施;给原告造成损失的,依法判决被告承担赔偿责任。

⑥行政处罚明显不当,或者其他行政行为涉及对款额的确定、认定确有错误的,人民法院可以判决变更。人民法院判决变更,不得加重原告的义务或者减损原告的权益。但利害关系人同为原告,且诉讼请求相反的除外。

《行政诉讼法》第七十一条规定:"人民法院判决被告重新作出行政行为的,被告不得以同一的事实和理由作出与原行政行为基本相同的行政行为。"

我国行政诉实行二审终审制。当事人不服人民法院第一审判决的,有权在判决书送达之日起15日内向上一级人民法院提起上诉。当事人不服人民法院第一审裁定的,有权在裁定书送达之日起10日内向上一级人民法院提起上诉。逾期不提起上诉的,人民法院的第一审判决或者裁定发生法律效力。

5)执行

当事人必须履行人民法院发生法律效力的判决、裁定、调解书。行政机关或者第三人可以向第一审人民法院申请强制执行,或者由行政机关依法强制执行。

行政机关拒绝履行判决、裁定、调解书的,第一审人民法院可以采取下列措施:

①对应当归还的罚款或者应当给付的款额,通知银行从该行政机关的账户内划拨。

②在规定期限内不履行的,从期满之日起,对该行政机关负责人按日处50元至100元的罚款。

③将行政机关拒绝履行的情况予以公告。

④向监察机关或者该行政机关的上一级行政机关提出司法建议。接受司法建议的机关,根据有关规定进行处理,并将处理情况告知人民法院。

⑤拒不履行判决、裁定、调解书,社会影响恶劣的,可以对该行政机关直接负责的主管人员和其他直接责任人员予以拘留;情节严重,构成犯罪的,依法追究刑事责任。

《行政诉讼法》第九十七条规定:"公民、法人或者其他组织对行政行为在法定期限内不提起诉讼又不履行的,行政机关可以申请人民法院强制执行,或者依法强制执行。"

习　题

一、单项选择题

1. 下列不属于民事纠纷处理方式的是(　　)。

A. 当事人自行和解　　B. 行政机关调解　　C. 行政复议　　D. 商事仲裁

2. 一裁定终局体现了仲裁的(　　)特点。

A. 专业性　　B. 自愿性　　C. 独立性　　D. 快捷性

3. 下列不属于民事诉讼基本特征的是(　　)。

A. 公权性　　B. 强制性　　C. 保密性　　D. 程序性

4. 施工单位与物资供应单位因采购的防水材料质量问题发生争议,双方多次协商,但没有达成和解,则关于此争议的处理,下列说法中正确的是(　　)。

A. 双方依仲裁协议申请仲裁后,仍可以和解

B. 如果双方在申请仲裁后达成了和解协议,该和解协议即具有法律强制执行力

C. 如果双方通过诉讼方式解决争议,不能再和解

D. 如果在人民法院执行中,双方当事人达成和解协议,则原判决书终止执行

5. 经人民调解委员会调解达成调解协议后,双方当事人认为有必要的,可以自调解协议生效之日起(　　)日内共同向人民法院申请司法确认。

A. 15　　B. 30　　C. 45　　D. 60

6. 下列法律文书中,不具有强制执行效力的是(　　)。

A. 在仲裁程序中形成的仲裁调解书

B. 由行政机关主持达成的调解书

C. 人民法院在民事案件审理中制作的调解书

D. 司法确认的人民调解委员会主持达成的调解协议

7. 下列案件调解达成协议,人民法院应当制作调解书的是(　　)。

A. 调解和好的离婚案件　　B. 调解维持收养关系的案件

C. 能够即时履行的案件　　D. 达成调解协议的施工合同纠纷案件

8. 甲、乙双方因工程施工合同发生纠纷,甲公司向法院提起了民事诉讼。审理过程中,在法院的主持下,双方达成了调解协议,法院制作了调解书并送达了双方当事人。双方签收后乙公司又反悔了,则下列说法正确的是(　　)。

A. 甲公司可以向人民法院申请强制执行

B. 人民法院应当根据调解书进行判决

C. 人民法院应当认定调解书无效并及时判决

D. 人民法院应当认定调解书无效并重新进行调解

9. 建设工程施工合同发承包双方协议选择国内某仲裁机构后,承包人需要人民法院确认该仲裁协议效力的,则应由(　　)中级人民法院办理。

A. 仲裁协议签订地　　B. 仲裁机构所在地

C. 建设工程所在地　　　　　　　　D. 承包人住所地

10. 某施工合同仅约定工程质量产生争议时由甲仲裁委员会仲裁。合同履行中,发包人与承包人在工程质量和工程价款上产生纠纷。承包人向甲仲裁委员会申请仲裁,发包人提出管辖异议,关于该案件仲裁受理的说法中,正确的是(　　)。

A. 质量与结算争议均应由甲仲裁委员会受理

B. 合同仲裁条款约定无效

C. 双方必须签订补充仲裁协议

D. 双方协商不成,质量纠纷由甲仲裁委员会受理

11、当事人申请仲裁必须符合的条件不包括(　　)。

A. 未达成调解协议

B. 有具体的仲裁请求、事实和理由

C. 属于仲裁委员会的受理范围

D. 存在有效的仲裁协议

12. 当事人申请撤销仲裁裁决的,应当自收到裁决书之日起(　　)内提出。

A. 3 个月　　B. 6 个月　　C. 1 年　　D. 2 年

13. 甲市的王先生购买了位于乙市的商品房一套,该住房的开发商为丙市的某房地产开发公司,工程由丁市的某建筑企业施工建设。王先生入住不到 1 年后发现该房屋的承重墙出现严重开裂。王先生欲对此提起诉讼,则本案应由(　　)人民法院管辖。

A. 甲市　　B. 乙市　　C. 丙市　　D. 丁市

14. 甲地注册的建设单位与在乙地注册的施工单位在丙地签订了建设工程施工合同,合同规定:若发生争议,向丙地法院起诉。则该合同争议解决地为(　　)。

A. 原告所在地　　　　　　　　B. 被告所在地

C. 合同签订地　　　　　　　　D. 合同施行地

15. 张某因与某施工企业发生合同纠纷,委托李律师全权代理诉讼,但未作具体授权,则李律师在诉讼中有权实施的行为是(　　)。

A. 提起反诉　　　　　　　　B. 提出和解

C. 提出管辖权异议　　　　　　D. 部分变更诉讼请求

16. 建设单位以工程质量不合格为由,拒绝支付工程款,施工单位诉至人民法院。在向人民法院提交的下列资料中,不属于证据的是(　　)。

A. 工程质量检测机构出具的鉴定报告

B. 建设单位职工的书面证明材料

C. 建设单位与施工单位签订的施工合同

D. 建设单位提交的答辩状

17. 在一起钢材购销合同纠纷的诉讼过程中,作为买方的施工企业将钢材供应商在其网站上发布的价目表下载打印并在法庭上作为证据出示,则该证据种类属于(　　)。

A. 物证　　B. 勘验笔录　　C. 书证　　D. 视听资料

18. 建设单位因施工单位在履行施工合同中存在违约行为对其提起诉讼,并准备申请对工程进行质量鉴定,则鉴定申请应在(　　)提出。

A. 开庭审理前　　B. 法庭辩论前　　C. 法院判决前　　D. 举证期限内

19. 某施工单位诉建设单位施工合同纠纷一案,由某人民法院开庭审理。建设单位经传

票传唤，无正当理由拒不到庭，则人民法院可以(　　)。

A. 撤销案件　　B. 中止审判　　C. 终结审理　　D. 缺席判决

20. 当事人不服地方人民法院第一审判决的，有权在判决书送达之日起(　　)日内向上一级人民法院提起上诉。

A. 10　　B. 15　　C. 30　　D. 45

21. 甲公司根据生效判决书向法院申请强制执行。执行中与乙公司达成和解协议。和解协议约定：将乙所欠 220 万元债务减少为 200 万元，乙自协议生效之日起 2 个月内还清。协议生效 2 个月后，乙并未履行协议的约定。下列说法中，正确的是(　　)。

A. 甲可向法院申请恢复原判决的执行

B. 甲应向乙住所地法院提起民事诉讼

C. 由法院执行和解协议

D. 由法院依职权恢复原判决的执行

22. 根据《民事诉讼法》，人民法院自收到强制执行申请书之日起超过(　　)未执行的，申请人可以向上一级人民法院申请强制执行。

A. 3 个月　　B. 6 个月　　C. 1 年　　D. 2 年

23. 公民、法人或者其他组织认为行政行为侵犯其合法权益的，可以自知道或者应当知道该行政行为之日起(　　)日内提出行政复议申请。

A. 30　　B. 45　　C. 60　　D. 90

24. 下列(　　)人员可以被委托为行政诉讼代理人。

A. 律师、基层法律服务工作者　　B. 基层人民检察院检察官

C. 当事人的近亲属　　D. 当事人所在社区推荐的公民

二、多项选择题

1. 在建设工程领域，行政机关易引发行政纠纷的具体行政行为主要有(　　)。

A. 行政许可　　B. 行政奖励　　C. 行政处罚

D. 行政处分　　E. 行政裁决

2. 某施工单位在施工中因未采取相应防范措施造成对行人伤害而产生侵权纠纷，该纠纷的处理方式主要有(　　)。

A. 和解　　B. 调解　　C. 仲裁　　D. 诉讼　　E. 行政复议

3. 人民调解的基本原则是(　　)。

A. 当事人自愿原则　　B. 当事人平等原则

C. 合法原则　　D. 尊重当事人权利原则

E. 调解公开原则

4. 关于仲裁协议，下列说法正确的是(　　)。

A. 仲裁协议应当是书面形式

B. 仲裁协议可以是合同中订立的仲裁条款

C. 仲裁协议必须在争议发生前达成

D. 没有仲裁协议不能申请仲裁

E. 仲裁协议排除人民法院对合同争议的管辖权

5. 根据《仲裁法》，当事人有证据证明仲裁裁决存在（　　）情形的，可以向人民法院申请撤销该仲裁裁决。

A. 没有仲裁协议　　B. 仲裁员在仲裁该案时有索贿受贿

C. 仲裁员隐瞒了应该回避的事由　　D. 裁决事项超出仲裁委员会权限

E. 双方当事人均不满意仲裁结果

6. 严某在某市A区新购一套住房，并请位于该市B区的装修公司进行装修；装修人员不慎将水管弄破，导致该住房楼下住户家具被淹毁；严某交涉未果，遂向该市B区法院起诉装修公司，B区法院裁定将案件移送至A区法院，A区法院又将案件退回B区法院。关于本案管辖，说法正确的有（　　）。

A. A区法院对该案有管辖权　　B. 严某有权向B区法院起诉

C. B区法院的移送管辖是错误的　　D. A、B区法院均无管辖权

E. A区法院不接受移送，将案件退回B区法院是错误的

7. 利害关系人可以在提起诉讼或者申请仲裁前向（　　）的人民法院申请采取财产保全措施。

A. 被申请人住所地　　B. 申请人住所地

C. 被保全财产所在地　　D. 对案件有管辖权

E. 合同签订地

8. 根据《民事诉讼法》及相关规定，下列在建设工程施工合同纠纷的诉讼中，能够作为证据的有（　　）。

A. 工程设计图纸　　B. 施工单位偷录的谈判录音

C. 律师代理意见　　D. 工程质量鉴定报告

E. 被告法定代表人的陈述

9. 人民法院可以根据情况对不同的证据采用不同的保全方法，下列行为属于证据保全方法的有（　　）。

A. 没收　　B. 查封　　C. 扣押　　D. 复制　　E. 勘验

10. 根据《民事诉讼法》，起诉必须符合的条件有（　　）

A. 有书面起诉书　　B. 有明确的被告

C. 有具体的诉讼请求和理由　　D. 事实清楚，证据确实充分

E. 属于人民法院受理民事诉讼的范围

11. 施工企业对行政机关作出（　　）行政处罚决定不服的，可以申请行政复议。

A. 责令停产停业　　B. 暂扣或者吊销许可证

C. 暂扣或者吊销执照　　D. 罚款

E. 行政拘留

12. 根据《行政诉讼法》的规定，提起诉讼应当符合（　　）条件。

A. 原告是符合行政诉讼法规定的公民、法人或者其他组织

B. 有明确的被告

C. 有具体的诉讼请求和事实根据

D. 对行政复议决定不服

E. 属于人民法院受案范围和受诉人民法院管辖

参考文献

[1] 全国一级建造师执业资格考试用书编写委员. 建设工程法规及相关知识[M]. 北京：中国建筑工业出版社,2023.

[2] 全国二级建造师执业资格考试用书编写委员. 建设工程法规及相关知识[M]. 北京：中国建筑工业出版社,2023.

[3] 皇甫婧琪. 建设工程法规[M]. 3 版. 北京：北京大学出版社,2018.

[4] 李永福,孙晓冰. 建设工程法规[M]. 3 版. 北京：中国建筑工业出版社,2022.

[5] 鲁正,李庭辉. 建设工程法规[M]. 2 版. 北京：机械工业出版社,2023.

[6] 李海霞,苏叶青,屈冬梅. 建设工程法规[M]. 2 版. 南京：南京大学出版社,2017.